HISTOIRE DES SYNDICATS
(1906-2010)

DOMINIQUE ANDOLFATTO
DOMINIQUE LABBÉ

HISTOIRE
DES SYNDICATS

(1906-2010)

ÉDITIONS DU SEUIL
25, bd Romain-Rolland, Paris XIVe

ISBN 978-2-02-104716-5
(ISBN 1ʳᵉ édition 978-2-02-081240-5)

© Éditions du Seuil, 2006, 2011

Le Code de la propriété intellectuelle interdit les copies ou reproductions destinées à une utilisation collective. Toute représentation ou reproduction intégrale ou partielle faite par quelque procédé que ce soit, sans le consentement de l'auteur ou de ses ayants cause, est illicite et constitue une contrefaçon sanctionnée par les articles L.335-2 et suivants du Code de la propriété intellectuelle.

www.seuil.com

Introduction

On voit combien exagèrent ceux qui, en France, se plaisent à faire du mouvement syndical un épouvantail pour les classes bourgeoises. La vérité c'est que les syndicats français sont faibles. Ils sont faibles par le nombre de leurs adhérents, faibles par leurs ressources, faibles par leurs divisions. Tout effort prolongé, toute influence profonde leur est interdite par cette faiblesse même. [...] Il faudra du temps encore – beaucoup de temps! – jusqu'à ce que la classe ouvrière française ait appris à se défier de ce romantisme qui lui fait emprunter son idéal à la tradition révolutionnaire (et, remarquons-le, en grande partie *bourgeoise*!) de 1793, 1830, 1848 et 1871, et pour qu'elle consente à attendre l'amélioration de sa condition d'autre chose que d'un coup de force magique capable de transformer en un instant le monde économique avec autant d'aisance qu'on renverse un gouvernement[1].

Le 13 octobre 1906, le congrès de la Confédération générale du travail (CGT), réuni à Amiens, adopte, à la quasi-unanimité, une motion d'orientation qui passera dans l'histoire sous le nom de «charte d'Amiens». La convocation indique, parmi les thèmes à traiter, «les relations entre les syndicats et les partis politiques». Après deux jours de débats passionnés, le congrès récuse tout lien avec quelque parti que ce soit et donne à ce refus une double justification. Premièrement, le syndicalisme a un but immédiat: «l'accroissement du mieux-être des travailleurs».

---

1. C. Rist, «Les finances des syndicats ouvriers français», *Revue économique internationale*, 1911, p. 449-450.

Pour cela, il doit respecter une stricte neutralité politique, philosophique et religieuse, car c'est le seul moyen de réaliser l'unité de la classe ouvrière. Deuxièmement, le syndicalisme poursuit un objectif révolutionnaire : l'émancipation du prolétariat et l'expropriation des capitalistes. Cette révolution, il la fera seul sans se soucier des partis (socialistes), des sectes (anarchistes), des écoles philosophiques et des religions. Quelques années après Amiens, on baptisera « syndicalisme révolutionnaire » cette synthèse qui prétendait dépasser les deux principaux modèles existant ailleurs dans le monde et organisant ces rapports entre parti et syndicats : le modèle social-démocrate (à l'allemande) ou le modèle trade-unioniste (à l'anglaise).

Pour comprendre les caractéristiques particulières du syndicalisme français, il vaut la peine de revisiter le congrès d'Amiens et l'histoire sociale d'avant 1914. Ce sera aussi l'occasion de faire connaissance avec les syndicalistes de la Belle Époque. On découvrira la grandeur de leur action, de leurs traditions et de leur vision du monde, mais aussi leur verbalisme, leurs divisions et leurs faiblesses. On verra que celles-ci tiennent notamment à une politisation qui n'ose s'avouer, à une organisation singulière qui fait la part belle aux minorités agissantes, et à une absence chronique de moyens adaptés aux ambitions affichées.

Dans la pratique, cela s'est traduit par quelques succès incontestables – et toujours sous-estimés –, mais aussi par des échecs retentissants que la grande masse des salariés a sanctionnés en se tenant à l'écart des syndicats. Pas tous les salariés cependant ! Certaines professions et localités ont été massivement syndiquées. Certaines périodes ont connu également des « ruées » vers les syndicats. À ces époques, un grand nombre de salariés ont fait crédit – parfois durablement – à certaines organisations. Cela montre que la faiblesse des syndicats français, hier comme aujourd'hui, n'est pas une fatalité mais qu'elle tient à des raisons que ce livre propose d'identifier.

Entre 1917 et 1919, le syndicalisme français a semblé sortir de ses ornières traditionnelles et il a rencontré enfin l'adhésion d'un grand nombre de salariés. Pourtant, cet élan a été brisé par le grand schisme du mouvement socialiste mondial et par la

Introduction 9

montée du communisme. Le syndicalisme français est sorti de cette crise durablement divisé en trois grands courants qui ne parviendront jamais à se réunir. Ces divisions empêcheront les syndicats de profiter pleinement des grands événements de ce siècle – mai-juin 1936, la Libération, Mai 1968 – alors même qu'ils se trouvaient au cœur de ces événements.

Ce livre montrera que cette impuissance relative n'est pas une fatalité historique. Il montrera aussi qu'elle n'est pas une chose mineure. L'histoire (également celles des autres grands pays industriels) montre qu'un syndicalisme uni et puissant engendre un développement des « relations industrielles » dont dépend la condition de millions de travailleurs. La France se trouve ainsi privée d'un puissant facteur de progrès économique et social, de bien-être collectif.

Notre méthode, déjà éprouvée lors de travaux antérieurs, met l'accent sur l'organisation, les hommes et les femmes engagés aux différents niveaux de cette organisation, la syndicalisation, dont l'analyse s'appuie sur des données originales, les liens réels entre syndicats et partis, voire entre syndicats et pouvoir politique, enfin les racines sociales de ces phénomènes.

Ces pages permettent de découvrir une autre histoire de France – dont les acteurs sont souvent injustement oubliés –, une histoire qui se joue dans la rue, dans les ateliers et les bureaux, dans des salles de meetings et de congrès et, depuis 1968, dans les grand-messes de la négociation collective.

Chapitre premier

Amiens
(1906)

Le 8 octobre 1906 au matin, Auguste Cleuet – secrétaire de la bourse du travail d'Amiens (Somme) et organisateur du 9e congrès de la Confédération générale du travail (CGT) – prononce l'allocution d'ouverture. Au nom du « prolétariat amiénois », il souhaite la bienvenue aux délégués pour ce congrès qui marquera une étape de « la marche du prolétariat vers la conquête de son émancipation intégrale »[1].

Les événements du printemps 1906 semblent apparemment confirmer cet optimisme révolutionnaire.

Le 10 mars 1906 une catastrophe dans les mines de Courrières (Pas-de-Calais) fait 1 200 morts. Quatre jours plus tard, la grève est générale dans le bassin minier. Georges Clemenceau, nouveau ministre de l'Intérieur, s'engage à ne pas faire intervenir la troupe, à condition qu'il n'y ait pas de troubles. Le 28 mars, par référendum, les mineurs repoussent le résultat des négociations entre les compagnies et le syndicat majoritaire (qui est dirigé par des socialistes mais n'adhère pas à la CGT). Dans le courant d'avril, devant la multiplication des incidents, Georges Clemenceau, revenu dans le Nord, lance une répression vigoureuse.

La veille du 1er mai, il affirme que la CGT, alliée à l'extrême droite monarchiste, a ourdi un complot contre la République. Il fait arrêter l'état-major de la confédération. Il s'agit de contrer la

---

1. Sauf indication contraire, toutes les citations de ce chapitre sont extraites du compte rendu du congrès confédéral d'Amiens. Celui-ci sera mentionné dans la suite de l'ouvrage sous cette forme : CGT, 1906. Plus généralement, les extraits de compte rendu figureront sous la référence « nom de la centrale, année du congrès ».

campagne lancée depuis deux ans autour du mot d'ordre : « À partir du 1er mai 1906, nous ne travaillerons que 8 heures par jour. »

La journée du 1er mai est un succès : même si les trains roulent et que les administrations sont ouvertes, l'activité économique à Paris est perturbée. En province, plusieurs défilés prouvent la capacité de mobilisation de la CGT. Mais, dans les jours suivants, la grève s'effiloche rapidement. Le mot d'ordre était trop ambitieux : en moyenne, les ouvriers continuent à travailler plus de dix heures par jour.

Puis les élections législatives des 6 et 20 mai marquent une poussée à gauche, notamment de la SFIO qui a réalisé son unité l'année précédente. Dès lors, les socialistes et les syndicats n'ont-ils pas intérêt à coordonner leur action ? Cette question va dominer le congrès d'Amiens.

Qui était à Amiens ?

Bien qu'employé de banque – profession alors peu syndiquée –, Auguste Cleuet est assez représentatif de la nouvelle génération qui commence à prendre les commandes de la CGT.

Comme la plupart des syndicalistes de sa génération, il accède tôt aux responsabilités. À vingt-quatre ans, en 1900, il est élu secrétaire du syndicat des employés d'Amiens puis, en 1905, secrétaire de la bourse du travail. La responsabilité d'une bourse – aujourd'hui union départementale – consiste à gérer le local et les services communs aux syndicats de la localité (accueil, secrétariat, conseil juridique, placement, formation, bibliothèque...) et comporte des dimensions « politiques » : établir des liens entre les syndicats, susciter des solidarités, des souscriptions pour soutenir les grèves, relayer localement les campagnes de la confédération, comme celle pour la journée de 8 heures qui a occupé les énergies entre 1904 et 1906. Enfin, chaque bourse, comme chaque fédération, dispose d'une voix au comité confédéral (CC), l'organe qui, avec le bureau confédéral (BC), assure la direction de la confédération en dehors des congrès (organigramme de la

CGT, encadré 9, chapitre III). Concilier toutes ces responsabilités demande des qualités. Auguste Cleuet en a certainement puisque, en 1909, il est nommé membre du Conseil supérieur du travail, où il rapporte plusieurs propositions concernant la législation ouvrière, notamment la suppression du travail de nuit dans les boulangeries.

Auguste Cleuet appartient aussi au mouvement coopératif. Il est chef comptable de l'Union coopérative d'Amiens. Il sera secrétaire général de la Fédération nationale des coopératives de consommation (1912). En effet, au début du XXe siècle, la France compte un grand nombre de banques, ateliers de production, magasins coopératifs. C'est pourquoi la question des rapports entre les coopératives et les syndicats figure à l'ordre du jour du congrès d'Amiens – mais elle sera escamotée.

Comme la plupart des secrétaires de bourse, Auguste Cleuet est également adhérent au parti socialiste. L'année précédente, il a participé à son congrès d'unification. En 1910, il est élu au conseil général de la Somme puis, en 1912, au conseil municipal d'Amiens. En 1919, il est candidat aux législatives.

Enfin, en 1914, mobilisé comme lieutenant, il est affecté au ministère de l'Armement, responsable du service de la main-d'œuvre. Sous la direction d'Albert Thomas, il est chargé de mobiliser les ouvriers d'industrie pour la défense nationale, tout en respectant, autant que possible, leurs droits (on verra l'importance de cette expérience).

Auguste Cleuet est donc tout à la fois responsable syndical, coopérateur, militant socialiste... et bon soldat. Or il vote en faveur de la charte d'Amiens (encadré 2) qui passe pour établir une «incompatibilité» de principe entre fonctions syndicales et politiques et pour constituer le manifeste du «syndicalisme révolutionnaire».

S'agit-il d'un accident ? Cet «homme tranquille» n'est pas différent de la majorité des syndicalistes de sa génération qui, dans les syndicats et les bourses, assurent, tant bien que mal, le fonctionnement quotidien de la CGT. Comme eux, Auguste Cleuet pense que son action conduit à l'émancipation du prolétariat par le développement de la solidarité entre les ouvriers, par la création d'institutions qui leur soient propres, par l'amélioration de leur formation et de leur culture, et que les ouvriers se prépareront ainsi à assumer la direction de la future société socialiste.

L'idéal est noble ; la plupart de ces syndicalistes sont des gens de valeur. Mais la réalité de la CGT correspond-elle à ces ambitions ?

En 1906, elle groupe 2 400 syndicats comprenant 203 273 adhérents[1]. Or les quelque 284 délégués au congrès d'Amiens représentent un peu moins de un millier de syndicats, soit de 80 000 à 100 000 syndiqués. Ce n'est pas négligeable mais, puisqu'il y a, à l'époque, environ 8 millions de salariés dont plus de 5 millions d'ouvriers dans l'agriculture, l'industrie, les mines et les transports, il est exagéré de considérer que la « classe ouvrière » s'exprime par la bouche de ces délégués, ou même le « prolétariat organisé » (expression favorite des cégétistes au moins jusqu'en 1922).

Un autre indice fait douter du caractère « représentatif » de ce congrès : le cumul des mandats. La plupart des syndicats sont trop petits et trop pauvres pour envoyer un délégué ; ils donnent donc un mandat, parfois « en blanc », à leur fédération ou à leur bourse, sans connaître les textes et les motions qui seront discutés. À Amiens, chaque délégué dispose en moyenne de 3,7 mandats. De plus, ce nombre peut beaucoup varier, mais la moitié des délégués n'ont que un ou deux mandats. La plupart de ces délégués du rang demeureront anonymes : Amiens sera leur seul congrès. En effet, la participation à ces assemblées est une étape au début d'une carrière syndicale. Les responsables peuvent observer le comportement du néophyte : est-il capable de se couler dans le moule, de participer à la commission où il a été nommé, de voter dans le sens indiqué sans se montrer trop curieux... et de supporter l'ennui ? La plupart de ces « novices » renoncent d'eux-mêmes après cette épreuve initiatique. En revanche, quelques-uns font de belles carrières.

Parmi ces « novices », Georges Dumoulin[2], anarchiste et secré-

---

1. En fait, près de 300 000 : cette sous-évaluation sera discutée dans le chapitre III.
2. Biographie dans P. M. Arum, *Georges Dumoulin. Biography of a Revolutionary*

taire du « jeune » syndicat des mineurs du Pas-de-Calais. Les « jeunes syndicats » sont des scissions provoquées par les anarchistes au sein d'organisations jugées embourgeoisées. Comme la CGT prône l'unité, ces syndicats n'y sont pas officiellement affiliés. Alors qu'il était délégué confédéral auprès des mineurs en grève, Pierre Monatte a « repéré » Georges Dumoulin. Bien que n'étant pas syndiqué à la CGT, ce dernier participe au congrès confédéral comme « représentant » du Syndicat des employés du Havre. Ce syndicat n'est pas à dominante anarchiste et Georges Dumoulin, mineur, ne connaît rien aux problèmes des employés. Lors du congrès, il dépose, en leur nom, une motion condamnant l'attitude du journal socialiste du Nord lors de la grève des mineurs et il participe aux travaux de la commission sur le travail aux pièces dans l'industrie. L'examen de passage est positif puisque, en 1910, Georges Dumoulin entre au BC[1].

À l'opposé de ces néophytes, une poignée de responsables expérimentés concentrent entre leurs mains un grand nombre de mandats.

Sept délégués en ont 10 (maximum prévu par les statuts) : 5 sont responsables de fédérations (Lithographie, Manutention, Métallurgie, Mouleurs, Verriers) et 2 sont secrétaires d'une bourse du travail (Nantes et Montpellier).

D'autres acteurs de premier plan comme le secrétaire de la Fédération du livre ou celui de la Métallurgie ont « seulement » neuf mandats, car au moins un de ceux qu'ils ont déposés a été refusé par la commission de vérification. Également porteurs de neuf mandats : 17 secrétaires de fédérations – Chemins de fer, Personnels de la guerre, Bûcherons, Alimentation, Mécaniciens, Chapeliers, Cuirs et peaux, Mouleurs, Lithographie, Peintres – et de 2 bourses du travail : Oise et Poitiers.

Syndicalist, Ann Arbor, The University of Wisconsin, 1971, et « Du syndicalisme révolutionnaire au réformisme : Georges Dumoulin (1903-1923) », *Le Mouvement social*, n° 87, 1974, p. 35-62. Portrait dans D. Guérin, *Front populaire, révolution manquée*, Paris, Maspero, 1976, p. 41.

1. En 1908, Georges Dumoulin perd son secrétariat dans la Fédération du sous-sol. Il « monte à Paris » et, après plusieurs mois de travail comme manœuvre sur les chantiers parisiens, devient secrétaire de la Fédération du bâtiment.

En tout, 24 délégués, détenteurs de 9 ou 10 mandats, disposent à eux seuls du quart des voix. Les 64 délégués ayant en poche entre 6 et 10 mandats ont la majorité des voix au congrès. Les 220 autres restants se partagent l'autre moitié. Naturellement, il y a quelques exceptions. Par exemple, trois des dirigeants de la confédération – Victor Griffuelhes, Émile Pouget et Albert Lévy – n'ont pas «collectionné» les mandats.

À deux ou trois exceptions près, ces «dominants» sont tous secrétaires appointés par leurs fédérations, bourses du travail ou unions départementales (à l'aide de subventions publiques). Les autres sont employés par des entreprises «amies», comme Auguste Cleuet, ou par des municipalités socialistes. La plupart sont restés longtemps à la tête de leur fédération ou de leur bourse. Toutes ces caractéristiques en font des professionnels du syndicalisme. Enfin, ils considèrent implicitement que «leurs» syndiqués ne peuvent s'exprimer que par leur intermédiaire. Ainsi, est-il vraiment nécessaire qu'Auguste Cleuet vote pour 7 syndicats d'Amiens, alors qu'il a déjà la charge de l'organisation du congrès?

Au sein de cette oligarchie, les Parisiens – surtout les secrétaires des fédérations nationales – sont des «grands féodaux». Ils forment le noyau du CC et ils dominent les congrès. À Amiens, ils monopolisent la tribune. Ils sont également rapporteurs des commissions et signataires des principales motions. Cela montre que les dirigeants «nationaux» (c'est ainsi que l'on désigne les Parisiens) sont dominants par rapport aux dirigeants «locaux». D'autres indices trahissent cette centralisation. Par exemple, lorsqu'un dirigeant local montre sa valeur, on le fait «monter» à Paris (comme Georges Dumoulin). De même, pendant les grèves ou pour les congrès des bourses, un de ces dirigeants nationaux «descend» pour parler (une part importante du budget confédéral est absorbée par ces «délégations»).

Enfin, les votes de chaque syndicat prouvent que ces responsables bloquent généralement tous leurs mandats dans le même sens. Ces délégués disposent donc d'un mandat «représentatif». Comme les députés ou les sénateurs, ils décident sans consulter leurs mandants (mais ils sont responsables *a posteriori* devant le corps électoral ou devant leurs syndiqués). Ces caractéristiques se retrouvent encore de nos jours : syndiqués muets, petit nombre de dirigeants stables disposant d'un mandat général et cumulant plusieurs responsabilités. En 1906, le mouvement syndical français passe pour jeune et faiblement organisé, pourtant il présente déjà une tendance à l'oligarchie notée par plusieurs observateurs[1].

Comme pour la social-démocratie allemande, en France, les relations entre le parti et les syndicats posent un sérieux problème qui va dominer les assises d'Amiens.

L'impossible unité organique avec les socialistes

À Limoges en 1895, les fondateurs de la CGT l'ont placé « en dehors de toute école politique[2] ». Deux éléments justifient cette proscription de la politique dans le syndicat. D'une part, l'action syndicale doit grouper le plus grand nombre possible de travailleurs et, pour cela, elle doit respecter la diversité politique, religieuse et philosophique du prolétariat. D'autre part, à cette époque, la majorité du mouvement ouvrier est hostile au guesdisme[3] – Jules Guesde est l'un des fondateurs du parti socialiste et l'un de ceux qui ont popularisé en France des thèses marxistes – qui préconise une subordination du syndicat au parti, sur le modèle allemand d'avant 1906. En 1895, l'unité syndicale s'est réalisée contre le guesdisme et contre les divisions entre chapelles socialistes. En 1905, avec l'unification socialiste, ces divisions n'existent apparemment plus. De plus, la SFIO refuse de participer ou de soutenir les gouvernements « bourgeois », ce qui correspond à l'attente des syndicalistes déçus par la participation d'Alexandre Millerand – socialiste indépendant – au gouvernement de « défense républicaine » de Waldeck-Rousseau (1899-

---

1. R. Michels, *Les Partis politiques*, Paris, Flammarion, 1971, p. 260-261.
2. C. Harmel (dir.), *Naissance de la CGT*, Paris, Les Cahiers d'histoire sociale-Albin Michel, 1985.
3. C. Willard, *Les Guesdistes*, Paris, Éditions sociales, 1965.

1902). Dès lors, une question se pose au mouvement syndical : pourquoi ne pas établir une coopération entre syndicat et parti comme en Allemagne ou en Angleterre ?

Cette idée est défendue devant le congrès d'Amiens par Victor Renard qui appartient à la première génération, celle des fondateurs. Né en 1864, ouvrier dans une filature à l'âge de douze ans, mis à l'index comme militant syndicaliste à dix-sept ans, il est resté dans la misère durant douze ans. En 1903, il est élu secrétaire de la Fédération du textile dont il fait une organisation relativement puissante (la troisième de la CGT derrière le Bâtiment et les Chemins de fer mais devant la Métallurgie). Depuis 1890, il participe à pratiquement tous les congrès du mouvement ouvrier, comme compagnon de Jules Guesde et responsable de son Parti ouvrier de France (POF). Il était, lui aussi, au congrès d'unification de la SFIO de 1905.

Victor Renard ne reprend pas la thèse guesdiste. Il demande seulement que la direction de la CGT s'entende « toutes les fois que les circonstances l'exigeront, soit par des délégations intermittentes, ou permanentes, avec le conseil national du Parti socialiste pour faire plus facilement triompher les principales réformes ouvrières. [...] Ce que nous voulons, c'est que les rapports officieux et clandestins actuels, entre les militants syndicalistes et le Parti socialiste, s'étalent au grand jour ». Et il conclut en affirmant que cette ligne de coopération entre parti et syndicat se révèle être un succès dans le nord de la France.

Venu en renfort, le secrétaire de la Fédération de la céramique est encore plus clair : « Dans maintes circonstances et dans de nombreux centres, l'entente entre les syndicats et le Parti socialiste est en voie de réalisation. »

Dès lors, pourquoi ne pas instaurer une division du travail entre le parti et le syndicat comme dans les pays voisins ? Au syndicat les questions économiques, au parti les questions politiques, notamment l'antimilitarisme ou le pacifisme. Victor Renard plaide aussi pour rechercher par la voie législative les « réformes utiles pour la classe ouvrière ». Les guesdistes admirent la social-démocratie allemande (encadré 1), mais Victor Renard sait que ces sentiments ne sont pas partagés. Il s'appuie donc sur l'exemple anglais où le mouvement syndical vient de se résoudre à l'action parlementaire.

Malgré son apparente modestie, la proposition de Victor Renard est mal accueillie. Seul le délégué du Syndicat des employés de Lille intervient en sa faveur. Lors d'un débat connexe, deux dirigeants du textile – Albert Inghels, futur député-maire de Tourcoing, et Émile Clévy, futur maire de Troyes – affirment des positions proches de celles de Victor Renard. Au total, les guesdistes sont donc assez isolés et leur influence est concentrée dans le Textile et dans le Nord. Même la Fédération de la céramique – basée à Limoges qui est une place forte des guesdistes – estime inutile d'instaurer une liaison permanente et demande simplement que cessent les « polémiques qui, en divisant les forces ouvrières, en lassant les énergies, servent seulement les intérêts du patronat et du régime capitaliste ».

Après pratiquement deux jours de débats, la motion Renard est repoussée par 724 mandats sur un total de 993. L'influence des guesdistes « orthodoxes » ne dépasse probablement pas 150 syndicats. Ce vote est d'abord une marque d'hostilité envers le guesdisme. Ce vote est aussi dirigé contre Victor Renard. À l'époque, peu de syndicalistes osent, comme lui, attaquer de front la participation des anarchistes à la majorité confédérale. Enfin, c'est aussi un vote hostile envers la Fédération du textile, tant à cause de son organisation « industrielle » (voir chapitre III) qu'à cause de sa franchise sur la question des effectifs : elle déclare à la confédération à peine la moitié de ses cotisants réels. Certes, tous pratiquent la « rétention de cotisations », mais Victor Renard est le seul à ne pas s'en cacher ; devant le congrès de 1912, il déclare même qu'il continuera tant que la confédération poursuivra sa propagande antipatriotique et tant que, dans les congrès et au CC, chaque organisation disposera d'une voix quel que soit le nombre de ses adhérents[1].

Il était donc logique que les leaders de la confédération se soient mobilisés contre Victor Renard.

---

1. CGT, 1912, p. 24-25. Depuis 1904, la Fédération du textile, les Cheminots et le Livre, bientôt rejoints par les Mineurs, sont favorables au « vote proportionnel » aux effectifs syndiqués.

> **1. Les modèles trade-unioniste**
>
> Dans l'histoire syndicale, l'année 1906 est celle où se mettent en place les deux « modèles » qui vont marquer le XXe siècle (trade-unionisme et social-démocrate).
> En 1906, la confédération des syndicats anglais (TUC) s'engage dans le Labour party à cause de la jurisprudence sur la grève, qui menace l'existence même des syndicats et contre laquelle il n'y a qu'un remède : de nouvelles lois annulant cette jurisprudence. Les libéraux remportent l'élection mais la cinquantaine de députés travaillistes ou apparentés sont indispensables à la majorité parlementaire. Le Trade Dispute Act (21 décembre 1906) apporte une immunité illimitée pour les dommages causés par les luttes syndicales (ce qui rend légal l'« atelier fermé »). Ce cadre légal demeurera en place jusqu'à l'ère Thatcher (1979-1990) et, avec lui, le modèle « trade-unioniste ». À la veille de la Première Guerre mondiale, il y a près de 4 millions de syndiqués en Angleterre.
> Le trade-unionisme du début du siècle est « libéral ». Il se méfie de l'État ; l'action politique vise seulement à obtenir des lois favorables à l'action syndicale. On récuse l'intervention de l'État dans le social et l'économie. Pour éviter que le Labour party ne soit un facteur de division, l'adhérent peut refuser de verser sa cotisation au parti sans perdre sa qualité de syndiqué (système reconnu par la loi en 1911). Du point de vue organisationnel, le syndicat est souverain, les structures fédératives ont des compétences strictement limitées, la confédération est une structure légère, pratiquement sans aucun pouvoir. Enfin, on endure le parti comme un mal nécessaire.
> L'année 1906 marque aussi un tournant dans l'histoire des syndicats allemands. Lors de son congrès de Mannheim, le parti socialiste allemand reconnaît leur autonomie : les syndicats choisissent librement leurs dirigeants

La majorité confédérale

Depuis le congrès de 1902, il existe une majorité confédérale constituée par l'alliance de deux ensembles : des socialistes, principalement allemanistes, et des anarchistes.

Les allemanistes

Les partisans de Jean Allemane étaient nombreux dans les bourses du travail. Cet ancien communard, bagnard en Nouvelle-Calédonie, est l'un des leaders socialistes les plus populaires. C'est aussi un fondateur de la CGT (il participe au congrès de

et social-démocrate

et ils décident souverainement dans toutes les affaires concernant la « lutte économique ». Le parti conserve la direction de la « lutte politique » et affirme la complémentarité entre les deux domaines. Les deux organisations doivent se concerter, chaque fois que des actions communes sont nécessaires. En 1907, l'Internationale socialiste, à son congrès de Stuttgart, adopte une position semblable. Le champ de l'action syndicale est immense : la sécurité sociale, les mutuelles, les caisses de résistance et de solidarité, la négociation collective, la consultation sur tous les projets de lois du travail, etc. Au moins en dehors des élections et des crises internationales, le premier rôle revient de fait aux syndicats.

Cette « transaction » est intervenue après quinze ans d'affrontements entre les socialistes et les syndicats. Au sein du parti social-démocrate, une tendance « orthodoxe » (Karl Kautsky, August Bebel) affirmait que le syndicat devait être strictement subordonné au parti (thèse que les léninistes reprendront à leur compte). Ils n'auront jamais gain de cause car les syndicats ont une puissance considérable, tant par leurs effectifs – à la veille de la Première Guerre, ils comptent 4 millions de membres contre 350 000 pour les syndicats chrétiens et 100 000 pour les libéraux – que par leurs ressources financières et le nombre de leurs permanents.

Avec des vicissitudes, entre 1919 et 1932, et une interruption dramatique – entre 1933 et 1945 à l'Ouest et jusqu'en 1989 à l'Est –, ce modèle a fonctionné de manière relativement harmonieuse et il a inspiré la social-démocratie scandinave.

Avant 1914, le modèle social-démocrate domine également le mouvement syndical international, organisé en secrétariats professionnels par grandes branches, et coiffé par un secrétariat international confié à Carl Legien, le secrétaire de la confédération allemande.

1895). Suivant ses idées, les allemanistes donnent la priorité à la lutte économique sur la lutte politique ; ils veulent la suppression de l'État et non sa conquête ; ils font avant tout confiance à la spontanéité révolutionnaire du prolétariat et à la grève générale. Ils sont ouvriéristes et méfiants envers les intellectuels et les avocats qui colonisent le socialisme au début du siècle. Pour eux, la lutte politique est secondaire mais peut aider la révolution, en facilitant l'agitation et la propagande. Aussi Jean Allemane a-t-il fondé un parti – le Parti ouvrier socialiste révolutionnaire (POSR) – qui devient l'une des composantes de la SFIO lors de son unification. Il est candidat à de nombreuses législatives et élu en 1901 et 1906. Il se rapproche alors de Jean Jaurès et Édouard Vaillant par hostilité envers Jules Guesde.

Sous son influence, de nombreux syndicalistes condamnent la participation au Bloc républicain et sont hostiles au socialisme municipal. Au plan syndical, ils s'opposent à l'action législative, aux contrats collectifs, à la conciliation dans les conflits du travail. Ils placent l'action « générale » au-dessus de l'action corporative : d'où l'importance attachée aux revendications communes à toutes les professions, comme la journée de 8 heures ou, auparavant, la lutte contre les bureaux de placement. De même, beaucoup d'entre eux sont hostiles aux mutuelles et aux coopératives parce qu'elles diffusent dans la classe ouvrière des illusions réformistes et la placent sous direction bourgeoise.

Ils se désignent eux-mêmes comme « socialistes révolutionnaires » pour rappeler le nom de leur ancien parti et se distinguer des autres courants, notamment les guesdistes et les partisans de Jean Jaurès, qu'ils désignent comme des « réformistes » (mais qui se considèrent eux aussi comme des « révolutionnaires »). La plupart des syndicalistes partisans d'Édouard Vaillant (les « blanquistes ») sont alliés aux allemanistes.

Ils détiennent la direction de plusieurs fédérations (notamment le Bâtiment, la Métallurgie, les Cuirs et peaux) et de plusieurs bourses importantes, en premier lieu, l'Union des syndicats de la Seine (USS). La plupart du temps, ce contrôle a été acquis au prix d'une alliance avec les anarchistes.

Victor Griffuelhes[1], secrétaire général de la CGT, incarne cette alliance. Cordonnier, membre de l'Alliance communiste révolutionnaire – groupuscule blanquiste influent dans le prolétariat parisien à la fin du XIXe siècle –, il est candidat aux élections municipales de 1900. Par la suite, il entretient des liens avec le groupe du *Mouvement socialiste*, notamment avec Hubert Lagardelle, Ernest Lafont et André Morizet qui sont ses mentors durant son secrétariat général[2]. En 1899, il devient secrétaire de l'USS puis de la Fédération nationale des cuirs et peaux (1900). Ses qualités d'organisateur – malgré un caractère difficile – sont

---

1. Portrait dans B. Vandervort, *Victor Griffuelhes and French Syndicalism, 1895-1922*, Baton Rouge-Londres, Louisiana State University Press, 1996.
2. *Ibid.*, p. 86-87.

suffisamment évidentes pour qu'il soit élu en septembre 1901 secrétaire de la CGT. En 1902, après l'entrée de la Fédération des bourses dans la CGT, il devient secrétaire général chargé de la « section des fédérations », poste dont il démissionne en février 1909 (voir chapitre II), mais il restera influent jusqu'en 1914.

Victor Griffuelhes a souvent fait preuve de prudence. Il ne cache pas la faiblesse matérielle et numérique de la confédération, il en fait même une quasi-doctrine. Par exemple, à propos du 1er mai, il explique devant le congrès d'Amiens que la confédération ne pouvait qu'aider les organisations, par la propagande, mais pas se substituer à elles pour l'action. Autre preuve de prudence, son rapport ne dit mot de l'antimilitarisme et de l'antipatriotisme. Mieux, Victor Griffuelhes a profité de la préparation du 1er mai 1906 pour suspendre la commission de la grève générale instituée en 1895. Au moment où le congrès va reconduire le principe de la grève générale comme but suprême de la CGT, il la supprime, en pratique, de l'agenda de l'organisation.

Autre caractéristique du personnage, probablement héritée du blanquisme : il privilégie l'action individuelle ou en petit groupe. Le congrès d'Amiens en fournit deux exemples : son voyage à Berlin et l'affaire de la Maison des fédérations.

Le rapport de Victor Griffuelhes reproduit une correspondance avec Carl Legien – responsable de la confédération allemande des syndicats et du secrétariat syndical international (encadré 1) – dans laquelle celui-ci explique que l'antimilitarisme et la grève générale sont de la compétence des partis socialistes et non pas des syndicats. Or, en décembre 1905, devant les menaces de guerre franco-allemande, Victor Griffuelhes s'est rendu seul à Berlin, après avoir réuni en coup de vent quelques membres du CC, pour proposer aux syndicats allemands une « démonstration internationale » contre la guerre. L'offre était généreuse mais son auteur ne pouvait ignorer qu'il s'adressait à la mauvaise porte. Les syndicalistes allemands l'ont renvoyé vers les sociaux-démocrates qui lui ont indiqué que la démarche devait venir de la SFIO. La délégation coûte 408 francs et ne fait qu'aggraver l'incompréhension entre les syndicalistes français et allemands...

D'autre part, le rapport indique que la CGT vient d'emménager dans la « Maison des fédérations ». Tout semble en ordre. Trois ans plus tard, il apparaîtra que c'est une opération montée en secret par Victor Griffuelhes et quelques amis.

La demande de transparence faite par Victor Renard visait toutes les relations entre syndicalistes et socialistes. Victor Griffuelhes répond que le BC n'a rencontré qu'à deux reprises... des parlementaires socialistes. À ce simple niveau officiel, Victor Griffuelhes préfère « oublier » au moins une troisième rencontre récente que révèle le trésorier, Albert Lévy, mais c'était à propos d'une subvention... Il lui serait difficile de nier les nombreux rapports informels. Par exemple, les congressistes savent que, un mois auparavant, en marge du congrès de la Fédération des verriers, Victor Griffuelhes a participé à un banquet présidé par Jean Jaurès à Carmaux. À cette occasion, les deux hommes ont probablement passé un accord de soutien mutuel contre les guesdistes, accord qui sera respecté des deux côtés [1].

Victor Griffuelhes élude de la même manière le problème posé par la présence de 3 anarchistes au BC. Il commence par invoquer la liberté de pensée des responsables comme il l'a fait la veille face à ceux qui lui reprochent de collaborer à *L'Humanité* : « J'estime avoir le droit de faire ce que bon me semble en dehors de mes huit heures de travail. J'ai la liberté d'agir et d'écrire ma pensée, si elle n'est pas contraire à ma mission d'organisation prolétarienne. » Puis il opère une distinction entre la fonction et les idées : peu importe que certains responsables aient des idées anarchistes tant qu'ils se conforment aux résolutions des congrès et aux décisions du CC. Il est intéressant de trouver ce raisonnement, digne de Tartuffe, dans la bouche du « père » de la charte d'Amiens ! Pendant un siècle, ces mêmes arguments serviront pour justifier les « doubles casquettes » (syndicat/parti) qui coloniseront le mouvement syndical français.

Ensuite, Victor Griffuelhes rappelle qu'il a été seul à s'opposer d'emblée à l'entrée d'Alexandre Millerand dans le gouvernement Waldeck-Rousseau en 1899. Il est parvenu à rassembler « une

---

1. *Ibid.*, p. 126.

coalition d'anarchistes, de guesdistes, de blanquistes, d'allemanistes et d'éléments divers. Cette coalition s'est maintenue, elle a été la vie de la confédération».

Dans sa conclusion, il affirme que le syndicalisme français doit repousser aussi bien la social-démocratie que le trade-unionisme : «Ce serait rétrécir le cadre de l'action syndicale et lui enlever toute affirmation de transformation sociale. [...] Ce serait une reculade et ce n'est pas au moment où il y a accentuation d'action qu'il pourrait y avoir reculade de principe.»

Victor Griffuelhes trouve donc naturel que la majorité confédérale se constitue non sur une ligne syndicale, mais sur une base politique : alliance entre divers courants socialistes et anarchistes sur la base d'un commun rejet du «millerandisme». Il propose de reconduire cette formule politique, de refuser toute relation avec le gouvernement et le parlement, d'accentuer l'action directe. Les événements des trois années suivantes sont la conséquence directe de cette ligne (voir chapitre II).

La majorité confédérale a une étoile montante : Alphonse Merrheim, secrétaire de la Fédération de la métallurgie[1]. Par son âge (trente-six ans) et son expérience, il appartient plutôt à la première génération, celle des fondateurs. Mais, il accède tard aux responsabilités nationales, alors que commence à arriver aux postes de commande la seconde génération dont il est l'un des principaux mentors.

Sa réputation dans la CGT a été renforcée par le récent conflit des Forges d'Hennebont (avril-août 1906) dans lequel il est parvenu à obtenir une sortie honorable[2]. En fait, il a modéré ses positions entre les premières visites – au cours desquelles il tient des propos virulents – et les dernières où il tente d'éviter les violences contre les non-grévistes et se fait huer lorsqu'il appelle à la reprise du travail. À l'époque, on ne retient que la durée et le caractère héroïque de cette grève.

Devant le congrès d'Amiens, Alphonse Merrheim reconnaît

---

1. Portrait dans N. Papayanis, *Alphonse Merrheim : The Emergence of Reformism in Revolutionary Syndicalism, 1871-1923*, Amsterdam-La Haye, Cluwer, 1976.
2. Récit *ibid.*, p. 20-30, et dans É. Dolléans, *Histoire du mouvement ouvrier, 1871-1920*, Paris, Armand Colin, 1939, II, p. 13-14.

avoir été au parti guesdiste dans le Nord mais s'en être séparé parce qu'il condamne l'électoralisme. Par la suite, il a sympathisé avec l'allemanisme et, comme Victor Griffuelhes, il est proche du groupe du *Mouvement socialiste* auquel il collabore régulièrement et il fera partie du noyau fondateur de *La Vie ouvrière* autour de Pierre Monatte.

Alphonse Merrheim est originaire du Nord. Ouvrier à dix ans, tisseur puis métallo, avant de devenir secrétaire du Syndicat des chaudronniers et de la bourse du travail de Roubaix (1892-1904). Il connaît donc bien la situation dans le Nord. C'est pourquoi il peut témoigner contre Victor Renard[1]. Sa conclusion : « Roubaix, proclamée la Mecque du socialisme, est une cité de misère et de souffrance. Il est peu de villes où l'on trouve des salaires aussi bas. C'est la conséquence de votre tactique » (c'est-à-dire de la subordination du syndicat au parti).

La rigueur d'Alphonse Merrheim et la clarté de ses exposés contrastent avec la rugueuse simplicité de ses alliés anarchistes.

Les anarchistes

Il est difficile d'estimer leur poids puisque le congrès n'a pas voté sur un texte qui leur soit propre (ils ont déposé plusieurs motions mais elles ont été escamotées).

Pierre Monatte[2] est la personnalité la plus remarquable de ce courant. Bachelier et ancien répétiteur de l'Éducation nationale, c'est un intellectuel cultivé qui souffre de l'ouvriérisme et de l'anti-intellectualisme de la majorité confédérale. Il se lamente de l'inculture de la plupart des dirigeants syndicaux et de la faible qualité de *La Voix du peuple*. C'est la raison pour laquelle il fonde, en 1909, une revue indépendante : *La Vie ouvrière*. À partir de 1906, il est l'éminence grise de la confédération. Ses fonctions sont modestes : il est délégué du « Syndicat national des correcteurs et teneurs de copie » – qui est entré en 1905 dans

---

1. Voir un extrait de son intervention dans l'encadré 8, chapitre III.
2. Portrait dans C. Chambelland, *Pierre Monatte. Une autre voix syndicaliste*, Paris, L'Atelier, 1999.

la Fédération du livre où il occupe une position marginale – et membre du CC. Au printemps 1906, au cours d'un meeting des mineurs en grève, il a encouragé l'assistance à affronter la police, ce qui lui a valu d'être arrêté, condamné... et insulté par le quotidien socialiste *Le Réveil du Nord*. À la tribune du congrès d'Amiens, Pierre Monatte lit de larges extraits de ce journal qui permettent de mesurer la haine séparant les socialistes et les anarchistes dans le Nord.

Les syndicats de mineurs se divisent en effet en deux fédérations rivales. Le « vieux syndicat », largement majoritaire, est aux mains des socialistes. Celui du Pas-de-Calais est présidé par Émile Basly, député puis sénateur et maire de Lens ; le secrétaire est Arthur Lamendin, député puis maire de Liévin de 1892 à 1919. Ces deux hommes disposent d'une clientèle fidèle et ils sont très actifs pour obtenir une législation favorable à leurs mandants. Mais leur politique de compromis avec le patronat vient d'être désavouée par la majorité des mineurs en grève. Le « jeune syndicat », contrôlé par des anarchistes, est dirigé par Benoît Broutchoux et Georges Dumoulin. Les deux tendances viennent de tenir un congrès d'unification qui ouvre l'intégration de la nouvelle fédération dans la CGT (adhésion effective en 1908).

N'étant pas adhérent, Benoît Broutchoux ne participe pas officiellement au congrès d'Amiens. Pourtant, il intervient, il dépose une motion et il préside même une séance ! Cela illustre la partialité de la direction de la CGT en faveur du « jeune syndicat » minoritaire (et scissionniste). Les archives de Pierre Monatte contiennent un portrait de cet homme qui s'est illustré, lors des événements de Courrières, par diverses violences, notamment l'assaut contre la mairie de Lens, violences qui permirent à Georges Clemenceau d'envoyer des troupes dans le bassin minier malgré sa promesse initiale de « neutralité ». La haine des socialistes unifiés – désignés sous le terme générique de « bourgeois » – est le principal ressort de Benoît Broutchoux comme de son ami Charles Dhooghe, secrétaire du Syndicat du textile de Reims[1].

---

1. Pendant l'Occupation, Charles Dhooghe présidera le Centre syndicaliste de propagande (favorable à la collaboration).

Devant le congrès d'Amiens, celui-ci tient des propos particulièrement virulents contre Victor Renard, qui « les poches bourrées de mandats » veut « placer la fédération et les syndicats textiles sous la dépendance des négriers de la politique ». Plus loin il l'accuse de « prostituer la fédération aux marlous de la politique ». Et il indique son intention de provoquer une scission dans la fédération. Il y est encouragé en sous-main par Victor Griffuelhes et par Émile Pouget (*La Voix du peuple* vient de publier sa circulaire appelant à la scission dans la Fédération du textile).

L'importance prise par les anarchistes dans la confédération est récente. Elle date de sa fusion avec la Fédération des bourses en 1902. En effet, entre 1895 et 1902, la CGT est restée embryonnaire, à cause de la concurrence de cette fédération qui refusait de la rejoindre. Elle était animée, depuis 1894, par Fernand Pelloutier[1]. Cet ami de Jean Allemane s'était fait l'apôtre de l'« action directe » du prolétariat contre le patronat, sans intermédiaire politique. Il voulait constituer un réseau de bourses réunissant toutes les corporations d'une même localité, pour « dépasser » l'égoïsme corporatif. Après la vague d'attentats et les lois de répression de 1893-1894, les anarchistes ont colonisé de nombreuses bourses[2].

À la mort de Fernand Pelloutier (1901), Georges Yvetot est devenu secrétaire de cette fédération. L'année suivante, la majorité des bourses accepte la fusion avec la CGT. Pour vaincre les réticences, on a imaginé une solution astucieuse, conçue comme transitoire, mais qui a perduré avec des conséquences considérables pour la suite de l'histoire du mouvement syndical français[3]. La confédération est découpée en deux sections (fédérations et bourses) qui disposent de leurs caisses alimentées par des cotisations propres et qui sont dirigées par deux comités, réunissant un délégué par fédération ou bourses, comités qui

---

1. J. Julliard, *Fernand Pelloutier et les Origines du syndicalisme d'action directe*, Paris, Seuil, 1971.
2. J. Maitron, *Histoire du mouvement anarchiste (1880-1914)*, Paris, Sudel, 1951.
3. Voir aussi l'organigramme de la CGT, encadré 9, chapitre III.

élisent chacun un secrétaire et un adjoint. La réunion de ces deux comités forme le CC, organe directeur de la CGT (en dehors des congrès). Dans le CC, chacune des fédérations et bourses dispose d'une voix, quel que soit le nombre de ses syndiqués. Enfin, en vertu de ce dualisme, pour pouvoir être confédéré, tout syndicat doit adhérer à une fédération nationale et à la bourse du travail de sa localité (et donc verser deux cotisations pour chaque syndiqué).

En 1902, ce compromis compliqué permet de « sauver » les hommes et leurs réseaux. Ainsi, Georges Yvetot et son adjoint, Paul Delesalle[1] – anarchiste, compagnon de Fernand Pelloutier et ami de Georges Sorel –, deviennent secrétaires confédéraux, pendant que la section des fédérations reconduit Victor Griffuelhes (avec Émile Pouget comme adjoint, chargé du journal confédéral, *La Voix du peuple*). Une seule prééminence est accordée à la CGT « historique » : le secrétaire de la section des fédérations est en même temps « secrétaire général » de la CGT.

En 1904, l'équipe est complétée par un trésorier – Albert Lévy, de la Fédération des employés et allemaniste – chargé de tenir les quatre caisses (fédérations, bourses, journal et grève générale). Ces cinq hommes forment le bureau confédéral (BC).

Le grand bénéficiaire de l'opération est Georges Yvetot, dont la fédération est mourante et qui se retrouve numéro deux de la CGT. Son caractère et son apparence physique l'ont fait surnommer « le Bouledogue ». Fils de gendarme, tôt orphelin, il a été élevé par les Pères. Devant le congrès de 1910, il trace son autoportrait : jeune, il a accepté de travailler en dessous du tarif syndical et il a volé son patron ; depuis, il se consacre entièrement à l'agitation anarchiste et il ne craint pas d'aller en prison : il y est tranquille tandis qu'il ne l'est pas avec sa femme et ses enfants qu'il n'aime pas[2]. Il rédige à la chaîne des circulaires et des libelles, répétant les mêmes slogans.

Assez tôt, il a eu mauvaise réputation dans le mouvement syn-

---

1. Portrait dans J. Maitron, *Paul Delesalle, un anar à la Belle Époque*, Paris, Fayard, 1985.
2. CGT, 1910, p. 226-234.

dical. Par exemple, en janvier 1907, les responsables des syndicats de Fougères n'ont pas souhaité le laisser parler devant les grévistes[1]. Ses « délégations » auprès des ouvriers en grève, répertoriées dans les rapports d'activité, semblent peu nombreuses par rapport à la plupart de ses collègues et certaines tournent à la catastrophe. Ainsi, en avril 1910, venu à Marseille pour une grève des inscrits maritimes, Georges Yvetot propose de « jeter dans le port » les dirigeants des dockers qui n'organisent pas assez vite à son goût une grève de solidarité. Les dockers, furieux, veulent quitter la CGT[2].

Georges Yvetot assure aussi le secrétariat de l'AIA (Association internationale antimilitariste), fondée en 1902 et dont l'adresse fut un temps... celle de la CGT[3]. Sous sa responsabilité, la propagande et l'agitation, spécialement antimilitaristes, sont devenues la seule activité de la section des bourses. Comme l'indique son rapport au congrès d'Amiens, toutes les fonctions normales de cette section – aide matérielle aux bourses, conseil juridique, placement, instauration du *viaticum* (indemnité de voyage versée au syndiqué qui doit changer de ville pour rechercher du travail) – ont été suspendues et remises à plus tard...

La comparaison des deux rapports montre de nombreuses divergences entre Victor Griffuelhes et Georges Yvetot, notamment à propos de l'antimilitarisme et de l'antipatriotisme, marotte du second dont le premier ne souffle mot. D'autres différences méritent d'être relevées. Par exemple, le rapport de Georges Yvetot indique que des syndicats d'instituteurs ou de postiers sont admis dans certaines bourses, alors que Victor Griffuelhes

---

1. C. Geslin, « Provocations patronales et violences ouvrières : Fougères (1887-1907) », *Le Mouvement social*, n° 82, 1973, p. 49.
2. CGT, 1910, p. 69-75.
3. En août 1914, Georges Yvetot se cache – « enseveli sous le poids de sa lâcheté » selon la formule d'Ange Rivelli, le leader des Inscrits maritimes, lâcheté confirmée par Alphonse Merrheim (B. Georges et D. Tintant, *Léon Jouhaux. Cinquante ans de syndicalisme*, Paris, PUF, 1962, p. 489). Après guerre, il n'a plus d'activité mais, en septembre 1939, il signe l'appel pour la « paix immédiate » lancé par Louis Lecoin. Pendant l'Occupation, il préside un comité de propagande de la collaboration et, à son enterrement en 1942, l'ambassade d'Allemagne à Paris vint s'associer « à la douleur du mouvement ouvrier français ».

se contente d'exhorter ces fonctionnaires à «conquérir le droit syndical» avant de frapper à la porte de la CGT. Il n'a pas tort d'être prudent, comme le prouveront, l'année suivante, les nombreuses révocations de fonctionnaires syndicalistes, dont celle du leader des instituteurs (Marius Nègre).

Comment Georges Yvetot a-t-il pu se maintenir plus de douze ans au BC alors que sa personnalité et ses provocations portaient tort à la confédération? L'organisation de la CGT est la principale cause: le «compromis de Montpellier» le rend indélogeable tant qu'il peut contrôler le comité des bourses qui le reconduit régulièrement. Chaque bourse – il y en a 135 à l'époque d'Amiens – dispose d'une voix dans ce comité, mais la plupart ne peuvent financer le voyage à Paris pour que leurs secrétaires assistent en personne aux réunions. L'habitude s'est prise de confier le mandat à un «camarade» parisien, souvent recruté par Georges Yvetot. Par exemple, Paul Delesalle «représente» la bourse de Carcassonne. Certes, les autres dirigeants essaient de faire entrer leurs hommes. C'est ainsi que Pierre Monatte est entré au CC, en 1905, sur recommandation d'Émile Pouget, comme «représentant» de la bourse du Gard et comme «suppléant» du Rhône (titulaire Alphonse Merrheim). À la même époque, Victor Griffuelhes fait entrer au comité des bourses, donc au CC, un jeune anarchiste qui sera promis à un grand avenir: Léon Jouhaux[1] qui «représente» la bourse d'Angers. À notre connaissance, aucun de ces hommes n'a osé affronter Georges Yvetot parce que, les votes étant publics, un désaccord déclencherait des insultes et menaces et, finalement, l'éviction. On se contente donc de venir au CC – les deux sections réunies – et de s'absenter quand la réunion concerne les seules bourses. Les comptes rendus font état d'un absentéisme massif dans ce comité. En pratique, Georges Yvetot décide de tout souverainement. La conférence des bourses, tenue le lendemain du congrès d'Amiens, en offre un exemple remarquable. Un point essentiel est en discussion: la transformation des bourses en unions locales et la création d'une union par département, ces unions départementales (UD) ayant seules un

---

1. Portrait dans l'encadré 4, chapitre II.

siège au comité de la section des bourses, donc au CC. Officiellement, il s'agit de « décentraliser » la CGT et de limiter la taille du CC. Naturellement, on affirme que la fusion des bourses se fera de façon volontaire (promesse vite oubliée, comme on le verra). Cette réforme considérable est adoptée par 37 voix contre 35 et 11 votes blancs ou abstentions. En fait, Georges Yvetot et son adjoint Paul Delesalle disposent à eux seuls de 10 mandats. Parmi les autres secrétaires présents ou représentés à la conférence, il y avait donc une large majorité hostile à cette réforme.

Malgré ces manipulations et cette intolérance, il existe donc une opposition à l'alliance entre les allemanistes et les anarchistes.

L'opposition à la direction confédérale

Au cours du débat, il est apparu qu'au moins quatre organisations importantes se placent dans l'opposition à la direction confédérale: les Fédérations du livre, des cheminots, des mécaniciens et des employés. Trois de leurs dirigeants sont intervenus pour repousser la proposition de Victor Renard mais surtout pour instruire le procès de la majorité et proposer une ligne syndicale alternative.

Trois opposants historiques

On retient surtout d'Auguste Keufer qu'il a dirigé la Fédération du livre pendant trente-cinq ans (1884-1920) et qu'il était un fervent positiviste. On dit moins qu'il était aussi socialiste. On oublie généralement que la CGT lui doit la vie: présent au congrès de Limoges (1895), il est l'un des rédacteurs des statuts originaux. Premier trésorier confédéral, il parvient à convaincre quelques fédérations (dont la sienne) de verser une cotisation, sauvant ainsi la CGT de la disparition. Il participe ensuite à tous les congrès confédéraux jusqu'à sa retraite en 1920, dominant les débats par la clarté de ses exposés, la rigueur de son raisonnement, sa tolérance et sa courtoisie. Lors des CC réunis pour diriger la confédération entre les congrès, sa fédération est régulièrement représentée, souvent par lui-même ou par son second (Charles Burgard puis Claude Liochon qui sont également présents au congrès d'Amiens). Il a d'autant plus de mérite que, jusqu'en 1909, il est en butte à l'hostilité de la majorité, notamment celle, difficilement compréhensible, de Victor Griffuelhes qu'il a contribué à faire élire.

La Fédération du livre symbolise ce qu'aurait pu être le syndicalisme français, s'il avait suivi la voie esquissée par les fondateurs de la CGT : la majorité des ouvriers de la branche sont syndiqués, la fédération a obtenu des «tarifs» – autrement dit une grille des salaires minimaux – et des contrats collectifs très favorables, elle a mis en place de nombreux services mutualistes (dont le *viaticum*). Pourtant, loin de susciter l'admiration des autres, cette fédération est régulièrement dénoncée comme faisant du «mutuellisme», du «réformisme» et de la «collaboration de classe» (en prônant la négociation préalable à la grève).

À Amiens, la Fédération du livre est paradoxalement en position d'accusée. En effet, pour le 1er mai 1906 – alors que la CGT s'était lancée dans une bataille perdue d'avance pour les 8 heures –, elle a mené une campagne réussie de négociations pour les 9 heures et la «semaine anglaise» (un jour et demi consécutif de repos) sans diminution de salaire et elle a lancé la grève seulement dans les entreprises récalcitrantes. À ce propos, les secrétaires des Fédérations de la lithographie et des mécaniciens sont venus signaler à la tribune que, par discipline, leurs organisations ont lutté pour les 8 heures, qu'elles ont échoué et qu'elles ont failli en mourir : perte de nombreux adhérents, épuisement des finances fédérales...

Devant le congrès d'Amiens, Auguste Keufer explique la faiblesse de la CGT par la politisation :

«Je ne méconnais pas l'activité déployée par ceux qui, depuis [1902], ont dirigé la confédération ; *ils ont prouvé quelle influence peut exercer une minorité active sur une masse indifférente ou insouciante* (nous soulignons). C'est ce qui explique que la confédération a pu prendre la direction actuelle : antiparlementaire, à tendance anarchiste, antimilitaire, antipatriotique.»

La Fédération du livre est réellement ouverte à tous. Par

exemple, elle a pris la défense des anarchistes au congrès international de Londres en 1900 et s'est toujours opposée à leur exclusion. Mais elle récuse la politisation du syndicat (donc la motion Renard), la violence et l'intolérance.

Auguste Keufer termine son intervention par deux avertissements prémonitoires. Le premier concerne les conséquences des « candidatures ouvrières » aux élections politiques (qui sont fort nombreuses chez les guesdistes mais aussi chez les allemanistes et leurs alliés socialistes) :

« Que se portent candidat ceux qui se trouvent dans les rangs du syndicat, c'est bien ; mais il est funeste que ceux qui ont conquis la confiance de leurs camarades [...] quittent leurs fonctions syndicales pour devenir des candidats aux fonctions politiques. Ils sèment le scepticisme parmi les travailleurs et favorisent l'accusation de n'avoir agi qu'en vue de se faire un tremplin de leur fonction syndicale. Les militants qui représentent une véritable force sociale, qui possèdent la confiance de leurs camarades, doivent rester avec eux et mettre leurs aptitudes au service de leur corporation. »

Le second avertissement porte sur l'antimilitarisme et l'antipatriotisme. Tout en se déclarant contre l'intervention de l'armée dans les grèves, il estime que : « L'action antimilitariste et antipatriotique de la confédération est un obstacle sérieux, certain, au développement des syndicats. Elle blesse les convictions de nombreux travailleurs qui ont une autre idée de la mission des organisations corporatives. Persévérer dans cette voie, c'est préparer la désorganisation des groupements, en réduire les effectifs et les rendre impuissants. »

Il a enfin présenté au congrès une motion qui proclamait que la CGT, « tout en laissant à ses adhérents entière liberté d'action politique hors du syndicat, n'a pas plus à devenir un instrument d'agitation anarchiste et antiparlementaire qu'à établir des rapports officiels ou officieux, permanents ou temporaires avec [un] parti politique ou philosophique »[1].

---

1. Cette motion est signée par plusieurs responsables du Livre, les secrétaires des Fédérations des mécaniciens, des tabacs, des employés et les secrétaires des

La Fédération des ouvriers mécaniciens est la seconde organisation à s'opposer à la direction confédérale, par la voix de son secrétaire, Pierre Coupat. Mécanicien et militant socialiste, il participe à la création de la fédération en 1889 et en devient secrétaire en 1901. Il assiste à tous les congrès confédéraux de 1900 à 1910. Autant Auguste Keufer symbolise un avenir possible – une organisation d'industrie, respectueuse des métiers (voir le chapitre III) –, autant Pierre Coupat incarne un système condamné par l'évolution de l'industrie : la fédération de métier qui ferme sa porte aux ouvriers non qualifiés (de plus en plus nombreux dans la métallurgie)[1].

La majorité de la CGT est hostile à ces « aristocrates » de la classe ouvrière, comme en témoigne le rapport de Victor Griffuelhes qui les met en cause pour expliquer l'échec du mouvement de mai dans la métallurgie parisienne. Cette présentation est violemment contestée par le secrétaire de l'Union des syndicats des mécaniciens de la Seine[2]. Pierre Coupat se pose alors en médiateur et explique, sans être contredit, que les mécaniciens ont été l'âme du mouvement et qu'ils ont fait leur « devoir de syndiqués » (c'est-à-dire participé à la grève, là où il y en avait une). L'incident est révélateur : une hostilité de principe empêche la majorité d'entendre les propos de bon sens de Pierre Coupat, demandant une « stricte neutralité » et condamnant l'action des libertaires qui rendent « la confédération invivable [pour les ouvriers] qui, en immense majorité, ont foi en leur bulletin de vote ».

C'est également la position d'Eugène Guérard[3], secrétaire général du Syndicat national des chemins de fer (SN). Ancien

---

bourses de Puteaux, Reims, Poitiers, Épernay, Belfort. Au cours du congrès, elle reçoit le renfort des Chemins de fer.

1. Pierre Coupat quitte la CGT après le congrès de Toulouse (1910) qui contraint les mécaniciens à intégrer la Fédération de la métallurgie. En 1920, il devient secrétaire d'État à l'Enseignement technique, dont il a toujours été un des fervents promoteurs.

2. Lucien Voilin, socialiste allemaniste, membre de la CAP de la SFIO et conseiller général de la Seine, futur député puis sénateur et maire de Puteaux.

3. Portrait dans É. Fruit, *Les Syndicats dans les chemins de fer en France (1890-1910)*, Paris, Éditions ouvrières, 1976.

employé des chemins de fer révoqué en 1891, socialiste allemaniste puis unifié, il a fait du SN la deuxième fédération syndicale française (derrière le Bâtiment). Il est l'un des fondateurs de la CGT et il en fut secrétaire général pendant près d'un an en 1901. Comme la Fédération du livre, le SN conteste l'organisation de la confédération. Eugène Guérard illustre ses critiques avec l'échec du 1er mai. La campagne a été décidée par le congrès de Bourges (1904) sans que les délégués aient pu consulter préalablement leurs organisations ; il demande donc que soit plus précisément libellé l'ordre du jour des réunions (congrès et CC) afin de permettre aux délégués d'avoir des mandats clairs. De plus, le vote de 1904 a été faussé par la règle accordant une voix à chaque syndicat quel que soit le nombre de ses adhérents. Les décisions auront de l'importance, estime-t-il, quand les votes seront proportionnels au nombre des adhérents. Ces deux questions, apparemment « techniques », ont une portée considérable. Les petites organisations, très nombreuses mais faibles numériquement, font les majorités au congrès, comme au CC, alors que l'essentiel de l'action et du financement de la confédération pèse sur les grosses organisations, moins nombreuses mais avec beaucoup plus de syndiqués. De plus, beaucoup de dirigeants syndicaux considèrent qu'ils peuvent décider sans consulter la « masse ignorante » de leurs adhérents. C'est encore aujourd'hui l'une des principales faiblesses des syndicats français.

La position d'Eugène Guérard est fragilisée par les divisions entre les grandes organisations : au moins deux appuient l'alliance avec les anarchistes (la Métallurgie et le Bâtiment) ; quant au Textile, il fait bande à part. De plus, en 1906, les Mineurs (hostiles aux anarchistes) ne sont pas encore adhérents à la CGT : à partir de leur adhésion (1908), la majorité sera du côté de l'opposition confédérale.

Le blocage essentiel réside dans le contrôle du comité des bourses par les anarchistes, en alliance avec les socialistes révolutionnaires. C'est pourtant l'un des leaders des bourses qui tente, à Amiens, de proposer une troisième voie.

Une troisième voie ?

À Amiens, beaucoup de gens souhaitent rassembler le « centre » en rejetant dans l'opposition les anarchistes et les guesdistes. C'est Louis Niel qui tente de faire voter une motion proposant cette « troisième voie ».

Le ralliement de Louis Niel à l'opposition confédérale, hostile à l'alliance avec les anarchistes, surprend certains congressistes (il est lui-même d'origine anarchiste). Orateur doué – bien que certains comme Alphonse Merrheim le jugent bavard et suffisant –, il est aussi un bon organisateur (secrétaire de la bourse de Montpellier, de 1901 à 1909). Louis Niel peut être considéré comme l'un des « fondateurs » de la CGT. En effet, après la mort de Fernand Pelloutier, lors du congrès d'Alger de la Fédération des bourses (1901), il a fait admettre son entrée dans la CGT et, l'année suivante, le « bicéphalisme » présenté plus haut.

Louis Niel est sans doute imprudent comme l'atteste ses contacts probables avec la police dans l'Hérault[1]. De même, lors du congrès d'Amiens, il ne cache pas les difficultés des bourses, trop dépendantes des subventions publiques – son propre salaire est assuré par la municipalité (comme celui de la majorité de ses collègues) – et en butte à l'hostilité de certains syndicats qui refusent de les financer en proportion de leurs adhérents (réalité que les autres secrétaires dissimulent pour ne pas affaiblir leur position dans la confédération). Cette trop grande franchise lui jouera des tours lors de son bref passage à la tête de la CGT en 1909.

En réponse à Victor Renard, il propose une troisième voie entre l'anarchisme et le socialisme marxiste, dont la guerre fratricide rend l'atmosphère « irrespirable » dans la CGT. Cette idée de « troisième voie » est reprise par plusieurs intervenants (notamment Jean Latapie de la Métallurgie). Enfin, Louis Niel souhaite un « esprit nouveau », empreint de « respect, de cordia-

---

1. B. Vandervort, *Victor Griffuelhes and French Syndicalism, 1895-1922, op. cit.*, p. 180-181.

lité, de sympathie réciproque », promesse d'adhésions nombreuses et de résultats rapides.

Par ce discours, Louis Niel proposait implicitement sa candidature contre la direction confédérale[1]. Le congrès ne l'a pas suivi et a adopté un projet plus ambitieux : la « charte » d'Amiens.

La charte d'Amiens

Pour comprendre la portée de ce texte, il faut se souvenir que les congrès – syndicaux ou socialistes – n'élisent pas les dirigeants, ils votent sur des idées et choisissent entre différentes lignes. Ensuite la direction – CAP à la SFIO ou CC à la CGT – élit les secrétaires en fonction des majorités qui se sont dégagées lors du congrès. Dès lors, les délégués savent que, en votant pour un texte, ils choisissent aussi tels ou tels dirigeants. Cela explique qu'on lise superficiellement les textes et en commençant par la liste des signataires.

Une fois écartée la motion Renard, le congrès doit encore examiner deux textes essentiels : « Niel » et « Keufer-Coupat », textes qui risquent de recueillir un nombre de voix suffisamment important pour obliger la direction à tenir mieux compte de la minorité confédérale, voire à ouvrir le BC à l'un ou l'autre de ces dirigeants d'opposition. Ce risque est écarté en procédant comme dans les congrès du parti socialiste ou du parti radical. D'abord, on ensevelit l'opposition sous un foisonnement de motions, souvent d'inspiration anarchiste, toutes plus ou moins semblables. Après avoir passé la moitié du congrès sur la motion Renard – discussion sans risque puisque la victoire était certaine –, on feint de découvrir qu'il est matériellement impossible d'examiner la masse des textes restant en lice. Pour sortir de cette impasse, le BC présente, par la voix de Victor Griffuelhes, une « motion de synthèse » qui passe à la postérité sous le nom de « charte d'Amiens » (encadré 2).

---

1. Un rapport de police indique que, début 1906, on avait songé à lui pour remplacer Victor Griffuelhes, gravement malade (B. Vandervort, *Victor Griffuelhes and French Syndicalism, 1895-1922*, *op. cit.*, p. 108-109).

Ce texte lie ensemble les principales idées ayant cours dans la majorité confédérale. Il est signé par le BC sortant et par une quarantaine de responsables représentant différents courants de la CGT. Cette liste montre l'habileté de Victor Griffuelhes : il a fait signer plusieurs dirigeants qui l'ont attaqué publiquement, notamment Henri Turpin qui l'a critiqué à propos de sa collaboration à *L'Humanité* et de son attitude lors du 1er mai 1906. On note aussi la présence de responsables appartenant à des organisations d'opposition : Employés, Livre, Textile... et au moins deux guesdistes. C'est mettre l'accent sur le «rassemblement» en faveur de l'«unité morale du mouvement». À moins de passer pour des diviseurs, les opposants doivent se rallier. Louis Niel retire son texte et annonce qu'il votera «l'ordre du jour Griffuelhes»; la Fédération du livre annonce également qu'elle se rallie, en formulant une réserve concernant la grève générale. Sans plus de discussion, on passe au vote et la «charte» d'Amiens est adoptée à la quasi-unanimité... Dans cette unanimité, il y a aussi de la lassitude (le débat dure depuis près de deux jours), l'envie de passer au reste de l'ordre du jour et surtout le souci de réaliser l'unité.

En plus de l'ambiguïté propre à toute synthèse, ce texte pose au moins trois questions.

Premièrement, s'agit-il de la charte du syndicalisme révolutionnaire? Deux points vont dans ce sens.

D'une part, si le texte ne repousse pas la recherche d'une amélioration immédiate de la condition des salariés, il subordonne cette «besogne quotidienne» à des choses plus fondamentales : la lutte de classe, l'émancipation du prolétariat et l'expropriation des capitalistes par la grève générale; le syndicat comme base de la société future. La grève occupe une place importante dans l'imaginaire des syndicalistes depuis plus de vingt ans. Elle n'est pas simplement un arrêt de travail, mais aussi une «mobilisation» de la classe ouvrière et une «répétition» en vue de la grève générale et de l'insurrection finale. Les délégués croient-ils en ces formules? Ils viennent d'approuver massivement le rapport d'activité de Victor Griffuelhes qui comporte notamment la neutralisation du comité chargé de préparer la grève générale.

2. La charte d'Amiens

« Le congrès confédéral d'Amiens confirme l'article 2, constitutif de la CGT. La CGT groupe, en dehors de toute école politique, tous les travailleurs conscients de la lutte à mener pour la disparition du salariat et du patronat ;
Le congrès considère que cette déclaration est une reconnaissance de la lutte de classe qui oppose, sur le terrain économique, les travailleurs en révolte contre toutes les formes d'exploitation et d'oppression, tant matérielles que morales, mises en œuvre par la classe capitaliste contre la classe ouvrière ;
Le congrès précise, par les points suivants, cette affirmation théorique :
Dans l'œuvre revendicatrice quotidienne, le syndicalisme poursuit la coordination des efforts ouvriers, l'accroissement du mieux-être des travailleurs par la réalisation d'améliorations immédiates, telles que la diminution des heures de travail, l'augmentation des salaires, etc. ;
Mais cette besogne n'est qu'un côté de l'œuvre du syndicalisme ; il prépare l'émancipation intégrale, qui ne peut se réaliser que par l'expropriation capitaliste ; il préconise comme moyen d'action la grève générale et il considère que le syndicat, aujourd'hui groupement de résistance, sera, dans l'avenir, le groupement de production et de répartition, base de réorganisation sociale ;
Le congrès déclare que cette double besogne, quotidienne et d'avenir, découle de la situation des salariés qui pèse sur la classe ouvrière et qui fait à tous les travailleurs, quelles que soient leurs opinions ou leurs tendances politiques ou philosophiques, un devoir d'appartenir au groupement essentiel qu'est le syndicat ;
Comme conséquence, en ce qui concerne les individus, le congrès affirme l'entière liberté pour le syndiqué de participer, en dehors du groupement corporatif, à telles formes de lutte correspondant à sa conception philosophique ou politique, se bornant à lui demander, en réciprocité, de ne pas introduire dans le syndicat les opinions qu'il professe au dehors ;
En ce qui concerne les organisations, le congrès décide qu'afin que le syndicalisme atteigne son maximum d'effet, l'action économique doit s'exercer directement contre le patronat, les organisations confédérées n'ayant pas, en tant que groupements syndicaux, à se préoccuper des partis et des sectes qui, en dehors et à côté, peuvent poursuivre en toute liberté la transformation sociale. »

Les signataires de la charte[1]
P. Ader, Ouvriers agricoles du midi (A) ; Bastien, Textile ; J. Bled, Horticole (S) ; J. Bornet, Bûcherons (S) ; A. Bousquet, Boulangers (G) ; J. Braun, Métallurgie (SA) ; C. Bruon, Bâtiment ; J. Chazeaud, Métallurgie (A) ; M. Cousteau, Horticoles ; P. David, BdT Grenoble (S) ; P. Delesalle, confédération (A) ; C. Delzant, Verriers (A puis S) ; C. Devilar, Employés (S) ; C. Dhooghe, Textile (A) ; H. Dret, Cuirs et peaux (S) ; L. Ferrier, Métallurgie (G) ; H. Galantus, Métallurgie (SA) ; A. Garnery, Bijoutiers (A) ; H. Gautier, BdT Saint-Nazaire

---

1. Classement alphabétique, avec leur organisation et leur orientation politique en 1906, d'après J. Maitron (dir.), *Dictionnaire biographique du mouvement ouvrier français*, Paris, Éditions ouvrières, 1963, et diverses autres sources. A : anarchiste, G : guesdiste, S : socialiste, SA : allemaniste.

> (SA); H. Henriot, Allumettes; P. Hervier, BdT Bourges (S); J. Latapie, Métallurgie (S); L. Laurent, Bâtiment; A. Lévy, confédération (SA); A. Luquet, Coiffeurs (S); F. Marie, Typographes; J. Mazaud, Cochers (S); J. Médard, Alimentation; L. Ménard, Ardoisiers (SA); A. Merrheim, Métallurgie; E. Merzet, Mineurs (S); Monclard, Boulangers; L. Morel, BdT Nice (S); E. Pouget, confédération (A); N. Richer, BdT Le Mans (S); L. Robert, Peintres; J. Roullier, BdT Brest (A); J. Samay; T. Sauvage, Mouleurs; E. Tabard, Cochers (S); G. Thil, Lithographes (S); H. Turpin, Voiture; G. Yvetot, confédération (A).

D'autre part, on proclame que l'action doit s'exercer directement contre le patronat. L'action directe, credo de tous les syndicalistes, signifie « sans intermédiaire politique ». On considère l'État comme un appendice du patronat. Cette vision convenait à la situation de la première moitié du XIXe siècle, mais elle était devenue douteuse sous la IIe République et l'Empire et se trouve dépassée après l'arrivée au pouvoir des républicains qui veulent réconcilier la classe ouvrière avec la nation. À partir du gouvernement Waldeck-Rousseau, l'État intervient directement dans les relations sociales et cette intervention ne se ralentit pas lorsque la SFIO passe dans l'opposition. Pourtant, la majorité confédérale considère l'action des Briand, Clemenceau, Millerand ou Viviani comme une simple tentative de « domestication ». Ainsi, les dirigeants de la CGT – à part les guesdistes et quelques partisans de Jean Jaurès – refusent de voir le problème majeur auquel ils sont confrontés en 1906 : l'expansion de l'État « social ». La charte est d'abord le produit de cet aveuglement collectif.

L'adjectif « théorique » est une cheville essentielle entre les deux premières parties du texte. Que signifie cet adjectif ? Lors du congrès, Victor Griffuelhes l'a déjà employé à propos de la résolution de Bourges (les ouvriers ne travailleront pas plus de 8 heures par jour à partir du 1er mai 1906). Cette motion, explique-t-il, n'avait pas « un caractère impérieusement obligatoire pour les organisations confédérées. Quand nous prenons une résolution de cette nature, nous la prenons au point de vue *théorique*. [...] Elle constitue un point extrême duquel doivent se rapprocher les organisations. [...] Nous avions à nous pénétrer de l'esprit de la résolution et non simplement de la lettre. De leur côté, les syndicats avaient à tenir compte de leur milieu, des éléments qui les agitent et des circonstances de leur action ».

Dans l'esprit de ses promoteurs, la charte était donc une motion de principe que chaque organisation confédérée pourrait interpréter à sa guise.

Deuxième question : la charte établit-elle une « incompatibilité » entre responsabilités syndicales et politiques ?

Il est simplement demandé au militant de ne pas introduire de querelles politiques ou philosophiques dans son syndicat. C'est la position de Victor Griffuelhes selon laquelle le permanent syndical doit être loyal envers son organisation pendant ses 8 heures et que, le reste du temps, il fait ce qu'il veut...

Sinon comment expliquer qu'un nombre important de signataires de ce texte soient dirigeants socialistes et candidats à diverses élections[1] ? Opportunisme ou hypocrisie ? Des gens comme Henri Gautier sont appréciés et respectés dans leur bourse ; de même Pierre Hervier, secrétaire de la bourse de Bourges, est socialiste, conseiller municipal mais aussi antimilitariste militant, ce qui lui vaut quelques jours de prison en 1913. Quant à ceux qui ont voté cette motion, comme Auguste Cleuet, beaucoup d'entre eux ont été, à un moment ou à un autre, élus municipaux, conseillers généraux, députés (ou candidats à ces fonctions).

Un autre incident, à la fin du congrès, permet d'affirmer que, dans l'esprit de ceux qui l'ont votée, la charte d'Amiens ne fixe aucune incompatibilité. La bourse du travail de Narbonne a déposé une motion tendant à interdire à « un syndiqué investi d'un mandat politique ou administratif (sénateur, député, conseiller municipal...) d'être délégué de son syndicat à la bourse ». Le rapport sur les « questions diverses » répond que : « La liberté doit être absolue. [...] Aucune règle générale ne doit contrarier l'autonomie des diverses organisations. [...] La proposition de Narbonne porterait un grand trouble dans tous nos rouages et

---

1. Pour les seules législatives : A. Bousquet (1898 et 1902), J. Mazaud (1906), L. Ménard (1885) et H. Gautier, allemaniste, secrétaire de la bourse du travail de Nantes, trésorier de la fédération socialiste de Loire-Inférieure, qui est candidat à de nombreuses élections dont les législatives de 1900, 1906 et 1914.

serait une cause perpétuelle de conflits et de division. » Cette position a été adoptée à l'unanimité par le congrès qui venait de voter la charte.

Troisième question : ce texte est-il une rupture avec le parti socialiste ?

Parmi les 44 signataires, on identifie 8 anarchistes (dont 3 membres du BC), 21 socialistes de diverses tendances mais aussi 15 « inclassables ». Pour certains, ils sont effectivement inclassables, comme Alphonse Merrheim qui, jeune, fut guesdiste et qui a gardé des sympathies allemanistes sans avoir probablement adhéré au POSR. D'autres n'ont laissé aucune trace dans l'histoire : par exemple, J. Samay ne figure pas dans la liste des délégués et n'est jamais apparu dans un autre congrès confédéral (le texte était peut-être prêt avant le congrès et l'on a oublié d'enlever le nom de cet absent ?). Sous ces réserves, on a une image précise de la majorité confédérale de l'époque. Les socialistes sont les plus nombreux – comme ils le sont d'ailleurs parmi les délégués dont il est possible de connaître l'orientation politique. En leur sein, les allemanistes forment le pivot de la majorité confédérale. Celle-ci englobe de tout, y compris des guesdistes [1].

En résumé, pour la plupart des congressistes, la charte n'établit aucune incompatibilité ; elle est un texte de circonstance réaffirmant que les responsables syndicaux sont autonomes, dans l'exercice de leurs fonctions, même vis-à-vis de leurs propres amis politiques. Un témoin confirme cette interprétation du texte :

> Considérer que cette résolution a été votée pour répondre à un sentiment de lutte de classe et de syndicalisme révolutionnaire, c'est tout ignorer des circonstances dans lesquelles elle a été votée. La charte d'Amiens a été la réaction du mouvement syndi-

---

1. L'un d'eux, Louis Ferrier de Grenoble, est également membre du bureau de la fédération socialiste de l'Isère et le dictionnaire biographique dirigé par J. Maitron indique : « guesdiste fidèle ». Effectivement, les syndicats qu'il représente ont voté pour la motion « Renard », puis pour la charte d'Amiens ! Il n'est pas le seul dans ce cas.

cal contre l'emprise que le parti socialiste voulait exercer à l'égard de ses militants. [...] Les auteurs de la charte d'Amiens ne sont pas des anarchistes : ce sont des socialistes. Et ceux qui ont voté avec le plus de passion pour la charte d'Amiens, ce sont des militants qui appartenaient au parti socialiste.

Plus loin ce témoin parle même de « membres actifs du parti socialiste »[1]. Il s'agit de Léon Jouhaux qui connaissait tous les auteurs de la charte. Personne n'a récusé son témoignage...

Cela étant admis, il est probable que la direction confédérale a surtout utilisé ce long débat pour escamoter certaines questions plus délicates.

Les débats escamotés

Parmi les questions que ce long débat a permis d'éluder : le bilan du 1er mai et la poursuite de l'action en faveur des 8 heures, ou encore l'antimilitarisme et l'antipatriotisme, thème que développe largement le rapport de la section des bourses et qui a valu des ennuis à *La Voix du peuple*.

L'antimilitarisme

Déjà, on a tenté de faire voter sans débat le rapport de la section des bourses, afin d'obtenir un quitus en faveur de Georges Yvetot sans lui donner la parole. Celui-ci a protesté et provoqué le congrès comme d'habitude. Malgré une amorce de discussion, le vote est intervenu trop vite à son gré. Aussi, à peine la charte d'Amiens votée, Georges Yvetot a déposé par surprise un « ordre du jour » qui rend le débat inévitable (encadré 3).

La lecture de ce texte provoque de violentes réactions dans la salle. Un débat improvisé se déroule dans un brouhaha constant. Victor Griffuelhes tente de faire admettre que cette motion est

---

1. Léon Jouhaux devant le congrès d'unité de Toulouse (CGT, 1936, p. 78).

> **3. La motion Yvetot sur l'antimilitarisme
> et l'antipatriotisme**
>
> « Le congrès de la CGT, tenant compte de la majorité significative qui s'est affirmée sur l'adoption des rapports du comité confédéral, de la section des fédérations, de la section des bourses et de *La Voix du peuple*, comprend que les ouvriers organisés de France ont suffisamment démontré leur approbation de la propagande antimilitariste et antipatriotique ;
> Cependant, le congrès affirme que la propagande antimilitariste et antipatriotique doit devenir toujours plus intense et toujours plus audacieuse ;
> Dans chaque grève, l'armée est pour le patronat ; dans chaque conflit européen, dans chaque guerre entre nations ou coloniale, la classe ouvrière est dupe et sacrifiée au profit de la classe patronale, parasitaire et bourgeoise ;
> C'est pourquoi le XVe congrès approuve et préconise toute action de propagande antimilitariste et antipatriotique qui peut seule compromettre la situation des arrivés et des arrivistes de toutes classes et de toutes écoles politiques. »

superflue puisque l'antimilitarisme est implicitement contenu dans la charte. Mais Georges Yvetot refuse de retirer sa motion afin d'obliger chacun à se prononcer sans faux-fuyant. Prétextant le manque de temps, la présidence donne la priorité à l'« ordre du jour Yvetot » sans examen des autres textes, ni débat.

La motion est adoptée par 62 % des suffrages exprimés mais seulement 48 % des inscrits. Comme à chaque moment important de l'histoire du mouvement syndical, les organisations se coupent en trois morceaux. En effet, pratiquement un cinquième des délégués refusent de départager les deux camps en présence (ou considèrent que ce débat ne concerne pas un congrès syndical). Quatorze délégués[1] indiquent que certains de leurs syndicats rejettent l'association de l'antimilitarisme avec l'antipatriotisme qui divise inutilement les syndiqués. D'autres regrettent publiquement le « coup de force » consistant à faire passer cette motion sans véritable débat. Ainsi Henri Dret, l'un des signataires de la charte d'Amiens, déclare :

---

1. Notamment les secrétaires de la Métallurgie (Alphonse Merrheim, Jean Latapie, Henri Galantus), des Coiffeurs (Alexandre Luquet), de la Céramique (Jean Parvy), des Électriciens (Émile Pataud), des bourses de Saint-Nazaire (Henri Gautier) et de Clermont-Ferrand (J. Orfeuvre).

> Après avoir laissé discuter pendant trois jours une question qui a absorbé une grande partie de ce congrès, on refuse de laisser à un délégué le soin de défendre une question que son [organisation lui] avait donné mandat de présenter. Je constate qu'après avoir laissé ce que l'on pourrait appeler les forts ténors de la tribune causer des heures entières, on évince trop facilement les modestes délégués ouvriers.

Henri Dret est membre de la SFIO, secrétaire de la Fédération des cuirs et peaux – donc pas tout à fait un « modeste délégué ouvrier » – et il a, malgré ses réserves, bloqué tous ses mandats en faveur de la motion Yvetot. On peut se demander si tous ceux qui, comme lui, ont ainsi voté pour la motion Yvetot sont sincères ou si certains craignent des représailles. Les derniers mots de cette motion sonnent comme un avertissement. Le « clan Yvetot » ne recule pas devant les violences verbales ou physiques, comme on le verra à propos de l'affaire Niel (chapitre II).

Puisque ce vote fait passer une ligne de démarcation au sein du congrès, on peut essayer d'estimer le poids des différents camps.

Le raisonnement porte sur les 81 000 syndiqués environ appartenant à un syndicat représenté au congrès. Par exemple, la Fédération de l'alimentation déclare 2 500 adhérents et 62 syndicats, soit une moyenne de 40,3 adhérents par syndicat. Puisque 34 syndicats de cette fédération approuvent la « motion Yvetot », que 5 votent contre et que 1 remet un bulletin blanc, on en déduit que, dans cette fédération, environ 1 370 syndiqués appartiennent à des syndicats favorables à la propagande antimilitariste, 202 à des syndicats qui sont contre et 40 refusent de trancher. Le même calcul, répété pour chaque fédération, conduit à conclure qu'environ 34 000 syndiqués sont représentés par des syndicalistes qui soutiennent la ligne Yvetot (ou qui n'osent l'affronter) ; 33 000 par des hommes qui récusent publiquement la propagande anarchiste et 14 000 par des délégués qui préfèrent se tenir à l'écart. L'égalité des « pour » et des « contre » s'explique par le fait que les partisans de Georges Yvetot se recrutent dans des syndicats en moyenne plus petits que ceux des adversaires de l'antipatriotisme (cela illustre la critique d'Eugène Guérard contre le scrutin « non proportionnel »).

Mais ce calcul repose sur un postulat discutable : les délégués exprimeraient le sentiment majoritaire chez leurs adhérents. Le « cas » Dumoulin évoqué plus haut suggère des manipulations possibles. De plus, quand un secrétaire de fédération ou de bourse dispose de 10 mandats et les fait voter tous dans le même sens, est-ce à dire que la majorité des syndiqués dans chacun de ces 10 syndicats est d'accord avec cette position ? Il y a aussi incertitude sur les effectifs réels des fédérations, comme on le verra au chapitre III.

Il n'est pas possible de généraliser ces proportions aux 200 000 adhérents officiels de la CGT. Il faudrait que partisans et adversaires de la « ligne Yvetot » se soient également mobilisés pour venir à ce congrès. Plusieurs indices laissent penser que les premiers sont représentés plus massivement que les seconds.

En définitive, en 1906, 5 syndiqués sur 10 s'intéressent si peu à la confédération qu'ils n'ont pas envoyé de mandat pour être représentés au congrès. Deux syndiqués sur 10 se reconnaissent peut-être dans l'alliance socialiste-anarchiste sur une ligne antiparlementaire et antimilitariste ; 2 sur 10 ne rejettent pas forcément en bloc ces thèmes mais refusent de ranger la confédération sous ces bannières ; enfin, 1 syndiqué sur 10, tout en s'intéressant à la vie de la confédération, préfère ne pas entrer dans ce débat-là.

De quelque manière que l'on tourne le problème, il semble difficile de parler de mouvement « révolutionnaire » pour qualifier la CGT de 1906. De nombreux indices laissent penser le contraire, notamment l'hostilité de nombreux syndicats envers les bourses du travail (voir chapitre III) et plus encore envers le journal confédéral.

La Voix du peuple *et l'information confédérale*

Depuis 1900, la confédération est dotée d'un hebdomadaire, *La Voix du peuple* dont la rédaction est confiée à Émile Pouget, l'adjoint de Victor Griffuelhes à la section des fédérations[1]. Le rapport qu'il présente au congrès d'Amiens ne renie rien des engagements du *Peuple*, notamment l'antimilitarisme qui a valu de nombreux ennuis au journal. Pourtant il reste très sobre lors des débats et modéré dans ses réponses aux critiques : rien de comparable à la violence verbale de Georges Yvetot. Ce rapport est adopté par seulement 65 % des mandats, alors que celui de Victor Griffuelhes a reçu 84 % des voix.

À part certains numéros comme celui du 1er mai (tiré à 70 000 exemplaires), la diffusion de *La Voix du peuple* est médiocre. Il n'a que 2 350 abonnés – alors que la CGT a plus de 200 000 adhérents – et le tableau annexé au rapport montre qu'il y a moins de 1 000 syndicats abonnés, alors que les statuts confédéraux rendent cet abonnement obligatoire et que la CGT compte 2 400 syndicats.

Parmi les récalcitrants, il est logique de trouver les syndicats de la Confection militaire (3 abonnés sur les 10 syndicats), les Magasins administratifs de la guerre (1 abonné sur 14) ou les Personnels civils des établissements de la guerre (3 abonnés sur 23). Les employés des autres administrations sont aussi réticents comme les ouvriers des PTT ou les personnels municipaux (moins de 10 % d'abonnés). Les abonnements étant servis par la Poste, les responsables syndicaux peuvent craindre d'être fichés par la police comme anarchistes, voire d'être révoqués. Dans le secteur privé, on peut distinguer :

– les « favorables » (plus d'abonnés que la moyenne nationale) : Syndicats agricoles du midi, Allumettiers, Bâtiment, Bijouterie, Bûcherons, Menuisiers, Métallurgie, Presses typographiques, Sabotiers, Verriers. Dans ces fédérations, on trouve également les syndicats les plus prompts à apporter leur soutien aux motions « révolutionnaires », notamment celles d'Yvetot ;

– les « défavorables » (moins de 40 % des syndicats sont abon-

---

1. Auparavant, cet anarchiste avait publié un brûlot, *Le Père Peinard*, finalement étouffé sous les poursuites. Fin 1908, il quitte la confédération et lance un quotidien, *La Révolution* (qui dure seulement un mois et demi), avant de devenir rédacteur à *L'Humanité* (chargé de la vie syndicale).

nés) : Charpentiers, Chemins de fer, Employés, Habillement, Inscrits maritimes, Livre, Mécaniciens, Ports et docks, Teinturiers, Travailleurs du tonneau... Les plus hostiles sont donc les syndicats qui visent un syndicalisme de « masse » (nécessairement respectueux de la diversité d'opinion des adhérents), comme les cheminots, la marine marchande, le livre ou les dockers. Ce sont aussi les plus fermes opposants à l'alliance avec les anarchistes.

Ce constat permet d'imaginer les difficultés rencontrées pour fédérer certaines industries. Par exemple, les charpentiers ne font pas que mépriser les terrassiers ; ils sont en complet désaccord politique avec eux. Même problème entre les Mécaniciens et les manœuvres de la Métallurgie, entre les « anars » des Presses typographiques et les ouvriers du Livre, etc.

Il y a donc, chez une écrasante majorité de syndicats, une nette hostilité envers la ligne éditoriale de *La Voix du peuple*. Comme ce journal exprime la ligne de la « majorité » confédérale, on peut douter que celle-ci soit réellement majoritaire à la base de la CGT.

Lorsque, fin 1908, Émile Pouget démissionne de ses fonctions, le journal est accaparé par Georges Yvetot qui l'appauvrit encore. Mais il trouve une solution « libertaire » : on obligera les fédérations à souscrire autant d'abonnements qu'elles ont de syndicats, à charge pour elles de récupérer ces sommes et de communiquer éventuellement des adresses pour envoyer le journal à des gens qui n'ont pas envie de le lire...

Les lois ouvrières

Au début du siècle, Alexandre Millerand a déposé des projets de « lois ouvrières » portant sur la grève, l'arbitrage obligatoire, la participation aux bénéfices, le contrat collectif de travail, la représentation des salariés dans les conseils des sociétés industrielles. Le Sénat a souhaité interroger toutes les organisations patronales et syndicales. Alphonse Merrheim – qui se charge de présenter la question à Amiens – lit une note, probablement due à Maxime Leroy, qui examine les principaux articles et conclut de manière nuancée : sur certains points, ce projet peut apporter des améliorations à la condition des salariés. Par exemple il pose en principe – dans une formule alambiquée – que la grève suspend le contrat de travail alors que la jurisprudence constante considère que c'est une rupture de ce contrat. De même, les avantages consentis dans le contrat collectif bénéficieront à tous les salariés concernés, membres ou non du syndicat signataire. Ou encore, l'extension de l'arbitrage sera plutôt favorable aux grévistes. En revanche, d'autres points sont critiqués, notamment la portée juridique du règlement d'atelier ou la possibilité de passer des contrats avec des « groupements de salariés » (et non pas seulement avec des syndicats). Pourtant, Alphonse Merrheim conclut son discours en affirmant que ce projet « étrangle le syndicalisme » et le droit de grève ; que « le droit nouveau ne peut sortir que des luttes ouvrières sur le terrain économique ».

Personne n'intervient après Alphonse Merrheim. Pas un seul délégué ne demande que l'on fasse pression sur le législateur afin que ce projet soit clarifié et amendé dans un sens favorable aux intérêts des salariés. Pourtant, il existe depuis longtemps un service de conseil juridique à l'USS ; de nombreuses bourses de province offrent ce genre de service : aucune ne s'est intéressée au sujet. Alphonse Merrheim commence son discours en expliquant qu'il n'a pas le goût ni le temps de s'occuper des questions juridiques. L'« action directe » serait-elle aussi paresse intellectuelle ?

Les questions « diverses »

Outre l'antimilitarisme, l'ordre du jour du congrès comporte un grand nombre de questions importantes, dont la plupart ont été renvoyées en commission. Comme au Parlement, cette technique permet de « déblayer » le terrain et de proposer des projets solides en séance plénière. Encore faut-il que les congressistes aient le temps d'étudier les rapports de ces commissions pour voter en toute connaissance de cause. Or, une fois passé le vote sur la « motion Yvetot », il ne reste plus que la moitié de la dernière séance pour entendre tous les rapports dans une ambiance de débâcle.

Amiens

On passe donc aux oubliettes toutes les questions « corporatives » communes à l'ensemble des ouvriers, dont l'étude est l'objet principal d'un congrès syndical. Ainsi, la première commission a pour thème : « Travail aux pièces et salaire minimum ». Le rapporteur (Pierre Coupat) propose l'interdiction du travail aux pièces et son remplacement par la commandite. Il préconise la fixation d'un « salaire minimum en rapport avec les besoins de l'existence » et la généralisation du « travail à la semaine ». Mais le rapport se garde d'indiquer les moyens d'y parvenir. Par une loi ? Qui va défendre ce projet puisqu'on refuse tout contact avec les parlementaires et avec le gouvernement ? Contrats collectifs négociés par industries ? Le congrès vient de condamner sans nuance un projet de loi qui aurait rendu effectives ces conventions... Le rapport de Pierre Coupat, réduit à des vœux pieux, est adopté à l'unanimité dans l'indifférence générale.

Même attitude envers la suppression des poisons professionnels (rapporteur Émile Pataud, anarchiste et secrétaire de la Fédération des électriciens). Le rapport, excellemment rédigé, montre les ravages causés par le plomb, spécialement dans les peintures et les accumulateurs électriques. Quelles solutions sont préconisées ? Le congrès donne mandat au CC pour faire hâter le vote d'une loi proscrivant le blanc de céruse dans les peintures et pour obtenir une loi sur les maladies professionnelles... Comment faire puisque la CGT ne veut plus entretenir de rapports avec les politiciens ? Cette motion est adoptée sans débat.

Même attitude à propos de l'interdiction des amendes et retenues, des modifications à apporter à la loi de 1884 sur les syndicats, de l'unification des juridictions prud'homales, de la loi sur les accidents du travail, de la suppression de la nourriture et du couchage, de la limitation des charges traînées et portées par un homme, de la création d'inspecteurs adjoints du travail, etc. Pour toutes ces questions cruciales, on s'en remet au législateur. Par exemple, le rapport sur les accidents du travail propose des amendements à la loi, à soumettre au « ministre compétent » et à « *nos* parlementaires ». La CGT a-t-elle donc des parlementaires ? Comme les sociaux-démocrates ou les travaillistes ? Motion également adoptée à l'unanimité sans débat.

Ainsi, après avoir condamné en termes vifs l'action parlementaire, la CGT attend de la loi, donc des politiciens, une solution à tous les problèmes « corporatifs » que le congrès aurait dû étudier attentivement et qu'il a oubliés, tout occupé qu'il était à palabrer à propos des rapports entre les syndicats et les partis.

Un incident montre d'ailleurs tout le sérieux de la politique « révolutionnaire » de la CGT. Paul Delesalle (l'adjoint de Georges Yvetot) a été chargé de rapporter sur le thème : « Journée de huit heures, réduction des heures de travail, repos hebdomadaire ». Son long rapport propose de poursuivre la propagande et de faire du 1er mai « une imposante manifestation anticapitaliste ». Il propose un « plan général de bataille » comprenant :

« Premièrement, grève générale par corporations que nous assimilerions aux "manœuvres de garnison" ; deuxièmement, cessation de travail partout et à date fixe, qui seraient nos "grandes manœuvres" ; troisièmement, arrêt général et complet, mettant le prolétariat en guerre ouverte avec la société capitaliste ; quatrièmement : Grève générale, Révolution. »

Pour mener cette bataille, le rapport préconise de relancer la commission de la grève générale en la finançant par une surcotisation de 10 %. Le congrès se réveille brusquement. La salle fait passer à la présidence plusieurs motions repoussant l'augmentation des cotisations. Le rapport de la commission et ces « adjonctions » sont adoptés sans débat. Autrement dit, la grève générale et la révolution ont bien été votées deux fois par le congrès d'Amiens – la première fois dans la charte et la seconde fois à l'unanimité, à propos des 8 heures –, mais, prudemment, les congressistes ont dissous l'état-major et supprimé les munitions. Quelques mois plus tard, Paul Delesalle abandonne son poste de secrétaire adjoint et ouvre une librairie[1].

En second lieu, on a renvoyé en commission plusieurs problèmes d'organisation interne à la confédération (voir chapitre III). Par exemple, à propos des fédérations, le rapport préconise un

---

1. La commission des grèves existe formellement jusqu'en 1910 mais elle n'a plus d'activité. La caisse chargée de gérer les fonds de solidarité est également supprimée en 1910.

revirement complet par rapport à ce qui a été décidé en 1900 : les fédérations de métiers – qui sont le modèle préconisé – doivent disparaître au profit de fédérations d'industrie dont le territoire respectif sera découpé sous le contrôle d'une commission confédérale. Adopté sans discussion. Puis Victor Griffuelhes obtient l'enterrement du timbre confédéral, proposé pour simplifier et clarifier le financement de la CGT (un projet identique avait été enterré après le congrès de 1904). Le congrès évacue de la même façon beaucoup d'autres questions décisives : les relations avec les coopératives – dont on sait l'importance (une seule recommandation : les travailleurs des coopératives doivent se syndiquer à la CGT) – ou encore la caisse de grève confédérale (mise à l'étude !). Deux autres questions décisives sont renvoyées à la conférence des bourses : le *viaticum* confédéral (qui sera enterré) et la fusion des bourses dans les unions départementales (imposé par Georges Yvetot contre la majorité des secrétaires de bourses).

La portée d'Amiens

Apparemment, la charte d'Amiens n'a guère de contenu doctrinal et aucune portée pratique. Pourtant aucun texte n'a connu une telle fortune : depuis 1906, dans tous les congrès syndicaux, elle est invoquée comme une sorte de Graal. La première raison de ce succès extraordinaire réside dans son ambiguïté : elle allie habilement les thèses des uns et des autres de telle sorte que chacun peut y trouver le membre de phrase qui conforte ses convictions. La seconde raison de cette fortune tient à l'autonomie du syndicalisme par rapport au parti socialiste.

Les relations avec le parti socialiste

Depuis 1895, tous les congrès confédéraux ont affirmé la neutralité politique, philosophique et religieuse du syndicalisme. Amiens n'apporte apparemment rien de neuf, mais c'est la première fois que le rejet du contrôle politique sur le syndicalisme se manifeste avec autant de netteté et à une quasi-unanimité. Pour ce seul refus, le congrès d'Amiens mérite de rester dans l'histoire.

À l'époque, les socialistes sont très divisés et la CGT est l'un des multiples champs clos où se déroule la bataille des tendances. En simplifiant, on peut en distinguer trois : les partisans de l'alliance à droite (avec les radicaux) pour aller au gouvernement (Aristide Briand, Alexandre Millerand, René Viviani...) ; ceux qui refusent cette alliance mais soutiennent les réformes « ouvrières » (Jean Jaurès, Jules Guesde ou Édouard Vaillant) et les partisans d'un parti révolutionnaire, hostiles à l'action parlementaire (Jean Allemane). Dans la SFIO, cette aile gauche pèse moins lourd que les autres, mais elle a réussi à prendre le contrôle d'un bon nombre de bourses et de syndicats en s'alliant avec les anarchistes et en jouant sur les divisions des autres. Par des textes comme la charte d'Amiens, ces « socialistes révolutionnaires » défendent leur pré carré syndical contre l'intrusion des autres. À Amiens, ils envoient un message clair au congrès de la SFIO qui se tient un mois plus tard à Limoges : pas question d'accepter une subordination des syndicats au parti sur le modèle allemand (du moins tant que la ligne « révolutionnaire » ne l'aura pas emporté dans le parti). Effectivement, à Limoges, Jules Guesde et Victor Renard présentent une motion de même inspiration que celle qu'ils ont défendue à Amiens. Jean Jaurès, Édouard Vaillant, Albert Thomas et Pierre Renaudel leur opposent un texte reconnaissant l'indépendance du syndicat. Ces derniers l'emportent mais de peu : 148 voix contre 130. L'influence des guesdistes n'est pas aussi grande mais beaucoup de socialistes craignent que l'agitation anarchiste n'effraie une partie de leur électorat. Ils souhaitent que, d'une manière ou d'une autre, le syndicat soit cantonné aux affaires corporatives et qu'il laisse au parti les questions politiques (sans dire clairement où passe la frontière entre les deux). Ce malentendu *politique* perdurera pendant un siècle.

Réformistes ou révolutionnaires ?

Avant 1914, tous les syndicalistes affirment que l'action syndicale a un but révolutionnaire : l'émancipation du prolétariat. En revanche, ils se séparent sur les moyens.

La minorité confédérale pense que cette révolution ne se fera pas par un coup de force romantique et sanglant, mais par le développement de la solidarité entre les ouvriers, par la création d'institutions qui leur soient propres – syndicats mais aussi caisses mutuelles et coopératives de production, de financement et de consommation –, par l'amélioration de leur formation, de leur culture et par l'action directe contre le patronat, conçus comme autant de mobilisations préparées de longue main. Ainsi, la classe ouvrière se prépare à assumer la direction de la future société socialiste. Telle est la position d'Auguste Cleuet, Pierre Coupat, Eugène Guérard, Auguste Keufer.

Les tenants de l'alliance entre allemanistes et anarchistes pensent que la classe ouvrière est prête à assumer le pouvoir. Il faut lui en faire prendre conscience, la préparer par l'action directe, conçue comme une « gymnastique » révolutionnaire, un apprentissage de la violence nécessaire – sabotages, manifestations, grèves, chasse aux renards – pour l'affrontement inévitable : la grève générale insurrectionnelle. Débarrassée d'un coup des exploiteurs et des profiteurs, la classe ouvrière réorganisera la société future en une libre association des producteurs[1]. Victor Griffuelhes, Georges Yvetot ou Alphonse Merrheim (avant 1909) partagent cette manière de voir.

Naturellement, chacun des deux courants se considère comme le seul révolutionnaire authentique. Les premiers voient les seconds comme des « aventuristes », des illuminés qui risquent d'entraîner les salariés dans des aventures sanglantes et sans lendemain mais qui compromettront pour longtemps la réalisation de leur propre programme. Les seconds considèrent que les premiers sont des « réformistes », qu'ils endorment le prolétariat, font de la collaboration de classe et retardent l'affrontement inévitable.

À la suite des historiens du mouvement ouvrier (Édouard Dolléans, Georges Lefranc, Jacques Julliard ou Jean Maitron), l'habitude s'est prise de désigner les premiers comme des « réformistes » et les seconds comme des « révolutionnaires ».

---

1. Voir *Comment nous ferons la révolution*, le roman d'anticipation publié en 1911 par Émile Pataud et Émile Pouget aux éditions de la Guerre sociale.

Adopter cette terminologie, c'est prendre parti pour un camp contre l'autre, estimer que les premiers se trompaient ou mentaient, alors que les seconds seuls étaient sincères. Ne vaudrait-il pas mieux parler simplement de majorité et d'opposition ? À condition d'y ajouter l'adjectif « confédéral », puisque le rapport de force était différent dans chaque fédération et UD. On pourrait aussi parler d'« anarcho-allemanisme » puisque l'alliance de ces deux courants contrôle la confédération jusqu'en 1909.

Le schéma « réformistes contre révolutionnaires » s'applique difficilement aux congressistes d'Amiens. Quand ils travaillent en commission (séances non publiques), ils aboutissent tous – y compris les plus intransigeants comme Émile Pataud – à des conclusions « réformistes » : le législateur, l'administration du Travail et la justice sont indispensables pour résoudre les principaux problèmes de la classe ouvrière. Or, *les mêmes délégués*, dans les séances publiques, font un triomphe aux thèses de la majorité confédérale selon lesquelles le prolétariat n'a rien à attendre de l'État, du gouvernement, des parlementaires et des partis ; que seules comptent l'action directe contre le patronat et la grève générale.

Ce double langage existait depuis plusieurs années, comme en témoigne cette remarque faite en 1898 par Charles Brunellière, l'un des fondateurs du parti socialiste nantais, à propos du comportement de ses camarades syndicalistes :

> Ces mêmes hommes qui se prononcent à la fédération [du parti socialiste] pour la conquête des pouvoirs publics se prononcent à la bourse pour la grève générale. En cela, ils ne croient pas être inconséquents avec eux-mêmes, mais bien employer la tactique qui convient le mieux pour organiser le prolétariat et l'attacher au socialisme. [...] La plupart de mes camarades considèrent la bourse seulement comme un moyen de prêcher la révolution sociale à des syndiqués [1].

---

1. C. Willard, *La Correspondance de Charles Brunellière*, Paris, Klincksieck 1968, p. 133.

Chapitre II

De la grève générale à l'Union sacrée
(1906-1914)

Alors que la lutte s'accentue, la CGT doit poursuivre dans la même voie. Cette position de Victor Griffuelhes devant le congrès d'Amiens résume la ligne suivie les deux années suivantes. Cette ligne anarcho-allemaniste privilégie la grève et la violence. Chaque grève est un épisode d'une lutte plus vaste ; elle répand dans la classe ouvrière l'esprit de révolte et les idées révolutionnaires ; elle aguerrit les militants et renforce l'organisation. Jusqu'à la Première Guerre, on répète inlassablement ce discours. Par exemple, au printemps 1914, à propos de la grève des mineurs, Léon Jouhaux – le successeur de Victor Griffuelhes – parle encore d'une « gymnastique » destinée au développement d'un « syndicalisme de combat dans la perspective d'une lutte élargie au-delà des revendications corporatives »[1].

Cette « tactique révolutionnaire » débouche sur l'échec dans tous les conflits sociaux où elle a été appliquée. C'est pourquoi, après les événements dramatiques de l'été 1908, la confédération a finalement engagé une « rectification de tir ».

Les grèves à la Belle Époque

La période 1904-1910 est marquée par une poussée des grèves. Cette poussée semble donner raison à la majorité confédérale mais elle tient d'abord à la conjoncture économique. En étudiant

---

1. *La Voix du peuple*, 16 mars 1914, cité par B. Georges et D. Tintant, *Léon Jouhaux. Cinquante ans de syndicalisme*, op. cit., p. 93.

la situation des principaux pays européens – spécialement l'Allemagne, la France, la Grande-Bretagne –, l'économiste Charles Rist aboutit à cette conclusion, tout en soulignant que le niveau de l'emploi est la variable explicative principale. En période de récession économique – comme celle particulièrement grave des dernières années du XIXe siècle –, les grèves sont moins nombreuses et elles sont défensives (résistance à la baisse des salaires). En période de prospérité, la pénurie de main-d'œuvre favorise les grèves offensives (pour une amélioration des salaires). Le mouvement des prix qui accompagne le cycle économique a également son importance : le renchérissement des denrées – à la fin du cycle (pénuries de main-d'œuvre, de matières premières, de demi-produits, de machines, d'énergie) – accélère la hausse des salaires et place les salariés en position favorable. L'évolution de la syndicalisation semble suivre les mêmes tendances et peut être reliée aux mêmes explications[1]. Ceci est vérifié par des études sur des branches économiques particulières (par exemple les Mineurs[2]).

Les études de Michelle Perrot sur les grèves en France aboutissent à la même conclusion et signalent l'existence d'une dimension politique qui est peut-être une caractéristique nationale[3]. À chaque « poussée à gauche » dans l'électorat, on constate une flambée du mouvement revendicatif. Ces grèves ne sont pas plus provoquées par les syndicalistes que par les politiques qui, même à gauche, souhaitent plutôt le calme, quand ils se rapprochent du pouvoir. La mobilisation qui a conduit les ouvriers aux urnes les pousse aussi à manifester, à affluer dans les syndicats et à faire grève, avec l'espoir que les nouveaux élus feront pencher la balance en leur faveur[4].

---

1. G. S. Bain et F. Elsheikh, *Union Growth and the Business Cycle*, Oxford, Basil Blackwell, 1976.
2. J. Michel, « Une branche professionnelle : les mineurs », in A. Prost, F. Boll, J.-L. Robert, *L'Invention des syndicalismes. Le syndicalisme en Europe occidentale à la fin du XIXe siècle*, Paris, Publications de la Sorbonne, 1997, p. 23-39.
3. Tendance confirmée, pour la seconde moitié du XXe siècle, par Monique Borrel, *Conflits du travail, changement social et politique en France depuis 1950*, Paris, L'Harmattan, 1996.
4. M. Perrot, *Les Ouvriers en grève (France, 1871-1890)*, Paris-La Haye, Mouton, 1974, p. 180-199.

Durant la période 1904-1910, de nombreuses grèves en apportent une illustration. Elles montrent surtout combien la majorité confédérale se trompe sur la nature profonde de ces mouvements, en voulant y voir le prélude à la grande insurrection.

Fougères

Le cas de la cité de la chaussure est bien connu grâce à la thèse de Claude Geslin[1] et au récit de Jean Guéhenno, fils d'une piqueuse et d'un cordonnier, qui, adolescent, a vécu la grande grève de 1906-1907[2].

À Fougères, en 1906, l'industrie de la chaussure, éclatée en une myriade de petites entreprises, emploie plus de 5 000 ouvriers, dont près de la moitié sont syndiqués dans deux organisations – les syndicats des chaussonniers et celui des coupeurs – qui n'adhérent pas encore à la Fédération des cuirs et peaux, mais sont appelés « syndicats rouges » (car dirigés par des socialistes). La grève de l'hiver 1906-1907 est provoquée par les entrepreneurs qui ont décidé de baisser le « tarif » – qui fixe les salaires en fonction des tâches et des qualifications – et de briser les syndicats. Elle dure 100 jours et se termine par un grand succès puisque les industriels sont contraints d'accorder un tarif légèrement plus favorable que le précédent qu'ils dénonçaient avant le conflit.

Début 1914, le syndicat, unifié et adhérent à la CGT, soutiendra une nouvelle grève qui débouchera sur des négociations et un nouveau tarif.

Le conflit de l'hiver 1906-1907 est représentatif des nombreuses grèves qui, au cours de cette période, s'achèvent par des compromis favorables aux ouvriers : les délaineurs de Mazamet, les ouvriers des textiles d'Elbeuf[3]... Plusieurs caractéristiques communes méritent d'être mentionnées :

---

1. C. Geslin, « Provocations patronales et violences ouvrières : Fougères (1887-1907) », art. cité et *Le Syndicalisme ouvrier en Bretagne*, t. 1 : *Jusqu'à la Première Guerre mondiale*, Saint-Hippolyte-du-Fort, Espaces écrits, 1990.
2. Jean Guéhenno, *Changer la vie*, Paris, Grasset, 1961.
3. J.-C. Daumas *et al.*, « Le syndicalisme dans les villes et les bassins textiles », in A. Prost, F. Boll et J.-L. Robert (dir.), *L'Invention des syndicalismes. Le syndicalisme en Europe occidentale à la fin du XIXe siècle, op. cit.*, p. 97-127.

– La revendication essentielle porte sur le tarif. L'attachement à ces barèmes s'explique par l'absence de législation sur le salaire minimum et sur les contrats collectifs. C'est une tradition héritée du compagnonnage que les patrons ne peuvent ignorer. En effet, dans un capitalisme de petites unités, avec des techniques de production proches de l'artisanat, chaque patron est confronté à un dilemme : payer « trop » ses ouvriers lui fait perdre ses clients ; ne pas les payer « assez » lui fait perdre ses meilleurs ouvriers qui vont s'embaucher chez le plus offrant. Pour les patrons de Fougères, comme dans les filatures ou dans le bâtiment, le tarif est un réducteur d'incertitude : s'il est appliqué par tous, chacun des entrepreneurs se trouve à égalité avec ses concurrents, au moins sur ce plan-là. Ceci explique l'organisation précoce du patronat de ces branches pour tenter de coordonner les pressions à la baisse ou la résistance à la hausse des salaires.

– Comme la plupart des conflits de cette époque, la grève longue met à l'épreuve la capacité de résistance des deux camps. Rapidement, la caisse du syndicat est épuisée et la grève se prolonge grâce à la solidarité : exode des enfants vers les localités voisines, souscriptions de solidarité organisées par les autres syndicats et par le parti socialiste – Étienne Gourdin, animateur de la grève, est aussi élu socialiste au conseil municipal de Fougères –, « impôt » sur les syndiqués travaillant dans des entreprises non grévistes. Le patronat s'organise pour faire reporter ses échéances, retarder les livraisons, conserver les fournisseurs... Comme dans toutes les branches peu cartellisées, une division apparaît entre ceux qui acceptent le tarif et le syndicat ouvrier – à condition que celui-ci soit capable de garantir la paix sociale pendant la durée du contrat – et ceux qui les refusent au nom d'une conception libérale asymétrique (la « liberté du travail ») : on se résigne à l'organisation de son propre camp mais on refuse de reconnaître l'organisation de l'autre. La plupart des syndicats français partagent cette conception asymétrique : ils veulent un tarif uniforme mais ils préfèrent la discussion locale et se méfient des contrats collectifs qui les engagent sur une période longue. D'où la méfiance envers un encadrement légal de ces pratiques : en France, au début du siècle, il n'existe pas de procédures de conciliation comparables à celles mises en place à la même époque au Royaume-Uni, ni rien de semblable aux conventions collectives allemandes par industries et par localités. En France, les avantages conquis un jour peuvent être perdus le lendemain.

– Les organisations de Fougères refusent le désordre et la violence, car les incidents justifient l'intervention des gendarmes et de l'armée, et rendent le mouvement impopulaire. À Fougères, la discipline est facilitée par le taux de syndicalisation élevé, l'autorité des dirigeants ouvriers, la limitation des manifestations et la maturité des grévistes. Ce faisant, les ouvriers de Fougères ne se conduisent pas en «éléments arriérés», «conservateurs» ou «réformistes». Ils tiennent compte des expériences négatives du passé, notamment celle de leur propre ville : en 1900, le pillage d'une usine fermée avait suffi à briser la grève et à affaiblir le syndicat pour plusieurs années.

– Enfin l'attitude de l'administration ne correspond pas à la vulgate qui la présente comme complice des patrons. Malgré les provocations des «jaunes», notamment l'assassinat d'un gréviste, le préfet a toujours refusé d'envoyer la troupe et a, au contraire, exercé des pressions sur les employeurs pour la reprise des négociations. Le préfet autorise les grévistes à couper du bois en forêt ; il obtient des secours pour une centaine de familles très nécessiteuses ; il condamne l'intransigeance patronale. « Si le conflit débouche sur une victoire ouvrière, c'est en partie dû au sang-froid de l'administration[1]. » À cette époque, dans beaucoup de grèves, on voit le préfet ou le sous-préfet proposer leur médiation. La plupart des rapports de préfets et de commissaires de police ne montrent pas d'hostilité *a priori* contre les grévistes et les syndicats – sinon contre les anarchistes, les agitateurs et ceux qui recourent à la violence (jaunes ou rouges). Cette dimension n'échappe pas aux ouvriers et complique le schéma trop simple des dirigeants de la CGT. La classe ouvrière n'est

---

1. C. Geslin, «Provocations patronales et violences ouvrières : Fougères (1887-1907)», art. cité, p. 46.

pas seule face au patronat; en plus de l'opinion, elle peut mobiliser les élus, le gouvernement et l'administration. Personne ne semble attendre que l'État soit favorable aux ouvriers, mais il y a l'espoir d'un arbitrage plus ou moins impartial.

En revanche, quand les grèves sont émaillées d'incidents violents, elles se terminent par des échecs dont le syndicat pâtit lourdement.

Les échecs de la ligne anarcho-allemaniste

La grève des dockers de Nantes, en mars-avril 1907, est bien connue[1]. Dès le début, des bagarres de rue et l'assassinat d'un gréviste par la police ont isolé les dockers du reste du mouvement ouvrier. Malgré les efforts des responsables de la bourse, notamment Henri Gautier, aucun mouvement de solidarité ne vient appuyer les dockers. La confédération envoie d'abord Charles Marck[2], puis Georges Yvetot. D'après les rapports de police, ces deux envoyés tiennent des discours violents : ils appellent à la «chasse aux renards», au sabotage et à l'affrontement avec la police. Georges Yvetot est condamné à quatre ans de prison et Charles Marck à un an (Georges Yvetot bénéficie d'une amnistie en avril 1908). Les dockers doivent reprendre le travail sans avoir rien obtenu et leur syndicat est brisé.

Deux autres cas, Grenoble et Brest, permettent de voir à l'œuvre deux signataires provinciaux de la charte d'Amiens.

À Grenoble, le mouvement syndical est ancien (gantiers, textile, métallurgie). Il est dynamisé au début du siècle par les ouvriers du bâtiment, dont le leader, Pierre Eugène David, devient secrétaire de la bourse du travail en 1905. Il a été guesdiste mais il a rallié les socialistes révolutionnaires et l'alliance avec les anarchistes. En août 1906, éclate une grève des métallos et des menuisiers. Début septembre, Alphonse Merrheim, délé-

---

1. C. Geslin, *Le Syndicalisme ouvrier en Bretagne*, t. 1 : *Jusqu'à la Première Guerre mondiale*, *op. cit.*, 1990.
2. Charles Marck est un ancien docker, devenu l'«homme à tout faire» de la confédération. Il tient l'imprimerie à bout de bras et remplace le trésorier emprisonné.

gué par la confédération, conseille la modération et la reprise du travail, mais il se heurte à l'intransigeance de Pierre Eugène David, soutenu en sous-main par Victor Griffuelhes. Les 17 et 18 septembre 1906, deux jours d'émeute et de pillage discréditent le mouvement. Les grévistes reprennent le travail sans rien avoir obtenu. C'est le début d'une grave crise à la bourse : escalade de la violence verbale, expulsion des locaux municipaux, désyndicalisation massive, scission des principaux syndicats (Gantiers et Métaux, notamment). En juin 1909, Pierre Eugène David est contraint à la démission, l'UD est réorganisée par un socialiste avec comme trésorier Louis Ferrier, autre signataire de la charte d'Amiens, dirigeant de la fédération socialiste et guesdiste fidèle.

À Brest, le mouvement ouvrier a connu un essor considérable depuis le début du siècle, avec notamment la création d'un syndicat à l'Arsenal[1]. Une municipalité socialiste a été élue en 1904. Elle accorde à la bourse une importante subvention et un local. Comme en beaucoup d'endroits, le parti socialiste a puisé dans la CGT pour constituer sa liste. En 1905, le secrétaire de la bourse, devenu adjoint au maire, cède la place à Jules Roullier, autre signataire de la charte d'Amiens. Cet anarchiste parisien inscrit sur la fiche de police de l'hôtel où il est descendu à son arrivée : « commis voyageur en grèves ». Il se montre hostile à la SFIO, dirigeant ses coups les plus rudes contre la mairie et le député socialiste, n'hésitant pas à s'allier avec les catholiques antirépublicains pour susciter des scissions dans les syndicats « réformistes », spécialement à l'Arsenal. Aux élections municipales de 1908, les socialistes sont battus et beaucoup estiment que l'agitation des anarchistes n'y est pas pour rien. La nouvelle équipe coupe les vivres à la bourse du travail qui végète alors jusqu'en 1914, malgré le remplacement, en 1910, de Jules Roullier par un autre anarchiste plus pragmatique et meilleur organisateur. Au total, en cinq ans, la CGT a perdu les deux tiers de ses adhérents et les syndicats sont totalement impuis-

---

1. G. Baal, « Victor Pengam et l'évolution du syndicalisme révolutionnaire à Brest (1904-1914) », *Le Mouvement social*, n° 82, 1973, p. 55-112.

sants face à la contre-offensive des employeurs. Les corporations qui ont obtenu des avantages importants en 1904-1905 – comme les dockers ou les boulangers – les perdent les années suivantes.

En plusieurs endroits, au cours de cette même période, la « méthode révolutionnaire » est ainsi mise en œuvre par quelques meneurs anarchistes, souvent venus de l'extérieur, avec comme résultats l'effondrement des syndicats, des scissions. La plupart du temps ce sont les anarcho-allemanistes qui sont responsables de ces départs mais, parfois, comme à Grenoble, les socialistes, notamment les guesdistes, quittent l'UD (donc la CGT) pour conserver leurs adhérents et leur crédibilité auprès des patrons et des municipalités qui les subventionnent.

Naturellement, la plupart des syndicalistes anarchistes ont une conduite prudente et pragmatique, certains sont de bons organisateurs, comme Victor Pengam, le successeur de Jules Roullier à la tête de la bourse de Brest. Mais, quelle que soit la valeur des hommes, l'échec est au rendez-vous lorsque les responsables locaux de la CGT suivent la « tactique révolutionnaire ». La fuite en avant culmine lors de l'affaire de Draveil[1].

Draveil Villeneuve-Saint-Georges

Après les élections de 1906, Georges Clemenceau est devenu président du Conseil, tout en conservant l'Intérieur. Il fait face à la vague de conflits sociaux avec, au Parlement, une équation politique moins favorable que ses prédécesseurs. Ne pouvant plus compter sur les voix socialistes, il lui faut aller chercher toujours plus à droite les majorités nécessaires pour maintenir en vie son gouvernement. À partir de 1906, cette bascule du centre gauche au centre droit sera une constante parlementaire jusqu'en 1958, à l'exception de courtes périodes – Union sacrée, 1936-1937, Libération –, ce qui peut expliquer le scepticisme des travailleurs envers la politique.

Le gouvernement Clemenceau est tristement connu pour sa

---

1. J. Julliard, *Clemenceau briseur de grèves*, Paris, Julliard, 1964.

méthode sanglante de maintien de l'ordre, mais on oublie que, en 1906, il est à l'origine de la création du ministère du Travail dont le premier titulaire, René Viviani, socialiste indépendant, poursuit l'œuvre entreprise sous Alexandre Millerand avec plus de pragmatisme et d'efficacité.

Paris connaît à l'époque un boom de la construction, le chantier du métropolitain gonfle la demande en matériaux de construction (sables et graviers sont extraits à Draveil au bord de la Seine près de Villeneuve-Saint-Georges). Favorisées par cette conjoncture, des grèves éclatent sur les chantiers parisiens entre 1906 et 1908 et se terminent souvent en faveur des ouvriers, malgré la résistance de plus en plus déterminée des patrons. La Fédération du bâtiment tient son congrès d'unification et, en juillet 1908, elle porte à sa tête trois nouveaux responsables à l'expérience limitée : Léon Clément, Raymond Péricat, Louis Rousselot.

Le syndicat des carriers apparaît à Draveil en janvier 1908, à l'initiative d'Henri Perault[1], militant très populaire qui décède juste avant la grève. Celle-ci éclate début mai avec les revendications classiques : hausse de salaires, limitation de la journée de travail.

Le sous-préfet offre sa médiation ; les patrons répliquent qu'ils veulent bien discuter avec leurs salariés mais pas avec le syndicat « extérieur à l'entreprise » et ils embauchent des jaunes. Le syndicalisme parisien envoie ses « délégués » – syndicats des terrassiers, USS, confédération (Albert Lévy) – qui jettent de l'huile sur le feu, sans apporter l'aide dont les grévistes ont besoin. On se contente de discours visant à « soutenir » le moral des grévistes et à les inciter à l'action directe : violences contre les non-grévistes et sabotage des machines. Comme le note Jacques Julliard : « À cette époque, la plupart des dirigeants confédéraux se déplacent rarement pour prêcher la conciliation[2]. »

À la fin mai, plusieurs entreprises tentent de faire reprendre les

---

1. Il est décrit dans un roman « prolétarien » : Maurice Bonneff, *Didier, homme du peuple*, Paris, Payot, 1914.
2. J. Julliard, *Clemenceau briseur de grèves*, op. cit., p. 44.

chantiers avec des non-grévistes qui sont victimes d'agressions. Le problème vient de ce que la majorité des salariés des gravières sont non syndiqués et guère encadrés ; le syndicat manque d'autorité et de moyens pour organiser des «piquets de grève». Au contraire, de petites bandes attaquent par surprise les non-grévistes. Les employeurs et les victimes de ces violences demandent la protection de la police. Georges Clemenceau donne l'ordre de réprimer les violences et de protéger les individus menacés, avec d'autant plus d'éclat qu'il y va de l'avenir de son gouvernement. Les grévistes s'en prennent alors aux gendarmes qui oublient les consignes de modération. Le 2 juin 1908, lancée à la poursuite de l'agresseur d'un gendarme, une escouade fait feu sur le local du comité de grève : deux grévistes sont tués, une dizaine d'autres blessés plus ou moins grièvement.

Devant ce déchaînement, les grévistes souhaitent une issue rapide et modèrent leurs revendications, mais l'affaire leur échappe. Georges Clemenceau répond vivement à l'interpellation de la SFIO et reçoit la confiance massive de la Chambre, ce qui l'enferme dans une attitude de fermeté. Des éléments incontrôlés, profitant des obsèques des victimes, saccagent la ville, se livrent à des provocations et s'amusent à «effrayer le bourgeois». Les jours suivants, ces mêmes individus encouragent les grévistes à «aller jusqu'au bout», alors qu'ils cherchent l'issue honorable. Fin juillet, après un meeting, Édouard Ricordeau – des terrassiers de Paris, qui s'est proclamé «délégué de la Fédération du bâtiment» – entraîne un petit groupe dans une opération de sabotage. Il est arrêté sur le fait, après s'être bagarré avec les gendarmes. Un autre syndicaliste parisien – Lucien Métivier, secrétaire des Biscuitiers, membre du bureau de l'USS mais, surtout, indicateur de police – est également arrêté avec trois grévistes. Le CC se réunit. À part le Bâtiment, toutes les fédérations se méfient de cette évidente provocation. On décide cependant un arrêt de travail de 24 heures, dans le Bâtiment parisien, et une manifestation à Draveil (contre l'avis des principaux dirigeants, dont Victor Griffuelhes, qui préféreraient manifester à Paris).

Le 30 juillet, environ 5 000 manifestants sont réunis à Draveil, en grande majorité des ouvriers parisiens du bâtiment. Il y a aussi l'état-major de la confédération et Pierre Renaudel, député SFIO. La manifestation tourne à l'émeute. Nouveau bain de sang : 4 morts et un grand nombre de blessés. Les principaux dirigeants de la CGT sont arrêtés[1]. Des mandats d'arrêt sont lancés contre les trois secrétaires du Bâtiment, principaux responsables du drame, qui s'enfuient à Bruxelles et contre Pierre Monatte qui se réfugie en Suisse et y demeure caché jusqu'à l'acquittement. En effet, on découvrira que la plupart des responsables confédéraux avaient pris le train pour Paris une demi-heure avant le début des violences et qu'ils ne peuvent en être tenus responsables.

Tout le monde a oublié les grévistes qui reprennent le travail sans rien obtenir et avec un salaire diminué de 5 centimes ; leur syndicat est brisé, le secrétaire du syndicat des carriers de Chevreuse est en fuite ; les autres militants, mis à l'index, doivent quitter la région. Plusieurs d'entre eux mettent en cause publiquement la responsabilité de la confédération. À propos de ce drame, Alphonse Merrheim reconnaîtra que, depuis 1906, la direction du mouvement syndical a été laissée à des « gens irresponsables[2] ».

Ce drame constitue un tournant dans l'histoire du syndicalisme français, mais les conséquences tardent à être tirées. Les responsables ne veulent pas avoir l'air de capituler en face de la répression. Les luttes de tendance ont parfois atteint un point de non-retour, notamment dans la Fédération des cheminots.

La grève des cheminots

Au XIXe siècle, le syndicalisme cheminot était relativement morcelé[3]. En octobre 1898, une grève ratée avait conduit les

---

1. Victor Griffuelhes, Émile Pouget, Georges Yvetot, Amédée Bousquet (Alimentation) et Henri Dret qui est hospitalisé, amputé de son bras droit.
2. N. Papayanis, *Alphonse Merrheim : The Emergence of Reformism in Revolutionary Syndicalism, 1871-1923*, *op. cit.*, p. 53.
3. Pour l'histoire du syndicalisme cheminot : É. Fruit, *Les Syndicats dans les chemins de fer en France (1890-1910)*, *op. cit.* ; Christian Chevandier, *Cheminots*

dirigeants à renoncer à l'espoir d'une grève générale des transports, mais le mythe était encore vivant dans la classe ouvrière. Le SN, adhérent à la CGT, est dirigé par Eugène Guérard qui a abandonné l'idée d'une grève générale en faveur de négociations avec les directions et de réformes législatives. Une coalition de socialistes révolutionnaires et d'anarchistes, aidée en sous-main par la confédération, forment une fraction, utilisent les bourses « amies » comme bases, organisent des « noyaux révolutionnaires » (de là vient l'expression « noyautage ») et lancent une campagne de rumeurs calomnieuses contre Eugène Guérard. Écœuré, celui-ci abandonne le secrétariat à Marcel Bidegaray et fait convoquer un congrès extraordinaire du SN (décembre 1909) au cours duquel il répond point par point aux attaques mais confirme son départ. Dans ses derniers mots, il explique que lui aussi a cru autrefois « que la grève générale était de réalisation facile, et qu'il suffisait qu'une corporation puissante engageât le mouvement pour qu'immédiatement elle entraînât toutes les professions ». Avec finesse, il prédit ce qui va se produire : un échec détruira l'organisation ; même si, par extraordinaire, la grève des chemins de fer était victorieuse, elle « ne modifierait pas la situation du prolétariat. Les employés des chemins de fer pourraient obtenir pour eux des satisfactions sans qu'il en résultât aucun bien pour les autres corporations, insuffisamment organisées »[1].

En avril 1910, le congrès ordinaire du SN voit la victoire des partisans de la majorité confédérale. Ils font voter le principe de la grève générale. Celle-ci est lancée en octobre 1910 avec le concours de la Fédération des chauffeurs. Une partie des réseaux entre dans le mouvement à contrecœur. À l'inverse, le gouvernement et les compagnies se sont bien préparés : plusieurs délégués sont arrêtés avant de pouvoir porter l'appel à la grève dans les dépôts ; le gouvernement mobilise les cheminots au titre

---

en grève ou la Construction d'une identité (1848-2001), Paris, Maisonneuve et Larose, 2002.

1. É. Fruit, *Les Syndicats dans les chemins de fer en France (1890-1910)*, *op. cit.*, p. 204.

de la défense nationale ; Marcel Bidegaray et plusieurs dirigeants sont arrêtés.

« Malgré les meetings monstres, les manifestations impressionnantes, les salles de réunions bondées dans les bourses, ces grèves sont loin d'être majoritaires. Rapporté aux effectifs des sites atteints, le nombre des grévistes est inférieur au tiers et n'atteint la moitié en aucun réseau[1]. » L'arrêt de travail est bref, au maximum une semaine. Il ne s'agit pas d'une « démonstration de force », même si, après coup, cette représentation s'est imposée. Près de 3 000 cheminots, dont Marcel Bidegaray, sont révoqués (ils seront réintégrés en août 1914). Aristide Briand, président du Conseil, se présente triomphalement devant la Chambre : il a maintenu l'ordre en évitant toute effusion de sang (contrairement à Georges Clemenceau).

Huit jours après ce désastre, la direction du syndicat est renversée et les partisans d'Eugène Guérard reviennent au pouvoir sous la direction de Marcel Bidegaray. Ils ne peuvent empêcher les révocations.

Le prix à payer est extrêmement lourd. La désyndicalisation est massive : en décembre 1910, le SN a déjà perdu près de 4 adhérents sur 10 ; un an après, il ne compte plus que 14 000 adhérents contre plus de 55 000 en 1909[2]. À la veille de la guerre, il est cependant remonté à 23 000 adhérents (voir le chapitre III). De plus, en septembre 1911, les anarcho-allemanistes font scission avec environ 2 000 syndiqués et fondent la Fédération des transports par voie ferrée. Du coup, la CGT se trouve en présence de deux organisations dont chacune prétend être la seule représentative des cheminots[3]. La préférence de la direction confédérale – qui appelle officiellement à l'unité – va en fait aux anarcho-allemanistes, mais les successeurs d'Eugène Guérard sont intransigeants : les scissionnistes peuvent (ré)adhérer individuellement mais pas question d'un congrès d'unité qui leur permet-

---

1. Christian Chevandier, *Cheminots en grève ou la Construction d'une identité (1848-2001), op. cit.*, p. 69.
2. *Ibid.*, p. 67-86.
3. CGT, 1912, p. 6-23.

trait d'entrer en bloc et d'obtenir une place à la direction (on verra la portée de cette discussion en 1917 et en 1934-1936). La fédération reste une coquille vide (elle végète autour de 2 000 à 3 000 adhérents) jusqu'en 1917, date de la réunification de toutes les organisations syndicales cheminotes.

Paradoxalement, en septembre 1912, alors que le syndicalisme cheminot est vaincu, l'œuvre d'Eugène Guérard est couronnée par la promulgation du « statut » – pour les personnels du réseau de l'État, soit 66 000 employés –, statut qu'il a largement inspiré et qui devient un modèle pour toutes les « industries concédées ». Et le SN invente la « nationalisation » comme moyen d'étendre ces avantages à l'ensemble de la profession.

À la même époque, la ligne anarcho-allemaniste prônée par la majorité confédérale a connu beaucoup d'autres échecs, comme les deux grèves ratées des postiers au printemps 1909 ou celle des compagnies d'électricité parisiennes[1] : toutes se terminent sans résultat autre que de nombreuses révocations. À chacun de ces échecs, les responsables de la majorité refusent de mettre en cause leur stratégie et leurs tactiques ; ils fournissent des explications conjoncturelles : inexpérience des militants et faiblesse de l'organisation (donc on change les responsables et on réclame plus de centralisation), conscience insuffisante des masses (donc nécessité d'augmenter la propagande), provocations policières... et trahison des « réformistes ». Les accusations mutuelles et les haines s'aggravent et engendrent des crises à répétition.

Les crises internes

Le congrès confédéral de 1908 se déroule en l'absence de trois dirigeants confédéraux arrêtés après Draveil : Victor Griffuelhes,

---

1. La Fédération de l'éclairage, dirigée notamment par le célèbre anarchiste Émile Pataud, sera décimée après cette grève ratée en octobre 1910 qui se solde par des révocations. Émile Pataud fuit en Belgique et doit démissionner en 1911 (M. Dreyfus, « Le syndicalisme des électriciens et des gaziers, des origines à la Seconde Guerre mondiale », *Histoire de l'électricité en France*, Paris, Fayard, 1994, t. 2, p. 279-280).

Émile Pouget et Georges Yvetot. Le CC a confié l'intérim à deux dirigeants signataires de la charte d'Amiens : secrétaire général, Alexandre Luquet (socialiste, secrétaire des Coiffeurs), avec comme adjoint Auguste Garnery (anarchiste, secrétaire de la Bijouterie). Ils sont aidés par Alphonse Merrheim. Apparemment, la confédération semble poursuivre la ligne anarcho-allemaniste. En réalité, cette ligne est mise en cause dans des débats confus aussi bien par l'opposition – avec ses arguments traditionnels dont le poids moral se trouve accru par les événements – que par les plus exaltés qui jugent la direction trop tiède à leur goût.

La démission de Victor Griffuelhes

Début 1909, la confédération se trouve dans une impasse et sa direction est attaquée de tous bords. C'est la vraie raison de la démission de Victor Griffuelhes. La cause conjoncturelle réside dans le conflit qui l'oppose au trésorier Albert Lévy, conflit qui éclate au grand jour à la fin de 1908, lorsque Victor Griffuelhes sort de prison [1].

Après avoir été expulsé de la bourse du travail de Paris, le BC avait décidé de s'installer dans ses propres locaux. La loi de 1884 interdit à la confédération d'être propriétaire. Victor Griffuelhes fonde, avec quelques amis, une société commerciale – « Griffuelhes et Cie » – pour louer (puis acheter) un terrain et un immeuble situés rue de la Grange-aux-Belles (X^e arrondissement). Pour financer cet investissement, on installe une imprimerie ; une partie des locaux est louée à un marchand de vin et à une clinique chirurgicale. La confédération, les Fédérations de la métallurgie, des cuirs et peaux et de la bijouterie s'y installent également et versent un loyer à la société. Comme il le reconnaîtra devant le congrès de 1910, Victor Griffuelhes – qui assurait l'intérim d'Albert Lévy (condamné à 18 mois de prison pour appel à la violence) – a puisé dans la caisse confédérale

---

[1]. Les deux principaux protagonistes présentent leur version devant le congrès de 1910 (CGT, 1910, p. 114-137).

pour faire face aux échéances de la société. À sa sortie de prison, Albert Lévy découvre ces trous et, n'obtenant aucune explication satisfaisante, il alerte les autres dirigeants. Après le congrès de 1908, quand le CC se réunit pour élire le BC, Victor Griffuelhes réclame la confiance, refuse de rendre des comptes, exige qu'Albert Lévy soit évincé et présente, pour le remplacer, la candidature de Théophile Sauvage[1]. Or le CC reconduit Albert Lévy avec une nette majorité relative mais aussi beaucoup d'abstentions. Victor Griffuelhes comme Albert Lévy démissionnent le 2 février 1909.

Les statuts de la société Griffuelhes et Cie, constituée en novembre 1907, ont été publiés[2]. Il faut lire ce document en même temps que les explications de Victor Griffuelhes que tous les historiens ont reprises depuis lors. Devant le congrès de 1910, Victor Griffuelhes affirme avoir reçu une aide de la part d'un généreux donateur. Il s'agit d'un riche bourgeois, Robert Louzon, ingénieur à la Compagnie parisienne du gaz (qui est révoqué à la suite de ce scandale). L'acte notarié montre que Robert Louzon a acheté l'immeuble à son nom au printemps 1907, que son apport est de 110 000 francs et qu'il est le principal actionnaire de la société Griffuelhes et Cie[3]. Ce bourgeois progressiste[4] tient la CGT entre ses mains.

Les statuts indiquent également que Victor Griffuelhes fait

---

1. D'après le dictionnaire biographique dirigé par J. Maitron, ce dernier a participé au montage de la société « Griffuelhes et Cie » et, d'après B. Vandervort, il en est l'un des « directeurs » (*Victor Griffuelhes and French Syndicalism, op. cit.*, p. 170).
2. M. Pigenet, « Les finances, une approche des problèmes de structure et d'orientation de la CGT », *Le Mouvement social*, n° 172, 1995, p. 87-88 ; C. Chambelland y fait également allusion (*Pierre Monatte. Une autre voix syndicaliste, op. cit.*, p. 49-51).
3. D'après M. Pigenet, il touche quelques « intérêts » au moins jusqu'en 1913 (« Les finances, une approche des problèmes de structure et d'orientation de la CGT », art. cité, p. 75).
4. Robert Louzon est socialiste (adhérent au POF puis à la SFIO), et collaborateur du *Mouvement socialiste* où il vient de publier en juillet 1906 un pamphlet antisémite. Plus tard, il participera au « noyau » de *La Vie ouvrière* puis, durant l'entre-deux-guerres et les années 1950, au groupe *Révolution prolétarienne*. Il est pacifiste intégral en 1939 (S. Epstein, *Les Dreyfusards sous l'Occupation*, Paris, Albin Michel, 2001, p. 63-66).

l'apport d'un matériel d'imprimerie d'une valeur de 30 000 francs (somme considérable : près de dix ans de son salaire). L'apport était fictif : le matériel a été entièrement acheté à crédit. L'imprimerie étant mal gérée, ce matériel n'a pas été autofinancé comme prévu et il a fallu puiser dans la trésorerie confédérale et détourner le produit d'une tombola lancée auprès des syndiqués. Selon Marius Blanchard, secrétaire de la Métallurgie, et Jules Le Guéry, anarchiste membre du CC, Victor Griffuelhes a également puisé dans la caisse de soutien aux grèves[1].

Victor Griffuelhes a prétendu que plusieurs fédérations participent à la société, alors que ne figurent dans le contrat que deux amis (Henri Dret, secrétaire des Cuirs et peaux, et Auguste Garnery, de la Bijouterie) pour des apports en liquide, apports également fictifs comme Alphonse Merrheim le reconnaîtra[2].

Jules Le Guéry affirme que la clinique chirurgicale verse, en plus d'un loyer, une proportion importante des bénéfices (25 %)[3]. Seulement les médecins pensent que ces sommes bénéficient à la CGT alors qu'elles vont dans les caisses de la société Griffuelhes et Cie, tout comme, probablement, les loyers versés par le marchand de vin, la confédération et les fédérations installées dans l'immeuble.

En juin 1909, le BC est chargé de faire la lumière sur cette affaire. Pourtant, en octobre 1910, Victor Griffuelhes n'a toujours pas communiqué les comptes de cette société. Pour le congrès de 1912, le rapport indique que le CC accepte de céder la Maison des fédérations à l'USS qui, expulsée de la bourse du travail de Paris après l'affaire de Draveil, s'était installée à la Grange-aux-Belles. La vente vise à liquider la « créance Louzon » mais l'USS se fait tirer l'oreille[4]. Le bilan fait apparaître des immobilisations de 255 000 francs, le double du capital initial, soit 94 fois le salaire annuel du secrétaire général, mais indique aussi que les provisions couvrent à peine l'amortissement du matériel

1. CGT, 1910, p. 98-103 et 116-120.
2. *Ibid.*, p. 168-169.
3. Victor Griffuelhes confirme que le service chirurgical vient de rapporter 30 000 francs en trois ans « sans aucun effort de notre part » (CGT, 1910, p. 134).
4. CGT, 1912, p. 32.

de l'imprimerie qui vient juste d'être payé. Finalement, la Maison des fédérations tombe dans l'escarcelle de l'USS. Le congrès de 1914 n'ayant pas eu lieu, on ne connaît pas les conditions de liquidation de Griffuelhes et Cie.

Les éléments qui viennent d'être résumés montrent qu'Albert Lévy n'a pas porté ses accusations à la légère – aurait-il sinon été reconduit par le CC? – et qu'il y a plusieurs zones d'ombre dans le discours de Victor Griffuelhes. La suite de sa vie n'est pas sans mystère. En 1911, il brasse beaucoup d'argent pour le lancement d'un quotidien, *La Bataille syndicaliste*. Entre 1914 et 1918, il serait devenu administrateur d'une société travaillant pour la défense nationale (accusation lancée par Alphonse Merrheim en 1920 et reprise par Ange Rivelli des Inscrits maritimes)[1]. Enfin, d'avril à décembre 1920, il fait le «voyageur de commerce» en Allemagne, dans les pays baltes et en Russie, mais personne ne sait ce qu'il vend[2]...

Au-delà de la personne du secrétaire général, l'affaire suggère quelques conclusions importantes. En premier lieu, il règne au sommet de la CGT un climat épouvantable: rumeurs, suspicions, haines personnelles, sans compter l'antisémitisme d'une partie des dirigeants[3]. Cette situation est d'abord liée au refus d'analyser les échecs répétés: puisque la ligne est bonne, puisque les chefs ont fait plus que leur devoir, les échecs ne peuvent venir que de trahisons. On recherche dans le passé des suspects, dans leur vie personnelle ou leur race, leur religion, les explications de cette trahison «objective». Par exemple, lors du congrès de 1910, Alphonse Merrheim et Victor Griffuelhes affirment qu'Albert Lévy a été manipulé par Jean Latapie, ancien secrétaire de la Métallurgie, qui aurait été l'âme d'un complot contre la CGT

---

1. Bruce Vandervort indique qu'il n'a pu trouver confirmation de cette accusation mais que deux éléments lui donnent consistance: d'une part, Alphonse Merrheim, secrétaire général de la Fédération de la métallurgie, connaît bien les entreprises travaillant pour la défense nationale; d'autre part, Victor Griffuelhes ne répond pas à ces accusations, alors qu'il est fort prompt à polémiquer (B. Vandervort, *Victor Griffuelhes and French Syndicalism, 1895-1922*, op. cit., p. 214-215).
2. *Ibid.*, p. 235-236.
3. *Ibid.*, p. 171-172.

monté par le président du Conseil (Aristide Briand). Cette explication a été reprise par Édouard Dolléans [1] et acceptée par la plupart des historiens. Il faut tout de même rappeler que, en janvier 1909, Henri Galantus et Jean Latapie ont été contraints de quitter la direction de la Fédération des métaux [2]. Jean Latapie est absent du congrès confédéral de 1910 et ne peut donc se défendre. Il fait un coupable idéal. Enfin, comment oublier que les mêmes accusations absurdes ont été lancées contre Eugène Guérard et Auguste Keufer?

En deuxième lieu, Albert Lévy se trouve dans une position inconfortable car il ne s'est pas contenté d'administrer et de tenir les comptes : il a effectué plusieurs délégations, toujours sur une ligne « ultra », comme à Draveil ; il est intervenu dans les débats, sur tous les sujets ; il a participé pleinement à la direction collégiale. De ce fait, Victor Griffuelhes peut exiger de lui une solidarité politique et estimer que cette solidarité est supérieure aux règles comptables. À part Marius Blanchard et Jules Le Guéry, peu de responsables de l'époque ont placé les choses sur le plan du bon sens : comment avoir des syndiqués, comment obtenir des souscriptions de solidarité en faveur des grévistes, si les cotisants ou les souscripteurs ne sont pas assurés que leur argent est utilisé pour les buts proclamés ? Un siècle plus tard, ces questions ne sont toujours pas résolues et sont pour beaucoup dans le discrédit qui frappe les syndicats.

En troisième lieu, l'affaire de la Maison des fédérations révèle que, dès cette époque, l'entourage du secrétaire général constitue une sorte de direction parallèle et qu'il dispose d'une « caisse noire » alimentée par des ressources soustraites au contrôle des autres dirigeants, pour ne rien dire des adhérents. N'est-ce pas encore la situation dans beaucoup de syndicats aujourd'hui ?

Le congrès de 1910, en « blanchissant » Victor Griffuelhes,

---

1. É. Dolléans, *Histoire du mouvement ouvrier, 1871-1920*, op. cit., p. 152-156.
2. Henri Galantus sera secrétaire de diverses UD puis reviendra au secrétariat de la Fédération après la mort d'Alphonse Merrheim. En revanche, Jean Latapie disparaît. Sa fiche dans le dictionnaire biographique dirigé par J. Maitron s'arrête en 1909 (N. Papayanis, *Alphonse Merrheim : The Emergence of Reformism in Revolutionary Syndicalism, 1871-1923*, op. cit., p. 51-52).

valide les combinaisons auxquelles les syndicalistes se risquent, faute d'adhérents en nombre suffisant pour leur apporter des ressources incontestables, régulières et proportionnées à leurs ambitions. Tout en tenant des discours moraux, ils font de la cavalerie, jonglent avec les comptes, organisent des tombolas et manipulent des ressources extraordinaires considérables – y compris les subventions que la confédération, tout comme les bourses du travail, ont touchées dès l'origine. Depuis cette époque, le mouvement syndical est resté dépendant des ressources extraordinaires et les comptes sont toujours obscurs. Les dirigeants syndicaux semblent partager la forte pensée émise par Georges Yvetot devant le congrès d'Amiens : « Il faut que des cotisations soient versées. D'où elles viendront, je veux l'ignorer[1]. »

Louis Niel : une parenthèse sans lendemain ?

En présentant sa démission, Victor Griffuelhes pense qu'on va le rappeler. Sa fédération propose sa candidature, mais le Bâtiment présente celle d'un anarchiste, Jean Nicolet et les Mineurs celle de Louis Niel (les Fédérations du livre, des chemins de fer et du textile lui apportent leur soutien). Au premier tour, Louis Niel obtient 27 voix contre 19 à Victor Griffuelhes et 12 à Jean Nicolet. Victor Griffuelhes demande alors à ses partisans de reporter leurs voix sur Jean Nicolet. Pourtant c'est Louis Niel qui l'emporte par 28 voix contre 27 (1 voix pour Victor Griffuelhes et 2 abstentions). Georges Thil, ancien secrétaire de la Lithographie, socialiste lui aussi, est élu dans les mêmes conditions, secrétaire adjoint de la section des fédérations. Charles Marck devient trésorier tout en désapprouvant publiquement l'éviction d'Albert Lévy.

Apparemment la déroute de l'ancienne majorité confédérale est complète. En raisonnant en nombre de syndiqués représentés par chacune des organisations, Louis Niel et Georges Thil sont nettement majoritaires, les grandes fédérations ayant toutes voté pour eux, à l'exception du Bâtiment et des Métaux. Cela ne

---

1. CGT, 1906, p. 233.

suffit pas à leur donner le pouvoir. À l'époque, le secrétaire général et son adjoint sont élus par la section des fédérations. Or, au CC, il y a aussi les bourses, d'ailleurs plus nombreuses que les fédérations. Par le jeu des mandatements, Georges Yvetot et ses amis continuent de contrôler cette section des bourses, donc la majorité des voix au CC. Louis Niel se heurte aussi à l'opposition de la majorité des permanents, opposition orchestrée par Georges Yvetot et, en sous-main, par Victor Griffuelhes et Alphonse Merrheim. L'ancien secrétaire général continue de contrôler la société Griffuelhes et Cie, propriétaire de l'immeuble confédéral. Il siège au CC, au titre des Cuirs et peaux – dont il reprend le secrétariat durant l'été 1909 – puis comme représentant des Bûcherons (à partir d'octobre 1910). Il orchestre la campagne contre son successeur et se livre à une surenchère permanente [1].

On censure les articles de Louis Niel ou on les tourne en ridicule. Par exemple, à son arrivée, il veut exposer son programme, dans un article intitulé « À l'œuvre, tous pour des résultats [2] », rappelant que les syndicats ont d'abord pour fonction de défendre les syndiqués. Georges Yvetot a placé en regard de ce papier un article de Raymond Péricat, anarchiste, secrétaire du Bâtiment, intitulé « À l'œuvre, tous pour la grève générale ». De même, lorsque Louis Niel prend la parole devant le comité confédéral, il est systématiquement interrompu ; la surenchère répond à ses appels au réalisme.

La crise culmine au printemps 1909, lors de la grève des postiers [3]. N'ayant pas le droit syndical, les employés des Postes sont organisés dans une amicale. En mars, à Paris, un arrêt de travail spontané débouche sur une demi-victoire des grévistes. Un nouveau mouvement est lancé à la mi-mai sans parvenir à entraîner la majorité des postiers. Les grévistes demandent alors le soutien de la CGT. Le CC, passant outre l'opposition de Louis Niel, appelle à la grève générale. C'est un échec total. À la reprise du travail, le gouvernement prononce 800 révocations.

1. CGT, 1910, p. 204-233.
2. *La Voix du peuple*, 21 mars 1909.
3. É. Dolléans, *Histoire du mouvement ouvrier, 1871-1920*, op. cit., p. 158-163.

> **4. Léon Jouhaux**
>
> Ouvrier allumettier et anarchiste, il est autodidacte et peu doué pour l'écriture; doté d'une voix forte, il est un orateur apprécié dans les meetings et les congrès, même si on lui reproche souvent son emphase et son goût pour les «grandes phrases». Pendant quarante-six ans à la tête du mouvement syndical français, il a survécu à de nombreuses crises au cours desquelles il a su temporiser ou trouver des voies médianes, se révélant excellent tacticien plus que stratège.
> En 1905, il devient représentant de la bourse du travail d'Angers au comité des bourses et au CC. En mai 1909, il assure l'intérim du trésorier confédéral, Charles Marck, qui est en prison. Le 12 juillet 1909, seul candidat, il est élu secrétaire général de la CGT par une coalition de socialistes révolutionnaires et d'anarchistes.
> Léon Jouhaux s'intéresse vivement aux relations internationales. Avant la Première Guerre, il effectue plusieurs voyages à l'étranger (Allemagne, Angleterre, Belgique) et assiste aux conférences de l'Internationale syndicale. En août 1914, il prononce un discours aux obsèques de Jean Jaurès qui annonce le ralliement de la CGT à l'Union sacrée. Il accepte de devenir «délégué à la nation». En 1917, il se rallie aux propositions de paix du président américain Wilson. En 1919, il participe à la Conférence de la paix, chargé de la «législation internationale du travail», puis devient premier vice-président de la Fédération syndicale internationale, dans laquelle il tente de faire entrer les syndicats soviétiques en 1937-1938.
> Convaincu de la nécessité d'une organisation sociale mondiale, il participe à la création de l'Organisation internationale du travail ainsi que, à partir de 1922, à divers comités de la SDN. Après la Seconde Guerre, il est membre de la délégation française à l'ONU et vice-président de la FSM puis, en 1949, de la Confédération des syndicats libres, créée par les syndicats américains

Au lendemain de cet échec, le CC tient une séance mouvementée: on échange des coups, on brandit un revolver sous le nez du secrétaire général, un groupe de terrassiers veut le lyncher. On ne s'interroge pas sur l'impréparation de la grève et sur les raisons pour lesquelles les grandes organisations ont totalement échoué à mobiliser leurs troupes (l'Éclairage, la Métallurgie et le Bâtiment avaient publiquement promis leur concours). On accuse Louis Niel d'avoir provoqué ce désastre par un discours «inopportun» prononcé à Lens dans lequel, commentant la décision des Mineurs de ne pas faire grève pour soutenir les postiers, il n'avait pas caché les faiblesses de la CGT[1].

1. CGT, 1910, p. 213-214.

(1879-1954)[1]

pour accueillir les organisations hostiles à la FSM tombée sous le contrôle des communistes.
Au début des années 1950, il est tenté par le neutralisme et lance un projet de troisième force («démocratie combattante») qui sera un fiasco.
Il a reçu le prix Nobel de la paix en 1951.
Au plan intérieur, il aura beaucoup plus de déceptions. Ainsi, en 1921, il ne peut empêcher la première scission et la création de la CGT-U. Resté à la tête de la CGT, il la dote d'une organisation centralisée, d'un centre de formation et d'un programme et il l'oriente vers une politique de «présence» et de délégation. Il favorise la création du Conseil national économique – composé de personnalités qualifiées qui sont chargées d'éclairer le gouvernement par des avis – et, en 1946, du Conseil économique et social qu'il présidera jusqu'à sa mort.
La CGT étant incapable de se développer, en 1935, malgré bien des réticences, il accepte la réunification avec la CGT-U. Il est reconduit secrétaire général après le congrès d'unité de Toulouse (1936). Après la victoire du Front populaire, il refuse l'offre d'un portefeuille ministériel dans le cabinet Blum mais il accepte de siéger au conseil de la Banque de France. Il ne peut empêcher la montée de l'influence communiste dans la CGT, ni la division de ses propres amis lors du congrès de novembre 1938 et n'est reconduit à la tête de la CGT que grâce au soutien du PCF.
Pendant l'Occupation, après un moment d'hésitation, il se place en retrait. Mis en résidence surveillée en 1942, il est déporté en Allemagne en 1943. À son retour, en mai 1945, la CGT étant sous le contrôle des communistes, il accepte de partager le secrétariat avec Benoît Frachon et se cantonne dans les relations internationales. En décembre 1947, il ne peut empêcher la scission de ses amis qui fondent la CGT-Force ouvrière au printemps 1948. Il en est président, laissant la réalité du pouvoir à Robert Bothereau.

À la suite de cette réunion, Louis Niel rend publique sa démission (26 mai 1909). Dans un entretien accordé à *L'Humanité*, il explique : « Je ne croyais pas tomber dans un milieu aussi décomposé par les passions politiques et les querelles personnelles[2]. » Cette crise met à nouveau en lumière le poids de Georges Yvetot qui ne pardonne pas à Louis Niel le fait d'avoir abandonné l'anarchisme pour le socialisme. Il a ce cri du cœur : « Tu aurais mieux fait de rester de notre côté[3]. »

1. Portrait dans R. Millet, *Jouhaux et la CGT*, Paris, Denoël, 1937, et B. Georges et D. Tintant, *Léon Jouhaux. Cinquante ans de syndicalisme*, *op. cit.*
2. B. Georges et D. Tintant, *Léon Jouhaux. Cinquante ans de syndicalisme*, *op. cit.*, p. 27.
3. CGT, 1910, p. 211.

Devant le congrès d'Amiens, Auguste Keufer avait prédit que l'alliance avec les anarchistes conduirait à la désorganisation et à l'impuissance. Trois ans après, cette prédiction s'est réalisée. La CGT est déchirée par la guerre des clans et semble ingouvernable. Il faut attendre le 12 juillet 1909 pour qu'un nouveau secrétaire général soit trouvé, car personne n'est candidat. Par défaut, on choisit un jeune anarchiste, ami de Victor Griffuelhes, qui siégeait au CC depuis la fin 1905 : Léon Jouhaux. Tout le monde pense qu'il ne durera pas à ce poste ; il y est resté jusqu'en décembre 1947 (encadré 4).

C'est donc au bord du gouffre qu'un armistice entre les tendances est survenu et que la CGT amorce une « rectification de tir » (selon l'expression de l'époque).

La rectification de tir ?

L'évolution commence dès l'automne 1908. Lors du congrès de Toulouse, quelques ouvertures ont été faites en matière internationale ou à propos de la lutte contre la guerre. Le congrès a aussi arrêté le principe d'une carte et d'un timbre confédéraux dont les modalités ont été mises à l'étude. D'autres modifications sont évoquées. En juillet 1909, elles sont examinées par une « conférence des fédérations et des bourses » réunie à Paris[1]. Pour contourner le contrôle des anarchistes sur le comité des bourses, on a imaginé de convoquer les « vrais » responsables pour les faire travailler dans une structure moins lourde qu'un congrès mais plus représentative que le CC. Présidée par Louis Niel, à qui on n'a pas encore trouvé de successeur, cette conférence cherche à recoller les morceaux. Certaines réformes que Victor Griffuelhes bloquait depuis 1902 sont enfin mises en route : simplification et unification des finances de la confédération, caisse centrale à partir du 1er janvier 1910, barème unique des cotisations, délivrance d'une carte et de timbres confédéraux aux syndiqués, création d'un *viaticum* confédéral...

---

1. Lucien Métivier est l'un des deux secrétaires de la conférence : le ministre de l'Intérieur a donc été le premier informé du contenu de la conférence !

La reprise des relations internationales et l'influence des exemples étrangers

Durant la période 1903-1908, la confédération a rompu avec le Secrétariat syndical international – dominé par les sociaux-démocrates – parce que la majorité des confédérations étrangères refusent d'inscrire la grève générale, l'antimilitarisme et l'antipatriotisme à l'ordre du jour des réunions. La confédération n'a pas pu nouer de relations avec d'autres organisations dissidentes pour constituer une sorte d'« internationale syndicale révolutionnaire[1] ». C'était impossible, car les fédérations adhérentes à la CGT – Mineurs, Livre, Métaux, Textile, Chemins de fer, Verriers, Cuirs et peaux... – ont, elles, des contacts suivis avec les secrétariats professionnels internationaux et ne veulent pas rompre ces liens.

Profitant de l'emprisonnement de Victor Griffuelhes, on a donc décidé de reprendre les relations avec le Secrétariat international et celui-ci a accepté de tenir une conférence à Paris pour la fin août 1909. Louis Niel ayant démissionné entre-temps, son successeur représente la CGT[2]. La conférence permet de mesurer l'ampleur des divergences et le peu d'aménité dans les rapports entre Français et Allemands.

La CGT demande que les conférences internationales deviennent des congrès. Carl Legien, responsable du secrétariat international, lui répond : « Les Français avec leur méthode arrivent bons derniers dans l'organisation internationale. Ayez d'abord des organisations solides et cohérentes, alors des congrès pourront faire du travail pratique. Sinon ils ne seront que des parlottes. »

C'est Georges Yvetot qui ouvre le feu (et non Léon Jouhaux) avec une thèse que l'on entendra souvent pour excuser la faiblesse du syndicalisme français : « Nous sommes, dit-on, les derniers. Les statistiques de grève établissent que nous sommes les

---

1. B. Vandervort, *Victor Griffuelhes and French syndicalism*, op. cit., p. 106-108.
2. *Le Peuple* et *L'Humanité* (numéro du 1er septembre 1909) ont donné des comptes rendus exhaustifs.

seconds. [...] Vous pouvez interroger les gouvernants de tous les pays. Aucune classe ouvrière n'est redoutée des gouvernants comme nous le sommes. » Léon Jouhaux prononce un discours plus mesuré. Il refuse que l'Internationale syndicale soit « commandée par l'état-major socialiste. Pour vous peut-être, l'organisation politique est un gros vaisseau et l'organisation économique une petite chaloupe à sa remorque. Pour nous, le gros vaisseau est l'organisation syndicale, il faut subordonner l'action politique à l'action syndicale ».

Les liens sont renoués. La CGT (en la personne de Léon Jouhaux) participe aux conférences de Budapest en 1911 et de Zurich en 1913, où le Secrétariat devient la Fédération syndicale internationale (FSI). La vieille garde de la CGT n'accepte pas sans mal la reprise des relations avec le mouvement international jugé en bloc « réformiste ». Par exemple, en 1911, une délégation se rend à Berlin au congrès du DGB. À peine arrivé, Georges Yvetot se livre à des provocations et s'enfuit pour éviter l'arrestation, mais, contrairement à son attente, le reste de la délégation décide de rester et semble impressionné par les réalisations de la social-démocratie[1]. Léon Jouhaux revient impressionné par les réalisations des syndicats allemands[2]. Il a compris combien il se trompait en 1909 quand il les accusait de n'être qu'une modeste chaloupe à la remorque du « gros vaisseau » social-démocrate.

Avant 1914, Léon Jouhaux multiplie les voyages à l'étranger, ce qui lui permet de découvrir aussi le trade-unionisme, et de mesurer la faiblesse du syndicalisme français. L'intérêt de Léon Jouhaux pour le mouvement syndical international date de cette époque, et non de la Première Guerre. Cet intérêt s'approfondira (encadré 4). Son évolution est aussi une conséquence du renforcement des liens entre la CGT et la SFIO.

---

1. Alors un télégramme rappelle Léon Jouhaux à Paris, pour « raisons supérieures » : Victor Griffuelhes et Georges Yvetot ont craint les influences sociales-démocrates. Le retour précipité de Léon Jouhaux montre aussi où réside le pouvoir dans la CGT d'avant 1914 ! (B. Georges et D. Tintant, *Léon Jouhaux. Cinquante ans de syndicalisme*, op. cit., p. 116).
2. *Ibid.*, p. 76.

L'attitude de la classe ouvrière en cas de guerre

Édouard Vaillant a été le premier à proposer que l'Internationale oppose la grève générale à la guerre. Il a rallié Jean Jaurès à l'idée. En 1906, au congrès socialiste de Limoges – qui suit d'un mois le congrès d'Amiens –, la fédération de la Seine fait voter une motion en ce sens, confirmée l'année suivante par le congrès de Nancy. Les socialistes français échouent à faire adopter l'idée par l'Internationale, mais le congrès de 1907 adopte une motion qui préconise d'utiliser la guerre pour « précipiter la chute de la domination capitaliste ». Sur proposition française, la question devait être discutée au congrès de Vienne en août 1914...

À partir de 1907, de nombreux socialistes souhaitent que la CGT adopte une position comparable. La question est donc inscrite à l'ordre du jour du congrès confédéral de 1908. *A priori*, ce point ne pose pas problème puisque la charte d'Amiens fait de la grève générale l'outil révolutionnaire par excellence. Il y a pourtant deux obstacles. D'une part, certaines fédérations, comme les Cheminots, le Livre ou les Employés, estiment que « l'attitude de la classe ouvrière en cas de guerre » n'est pas de la compétence des syndicats mais uniquement des partis (c'est aussi la position de la FSI). D'autre part, la SFIO condamne l'agitation antimilitariste et antipatriotique prônée par la motion Yvetot (encadré 3).

Victor Griffuelhes étant emprisonné, Alphonse Merrheim hérite de cette quadrature du cercle. Comme à Amiens, le congrès débat longuement et se trouve devant une « forêt » de résolutions. Malgré les efforts d'Alexandre Luquet et d'Alphonse Merrheim, la synthèse est impossible – du fait de l'intransigeance de l'opposition confédérale et des anarchistes – mais le congrès se voit proposer une alternative simple entre deux textes. Celui de l'opposition reprend les deux thèses du secrétariat international : l'antipatriotisme n'est pas de la compétence du syndicalisme, et il faut, « au premier péril de guerre, organiser [...] une agitation intense pour arriver à empêcher la déclaration

> **5. La motion Merrheim sur l'antimilitarisme
> (congrès de Toulouse, 1908)**
>
> « Le congrès confédéral de Marseille rappelant et précisant la décision d'Amiens,
> Considérant que l'armée tend de plus en plus à remplacer à l'usine, aux champs, à l'atelier le travailleur en grève quand elle n'a pas pour rôle de le fusiller comme à Narbonne, Raon-l'Étape et Villeneuve-Saint-Georges,
> Considérant que l'exercice du droit de grève ne sera qu'une duperie tant que les soldats accepteront de se substituer à la main-d'œuvre civile et consentiront à massacrer les travailleurs,
> Le congrès, se tenant sur le terrain purement économique, préconise l'instruction des jeunes pour que du jour où ils auront revêtu la livrée militaire ils soient bien convaincus qu'ils n'en restent pas moins membres de la famille ouvrière et que, dans les conflits entre le capital et le travail, ils ont pour devoir de ne pas faire usage de leurs armes contre leurs frères les travailleurs,
> Considérant que les frontières géographiques sont modifiables au gré des possédants, les travailleurs ne reconnaissent que les frontières économiques, séparant les deux classes ennemies : la classe ouvrière et la classe capitaliste.
> Le congrès rappelle la formule de l'Internationale : les travailleurs n'ont pas de patrie ! qu'en conséquence toute guerre n'est qu'un attentat contre la classe ouvrière, qu'elle est un moyen sanglant et terrible de diversion à ses revendications.
> Le congrès déclare qu'il faut, au point international, faire l'instruction des travailleurs afin qu'en cas de guerre entre puissances les travailleurs répondent à la déclaration de guerre par une déclaration de grève générale révolutionnaire. »
>
> P. Ader, Fédération agricole du midi ; C. Bruon, Bâtiment ; C. Desplanques, Coiffeurs et confédération ; E. Feutrier ; A. Garnery, Bijoutiers et confédération ; A. Luquet, Coiffeurs et confédération ; A. Merrheim, Métallurgie.

de guerre[1] ». L'autre texte, présenté par Alphonse Merrheim au nom de la majorité confédérale (encadré 5), est nettement en retrait par rapport à la motion Yvetot. Dans son rapide commentaire, Alphonse Merrheim souligne que ce texte ne prend pas position concernant l'antipatriotisme et que l'essentiel est la volonté d'éducation du prolétariat[2].

---

1. Ce texte est signé par le Livre, la Lithographie, Les Chemins de fer, les Employés. Il est présenté par Roche et Louis Niel (CGT, 1908, p. 212-213).
2. *Ibid.*, p. 214.

La liste des signataires montre le relatif échec d'Alphonse Merrheim : il n'est pas parvenu à opérer un « rassemblement » comparable à celui qu'avait réalisé Victor Griffuelhes à Amiens. Le bureau confédéral n'est pas complet : il manque le seul titulaire en liberté (Albert Lévy). De même, aucun des ténors de la majorité ne figure dans la liste. Seule grande organisation, le Bâtiment est représenté par un « second couteau ». En fait, la direction provisoire n'a pas eu l'habileté politique de Victor Griffuelhes.

La « motion Merrheim » est adoptée par 681 mandats contre 421 au texte de l'opposition et 43 blancs. Pour expliquer le vote hostile des Mineurs, leur leader Séraphin Cordier explique que ses adhérents ne lui ont pas donné mandat pour discuter de l'antipatriotisme mais qu'il approuve la dernière phrase de la motion Merrheim. Dans l'esprit des Mineurs, la signification est la suivante : en cas de déclaration de guerre, les travailleurs doivent faire la grève générale dans *tous* les pays belligérants. Six ans plus tard, on verra combien cette dernière précision est prémonitoire.

Par la suite, Alphonse Merrheim est devenu le symbole du pacifisme de la CGT et l'on n'a retenu de sa motion que le dernier membre de phrase ainsi transformé : « Les travailleurs répondront à la déclaration de guerre par une déclaration de grève générale. » Avant août 1914, aucun texte du CC ou des congrès n'est aussi catégorique. La motion de 1908 – confirmée en 1912 au congrès du Havre – ne propose qu'une action internationale d'éducation de la classe ouvrière[1]. Cette proposition est restée un vœu pieux, la CGT comme la SFIO étant isolées dans leurs internationales respectives. Au congrès CGT de 1908, l'intervention la plus lucide fut certainement celle de Roche du Livre :

« N'oublions pas que, sur les 8 millions de salariés en France, il y en a 300 000 dans la CGT, et sur ces 300 000, quelles que soient les décisions insurrectionnelles que vous preniez, il n'y en a pas même 20 000 qui suivraient[2]. »

Le compte rendu indique des mouvements d'approbation dans

---

1. J. Julliard, « La CGT devant la guerre », *Le Mouvement social*, n° 49, 1964, p. 51.
2. CGT, 1908, p. 215.

la salle : personne n'est vraiment dupe des grandes phrases de la direction. Six ans plus tard, on verra que Roche était encore très optimiste ! Pourtant, comme après Amiens, on assiste à une sorte de fuite en avant.

Le congrès confédéral du Havre (septembre 1912) ne se contente pas de confirmer les motions antérieures sur l'antimilitarisme (réintégrant ainsi la motion Yvetot que la motion Merrheim voulait faire oublier), il décide la convocation d'un congrès extraordinaire sur cette seule question. Réuni en novembre à Paris, ce congrès appelle à un arrêt général du travail en faveur de la paix pour le 16 décembre 1912. C'est un échec total. La CGT est incapable de mobiliser les ouvriers sur des thèmes politiques. Elle est contrainte de laisser l'initiative à la SFIO.

La lutte contre la loi des trois ans

Début 1913, le gouvernement dépose un projet de loi portant la durée du service militaire de deux à trois ans (loi devant entrer en vigueur à l'automne). Une course contre la montre s'engage pour tenter de mobiliser l'opinion. Durant tout le printemps 1913, la SFIO aura la direction de cette campagne et la CGT suivra.

Le 16 mars, au Pré-Saint-Gervais, la fédération socialiste de la Seine organise un premier meeting avec le soutien de l'USS. Le succès de cette première initiative conduit la direction nationale de la SFIO, avec le soutien de la CGT, à organiser un grand rassemblement, toujours au Pré-Saint-Gervais. Ce rassemblement est marqué par un grand discours de Jean Jaurès.

Début juillet, le gouvernement, ne pouvant frapper la SFIO, invente un complot de la CGT : Georges Yvetot, Charles Marck sont arrêtés (mais pas Léon Jouhaux) et le président du Conseil, Louis Barthou, menace de dissoudre la confédération.

En réponse, la SFIO et la CGT organisent à Paris une manifestation commune (13 juillet 1913). Le même jour s'ouvre à Paris une conférence nationale des Fédérations et des Bourses. Une proposition de grève générale contre les trois ans est massivement repoussée. Ce refus s'explique surtout par l'affaiblissement des syndicats. Le Bâtiment reconnaît une véritable hémorragie et ne peut envisager une grève. C'est l'occasion d'une prise de conscience : la syndicalisation stagne, voire recule dans de nombreuses organisations, spécialement celles contrôlées par l'alliance anarcho-allemaniste. Alphonse Merrheim dénonce l'aventurisme qui a conduit à l'affaire de Draveil et met en cause l'importance trop grande donnée à l'action « générale ». La conférence décide une « rectification de tir » consistant à se recentrer sur l'action corporative. C'est la victoire tardive des thèses que l'opposition confédérale avait présentées lors du congrès d'Amiens. Le syndicat ne peut tout faire ; il doit se mêler le moins possible de l'action politique pour se centrer sur les questions corporatives. La CGT accepte ainsi la division du travail entre le syndicat et le parti, et reconnaît l'influence prédominante des socialistes dans la CGT.

L'influence prédominante des socialistes dans la CGT

Pendant le congrès confédéral de 1910, Léon Jouhaux fait un aveu qui passe inaperçu : « quel que soit le mode de votation », l'opposition confédérale est majoritaire [1]. L'élection de Louis Niel n'a donc pas été un accident ; elle tourne une page. C'est aussi reconnaître que les socialistes « unifiés » – opposés à l'alliance anarcho-allemaniste – ont une influence prédominante dans la CGT. Si cette influence ancienne ne se concrétise pas par des liens organiques au sommet, c'est à cause des divisions entre socialistes. En revanche, ces liens sont plus évidents au niveau local (tableau 6).

La dernière colonne indique que les « socialistes SFIO » – partisans de Jules Guesde ou de la coalition Jean Jaurès-Édouard Vaillant – contrôlent la moitié des bourses et que les anarchistes et leurs alliés allemanistes (« socialistes révolutionnaires ») en dirigent moins de 40 %. Trois secrétaires seulement sont « syndicalistes révolutionnaires » : avant 1914, cette notion reste circonscrite à quelques cénacles parisiens gravitant autour du

---

1. CGT, 1910, p. 28.

6. Orientation politique des secrétaires de bourses du travail en 1911 [1]

	Effectifs absolus	% total	% des classés
Anarchistes	23	13,5	16
Syndicalistes révolutionnaires	3	2	2
Socialistes révolutionnaires	30	18	21
Socialistes SFIO	73	44	51
Socialistes indépendants	6	4	4
Radicaux	2	1	1
Modérés et conservateurs	7	4	5
Non classés	23	13,5	
Total	167	100	

Mouvement socialiste et du noyau de *La Vie ouvrière* ; elle ne peut être appliquée à l'ensemble de la CGT sans commettre un anachronisme, voire un contresens. Enfin, les « indépendants » et les « modérés » sont des sortes de Millerand locaux, en butte à l'hostilité de la fédération socialiste locale.

Au total, les relations qu'entretiennent les fédérations du parti et les bourses de leurs départements peuvent se résumer ainsi :

– Il y a quelques cas d'affrontement – nous avons cité Brest et Grenoble – qui se terminent, avant 1914, par la défaite des anarchistes ou par une coexistence pacifiée qui réduit la bourse à la portion congrue.

– Dans quelques cas, le syndicat domine le parti, comme à Cherbourg où la section locale de la SFIO est une simple annexe du syndicat [2]. Cela tient à ce que l'implantation du socialisme est faible au plan électoral. Il y a aussi quelques « députés ouvriers »,

---

1. Classement établi par le ministère de l'Intérieur (J. Julliard, *Autonomie ouvrière*, Paris, Gallimard, 1988, p. 218).
2. J. Quellien, « Un milieu ouvrier réformiste : syndicalisme et réformisme. Cherbourg à la Belle Époque », *Le Mouvement social*, n° 127, 1984.

notamment chez les mineurs du Pas-de-Calais. Le cas de Carmaux est également bien connu[1]. Jean Jaurès a été un « député mineur », d'origine bourgeoise mais dévoué à ses électeurs.

– La plupart du temps, les deux appareils sont plus ou moins imbriqués. Les dirigeants des bourses sont souvent élus locaux et membres du conseil fédéral du parti. Nous avons évoqué les cas d'Auguste Cleuet à Amiens, de Pierre Hervier à Bourges, d'Henri Gautier à Saint-Nazaire. Cependant, les luttes de tendance au sein de la SFIO peuvent rejeter ces hommes dans l'opposition. Dans ce cas, leur survie dépend du soutien des principaux syndicats et, surtout, de l'espace autonome qu'ils ont créé grâce aux services qu'offrent ces bourses : caisse de secours, consultation juridique, coopérative de consommation...

– Les cas de pilotage direct du syndicat par le parti sont rares et limités à quelques localités du Nord, à Limoges, à Carmaux, etc. À part les guesdistes, aucun syndicaliste ne préconise ouvertement ce système, même si la SFIO parvient doucement à imposer une certaine primauté.

En conclusion, avant la Première Guerre mondiale, il existe une culture de la violence, de l'exclusive et de l'intolérance dans certains courants socialistes et chez les anarchistes. Ils ont importé cette culture dans la CGT où se multiplient les manœuvres d'appareil, le noyautage et les scissions. Si certaines des victimes – Eugène Guérard, Albert Lévy ou Louis Niel – purent se défendre, beaucoup d'autres, militants de base, secrétaires de syndicats, de bourses, de fédérations ont vu leur œuvre détruite, leur dévouement ridiculisé et leur réputation ternie injustement. Après la guerre de 1914, les communistes n'auront rien à inventer.

Avant 1914, la SFIO domine la CGT. Cette domination passe par le canal des bourses et des syndicats locaux plus que par celui des fédérations. Mais les luttes de factions au sein de la SFIO empêchent la clarification des relations entre le parti et

---

1. R. Trempé, *Les Mineurs de Carmaux, 1848-1914*, Paris, Éditions ouvrières, 1971.

le syndicat. Au fond, le syndicalisme français d'avant 1914 semble proche du modèle social-démocrate mais sans en avoir les avantages. Le partage du travail entre les fédérations du parti et les syndicats n'étant pas officiellement établi, la délimitation des domaines de compétence ne peut être formalisée. L'équilibre instable dépend de la situation locale, de la personnalité des responsables, des événements. Le moindre choc peut détruire cet équilibre, *a fortiori* quand il s'agit d'une catastrophe comme la guerre.

En ce qui concerne l'attitude face à la guerre, la CGT s'est progressivement alignée sur la SFIO et lui a laissé le premier rôle. Ce sont les socialistes qui ont lancé l'idée selon laquelle les travailleurs répondraient à la guerre par l'agitation dans tous les pays belligérants. La CGT a été relativement prudente, du moins dans ses textes officiels et dans les déclarations de ses principaux dirigeants, sinon dans la propagande antimilitariste et antipatriotique d'une petite minorité[1]. En août 1914, c'est la SFIO qui renie les motions de ses congrès en se ralliant à l'Union sacrée et la chaloupe syndicale – trop solidement amarrée au parti – coule avec lui.

---

1. J. Julliard, «La CGT devant la guerre», art. cité.

Chapitre III

Un chantier inachevé

À la veille de la Première Guerre mondiale, les syndicats sont parvenus à attirer à eux un nombre appréciable d'adhérents malgré leurs évidentes faiblesses et leur verbalisme. Ce constat soulève de nombreuses questions. Qui sont ces syndiqués et pour quelles raisons adhèrent-ils ? Quels sont les milieux sociaux et les régions favorables à la syndicalisation ? Cela conduit aussi à examiner la manière dont les syndicats sont organisés. Quelles formes d'organisation peuvent favoriser l'adhésion ou, au contraire, la décourager ? Cette dernière question continue à se poser aujourd'hui.

Qui ? N'entre pas qui veut !

Si curieux que cela puisse paraître, il y a un siècle tous les salariés ne pouvaient pas adhérer à un syndicat. Au contraire, la loi comme la coutume ouvrière limitaient ce droit à une fraction limitée de la classe ouvrière.

L'adhésion sélective

Trois éléments ont limité l'action du syndicalisme à une fraction seulement du salariat.
– L'interdiction pour les employés de l'État (autres que les ouvriers, notamment des Arsenaux). Après 1910, une tolérance sera appliquée en faveur des instituteurs et des agents des Postes mais il faudra attendre 1924 pour que les fonctionnaires se voient reconnaître légalement le droit syndical.

> **7. Les demandes d'adhésions repoussées en 1905-1906**[1]
>
> « La Fédération des chauffeurs-mécaniciens des chemins de fer (dite Guimbert, du nom de son fondateur) ne fut pas admise comme faisant double emploi avec le Syndicat national des chemins de fer. De plus, il faut ajouter que les statuts et le caractère de cette organisation ne cadraient pas avec le mouvement syndical défini par nos Congrès.
> La Fédération des employés du contrôle des tramways de la Seine ne fut pas acceptée, parce que ne remplissant pas les conditions nécessaires. Les contrôleurs de tramways étant assimilables à des contremaîtres, le comité ne pouvait accepter un groupement de cette catégorie.
> Le Syndicat des journalistes professionnels fut également refusé. Le comité estima que la profession de journaliste était peu précisée et n'assurait pas à ses membres l'indépendance morale.
> Il en fut de même pour le Syndicat national des employés de coopératives. Ce syndicat est formé de travailleurs venus de toutes les corporations et que les circonstances ou les nécessités ont faits employés de coopératives. Cette origine ne saurait être méconnue, a pensé le comité ! De là, pour chacun de ces travailleurs, le devoir d'appartenir au syndicat de sa profession. Si le travailleur est employé à la vente, il doit appartenir au Syndicat des employés de diverses catégories, s'il est boulanger, il doit appartenir au Syndicat des boulangers. »

– La petite taille des entreprises et la porosité entre salariat et artisanat. Chez les Inscrits maritimes, dans le Bâtiment, l'Alimentation, cette question est d'autant plus épineuse que la CGT refuse la présence dans ses rangs de non-salariés ou d'employeurs, c'est-à-dire les « syndicats mixtes », et que la majorité confédérale voit d'un œil soupçonneux les coopératives.

– La CGT a posé d'autres restrictions officielles ou officieuses, notamment contre les organisations « corporatives » ou contre certaines catégories de personnel comme les techniciens, les agents de maîtrise, les femmes et les apprentis. À titre d'exemple, l'encadré 7 donne la liste des demandes d'adhésion que la confédération a repoussées en 1905-1906 et les raisons données pour justifier ce refus. Il faut se souvenir à ce propos que ce ne sont pas les individus qui adhèrent à la confédération mais des syndicats, par le canal d'une fédération.

Un peu comme les États, le syndicalisme se définit en traçant

---

1. CGT, 1906, p. 26.

des frontières. À propos des Chemins de fer, on refuse qu'il y ait plusieurs fédérations dans une même branche. C'est le *principe industriel* : pour adhérer à la CGT, les syndicats doivent s'affilier à la fédération d'industrie existante. On refuse également d'accepter les salariés exerçant une fonction de commandement. Le syndicalisme est «ouvrier» dans un sens restrictif, puisque, à l'époque, la maîtrise est formée d'ouvriers sortis du rang. À partir de la Première Guerre, ces salariés seront acceptés en principe, avec beaucoup de réticences en pratique, mais la possibilité d'un syndicat propre à la maîtrise, distinct de celui des ouvriers, sera toujours refusée. Jusqu'à nos jours, le syndiqué qui accède à des fonctions de commandement aura beaucoup de mal à maintenir son adhésion, si tant est qu'il le souhaite. Dans le même ordre d'idées, on refuse les salariés ayant une dépendance intellectuelle ou morale par rapport à leur employeur. Cela vise aussi les employés de l'État. Par exemple, à propos de la diffusion de *La Voix du peuple*, au congrès de 1906, le rapport d'Émile Pouget flétrit l'esprit de «basse police» de certains employés des Postes ; Victor Griffuelhes exprime aussi des réticences envers les instituteurs. Le congrès de 1908 profitera de l'emprisonnement des deux hommes pour entrouvrir la porte de la CGT à ces deux catégories.

Enfin, à propos des coopératives, on affirme que le syndicat regroupe tous les salariés d'une même profession quels que soient leurs employeurs. C'est le principe «professionnel», apparemment contradictoire avec le principe «industriel». Le principe «professionnel» domine encore la CGT, mais on a aussi voulu éviter que le mouvement coopérateur – vis-à-vis duquel la majorité confédérale est méfiante pour des raisons politiques – n'entre à la CGT «par la petite porte» après s'être vu refuser une association officielle.

Étant donné l'élasticité de tous ces critères, il est facile de trouver un argument pour fermer la porte aux organisations que l'on soupçonne de réformisme. La chose est clairement avouée à propos des chauffeurs de locomotive : le «caractère» du syndicat doit être conforme aux «principes» de la CGT. Cette formule vague recouvre un désaccord politique : la majorité confédérale juge que les chauffeurs divisent la classe ouvrière et font de la collaboration de classe parce qu'ils négocient avec les compagnies des avantages spécifiques à leur profession.

Le statut des femmes et des apprentis pose également problème. Leur adhésion est officiellement acceptée. En pratique, la tolérance ne va pas au-delà du paiement de la cotisation. Par exemple, à Amiens, il y a une seule femme parmi les 300 délégués : Alice Delucheux, secrétaire du Syndicat de l'habillement d'Amiens et militante féministe. Elle n'intervient pas mais elle est assesseur du président lors de deux séances.

En 1908, la vérification des mandats soulève le problème d'un syndicat entièrement composé d'ouvrières qui impriment des étiquettes pour des boîtes de conserve. Leur adhésion a été refusée par les Fédérations du livre, du papier et de la lithographie[1]. On admet le syndicat au congrès sans résoudre la question. De nouveau, le congrès de 1910 examine le rejet, par le Livre, d'un syndicat entièrement féminin. À la même époque, il y aurait près d'un tiers de femmes dans les syndiqués du labeur (les imprimeries autres que la presse). À l'inverse, certaines professions – typos, linos, conducteurs... – sont réservées aux hommes. Donc, le rejet du Livre porte sur le fait que ce syndicat est entièrement féminin. Les explications données au congrès cachent mal l'hostilité envers l'entrée des femmes sur le marché du travail, synonyme de baisse des salaires. Plus par hostilité envers le Livre que par sympathie pour le féminisme, le congrès accepte ce syndicat[2]. La porte sera entrouverte avec la guerre de 1914 et jamais complètement refermée, mais il faudra attendre les années 1980 pour qu'on admette qu'une femme puisse faire un aussi bon syndicaliste qu'un homme.

De cette discussion, on peut conclure que, jusqu'à nos jours, la principale explication de la faiblesse (numérique) des syndicats réside dans la sélection de l'adhérent par l'organisation qui rejette en dehors d'elle une bonne partie du salariat[3]. Ainsi, avant 1914, l'ouvriérisme de la CGT repousse les employés vers le syndicalisme chrétien et surtout vers les amicales. Cet obs-

---
1. CGT, 1908, p. 35-37.
2. CGT, 1910, p. 54-57.
3. A. Bévort, «Le syndicalisme français et la logique du recrutement sélectif : le cas de la CFTC-CFDT», *Le Mouvement social*, n° 169.

tacle sera levé après la Première Guerre, mais la maîtrise, les techniciens et les ingénieurs continueront à être tenus en lisière, ce qui fera la fortune de l'«amicalisme». De ce fait, la population «syndicable» n'est pas l'ensemble du salariat mais un sous-ensemble plus restreint comprenant les ouvriers, essentiellement mâles et adultes, y compris les ouvriers de l'État et quelques employés du commerce (mais non ceux des entreprises industrielles ou de l'État et des collectivités locales).

En tenant compte de ces limites et en utilisant le recensement de 1906, on peut considérer que le champ d'action de la CGT comporte quelque 4,5 millions d'ouvriers travaillant dans les mines, l'industrie, le bâtiment et les transports. Il faut se souvenir que, parmi ces ouvriers, se trouvent plusieurs centaines de milliers de chefs d'équipe ou de contremaîtres qui ne sont pas souhaités dans les syndicats.

Au sens large, il faut ajouter les ouvriers employés dans l'agriculture, la forêt et la pêche, soit au total environ 5,5 millions d'ouvriers syndicables.

Le rapprochement de ces chiffres donne la syndicalisation (ou densité des syndiqués dans une branche donnée). Par exemple, il y a 290 000 salariés dans les chemins de fer, mais un taux réaliste défalquerait au numérateur les auxiliaires, les apprentis, les chauffeurs et mécaniciens (qui ont leur propre fédération), tous les cadres et ingénieurs, soit près du tiers des salariés des compagnies qui ne pouvaient adhérer au SN. De même, il y a 190 000 actifs dans les mines (y compris les personnels de surface et l'encadrement non syndicable), 900 000 dans les industries des métaux (même remarque); 2 000 000 dans le textile et l'habillement (avec un grand nombre d'indépendants), etc. En face de ces effectifs, il faut placer le nombre des syndiqués. Mais ces effectifs sont-ils connus avec précision?

Une polémique révélatrice

La question des effectifs des syndicats a été illustrée par l'échange entre Victor Renard et Alphonse Merrheim, lors du congrès d'Amiens (encadré 8).

> **8. Réponse d'Alphonse Merrheim à Victor Renard (congrès d'Amiens)** [1]
>
> « Renard nous a dit : "Nous avons 315 syndicats, 76 000 syndiqués" et il a conclu en disant : "Voilà ce que nous avons fait." Or citoyen Renard, mieux que personne, vous saviez qu'il fallait défalquer de ces 315 syndicats au moins 130 syndicats jaunes. Vous avez en effet relevé vos chiffres de syndicats et de syndiqués dans l'*Annuaire du ministère du Commerce* de 1905. J'ai, après vous, refait les mêmes calculs et retrouvé les mêmes chiffres. [...] Vous savez qu'à Tourcoing notamment, il y a 119 syndicats jaunes, à Roubaix 7, à Lille-Armentières, il y en a également comptant des centaines de membres, quelques-uns de plus de 1 000, pourquoi les comptez-vous à votre actif, comme le résultat de la propagande de votre parti ? Je ne pense pas que vous vouliez compter, comme œuvre de votre parti, tous les syndicats jaunes ou indépendants du Nord ? [...] puisqu'ils vous combattent autant sur le terrain politique qu'économique.
> Si je prends le chiffre des syndiqués, j'y retrouve les mêmes erreurs. [...] Les mineurs qui, sur l'*Annuaire*, sont portés en deux syndicats pour 8 000 membres, viennent de payer à leur fédération unifiée pour 900 membres. Le Syndicat du textile de Roubaix, que vous comptez comme ayant 6 200 adhérents, en a à peu près 3 000, si nous prenons vos propres chiffres du congrès de Tourcoing, que nous ne pouvons pas suspecter puisqu'ils ont servi de base pour la représentation proportionnelle. [...]
> Vous n'aviez pas le droit d'écrire "l'Unité la plus complète est réalisée sur le terrain syndical, coopératif et politique" [...]. Indépendamment des syndicats jaunes, il y en a d'autres, tels ceux du bassin de Maubeuge, dont la plupart sont des comités électoraux d'un député radical. Pourquoi les comptez-vous comme l'œuvre de votre parti ?
> Prenons le bassin d'Anzin, où il y a plus de 30 000 ouvriers de la métallurgie, nous y trouvons bien 3 députés socialistes, mais seulement 600 syndiqués, à des organisations qui ne suivent pas votre tactique. Vous êtes glorieux à tort de vos cathédrales, elles ont, peut-être, de belles façades, mais c'est tout ; Roubaix, proclamée la "ville sainte", la Mecque du socialisme, est une cité de misère et de souffrance. Il est peu de villes où l'on trouve des salaires aussi bas. [...] C'est la conséquence de votre tactique. Est-ce que le Syndicat textile de Roubaix ne compte pas en son sein des Maçons, Chaudronniers, Mécaniciens, Charretiers, en un mot, des hommes de toutes les corporations, sans que jamais le parti ait essayé de les grouper dans leurs syndicats respectifs ? »

Outre la ligne guesdiste, Alphonse Merrheim reproche à la Fédération du textile de syndiquer tous les salariés employés

1. CGT, 1906, p. 152-153.

dans cette branche d'activité, qu'ils soient maçons, mécaniciens, charretiers. Alphonse Merrheim considère au contraire que les mécaniciens, travaillant dans une usine textile, doivent adhérer au Syndicat des mécaniciens et non pas à celui du textile. Il défend le syndicalisme de profession (dit « de métier ») contre le syndicalisme général (dit « d'industrie »). Pourtant, il est à la tête d'une fédération d'industrie qui prétend syndiquer tous les ouvriers travaillant dans cette branche quelles que soient leurs qualifications.

Curieusement, Alphonse Merrheim prend aussi ses exemples dans d'autres corporations que le textile et il incrimine sa propre fédération : il y a dans la métallurgie d'Anzin 30 000 ouvriers, 3 députés socialistes, mais seulement 600 syndiqués. Effectivement! aurait pu répondre Victor Renard, les métallurgistes du Nord se méfient de votre fédération, alors qu'ils font confiance aux guesdistes lors des élections.

Quelle est la fiabilité de ces chiffres? Les deux protagonistes puisent leurs données dans un annuaire du ministère du Commerce (puis du Travail après 1906) dont les services effectuent, avant 1914, un enregistrement des syndicats de salariés (et de leurs effectifs déclarés). Alphonse Merrheim a raison de souligner les insuffisances de cet annuaire, mais la discussion montre l'intérêt de cette source[1].

---

1. On le vérifie en comparant les chiffres de la confédération avec les effectifs déclarés à l'Office du travail. Par exemple, pour le congrès de 1908, le Bâtiment déclare 40 000 syndiqués à la CGT et l'annuaire publié en 1909 lui en attribue 39 800. La concordance est parfaite pour les Mineurs (30 000) ou quasi parfaite pour la Métallurgie (14 000 pour la CGT, 16 000 pour l'*Annuaire*), etc. Au fond, on peut supposer que la plupart des syndicats déclarent les mêmes effectifs aux enquêteurs de l'Office et à leur fédération. En revanche, certaines divergences sont intéressantes. Le Textile cotise à la CGT pour 20 000 syndiqués alors que ses syndicats en ont déclaré 34 000 à l'Office. Comme indiqué au chapitre premier, cette fédération ne joue pas le jeu. C'est aussi le cas des Personnels civils de la guerre (5 000 pour la CGT, 12 429 dans l'annuaire), des Cuirs et peaux (8 000 et 12 887), des Bûcherons (5 600 et 8 272). Ces deux dernières fédérations sont des « fiefs » de Victor Griffuelhes. Plusieurs explications sont possibles : ces organisations anarcho-allemanistes ne remplissent pas mieux leurs obligations que le Textile ; elles ont gonflé leurs déclarations aux enquêteurs de l'Office ; elles ont connu de fortes variations sur de brèves périodes. On verra plus loin que la première explication est la bonne.

Cet annuaire montre que, en 1906, la majorité des syndiqués et des syndicats n'adhèrent pas à la CGT. Dans le Nord, plus de 4 sur 10 sont des « jaunes ». Il s'agit d'un mouvement de collaboration de classes authentiquement prolétarien mais ne répondant pas à la définition du syndicat : indépendance vis-à-vis des employeurs. Les jaunes ont quasiment disparu en 1914 alors que la CGT a absorbé une grande partie des syndicats non confédérés. En 1906, les syndicats de Maubeuge, sous l'influence d'un député radical, ne sont pas non plus dans la CGT, tout comme la Fédération des mineurs (qui a engagé des pourparlers pour son adhésion).

Au total, dans le Nord, d'après les chiffres de l'annuaire, la CGT regroupe moins de 4 syndiqués sur 10. Pour l'ensemble du pays, la proportion est la même. Cela ne signifie pas une hostilité de principe à l'idée confédérale, mais une méfiance à l'égard de la ligne de la CGT, comme dans le cas des ouvriers de Fougères ou des délaineurs de Mazamet déjà cités. À partir de 1909, la CGT parvient à désarmer progressivement cette méfiance et, à la veille de la guerre, elle regroupe près de 6 syndiqués sur 10.

Combien ? La syndicalisation en France à la Belle Époque

En 1906 et 1908, le rapport financier indique pour chaque fédération le nombre des adhérents et les sommes versées[1]. Charles Marck reconnaît, lors du congrès de 1912, que, avant 1910, le nombre des adhérents résulte d'une négociation entre trésoriers pour fixer une sorte de forfait[2]. Dans cette négociation, le trésorier confédéral n'est pas démuni : au moins pour les principales organisations, il dispose des rapports financiers présentés devant les congrès fédéraux. Évidemment, il n'y a aucune

---

1. Pour ne pas alourdir cet ouvrage, les tableaux et la note méthodologique ne sont pas reproduits. Ils sont consultables à l'adresse : http://www.upmf-grenoble.fr/cerat/Recherche/PagesPerso/LabbeAmiens.
2. CGT, 1912, p. 29.

incitation à « trop » payer puisque, au CC comme au congrès, chaque organisation dispose d'une voix sans tenir compte de son effectif. On peut donc tenir pour certain qu'il y a au moins 153 400 adhérents à la CGT en 1904 ; qu'ils sont 202 400 deux ans plus tard, soit une croissance de pratiquement un tiers des effectifs qui montre du dynamisme mais aussi une amélioration de la gestion de la confédération grâce au recrutement d'un trésorier. Cependant, rapportés à la population syndicable, ces chiffres sont faibles. En 1906, le taux de syndicalisation à la CGT est proche de 5 %, si l'on considère la seule industrie, et de 3 %, si l'on compte l'ensemble des salariés d'exécution susceptibles d'être syndiqués. Mais il est certain que ces proportions sont sous-estimées.

Au 1er janvier 1910, un nouveau système financier entre en vigueur : chaque syndiqué reçoit une carte confédérale et des timbres mensuels. Le principe a été adopté par le congrès confédéral de 1908. Victor Griffuelhes l'avait bloqué lors des congrès de 1904 et 1906[1]. Son emprisonnement pendant le congrès de 1908, puis sa démission ont levé cet obstacle. La portée symbolique est importante. Les adhérents deviennent « membres de la CGT ». C'est un pas vers une organisation unifiée. Cependant, il n'y a apparemment pas d'enjeu pratique. La règle reste la même : une organisation, une voix, quel que soit le nombre des adhérents. Donc les ventes de timbres par la trésorerie confédérale donnent une idée *a minima* des effectifs réellement syndiqués à la CGT dans les années 1910-1912[2].

Cartes et timbres

À la fin de l'exercice 1909, les fédérations ont cotisé pour un effectif total de 343 000 adhérents. Au 30 juin 1910, elles ont

---

1. CGT, 1906, p. 197 et 199.
2. On utilise la moyenne de ces années afin de « lisser » les accidents de toute nature qui brouillent la gestion au mois le mois. Par exemple, au second semestre 1910, le SN ne verse pas un centime à la caisse confédérale et, après la crise de cette organisation qui suit la grève générale ratée, ses versements baissent considérablement.

déjà commandé 541 500 cartes. En six mois, l'effectif de la confédération a augmenté de 37 % ! Et, au 30 juin, quelques petites fédérations n'ont pas encore commandé leurs cartes ; les autres n'ont pas forcément la réserve nécessaire pour satisfaire les nouveaux adhérents qui se présenteront après le 1er juillet...

Devant cette inflation brutale des effectifs, on peut se demander si tout titulaire d'une carte est bien un adhérent. Étant donné le prix modique de la carte, il peut être tentant d'en distribuer à des « sympathisants » qui ne cotisent pas régulièrement. L'inflation des cartes peut aussi s'expliquer par l'instabilité des adhérents, voire des syndicats dont l'espérance de vie dans certaines branches n'est pas très grande. En revanche, les rapports financiers jusqu'au début des années 1920 indiquent également les timbres effectivement réglés à la trésorerie confédérale. Il n'y a aucune raison de gonfler ces chiffres puisqu'on continue à appliquer le principe « une organisation, une voix ».

Entre 1910 et 1912, la moyenne de timbres mensuels vendus par carte est très légèrement inférieure à 7 par an. Le fonctionnement n'est pas si mauvais et ne justifie pas le pessimisme de certains historiens devant les chiffres de la syndicalisation[1]. Naturellement, on peut toujours imaginer que l'adhérent « fidèle » ou stable – présent au 1er janvier et toujours adhérent au 31 décembre – paie ses 12 timbres. Cet idéal ne sera atteint qu'avec le prélèvement automatique sur le compte chèques à la fin du XXe siècle.

Avant 1914, beaucoup de causes objectives font que le syndiqué, même fidèle, paie moins de 12 timbres (sauf s'il paie en une fois). La majorité des ouvriers sont payés à la quinzaine et il en reste beaucoup payés à la semaine, voire à la journée ou à la tâche, ce qui complique considérablement le travail du « percepteur », chargé d'encaisser les cotisations, et rend impossibles les 12 timbres théoriques. Avant 1914, l'instabilité de la main-d'œuvre est considérable, notamment parmi les ouvriers sans qualification. Elle se traduit, en cours d'exercice, par un flux important de nouvelles adhésions et de démissions ; il ne s'agit

---

1. Par exemple G. Lefranc, *Le Mouvement syndical sous la IIIe République*, Paris, Payot, 1967, p. 407-409.

en réalité que des mêmes syndiqués changeant d'entreprise ou de localité. Il y a donc un nombre important d'adhérents qui semblent « volages », à cause d'une situation économique volatile ou de difficultés d'organisation, et non pas parce qu'ils forment une masse peu « consciente », comme le disent trop facilement certains chefs syndicaux.

Le nombre de timbres vendus par la trésorerie confédérale pour l'année 1910 montre que l'effectif total de la CGT est d'au moins 425 000 adhérents, soit un quart d'adhérents de plus par rapport à l'année précédente. Autrement dit, le système financier dans lequel Victor Griffuelhes et ses amis ont tenu la confédération depuis 1904 (au moins) la diminuait moralement et la privait d'une part importante des ressources auxquelles elle aurait eu droit. Certaines fédérations sous-déclarantes sont hostiles à la ligne confédérale : Textile, Personnels de la guerre, Mécaniciens. D'autres comme les Cuirs et peaux, les Bûcherons ou la Bijouterie étaient les plus fidèles alliées de Victor Griffuelhes. Peut-être était-ce aussi pour cela qu'il bloquait la réforme des finances confédérales ?

*La syndicalisation à la veille
de la Première Guerre mondiale*

Entre le 1er janvier 1910 et le 30 juin 1912 – dernière période connue avec certitude avant la Première Guerre –, la CGT compte environ 450 000 adhérents[1]. Cette estimation est corroborée par plusieurs indices. Par exemple, en décembre 1911, à Bruxelles, Léon Jouhaux déclare que « la CGT compte 450 000 cotisants[2] ».

En plaçant au dénominateur les ouvriers de l'industrie (au sens large), on peut estimer que les syndicats confédérés groupent 10 % de la population syndicable. En considérant l'ensemble de l'économie, moins les employés de l'État, le taux est inférieur à

---

1. C'est la valeur médiane d'une estimation qui doit être complétée ainsi : les effectifs sont certainement supérieurs à 400 000 et inférieurs à 500 000 (pour ne pas alourdir le texte, seule la valeur médiane de la fourchette sera utilisée par la suite).

2. Cité par É. Dolléans, *Histoire du mouvement ouvrier, 1871-1920, op. cit.*, p. 189.

6 %. La syndicalisation est nettement plus faible que dans les autres pays européens comparables, mais elle n'est pas négligeable.

Avec 98 000 syndiqués, la Fédération unifiée du bâtiment est la plus importante. Son effectif est passé par un maximum en 1910 avec 120 000 adhérents et décline dès 1911. Le Bâtiment emploie à l'époque 800 000 personnes, mais il y a beaucoup d'artisans, de très petits entrepreneurs ou de compagnons travaillant dans des micro-entreprises. Dès lors, le taux probable de syndicalisation avoisine 20 %. À Paris, il est encore plus élevé. La fédération affronte deux problèmes. D'une part, la mobilité de la main-d'œuvre, d'où un nombre de timbres par carte légèrement inférieur à 7. D'autre part, la fragilité de l'organisation est aggravée par une campagne contre les «fonctionnaires syndicaux», menée par les anarchistes: l'état-major de la fédération est pratiquement renouvelé chaque année !

La Fédération des métaux, qui vient d'absorber les Mouleurs et les Mécaniciens, arrive en seconde position. Elle a environ 34 000 syndiqués, soit un taux de syndicalisation proche de 5 %, mais une moyenne inférieure à 7 timbres mensuels par carte relativise la force de cette organisation. En fait, la fédération rencontre de grandes difficultés pour s'implanter dans la sidérurgie (Le Creusot, Lorraine, Nord). À l'époque, la construction automobile en pleine expansion a une fédération particulière (la Fédération de la voiture).

Le SN des chemins de fer vient en troisième position avec 32 000 adhérents. Comme expliqué au chapitre II, ce chiffre est la moyenne entre la situation du syndicat avant et après la grève générale ratée d'octobre 1910. Début 1910, les 50 000 syndiqués du SN ne représentent que 17 % de tous les employés des chemins de fer, mais probablement près de 30 % si l'on retire les « non-syndicables » (maîtrise, ingénieurs, cadres et chauffeurs-mécaniciens) des 300 000 personnes employées dans la branche en 1910.

La Fédération du sous-sol (mineurs) n'aurait que 27 000 adhérents, soit un taux de syndicalisation de 14 %. Ces chiffres ne doivent pas tromper sur la réalité du syndicalisme minier. Les mineurs syndiqués sont plus nombreux. L'échange entre Victor Renard et Alphonse Merrheim (encadré 8) donne un exemple éclairant : d'après l'*Annuaire*, les deux syndicats de mineurs du Nord ont 8 000 membres et ils cotisent à leur fédération pour 900 membres. La recherche de Joël Michel permet de vérifier que les syndiqués ne sont pas loin de 8 000, mais qu'il y a de grandes réticences à l'unification, pas seulement à cause des personnalités de Benoît Broutchoux et de Georges Dumoulin. Il en est de même dans le Pas-de-Calais, où l'effectif du syndicat tombe à 7 000 en 1912, soit pratiquement 1 syndiqué pour 10 mineurs[1]. Joël Michel signale également qu'en 1913 les mineurs de la Loire sont syndiqués à 40 %[2]. De même, selon Rolande Trempé, le quart des mineurs de Carmaux sont encore syndiqués à la veille de la guerre[3]. La thèse de Joël Michel montre que le syndicalisme minier présente de nombreux caractères communs en Allemagne, Angleterre, Belgique et en France, même si celui de notre pays se caractérise par une désorganisation constante, des divisions multiples et des capacités de gestion plus réduites. La fédération unifiée est donc victime de rétentions de la part des syndicats locaux et, avant 1914, « l'adhésion des Mineurs à la CGT n'est pas sincère[4] ».

La même remarque peut être faite à propos du Textile. En effet, les débats du congrès de 1912 ont révélé que la Fédération du textile avait plus de 30 000 adhérents – et non 20 000 comme déclaré à la confédération –, ce qui représente malgré tout un taux de syndicalisation très bas : moins de 4 %.

La Fédération des travailleurs de l'État sera constituée après la Première Guerre par l'amalgame des syndicats des ouvriers des Arsenaux, de l'habillement et des magasins civils du ministère de la Guerre. En effet, les ouvriers de l'État ont le droit de se syndiquer contrairement aux employés. Les Arsenaux sont

---

1. J. Michel, « Le mouvement ouvrier chez les mineurs d'Europe occidentale », Lyon, université de Lyon-II (thèse d'histoire), 1989, p. 394-395.
2. *Ibid.*, p. 414.
3. R. Trempé, *Les Mineurs de Carmaux, 1848-1914, op. cit.*, p. 773-779, 754 et 760.
4. J. Michel, « Une branche professionnelle : les mineurs », art. cité, p. 35.

déjà des bastions syndicaux (Cherbourg, Brest, Toulon...), ce qui leur a permis d'obtenir les 8 heures avant 1906. Une moyenne de 11 timbres par carte montre la grande stabilité des adhérents et la bonne gestion de ces syndicats, tenus par des socialistes parfois antimilitaristes !

Viennent ensuite les Transports en commun à égalité avec des secteurs en pleine expansion comme l'Éclairage (16 000 et 20 000 syndiqués), mais l'on ne connaît pas l'effectif employé dans les entreprises concernées.

Le taux de syndicalisation dans le Livre est également difficile à estimer du fait de l'amalgame dans les « industries polygraphiques » de plusieurs branches très différentes. On cite souvent des taux supérieurs à 50 % chez les ouvriers de la presse parisienne et dans la distribution des journaux. En revanche, les taux sont moins brillants dans le Labeur. Le problème est le même avec les Ports et docks (branche à fort taux de syndicalisation) qui a absorbé la Manutention (faible taux de syndicalisation).

Enfin, les Cuirs et peaux forment la plus importante des petites fédérations de métier : 400 000 personnes travaillent dans cette branche, en majorité artisans ou salariés saisonniers. On peut estimer le taux de syndicalisation à environ 5 %. Malgré la forte mobilité de la main-d'œuvre et le caractère saisonnier d'une partie des emplois, la moyenne des timbres par carte est supérieure à 8. Les syndicats sont donc bien gérés et les syndiqués fidèles. Mais cela n'est pas dû à la ligne anarcho-allemaniste des dirigeants : les syndicats puissants comme à Fougères sont sagement sociaux-démocrates.

Au total, la France de la Belle Époque connaît une syndicalisation significative mais les « oasis » syndiquées sont entourées de vastes déserts. Est-il possible de dresser un portrait type du syndiqué avant 1914 ? Un homme, ouvrier qualifié, charpentier, maçon, mineur, cheminot ou chauffeur de locomotive, linotypiste ou typographe, « mécanicien » dans un grand établissement industriel (métaux, textile), marin sur un navire au long cours, docker ou ouvrier dans un service de l'État (Arsenaux, poudrerie, PTT...). Dans les industries traditionnelles (cuirs et peaux, teinturerie, brosses...), ce sont les ouvriers les plus qualifiés qui forment le cœur du syndicat. En tout cas, le syndiqué est rarement un « damné de la terre », ce qui ne veut pas dire que son enfance a été facile ou qu'il n'a pas connu la gêne, notamment lors de la crise de la fin du siècle.

Dès lors, pourquoi ces salariés, souvent en ascension sociale, ont-il apporté leur adhésion au syndicat ?

Les motifs de l'adhésion

Avant de présenter les motifs probables de l'adhésion – tels que l'on peut les reconstituer à partir des données historiques –, il est nécessaire d'écarter quelques idées fausses ou infondées mais très répandues.

Quelques idées fausses ou sans fondement

Selon la plus répandue des idées fausses, le syndiqué rejoindrait l'organisation parce qu'il est conscient de partager des intérêts avec les autres salariés et de la nécessité d'agir pour la défense de ces intérêts communs.

Le syndicat vise à obtenir des augmentations de salaire, un « tarif », de meilleures conditions de travail, une réduction des horaires, la reconnaissance des qualifications. Mais ces avantages bénéficient à tous les salariés de l'entreprise ou de la corporation concernée ; ils ne peuvent être attribués seulement à ceux qui ont cotisé au syndicat ou qui ont fait grève pour les obtenir. Dès lors, le salarié est tenté de se comporter en « passager clandestin » : bénéficier des avantages sans supporter les coûts (cotisation, grève, etc.). Si tous les salariés concernés ont le même comportement, rien ne se passe. Il existe un intérêt commun au groupe, tous les membres en sont conscients et personne n'agit. C'est le paradoxe de l'action collective[1]. Les syndicats ont trouvé des parades, telles que :

– l'éclatement des grandes organisations. Un petit groupe a des

---

1. M. Olson, *Logique de l'action collective*, Paris, PUF, 1978, p. 32-33.

coûts de fonctionnement plus faibles et, grâce à la surveillance de tous sur chacun, il peut mener la chasse aux « passagers clandestins ». Telle serait la raison pour laquelle le syndicalisme, comme toute les grandes associations volontaires, pratique le fédéralisme associatif ;

– réserver aux seuls membres certains avantages : caisse de grève, assurances particulières, services sociaux, mutuelles, assistance juridique... Il suffit que l'avantage couvre en bonne partie le coût de l'adhésion pour que chaque participant ait intérêt à adhérer. Mais il faut réserver ces services aux syndiqués ;

– l'adhésion obligatoire, soit par une disposition contractuelle imposée à l'employeur (« atelier fermé » : l'embauche est réservée aux syndiqués, la cotisation est directement prélevée par l'employeur), soit par la violence (piquets de grève, chasse aux jaunes, intimidations, etc.). Mancur Olson remarque à ce sujet que l'adhésion obligatoire, les piquets de grève et la violence contre les non-grévistes sont « l'essence même du syndicalisme [1] ».

Selon une deuxième idée fausse très répandue en France, la syndicalisation serait liée à la grève. Les périodes de montée des luttes seraient aussi celles où les ouvriers adhèrent en masse aux syndicats.

Avant 1936, la grève a généralement une influence négative sur la syndicalisation. Le chapitre II en a donné plusieurs exemples. Cela est aussi valable pour les Mineurs qui forment la corporation la plus gréviste de l'époque [2]. Avant 1914, il n'existe pas à notre connaissance de syndicat qui bénéficie d'un afflux de membres après une grève, même lorsque l'issue est favorable. Certes, en cas de grève courte et victorieuse, le syndicat concerné a une chance de conserver ses membres et des organisations peuvent émerger dans des entreprises ou des métiers voisins jusqu'ici non organisés (chacun est tenté d'utiliser les procédés qui ont permis au voisin d'améliorer son propre sort). Ainsi le bâtiment parisien connaît une croissance de la syndicalisation

1. *Ibid.*, p. 95.
2. J. Michel, « Le mouvement ouvrier chez les mineurs d'Europe occidentale », art. cit., p. 396-397.

entre 1906 et 1909 dans un contexte fortement conflictuel. L'affaire de Draveil fournit une illustration de ce phénomène : le syndicat naît quelques mois avant la grève, il est organisé par un militant parisien qui a déjà plusieurs grèves victorieuses à son actif, mais il est détruit par les dramatiques événements déjà décrits. Autrement dit, quand la grève débouche sur des gains, il se crée une atmosphère favorable à l'organisation dans les entreprises ou les secteurs voisins. À l'inverse, l'échec d'une grève, surtout quand elle s'accompagne de violences, fait disparaître le syndicat.

En définitive, jusqu'en 1936, une grève est un pari risqué, face auquel les syndicalistes sont généralement réticents. En dehors de petits cénacles parisiens, où la grève est exaltée pour des raisons extérieures à l'action syndicale, elle est vécue comme un pis-aller, voire un échec ou une erreur.

Une troisième idée est fort répandue mais non prouvée : on adhère à un syndicat parce qu'on partage ses idées.

Le syndicalisme a-t-il une dimension « idéologique » importante, sinon prédominante ? En France, on se plaît à le croire et l'importance des sommes que les syndicats consacrent à la « propagande » en témoigne. Avant 1914, en dehors des salaires des permanents, le budget confédéral sert essentiellement à payer les délégations des secrétaires qui vont parler devant les congrès et tiennent des meetings lors des grèves. Le reste finance les affiches et les brochures ainsi que *La Voix du peuple*. Des sommes considérables sont englouties dans des journaux comme *La Révolution* d'Émile Pouget – quotidien qui ne dure qu'un mois et demi (février-mars 1909) – ou *La Bataille syndicaliste*, quotidien lancé en avril 1911 par Victor Griffuelhes qui se révèle incapable de rivaliser avec *L'Humanité* de Jean Jaurès et avec *La Guerre sociale* de Gustave Hervé[1]. Les revues ne réussissent pas mieux. *La Vie ouvrière* de Pierre Monatte – l'organe du « syndicalisme révolutionnaire », tant cité dans les travaux universitaires – atteint un maximum de 1 600 abonnés en 1911, deux ans après

---

1. C. Chambelland, *Pierre Monatte. Une autre voix syndicaliste, op. cit.*, p. 65-72.

sa création, mais retombe à 1 000 en 1914[1]. Dans le même ordre d'idées, nous avons vu que la majorité des syndicats refusent de recevoir l'organe officiel de la confédération *La Voix du peuple*, malgré l'obligation statutaire.

Au fond, cet accent mis sur la propagande est un aveu : les syndiqués connaissent mal les idées de la CGT. Pourtant, à mesure que la propagande se fait plus insistante, le rejet semble croître, y compris chez les syndiqués fidèles. En tout cas, l'intérêt pour les « idées » est vraiment faible.

Naturellement, lors de la fondation d'un syndicat, l'idéal peut être décisif. Chez quelques individus d'exception, il peut même résister au calcul rationnel, aux désillusions et aux échecs, mais le syndicat, lui, ne peut durer qu'en obtenant l'adhésion des hommes ordinaires et, s'il est bon qu'il ait des idées séduisantes, il doit surtout adopter une organisation décentralisée, distribuer des avantages individuels et contraindre les récalcitrants. C'est dans cette direction qu'il faut chercher les motifs qui ont amené près d'un demi-million de salariés dans les rangs de la CGT malgré toutes ses faiblesses.

La défense individuelle

La défense individuelle est le premier ressort de l'adhésion. Pour se protéger et tenter d'améliorer son sort, on tisse, au travail, des liens de solidarité avec les autres. Le nombre important de grèves déclenchées pour protester contre des sanctions (amendes, suspensions ou licenciements) en fournit un indice. Pourtant, sauf en 1917-1918, le syndicat n'a aucune existence reconnue dans l'entreprise. En fait, il existe à cette époque de multiples « amicales » qui permettent de tourner la difficulté. Les plus connues sont les organisations qui naissent dans les chemins de fer à partir du milieu du XIXe siècle. L'Association fraternelle des employés et ouvriers des chemins de fer français groupe 22 000 membres dès sa création en 1880 et se donne pour objectif d'apporter à ses membres des secours dans tous les cas « n'en-

---

1. *Ibid.*, p. 58, 64 et 75.

tachant pas l'honneur[1] ». Étant donné les pratiques paternalistes des compagnies, c'est le seul moyen d'assurer la défense des salariés face à la hiérarchie sans que le défenseur encoure trop de risques. Ces groupements sont assez répandus dans les grandes entreprises. Par exemple, dans la principale entreprise métallurgique de Saint-Étienne, au début du siècle, l'amicale regroupe la moitié du personnel, alors que le syndicat rouge n'a que quelques dizaines de membres[2]. Sa principale activité consiste en délégations auprès de la direction pour présenter des doléances ou pour assurer la défense de membres de l'association qui sont victimes de sanctions.

Dans le privé, ces associations sont parfois nommées « syndicats indépendants » (l'*Annuaire* en compte plusieurs milliers). Il ne faut pas les confondre avec les « jaunes » (les briseurs de grève organisés par le patronat). Ce sont d'authentiques organisations de salariés, même si, contrairement à la CGT, elles admettent la maîtrise dans leurs rangs. Pendant la Première Guerre, l'Amicale des métallurgistes de Saint-Étienne passe en bloc à la CGT parce que la bourse apporte des services très prisés, comme le ravitaillement, mais surtout parce que le principal obstacle a disparu : l'antimilitarisme et l'antipatriotisme qui disqualifiaient auparavant les militants de la CGT pour remplir le rôle d'« avocat de la défense » (rôle d'ailleurs méprisé par les anarchistes).

Chez les fonctionnaires, en dehors des ouvriers, l'amicale est la forme obligatoire puisque le droit syndical ne leur est pas reconnu. Avant la guerre de 1914, la Fédération des amicales d'instituteurs groupe plus de 80 000 adhérents (sur 125 000 instituteurs). Après guerre, elle deviendra le Syndicat national des instituteurs et adhérera à la CGT[3]. Bien qu'officiellement apolitiques, une bonne partie des directions sont déjà socialistes.

Le service de placement relève aussi de la défense individuelle. La plupart des bourses sont nées du souhait des municipalités

---

1. C. Chevandier, *Cheminots en grève ou la Construction d'une identité (1848-2001)*, *op. cit.*, p. 45.
2. D. Colson, « Bourse du travail et syndicalisme d'entreprise avant 1914 : les Aciéries de Saint-Étienne », *Le Mouvement social*, n° 159, 1992, p. 57-84.
3. G. Brucy, *Histoire de la FEN*, Paris, Belin, 2003, p. 33.

d'améliorer le fonctionnement du marché du travail et d'éliminer les bureaux de placement privés. Il existait depuis longtemps des systèmes en plein vent, comme le «coin des peintres» dans les différents quartiers de Paris, où les employeurs venaient embaucher les ouvriers qui leur manquaient. Les bourses doivent en théorie leur fournir un toit, un secrétariat et plus d'efficacité. En 1900-1906, on discute encore deux questions à ce propos : faut-il faire du placement et doit-on limiter ce service aux seuls syndiqués? Cette discussion s'éteint vers 1910, preuve que la CGT a répondu en supprimant le service.

Beaucoup de bourses ont également un service de conseil juridique. À Paris, ce dernier est assuré par Clément Beausoleil, fondateur du Syndicat des employés de la Seine et de la CGT (il a été secrétaire de son bureau provisoire en 1895). Il fut l'un de ceux qui essayèrent de faire comprendre, sans beaucoup de succès, que le droit pouvait aussi être un outil au service de la classe ouvrière[1]. De nombreux syndicalistes siègent également aux conseils de prud'hommes.

Pourtant, si l'on en juge par le peu de place accordé à ces questions lors des congrès confédéraux ou lors des conférences des bourses, ces services à l'adhérent sont manifestement peu valorisés. Il est probable que, aux yeux de beaucoup de syndicalistes, ces activités sont du temps perdu et de la «collaboration de classe». N'est-ce pas encore le cas aujourd'hui?

La défense collective

La négociation du tarif et la surveillance de son application constituent la seconde fonction essentielle du syndicat. Par contrecoup, il est amené à contrôler les qualifications, donc l'apprentissage, ainsi que les techniques et les manières de faire dont dépendent ces qualifications. De fil en aiguille, ce sont aussi les procédés industriels qui sont concernés par l'action du syndicat.

Par exemple, le 23 octobre 1908 à la tribune de la Chambre

---

1. P. Bance, *Les Fondateurs de la CGT à l'épreuve du droit*, Claix, La Pensée sauvage, 1979.

des députés, René Viviani, ministre du Travail, rend hommage à « cette admirable histoire de la Fédération du livre qui, prévoyant l'invention de la linotypie, son entrée brutale dans l'atelier et les chômeurs qui allaient être fauchés par elle, est arrivée à ne faire introduire cette machine que progressivement, sauvant ainsi du chômage des centaines et des centaines d'ouvriers » (à ces mots, il est interrompu par les exclamations à gauche de l'Assemblée : « très bien, très bien ! »).

Ce type de syndicalisme est hérité du compagnonnage. Certains métiers, notamment dans le Bâtiment, conservent des traditions comme le tour de France. Mais, au début du XXe siècle, on le rencontre surtout dans certaines professions du Livre, dans quelques ports, dans les spectacles parisiens ou dans certains « isolats » mono-industriels comme à Fougères. Le syndicat des correcteurs et « teneurs de copie » de la région parisienne, appartenant à la Fédération du livre, fournit un exemple extrême. Dans la presse et les imprimeries de labeur de cette région, pas une ligne de plomb ne doit passer au marbre sans avoir été visée par un correcteur (fourni par le syndicat). Il ne se contente pas de corriger les accents ou l'accord du participe passé, il peut suggérer des modifications et il doit signaler ce qui peut engager la responsabilité de l'imprimeur. En contrepartie d'un travail de qualité, la paie est bonne et les horaires souples. Ce syndicat a longtemps été dirigé par des militants d'extrême gauche comme Pierre Monatte ou Maurice Chambelland qui, tout en veillant au maintien du monopole syndical et des privilèges de leur corporation, lançaient dans les congrès de la CGT des appels enflammés contre l'égoïsme corporatif et pour l'établissement de solidarités larges grâce au syndicalisme général d'industrie, exactement à l'opposé de leur propre pratique.

Loin d'être rétrogrades, ces formes d'organisation peuvent être des facteurs de progrès et de libération. Un militant de la CGT, Hyacinthe Dubreuil, en a fait la théorie. Ouvrier mécanicien, dirigeant du syndicat des mécaniciens de la Seine, autodidacte, il organise en 1920 le premier centre confédéral de documentation et de formation avant d'aller travailler, pendant 18 mois, comme ouvrier dans l'industrie américaine, dont il étudie les « standards » (négociés avec le syndicat). Il s'en fait le chantre à son retour dans un livre à succès. Il préconise surtout une organisation décentralisée de la production, par équipes autonomes et selon des formes proches du compagnonnage.

Ce type de syndicalisme tend naturellement vers la profession fermée. En contrepartie, le monopole syndical implique la neutralité politique et religieuse afin de garantir à tous un égal respect. Les contraintes imposées au syndicat dépassent de beaucoup cette neutralité. D'une part, il doit imposer à ses membres le respect du contrat collectif, notamment le contrôle des qualifications, un travail de qualité et surtout l'interdiction des grèves sauvages. D'autre part, pour assurer sa crédibilité lors des négociations avec les employeurs, il doit disposer d'une caisse de résistance et de réserves importantes[1].

Le 18 avril 1906, la Fédération du livre déclenche des grèves dans les établissements où elle n'est pas parvenue, par la négociation, à obtenir du patronat une durée journalière de travail de 9 heures et la semaine anglaise (repos hebdomadaire d'un jour et demi consécutif). Lors de ce conflit, la Fédération verse à chacun des 5 000 grévistes syndiqués une allocation quotidienne de 3,5 francs pour les hommes – représentant près de la moitié du salaire ouvrier moyen dans la profession – et de 1,5 franc pour les femmes et les apprentis. Pour ce seul conflit, la Fédération verse 628 000 francs, somme à rapporter aux 230 000 francs de cotisations qu'elle perçoit cette même année 1906. Il est intéressant de voir la manière dont la Fédération comble la différence, tout en faisant face à ses dépenses courantes. En premier lieu, elle a constitué des réserves qui s'élèvent, pour la seule caisse de grève, à près de 230 000 francs, soit une somme équivalente à un an de recettes. La plupart des syndicats adhérents à la Fédération ont aussi leurs propres réserves : 116 000 francs au total. Il reste un déficit (282 000 francs) couvert par la solidarité. Solida-

---

[1]. On dispose d'indications précises, à ce sujet, concernant la Fédération du livre (M. Rebérioux, *Les Ouvriers du Livre et leur fédération*, Paris, Messidor, 1981, p. 122 ; C. Rist, « Les finances des syndicats ouvriers français », art. cité). Le paragraphe suivant utilise les données publiées par ces deux auteurs.

rité internationale : la Fédération typographique internationale lui a envoyé 163 000 francs ; solidarité entre les ouvriers du Livre : ceux qui ont déjà obtenu la journée de 9 heures ne cessent pas le travail et versent un « impôt » égal à 5 % de leur salaire, en sus de la cotisation syndicale. La Fédération sort victorieuse de ce conflit mais avec un déficit de 14 000 francs, donc dans l'incapacité d'organiser une nouvelle grève dans les prochains mois. Pour donner une idée de l'importance de ces sommes : le budget total de la confédération CGT était, pour cette année 1906, de 18 500 francs (moins du dixième du budget ordinaire de la Fédération du livre). Enfin on peut comparer ces sommes aux 37 600 francs de contributions volontaires que la confédération a reçues pour le soutien de toutes les grèves du 1er juin 1904 au 31 mai 1906, y compris les souscriptions pour le 1er mai [1], soit moins de 8 % de ce que la seule Fédération du livre a consacré pour soutenir une seule grève limitée à 5 000 salariés.

Il faut ajouter que la « prospérité » financière du Livre français est toute relative. Comparée à ses homologues de la Fédération internationale, elle fait plutôt figure de parent pauvre. Du point de vue de son budget, la fédération française n'arrive qu'au huitième rang derrière, par exemple, les fédérations de Suisse allemande ou du Danemark qui n'ont pourtant « que » 2 800 et 3 200 adhérents. En fait, les cotisations payées par les syndiqués de ces pays ne sont guère plus élevées que celles versées par leur homologues français, mais le partage de la cotisation est beaucoup plus favorable à la fédération, alors que, en France, le syndicat de base en conserve une part plus importante. Il faut aussi signaler un taux de syndicalisation plus élevé et une attitude plus « réaliste » : la pratique de la négociation est entrée dans les mœurs et, étant donné la puissance financière du syndicat, les employeurs préfèrent transiger.

Quelques autres professions disposent de caisses de résistance relativement solides. Au niveau fédéral, c'est le cas de la Lithographie, mais la Fédération est réduite à la portion congrue, les syndicats conservent l'essentiel des ressources. De ce fait, en

---

1. CGT, 1906, p. 70.

mai 1906, les maigres réserves de la Fédération (8 000 francs) ont été intégralement épuisées sans pouvoir procéder comme le Livre. Enfin les Mécaniciens (5 000 membres) ont pu verser en mai 1906 20 000 francs à ceux de leurs syndiqués – essentiellement parisiens – qui ont suivi le mot d'ordre de grève. Mais, ici aussi, l'essentiel des ressources se situe au niveau des syndicats : le seul Syndicat des mécaniciens de la Seine a versé 30 000 francs en secours à l'occasion des grèves de mai 1906.

Dans les autres fédérations, les syndicats conservent l'essentiel des ressources. La plus importante des caisses décentralisées est celle des mineurs du Nord et du Pas-de-Calais, organisée après la grève du printemps 1906. La cotisation mensuelle est de 2 francs, ce qui est considérable, sur lesquels 1,5 francs sont portés sur un compte individuel, récupérable en cas de départ, maladie, invalidité, décès et... grève. Le succès a été immédiat, avec 24 000 syndiqués en 1908[1], mais la Fédération – et *a fortiori*, la confédération – n'en ont pas profité.

Les garanties mutuelles

En Allemagne, la gestion des régimes sociaux a aidé au développement des syndicats. Or, dans la France du début du XXe siècle, l'accident du travail est le seul risque social couvert légalement. Il faut attendre 1910 pour qu'une loi très imparfaite institue un régime « général » de retraite des salariés (le système est boycotté par la CGT). Seules la fonction publique et quelques professions comme les mineurs ou les cheminots bénéficient de vraies retraites. La maladie est généralement abandonnée aux mutuelles. Cependant, dans le Livre, les adhérents bénéficient d'une palette à peu près complète de services allant du *viaticum* (indemnité de voyage versée à ceux qui doivent partir chercher du travail dans une autre ville) jusqu'aux couvertures chômage, maladie, ou retraite qui n'atteindront leur plein développement

---

1. C. Rist, « Les finances des syndicats ouvriers français », art. cité, reproduit dans C. Rist, *Essais sur quelques problèmes économiques et monétaires*, Paris, Sirey, 1933, p. 436-437.

que dans les années 1910, car auparavant la priorité a été donnée à la caisse de résistance.

En fait, il n'y a pas de cloisons étanches entre les mutuelles, les coopératives et les syndicats. Chez les fonctionnaires, ce sont les mêmes équipes qui animent les amicales et les mutuelles. De même, au début du syndicalisme dans les chemins de fer, syndicats et mutuelles sont très proches. Beaucoup de syndicalistes sont aussi coopérateurs ou mutualistes et passent aisément d'une responsabilité à une autre. Nous avons déjà évoqué la carrière d'Auguste Cleuet (chapitre I). Ils sont nombreux dans son cas. Par exemple, Jules Bled, signataire de la charte d'Amiens, socialiste, secrétaire de l'USS (1907-1918), devient après guerre secrétaire d'une fédération de coopératives puis directeur d'une caisse mutuelle, tout en conservant jusqu'en 1938 un rôle dans divers organes de la CGT.

Pourtant, entre 1870 et 1914, les mouvements mutualliste et coopérateur se sont chacun dotés de leurs propres fédérations et se sont écartés du syndicalisme. Cette histoire suggère que la plupart des salariés français se méfient des syndicats et ne souhaitent pas leur confier leur épargne. Plus le centre de décision est lointain, plus la méfiance est forte : on préfère le syndicat local à la fédération et la fédération à la confédération ; on veut surtout que les sommes versées soit utilisées en fonction de l'objet social de l'association et non dans un but politique ou partisan. Individualisme des Français ? Les ouvriers de la presse parisienne, ceux du spectacle, les dockers de certains ports sont-ils moins français que les autres ? Ces ouvriers ont accepté le syndicat obligatoire, une discipline et des cotisations assez lourdes. En contrepartie, ils ont obtenu de hauts salaires, des journées de travail plus courtes, des garanties solides contre les sanctions disciplinaires et les licenciements abusifs (du moins quand ils ont su maintenir le syndicat et éviter les aventures). Ils ont aussi pu se constituer des caisses mutuelles contre la maladie et pour la retraite.

Toutefois, la quasi-totalité des dirigeants de cette époque ne se montre pas favorable à l'atelier fermé. Même Auguste Keufer est réticent envers cette pratique, pourtant courante dans la presse parisienne, car il est impossible de garantir que la politique et la vénalité seront laissées au vestiaire. L'adhésion obligatoire peut être catastrophique lorsque le syndicat tombe entre des mains sectaires ou corrompues sans que la fédération y puisse grand chose.

Enfin, le syndicalisme de masse produit du lien social. Les adhérents du Livre, des Mineurs, des Chemins de fer, des Cuirs et peaux ne sont pas seulement des cotisants, ils appartiennent à une corporation, ils en retirent un statut social, ils élargissent leur horizon et leur réseau de sociabilité. Mais cette dernière dimension est plus difficile à mesurer.

En conclusion, il ne suffit pas qu'un grand nombre de personnes partagent un intérêt commun et qu'elles aient conscience de cet intérêt pour qu'elles se lancent dans l'action collective ; il faut surtout que chacune d'elles puisse retirer un avantage personnel de cette action collective. Le syndicalisme français n'a jamais voulu regarder en face cette réalité dérangeante. Il donne la priorité à la politique et aux « grandes » causes. En revanche, comme au début du XXe siècle, la plupart des syndicalistes semblent se désintéresser de la vie quotidienne au travail des salariés qu'ils sont censés représenter. Ceci est confirmé par la manière dont les syndicats sont organisés.

Un nouveau modèle d'organisation syndicale ?

À partir de 1906, la CGT invente un nouveau « modèle organisationnel » afin de traduire, dans la physionomie même de l'organisation, la philosophie de la charte d'Amiens.

Syndicalisme professionnel ou syndicalisme général

En 1900, la CGT avait adopté le syndicalisme de profession. Par exemple, la Fédération du bâtiment fut découpée (terrassiers, maçons, carriers, peintres, charpentiers...). Chacune de ces fédérations prend son essor, mais l'ensemble se révèle difficile à coordonner et les conflits de frontières se multiplient : à qui rattacher les stucateurs qui ne veulent pas aller avec les tailleurs de pierre ni avec les maçons ? Que faire des parqueteurs qui ne veulent pas se grouper avec les menuisiers ? S'il est impossible de les mettre d'accord, doit-on les laisser former de nouvelles fédérations ? Ces questions deviennent insolubles quand, dans une même industrie, coexistent des syndicats généraux – qui syndiquent tous les salariés sans distinction – et des syndicats professionnels qui n'acceptent que les ouvriers dotés de certaines qualifications. Le « maraudage » devient inévitable. C'est le cas de la Métallurgie où coexistent une fédération d'industrie et une série de fédérations de métier (Cuivre, Mouleurs, Mécaniciens, Maréchalerie, Ferblantiers, Bijouterie...). Voici le témoignage donné par le délégué du Syndicat des métaux de Lille : « En 1901, nous eûmes le spectacle navrant de la promenade de saint Roch et son chien, car lorsque Galantus ou Latapie passait, nous voyions arriver Coupat, et ils se disputaient celui qui aurait le syndicat de Lille. C'était navrant pour nous et c'était désastreux pour l'organisation[1]. »

Lors du congrès d'Amiens, il est décidé de reconstituer une Fédération unique du bâtiment. Dans la débâcle de la fin du congrès, on décide aussi que l'on n'admettra plus de nouvelles fédérations de métiers et que celles qui existent doivent suivre l'exemple du Bâtiment. La CGT opère ainsi un tournant radical sans aucune réflexion et alors même que, à la tribune du congrès, on proclame la doctrine inverse (encadrés 7 et 8).

Certes, le syndicalisme de métier « pur » conduit à une impasse. Entre 1906 et 1908 (congrès de Marseille), malgré la réunification du Bâtiment, le nombre des fédérations passe de 61 à 67. Certaines « nouvelles » sont importantes comme les Inscrits maritimes, mais d'autres sont typiques de l'ancien système : les fabricants de peignes qu'il va falloir convaincre de rejoindre les brossiers ; les ouvriers des poudreries qui se méfient des ouvriers des Arsenaux ; les vanniers, les ouvriers des raffineries d'huile...

---

1. CGT, 1910, p. 247. Henri Galantus et Jean Latapie sont secrétaires de la Métallurgie, organisation générale, et Pierre Coupat secrétaire des Mécaniciens, fédération de métier.

Toutes ces « fédérations » ont peu d'adhérents (généralement moins de 1 000) et ne peuvent contribuer à la vie de la confédération. Une telle prolifération ne peut continuer à l'infini.

Les dimensions pertinentes de l'action collective

Les syndicalistes français raisonnent suivant une alternative entre « métier » et « industrie ». Ils stigmatisent le « métier » – synonyme d'égoïsme corporatif, donc d'un niveau de conscience bas – et valorisent le syndicalisme « industriel », synonyme de vastes solidarités entre tous les salariés d'un même secteur d'activité.

C'est passer à côté des grandes questions que le syndicalisme a dû affronter dans tous les grands pays industriels. Quel type de syndicats permet de rassembler le plus grand nombre possible de salariés tout en luttant contre le paradoxe de l'action collective ? Quelles relations établir entre les syndicats et comment répartir les pouvoirs au sein des organismes fédératifs ?

Le syndicat est rarement conçu dans le but de rassembler le maximum de syndiqués, en respectant les particularismes. Par exemple, dans les Chemins de fer, les cellules de base – les sections du SN – correspondent aux différents dépôts et accueillent les personnels sédentaires. En revanche, les chauffeurs et leurs mécaniciens refusent de rejoindre ces syndicats et conservent leur propre organisation (dite « Fédération Guimbert »). Cette organisation fermée et centralisée s'est révélée efficace (les chauffeurs et mécaniciens ont déjà la retraite à cinquante ans). S'ils refusent de joindre le SN, ce n'est pas par « corporatisme » mais suivant un calcul simple. Une section unique par dépôt mêle tous les personnels : les chauffeurs y seraient noyés parmi la masse des sédentaires ; ils auraient peu de chance d'avoir un représentant dans la direction nationale et perdraient tout moyen de se coordonner entre eux. En effet, du point de vue spatial, la dimension pertinente pour le chauffeur de locomotive n'est pas le dépôt, mais la compagnie entière, voire l'ensemble des réseaux. D'où le refus d'être noyés dans un syndicat « général ». Cela ne signifie pas un refus d'être solidaires des autres. Bien que la quasi-totalité des revendications ne la concernent pas, la Fédération Guimbert se joint à la grève de l'automne 1910 – et aura beaucoup de mal à s'en relever.

De ce point de vue, le dernier message d'Eugène Guérard sonne comme une autocritique :

> Pourquoi a-t-il été constitué, à côté du SN et parfois contre lui, des fédérations de mécaniciens, d'aiguilleurs, d'agents de train ou de la voie ? C'est, il faut en convenir, parce qu'elles répondaient à un besoin : défendre des intérêts professionnels. Si dans notre syndicat, on ne crée pas d'organes qui permettent de défendre les intérêts de toutes les catégories de travailleurs de la corporation, ceux qui ne se verront pas suffisamment soutenus chercheront une autre forme d'association. Lorsque le syndicat sera plus puissant, mieux organisé, on verra se former, dans chaque groupe, non pas un, mais plusieurs comités : un pour la voie, un pour la traction, un pour l'exploitation […], si bien qu'on ne verra plus se former, à côté du syndicat, des groupements professionnels qui accentuent notre division [1].

Il est vrai que les compagnons les plus qualifiés ne se contentent pas de défendre leurs intérêts, ils accaparent souvent les syndicats. Les mineurs en fournissent un exemple. Sur le papier leur syndicat est général : tout salarié des mines peut y adhérer et chacun pèse du même poids dans les décisions. En réalité, « l'importance des membres décroît en fonction de leur éloignement du front de taille [2] ». Le cœur du syndicat est constitué par l'abatteur et ses égaux, bowetteurs et boiseurs. Pourquoi cette prépondérance d'un petit groupe d'ouvriers qualifiés ? « Le syndicat est chose sérieuse, vitale même pour la communauté, et il est naturel qu'il soit dominé par le groupe pivot dans le travail. Mais ce groupe a tendance à en faire un usage exclusif. »

---

1. É. Fruit, *Les Syndicats dans les chemins de fer en France (1890-1910)*, op. cit., p. 203-204.
2. J. Michel, « Le mouvement ouvrier chez les mineurs d'Europe occidentale », art. cité, p. 420.

L'organisation syndicale rayonne théoriquement sur l'ensemble, mais, en pratique, elle traduit « un esprit de caste assez étroit »[1]. Les femmes, les jeunes et les ouvriers de surface sont tenus en lisière (les personnels de surface n'ont pas de délégués avant 1946)[2]. Il est d'ailleurs possible d'ériger ce cas en maxime : l'allure « modérée » ou « sociale-démocrate » d'un syndicat provient ordinairement de la domination des ouvriers qualifiés.

Le problème est bien visible en Amérique du Nord où l'American Federation of Labor (AFL) est dominée par les compagnons. Samuel Gompers, patron de l'AFL de 1886 à 1924, est un ouvrier qualifié de la confection. Cela conduira, en 1938, à une scission temporaire du Congress of Industrial Organizations (CIO). De même en Grande-Bretagne, au début du siècle, une éphémère « General Federation », syndiquant les « *unskilled workers* » s'était constituée en dehors du TUC, dominé par le syndicalisme de métier. Enfin, la question est compliquée par la dimension politique. Par exemple, l'AFL a longtemps campé dans une stricte neutralité alors que le CIO était en faveur du parti démocrate.

En France, dans une même branche industrielle, les compagnons sont moins radicaux que les non-qualifiés. Dans le bâtiment, le degré de « révolutionnarisme » est inverse au niveau de salaire et de prestige. Les charpentiers sont très pondérés, les maçons suivent tant bien que mal les carriers et les terrassiers toujours prompts à se mettre en mouvement. Ce constat assez général peut expliquer le revirement des dirigeants de la CGT en faveur des syndicats d'industrie : il s'agit de fondre l'aristocratie ouvrière dans la grande masse du prolétariat dont on pense qu'elle est spontanément révolutionnaire.

La fusion ratée des Métaux

En 1903, à contre-courant de la tendance dominante dans la confédération, la Fédération des ouvriers métallurgistes et la Fédération des travailleurs du cuivre ont fusionné dans la Fédé-

---

1. *Ibid.*, p. 420.
2. *Ibid.*, p. 423.

ration de la métallurgie. En 1906, Alphonse Merrheim propose aux Mouleurs et aux Mécaniciens de créer avec la Métallurgie une grande fédération unifiée. Les Mécaniciens acceptent de discuter pour délimiter les champs de syndicalisation, mais sont hostiles à toute fusion. Les Mouleurs sont d'accord pour une fusion mais souhaitent conserver leurs syndicats et constituer une section séparée avec leur propre trésorerie. La Métallurgie refuse et, lors de son congrès de 1907, elle décide de constituer « des syndicats qui regroupent toutes les professions et spécialités de l'industrie des métaux [1] ». En clair, elle accepte tout mouleur ou mécanicien qui souhaite adhérer individuellement à l'un de ses syndicats. Cette stratégie est baptisée « campagne pour l'unité » (nous retrouverons cette terminologie à bien d'autres occasions).

Sur demande de la Fédération de la métallurgie, le problème est discuté par le congrès de Marseille en 1908. Malgré les objections des Mécaniciens et des Mouleurs, on donne six mois aux trois organisations pour réunir un congrès d'unité. Il faut surmonter trois obstacles. En premier lieu, les Mécaniciens, comme les Mouleurs, ont de fortes cotisations et des caisses mutuelles de résistance et de chômage. Comment garantir aux anciens adhérents des deux fédérations absorbées qu'ils conserveront leurs droits antérieurs ? Pour ce faire, les Métaux s'engagent à maintenir en vie les anciens syndicats. Deuxièmement, l'orientation politique pose problème: les Mouleurs et les Mécaniciens sont dans l'opposition confédérale. Leur entrée risque de bouleverser l'équilibre dans la Fédération des métaux. Enfin et surtout, il y a trop de « fonctionnaires » syndicaux, avec le même problème politique. Par exemple, Alphonse Merrheim souhaite accueillir les syndicats de mécaniciens – parce qu'ils sont bien organisés, qu'ils ont des réserves et de grosses cotisations – mais pas la direction de cette fédération et surtout pas Pierre Coupat qu'il veut éliminer.

Fin mai 1909, le congrès d'unité voit l'apparent triomphe

---

1. N. Papayanis, *Alphonse Merrheim: The Emergence of Reformism in Revolutionary Syndicalism, 1871-1923*, op. cit., p. 49.

d'Alphonse Merrheim. Il a noué une alliance avec le secrétaire des Mouleurs, Raoul Lenoir[1]. De plus, Alphonse Merrheim est parvenu à intégrer plusieurs syndicats de mécaniciens – notamment les plus gros (la région parisienne) – à qui l'on a promis de conserver leurs propres structures. Enfin, il s'est débarrassé d'Henri Galantus et de Jean Latapie, et n'accueille aucun mécanicien dans le bureau de la nouvelle fédération. La vieille Fédération des mécaniciens est progressivement vidée de l'intérieur. Devant le congrès de 1910, Pierre Coupat dénonce en vain le « pillage » de sa fédération et de ses différentes caisses. Il est contraint de quitter la CGT.

Les rapports financiers permettent d'évaluer la portée de l'opération. Au 1er janvier 1910, la Fédération unifiée des métaux commande 40 000 cartes (légèrement plus que le total de toutes les organisations fusionnées). Sur la période 1910-1912, les timbres réglés correspondent à un effectif d'environ 34 000 adhérents. Il y a donc eu quelques pertes d'adhérents au cours du processus de fusion. Mais, au congrès fédéral de 1913, l'effectif est retombé à 25 000 syndiqués[2]. C'est l'échec. Alphonse Merrheim met en cause l'atmosphère de méfiance et de suspicion, la division de la CGT en clans hostiles, le manque de ressources et l'absence de solidarité entre les syndicats locaux. Au cours de ce congrès, on discute aussi de la campagne contre les fonctionnaires syndicaux – que mènent notamment Émile Pataud et Émile Janvion – et de la « rectification de tir ». Personne ne met en cause l'organisation en syndicats généraux. Pourtant, c'est là que réside le principal problème comme le montre l'exemple de la Seine[3]. Pour coordonner les nombreux syndicats des métaux, un « comité interfédéral » est constitué en 1909 mais ne fonctionne pas. On propose alors de regrouper les syndicats en

---

1. Raoul Lenoir est très populaire dans la CGT. En 1901, bien qu'officiellement non-candidat au secrétariat de la CGT, il avait obtenu 30 voix contre Victor Griffuelhes. Raoul Lenoir devient le bras droit d'Alphonse Merrheim, et sera le véritable organisateur de la Fédération. Il jouera un rôle de premier plan dans la vie de la confédération après 1917.
2. N. Papayanis, *Alphonse Merrheim: The Emergence of Reformism in Revolutionary Syndicalism, 1871-1923*, op. cit., p. 51.
3. *Ibid.*, p. 48-59.

six « secteurs »[1]. Alphonse Merrheim, allié avec les Mécaniciens, s'oppose à l'Union des métaux – le petit syndicat parisien auquel il adhère depuis sa venue à Paris en 1904 –, qui veut une organisation unique. En riposte, le secrétaire de ce syndicat, Gaspar Ingweiller, s'associe aux attaques de Victor Griffuelhes contre le « réformisme » de la Fédération des métaux. Alphonse Merrheim ayant été reconduit à la tête de la fédération, son syndicat l'exclut et prétend que, n'étant plus syndiqué, il ne peut être permanent fédéral. La direction organise un référendum, parmi les syndiqués de la Seine, pour l'exclusion de l'Union des métaux. Évidemment, pendant ce temps, beaucoup d'adhérents sont partis sur la pointe des pieds et la Seine est toujours désorganisée.

L'échec du syndicalisme général d'industrie

Avant 1914, le nouveau modèle organisationnel est partout en échec.

À Nantes, le Syndicat général des ouvriers du bâtiment de Nantes fusionne les syndicats de métiers au 1er janvier 1912 (après trois ans de préparation). Il compte 1 100 adhérents, alors que les 9 syndicats de métiers fusionnés en comptaient 1 366 l'année précédente. En 1914, le syndicat général n'a plus que 900 membres. Les responsables locaux admettent que la situation n'était pas mûre, mais ils ont dû « obéir » aux directives de la confédération[2].

Le problème est général dans le Bâtiment. Lors de la conférence nationale des fédérations et des bourses de juillet 1913, Raymond Péricat a reconnu que sa fédération connaissait une véritable hémorragie. Le gauchisme de la direction a certainement sa part – en plus de la désorganisation provoquée par la lutte contre le « fonctionnarisme » – mais l'essentiel réside dans les fusions autoritaires de syndicats rassemblant des gens qui, en majorité, ne souhaitent pas vivre ensemble.

Claude Geslin signale un autre échec: la tentative d'union de

---

1. Liste dans C. Gras, « La Fédération des métaux en 1913-1914 et l'évolution du syndicalisme révolutionnaire français », *Le Mouvement social*, n° 77, 1971, p. 105.
2. C. Geslin, « Le syndicalisme ouvrier en Bretagne avant 1914 », *Le Mouvement social*, n° 127, 1984, p. 57.

la Fédération des ports et docks avec celle des Inscrits maritimes (il s'agit toujours de préparer la grève générale des transports) dans une vaste « Fédération maritime » dont les intéressés ne veulent pas.

Pourtant le syndicalisme industriel peut conduire à des organisations fortes. La CGT en donne plusieurs exemples, comme les Chemins de fer, le Livre ou les Mineurs, mais il est vrai que ces organisations ne plaisent pas aux tenants de la majorité confédérale. En effet, les ouvriers du Livre ne sont pas moins individualistes ni moins corporatistes que les autres. Mais, grâce à sa stricte neutralité, la Fédération du livre est parvenue à marier, dans une fédération d'industrie, des syndicats de métiers – en majorité typographes – jaloux de leur autonomie et de leur identité. Par exemple, à Paris, coexistent quatre unions de syndicats : les « Typographes », les « Fondeurs-Typographes », les « Imprimeurs-Conducteurs » et les « Correcteurs et Teneurs de copie », chacune sur des positions politiques et syndicales différentes.

Il est sans doute excessif de parler de « faillite », comme le fait Claude Geslin[1], mais le constat d'échec paraît d'autant moins contestable qu'il se retrouve quand on examine l'architecture de la confédération.

Une organisation contestée

Au congrès de Montpellier, en 1902, l'unité avec les bourses du travail conduit à une organisation dualiste (organigramme, encadré 9). En théorie tout syndicat adhère à la fédération nationale de sa profession (ou de son industrie) et à la bourse du travail de sa localité. Dans ces deux organismes, on retrouve le même schéma : un congrès des syndicats, généralement bisannuel, un conseil fédéral ou départemental et un bureau avec un ou plusieurs secrétaires permanents. Cette « double intégration » se heurte à une contestation larvée contre les bourses.

---

1. *Ibid.*, p. 57-62.

Un chantier inachevé

9. Organigramme de la CGT en 1906-1918

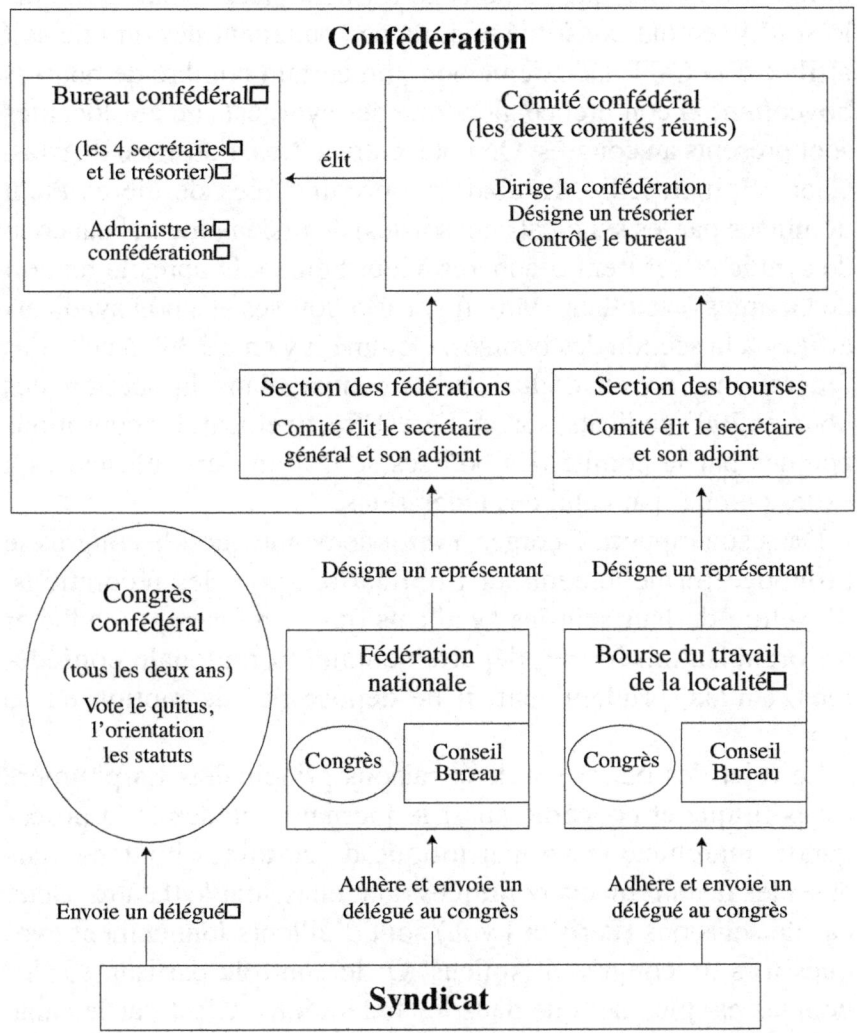

Les bourses contestées

À Amiens, le rapport de la section des bourses et le compte rendu de leur conférence permettent de dresser trois constats. Premièrement, il n'y a pas de bourse dans des villes industrielles importantes (Le Creusot, Lens…). Dans ces villes, il existe des syndicats. C'est donc par indifférence, ou hostilité envers l'institution elle-même, que certains ne forment pas de bourse ou que, lorsqu'ils en ont constitué une, ils ne souhaitent pas qu'elle soit affiliée à la CGT. Deuxièmement, un certain nombre de bourses boycottent la conférence alors que des syndicats de ces localités sont présents au congrès. On note, entre autres, l'absence d'Arras, Caen, Épinal, Lille, Roubaix, Tourcoing (ces dernières étant dominées par les syndicats guesdistes). Troisièmement, beaucoup de syndicats refusent d'adhérer à leur bourse. D'après le rapport de Georges Yvetot, en 1906, il y a 135 bourses et 1 609 syndicats affiliés à la section des bourses. Comme il y en a 2 399 à celle des fédérations, on en déduit qu'il manque dans la section des bourses 790 syndicats, soit un tiers. Effectivement, les cotisations perçues par le comité des bourses sont d'un tiers inférieures à celles perçues par celui des fédérations.

Dans son rapport, Georges Yvetot demande que « le congrès se prononce formellement sur l'obligation, pour les fédérations, d'exclure de leur sein les syndicats qui se refuseront à adhérer à l'organisation locale, départementale ou régionale confédérée[1] », mais, prudemment, il ne dépose pas de motion en ce sens.

Le rejet des bourses a deux raisons principales. La première est politique et concerne aussi le journal confédéral : la propagande anarchiste et antipatriotique de certaines bourses mais aussi les déchirements politiques dont elles sont le théâtre. Deux cas de scissions (Paris et Lyon) sont d'ailleurs longuement évoqués lors du congrès d'Amiens. Or le contrôle partisan sur les bourses est plus net que dans les fédérations. C'est par le canal des bourses que, avant 1914, divers courants du parti socialiste sont parvenus à prendre le contrôle de la CGT, d'une manière décentralisée, donc moins visible que si ce contrôle était effectué à partir d'une coordination officielle des états-majors. Avant 1914, certaines bourses servent de plate-forme pour le noyautage d'organisations hostiles à la majorité confédérale, comme les Chemins de fer. Entre 1918 et 1921, les bourses sont le vecteur

1. CGT, 1906, p. 38.

privilégié du noyautage des «syndicalistes révolutionnaires». Le PCF agira de même entre 1936 et 1939 et surtout après 1944.

Deuxièmement, beaucoup de syndicats refusent de placer les bourses sur un pied d'égalité avec les fédérations. À la suite de Fernand Pelloutier, on a prétendu que les bourses réalisent une solidarité générale entre tous les prolétaires d'un même territoire, solidarité qu'on présente comme supérieure aux liens professionnels, considérés comme étroits et corporatifs. Dès le départ, la réalité est inverse. Après la mort de Fernand Pelloutier, la Fédération des bourses est manifestement en difficulté et promise à disparaître. C'est la raison pour laquelle ses responsables ont accepté aussi facilement leur intégration dans la CGT. Le compromis a été passé sans réflexion approfondie. Après coup, on en a fait un principe constitutif et permanent du mouvement syndical, sans jamais se demander s'il était compris et admis par les syndiqués. Certes, dans tous les pays industriels, les syndicats locaux sont hébergés ensemble et participent au financement de services communs semblables à ceux qu'on trouve dans les bourses au début du siècle. Mais l'intégration verticale ne concerne que les fédérations. Les structures locales ne sont pas égales aux fédérations en pouvoir et en dignité.

Devant le rejet des bourses, la réaction a été de renforcer la structure et de contraindre les syndicats. Lors du congrès d'Amiens, la majorité des responsables de bourses présents étaient hostiles à la création des UD mais la décision a été imposée par Georges Yvetot et Paul Delesalle (chapitre I). Au début, le processus devait être facultatif; il a été rendu obligatoire lors du congrès de 1912.

En 1906, la plupart des bourses épousaient les contours d'un bassin d'emploi. Le cadre départemental brise cette unité sociale et économique. Claude Geslin cite le cas de Quimperlé, Bannalec et Pont-Aven[1]. Les syndicats de ces villes situées dans le sud du Finistère sont adhérents à la bourse de Lorient (Morbihan) : le bassin d'emploi est le même, les principales activités semblables, et surtout ils sont situés à proximité de Lorient mais à 120 km de Brest (où réside le secrétaire de l'UD du Finistère).

---

1. C. Geslin, «Le syndicalisme ouvrier en Bretagne avant 1914», art. cité, p. 57.

Le bon sens souffle de ne rien changer. Pourtant en 1914, « en vertu des décisions du congrès du Havre », ces syndicats sont contraints d'adhérer à l'UD du Finistère. Cette UD leur est étrangère et, de surcroît, en complète désorganisation depuis qu'elle est tombée aux mains des anarchistes et qu'elle est en guerre avec la SFIO locale. Des centaines de cas semblables se produisent à travers toute la France, du fait de l'arbitraire du découpage administratif par rapport au peuplement et à la vie économique.

On présente habituellement la « double intégration » comme une réussite et une originalité du mouvement syndical français. La réalité est assez éloignée de cette vision optimiste. Elle l'est d'autant plus que la grande majorité des syndicats n'ont pas une taille suffisante pour assumer le rôle fondamental qui leur est confié.

La faiblesse des syndicats

L'édifice repose sur une base étroite et fragile : le syndicat. Celui-ci est censé s'intéresser à la confédération, à sa fédération et à sa bourse, soit 3 congrès tous les deux ans et beaucoup plus si le syndicat a eu l'imprudence de se laisser embarquer dans les conseils fédéraux ou départementaux qui se réunissent au minimum trois fois l'an. Le trésorier du syndicat, généralement bénévole, passe une bonne partie de son temps à percevoir les cotisations et à tenir la caisse du syndicat. Il doit affronter un système financier compliqué : en plus des cartes confédérales, il faut acheter autant de timbres à sa fédération et à sa bourse, souscrire chaque année des abonnements à *La Voix du peuple*, à l'organe fédéral et au bulletin qu'éditent la plupart des bourses ; collecter et envoyer des fonds de solidarité à chaque grand conflit, régler des factures concernant les innombrables brochures et affiches qui restent inutilisées (malgré leur qualité formelle, leur contenu heurte trop de camarades de travail). Enfin, il faut faire face à un courrier abondant et répondre à de nombreux questionnaires. Par exemple, chaque congrès confédéral est précédé d'un questionnaire demandant quels points sont souhaités pour l'ordre du jour, puis d'un formulaire, à faire viser par l'UD et par la fédération, afin de mandater un délégué (même procédure pour les congrès fédéraux et départementaux)...

En 1906, l'effectif moyen des syndicats de la CGT est de 80 adhérents (ce chiffre reste inchangé jusqu'en 1914). Cette moyenne est tirée vers le haut par quelques exceptions : les syndicats de la Marine de l'État ont en moyenne 1 300 membres, les Tabacs 400, les Mineurs 190, etc. À l'inverse, les syndicats du Bâtiment comptent entre 25 et 30 membres et ceux du Tonneau, une dizaine. Cela signifie que la quasi-totalité ne peut financer un secrétaire, même à temps partiel, et que l'essentiel du travail administratif repose sur des militants bénévoles qui n'ont guère de temps libre et sont débordés par de multiples tâches. En général, priorité est donnée aux affaires professionnelles (la fédération) sur les questions interprofessionnelles (la bourse, la confédération) pour lesquelles on donne un mandat, souvent en blanc. Cela explique le cumul des mandats entre les mains d'un petit nombre de permanents. Les motions n'étant pas connues à l'avance, il est impossible de recueillir l'avis des syndiqués. Parfois, le mandataire respecte l'avis qu'il pense être celui de la majorité. Par exemple, à Amiens, Georges Thil émet un vote favorable à la motion Renard, au nom des ouvriers lithographes de Limoges, tout en votant contre au nom des 8 autres syndicats de lithographes qu'il représente. Bien peu de syndicalistes ont ces scrupules.

Le même phénomène de « délégation » se produit à tous les échelons de l'organisation qui se trouve confisquée par une petite élite d'environ trois centaines de secrétaires. Cela justifie la remarque désabusée d'Auguste Keufer concernant les minorités actives et la masse indifférente. Enfin, ce système aboutit souvent à des absurdités : sur une même question, un syndicat peut très bien voter dans des sens opposés, selon qu'il s'exprime par le truchement de sa fédération ou *via* son UD.

Un fédéralisme de façade ?

Entre 1906 et 1914, l'organisation est devenue un Meccano que les dirigeants manipulent avec de moins en moins de prudence.

Elle est redessinée en suivant quelques principes abstraits comme : « les solidarités générales valent mieux que les solidarité corporatives ». En vertu de ce principe politique, les fédérations décident de fusionner des syndicats ; les congrès confédéraux regroupent ou découpent les fédérations et les bourses ; les UD décident l'affiliation ou la désaffiliation des syndicats contre leur gré...

Édouard Dolléans note à propos de l'organisation en 1914 : « Les progrès accomplis depuis 1900 avaient réalisé le vœu de Pelloutier, en substituant au régime du morcellement syndical un système plus coordonné et plus unitaire[1]. » Au vu de la faiblesse de la syndicalisation et des plaintes qui montent de toutes parts, le mot « progrès » est impropre ; en revanche, Édouard Dolléans a raison : la CGT tend vers une organisation « unitaire ». Dès lors, mérite-t-elle encore son nom de « confédération » ? La question peut être posée de deux manières :

– Où réside la souveraineté ? Officiellement, la CGT proclame qu'elle réside dans les syndicats et subsidiairement dans les UD et les fédérations. Pourtant, ces syndicats, théoriquement libres et souverains, sont regroupés ou découpés, affiliés ou désaffiliés contre leur gré. Et à tous les niveaux, ils ne peuvent choisir librement leurs dirigeants : tout au plus votent-ils sur des « idées » (souvent par procuration).

– Comment sont partagés les compétences et les pouvoirs ? En théorie, la compétence générale appartient au syndicat et les organes supérieurs disposent de compétences déléguées et limitées à quelques domaines d'intérêt commun : les études et statistiques dans le domaine corporatif, le conseil juridique, la solidarité financière, quelques garanties mutuelles en faveur des adhérents... Il est vrai que les statuts sont souvent vagues mais la pratique apporte la réponse : les niveaux supérieurs agissent comme s'ils disposent d'une compétence générale leur permettant d'intervenir dans toutes les affaires des syndicats. En pratique, un organe dit « des conflits » est mis en place pour trancher les litiges entre organisations (la plupart de ces litiges sont

---

1. É. Dolléans, *Histoire du mouvement ouvrier, 1871-1920*, *op. cit.*, p. 190.

provoqués par l'interventionnisme des niveaux supérieurs ou par les luttes entre factions politiques). Pratiquement à chaque fois, la décision privilégie « l'unité de l'organisation » sur le respect des particularismes...

Cette unification n'est pas incompatible avec une forte décentralisation, par exemple dans le domaine financier. Ainsi, jusque dans les années 1960, les syndicats sont parvenus à conserver une part importante des cotisations. Leur grand nombre et leur faible taille protègent la plupart des syndicats. Ils peuvent vivre tranquilles, du moins tant qu'ils parviennent à se tenir à l'écart des luttes d'appareil qui occupent la bureaucratie centrale. Mais un tel système est-il « fédéraliste » ? Dans l'esprit de tous les responsables, la confédération est un système unitaire, fonctionnant à coups de décisions de majorité, comme un parti politique ou comme l'État français.

En conclusion, on soulignera que l'organisation adoptée par la CGT avant 1914 s'est maintenue jusqu'à aujourd'hui sans modification majeure et qu'elle a été copiée par les autres confédérations au fur et à mesure de leur apparition. À côté des multiples inconvénients qui ont perduré, il faut reconnaître deux avantages à cette organisation.

Premièrement, les structures de la CGT se calquent sur l'organisation politique-administrative. Les UD sont localisées au chef-lieu du département et en épousent les limites géographiques. Le « préfet » de la CGT est théoriquement en position de dialoguer, de puissance à puissance, avec le représentant de l'État et avec le cacique local du parti socialiste. Les différents courants du PS peuvent aussi contrôler « leurs » syndicats de manière quasi organique et y puiser leurs militants et leurs cadres. Après 1920, le PCF n'aura plus qu'à reprendre des méthodes déjà bien établies.

Deuxièmement, le nombre des sièges au CC – sorte de « sénat conservateur » qui élit les secrétaires confédéraux et contrôle leur action – se trouve contenu dans des limites raisonnables : une soixantaine de secrétaires de fédérations d'industrie et 85 secrétaires d'UD. Étant donné la relative stabilité des permanents syndicaux, le système est facilement contrôlable.

Ces deux avantages politiques expliquent pourquoi la CFTC-CFDT, la FEN, FO puis l'UNSA copieront cette organisation. Ils expliquent aussi pourquoi le congrès confédéral de 1908 – qui était une assemblée de militants politiques plus que syndicaux – a applaudi les fortes paroles d'un délégué des Métaux :

> Pour faire disparaître l'esprit corporatif du cerveau de nos camarades, pour renforcer les fédérations et simplifier les travaux de la CGT, nous demandons la disparition et la fusion des petites corporations pour en faire de grandes et de très vastes [1].

C'est aussi pourquoi, depuis un siècle, les syndicalistes ne veulent pas entendre la réponse de bon sens que Pierre Coupat a donnée aux propos qui viennent d'être cités :

> Si vous voulez contraindre les camarades à aller là, ils préfèreront ne pas être syndiqués [2].

---

1. CGT, 1910, p. 248.
2. *Ibid.*, p. 250.

Chapitre IV

L'impossible unité syndicale
(1914-1922)

La guerre intervient alors que la ligne anarcho-socialiste est abandonnée et que le mouvement syndical français s'achemine vers le modèle social-démocrate. La guerre brise cette évolution. Les syndicats se vident et beaucoup d'organisations entrent en sommeil. Pourtant, à partir de la fin 1916, une vague d'adhésions commence qui va porter les effectifs de la CGT au-dessus de 2 millions d'adhérents au début de l'année 1920. Cette vague est éphémère à cause des déchirements des années 1919-1920. L'unité du parti socialiste, comme celle de la CGT, vole en éclats sous le choc de la révolution russe et de la création de l'IC (IIIe Internationale, dite «communiste»). À la fin de l'année 1921, le rêve de l'unité syndicale aura vécu, d'autant plus que, à côté de la tradition du mouvement ouvrier, s'affirme une seconde tradition: celle du syndicalisme chrétien.

Le syndicalisme dans la guerre

En août 1914, l'entrée en guerre est inattendue. Elle provoque un profond désarroi dans les syndicats. Ce désarroi se prolongera pendant près de deux ans avant que la vie syndicale reprenne sur des bases nouvelles.

Le ralliement à l'Union sacrée

À l'approche de la guerre, la CGT, par la voix officieuse de *La Bataille syndicaliste*, appelle à manifester le 27 juillet 1914 à

> **10. Le manifeste du 2 août 1914**
>
> « Une heure grave vient de sonner.
> Les forces mauvaises sont sur le point de triompher. Une lueur d'espoir perce encore, mais si faible qu'il faut envisager les pires éventualités.
> Cependant qu'entraînés vers le gouffre, nous voulons conserver l'espoir d'une paix possible.
> Jusqu'à cette heure, le comité confédéral est resté à son poste de combat, luttant pour la cause de la paix.
> Hier encore, il adressait à l'Internationale ouvrière un suprême appel. Si ses efforts ne paraissent pas avoir donné ce que nous étions en droit d'attendre, ce que la classe ouvrière organisée espérait, c'est que les événements nous ont submergés. C'est aussi, nous devons le dire à ce moment suprême, que le prolétariat n'a pas assez unanimement compris tout ce qu'il fallait d'efforts continus pour préserver l'Humanité des horreurs d'une guerre.
> Femmes qui pleurez en ce moment, nous avons tout fait pour vous épargner cette douleur. Mais hélas ! nous ne pouvons aujourd'hui que déplorer le fait accompli.
> Pouvions-nous demander à nos camarades un sacrifice plus grand ?
> Quoi qu'il nous en coûte, nous répondons : non !
> Ce que nous réclamons de tous, c'est un inébranlable attachement au syndicalisme qui doit traverser et survivre à la crise qui s'ouvre. Aussi fermement qu'hier, nous devons conserver l'intégralité de nos idées et la foi dans leur triomphe définitif.
> L'Internationale ouvrière restera toujours le but de nos efforts.
> Convergence de nos espoirs, nous ne voulons pas qu'elle soit anéantie dans la tourmente. Car nous savons qu'un jour viendra, quand les peuples lui auront fait plus de confiance et auront assuré sa force, où elle constituera l'unique sauvegarde de la Paix et de la Civilisation [1]. »

Paris. Cette manifestation est un succès. Le 28 juillet, l'Autriche déclare la guerre à la Serbie. Réuni en urgence, le CC appelle à la paix mais il proclame que « l'Autriche porte une lourde responsabilité devant l'histoire » et il reconnaît les efforts du gouvernement français en faveur de la paix. Il n'est plus question de grève générale. Le mouvement syndical se raccroche aux initiatives du parti socialiste et spécialement à celles de Jean Jaurès.

Le 31 juillet au soir, le CC est réuni pour entendre un compte rendu de la rencontre entre Jean Jaurès et Léon Jouhaux. Il est

---

1. CGT, 1918, p. 14.

proposé de se joindre à la manifestation que le parti socialiste convoque pour le 9 août. Un seul membre du CC (Raymond Péricat) propose la grève générale. Le CC décide d'établir une liaison constante avec le parti socialiste, enterrant ainsi la charte d'Amiens. C'est à ce moment que Jean Jaurès est assassiné.

Le 2 août, considérant que la France n'a aucune part à l'enchaînement fatal, les socialistes se rallient à la défense nationale. La direction de la CGT publie un « manifeste » qui est un aveu d'impuissance (encadré 10).

Raymond Péricat est l'un des auteurs de ce texte. Devant le congrès de 1919, il expliquera pourquoi il a changé d'avis en quelques heures et pourquoi il a obéi à l'ordre de mobilisation. « Je n'ai pas eu la force de caractère pour ne pas partir. J'ai eu peur, c'est vrai, du poteau d'exécution[1]. » En effet, ceux qui avaient fait de la propagande antimilitariste et antipatriotique figuraient dans le « carnet B » des personnes à arrêter en cas de conflit et le ministre de la Guerre avait demandé leur exécution.

Le 3 août, l'Allemagne déclare la guerre à la France. L'éditorial de *La Bataille syndicaliste* se termine ainsi : « C'est atroce, c'est odieux, c'est incroyable ! Mais cela est[2]. »

Le lendemain, aux obsèques de Jean Jaurès, le discours de Léon Jouhaux provoque une intense émotion dans l'assistance[3]. Ses propos sont interprétés comme le ralliement de la classe ouvrière à la défense nationale[4]. Le même jour, les députés socialistes, à l'unanimité, décident de voter les crédits de guerre. Le 26 août, deux dirigeants socialistes, Jules Guesde et Marcel Sembat, entrent au gouvernement. Sur les conseils de Victor Griffuelhes, Léon Jouhaux accepte de siéger au Secours national, avec des personnalités de toutes tendances politiques, puis de devenir « délégué à la nation », poste sans responsabilité qui

---

1. CGT, 1919, p. 140.
2. A. Kriegel et J.-J. Becker, *1914 : la guerre et le mouvement ouvrier*, Paris, Armand Colin, 1964, p. 133.
3. Texte dans B. Georges et D. Tintant, *Léon Jouhaux. Cinquante ans de syndicalisme*, op. cit., p. 476-479.
4. A. Kriegel et J.-J. Becker, *1914 : la guerre et le mouvement ouvrier*, op. cit., p. 142.

symbolise son ralliement à l'Union sacrée et lui procure un sursis à incorporation. Enfin, début septembre, il suit le gouvernement, évacué à Bordeaux devant l'avance allemande.

Pour expliquer le revirement de la CGT, on insiste sur le désarroi des militants syndicaux face au déferlement, dans la classe ouvrière, du patriotisme, voire du chauvinisme[1]. Il faut ajouter que les motions votées en congrès par l'élite des secrétaires ne reflètent pas le sentiment de la masse des syndiqués. D'ailleurs, quelques bourses seulement font de la propagande pacifiste. Enfin, après l'échec de la grève de 24 heures contre la guerre dans les Balkans, plus personne ne se fait d'illusions sur la possibilité de lancer une grève générale en cas de déclaration de guerre.

Avec le ralliement de la confédération à la défense nationale, l'unité de la CGT semble réalisée – les Mineurs, le Livre ou le Textile font maintenant partie de la majorité confédérale – et ses relations avec la SFIO paraissent normalisées.

Le 3 septembre, Léon Jouhaux parti à Bordeaux, le CC nomme Alphonse Merrheim secrétaire par intérim. La commission de liaison avec le parti socialiste tient sa première réunion. Ces réunions déboucheront notamment sur un programme économique et social qui deviendra, en 1918, le programme de la CGT.

Mais la confédération existe-t-elle encore ?

La quasi-disparition de la CGT

Une confédération syndicale, ce n'est pas seulement un état-major, même si les historiens concentrent leur attention sur lui ; ce sont surtout plusieurs centaines de milliers d'adhérents dans des milliers de syndicats. À ce niveau, on peut parler d'un effondrement. D'après le rapport financier présenté au congrès de 1919, le nombre de fédérations affiliées tombe de 60 en 1913 à 35 à la fin 1915. D'importantes fédérations semblent totalement englouties : Agriculture, Bâtiment, Tabacs, Verriers. D'autres survivent de

---

1. Par exemple, Alphonse Merrheim lors du congrès confédéral de 1919, p. 169.

façon symbolique : en 1915, les Fédérations horticole et des produits chimiques payent une centaine de timbres ; il leur reste donc une douzaine de cotisants... La Fédération des métaux a quasiment disparu (1 400 syndiqués, 25 fois moins qu'avant guerre). Le nombre des UD en activité tombe de 83 à 44 (mais 8 départements sont la proie des combats ou occupés par l'ennemi). Au total, la CGT ne compte plus que 55 000 membres : le nombre des syndiqués a été divisé par 8 ; la confédération est devenue une coquille vide. Comment cela a-t-il été possible ?

En août 1914, beaucoup de responsables de syndicats et d'UD sont mobilisés. Cette mobilisation totale, pour une guerre que l'on pensait courte, entraîne la fermeture de la majorité des usines. Les adhérents qui restent sont perdus dans la nature. Là, c'est le percepteur – contact habituel avec les syndiqués du rang – qui est mobilisé ; ailleurs, le trésorier n'est plus là pour commander les cartes et les timbres ; autre part, le secrétaire disparaît. Ils partent sans songer à laisser leurs carnets à ceux qui restent ou à les remettre à la bourse. Le désarroi de la CGT se lit d'abord dans ces naufrages innombrables. Peu ont songé, comme Auguste Keufer – qui perd un fils dès les premiers jours de combat – à mettre en place des secours en faveur des familles des syndiqués mobilisés puis à épuiser les réserves de la fédération en faveur des adhérents mutilés ou des familles des morts. Pourtant, le naufrage n'a pas été total, pour plusieurs raisons.

Dès août 1914, certains adhérents restent à leur poste au titre de la défense nationale. C'est le cas des cheminots qui, en 1915, conservent les deux tiers de leurs effectifs d'avant-guerre et les dépassent dès 1916. C'est aussi le cas de certains postiers (en 1915 les deux fédérations gardent la moitié des effectifs). D'autres, comme les mineurs, n'en tirent pas avantage car une partie des bassins sont occupés par l'ennemi. À partir de l'automne 1914, le gouvernement, prenant conscience que la guerre va se prolonger, mobilise l'industrie. Certains soldats sont rapatriés dans leurs usines ou leurs mines. La reconstitution du syndicat est assez lente : ces ouvriers-soldats sont soumis à l'autorité militaire et, au moindre écart, ils peuvent être renvoyés au front ; les usines ont été chamboulées, les vides creusés par la mobilisation ayant été comblés par des femmes, des immigrés, des apprentis, qui n'ont pas la culture de l'action collective et que les militants méprisent.

La renaissance du pacifisme

Quelques responsables acceptent mal le ralliement à l'Union sacrée. C'est le cas d'Alphonse Merrheim qui ne conteste pas la défense nationale mais estime qu'il faut rechercher les moyens de faire cesser la tuerie au plus vite.

À partir du retour de Léon Jouhaux, les relations se tendent au sein du CC. À la fin novembre 1914, une discussion a lieu à propos d'une invitation lancée par les partis socialistes scandinaves pour une conférence internationale à Copenhague. Au CC, personne n'envisage d'envoyer une délégation: le siège de l'Internationale étant à Bruxelles, occupé par les Allemands, tout le monde fait de la libération de la Belgique un préalable à une rencontre officielle avec les socialistes allemands et autrichiens. Albert Bourderon (Fédération du tonneau), Alphonse Merrheim, Raoul Lenoir (Métaux) et Pierre Monatte (UD du Gard) veulent écrire cela aux Scandinaves alors que la majorité du CC décide d'ignorer leur message.

À la suite de cet incident, Pierre Monatte démissionne et en publie les raisons[1]. Au contraire, Albert Bourderon, Alphonse Merrheim et Raoul Lenoir décident de ne pas polémiquer publiquement. Cette opposition n'est pas anecdotique. Outre que Pierre Monatte est de culture anarchiste, son geste s'explique par l'influence russe. Les réfugiés révolutionnaires russes ont été nombreux à Paris, dès avant 1914, et ils entretenaient des liens avec les syndicalistes, notamment par l'intermédiaire d'Alexandre Losovski – futur responsable de l'Internationale syndicale rouge (ISR) – qui animait le syndicat des casquettiers. En novembre 1914, Léon Trotski est présenté à Pierre Monatte. Jusqu'à l'ex-

---

1. Texte reproduit dans C. Chambelland et J. Maitron (dir.), *Syndicalisme révolutionnaire et Communisme. Les archives de Pierre Monatte, 1914-1924*, Paris, Maspero, 1968, p. 45-49.

pulsion de Léon Trotski, en septembre 1916, le petit groupe se retrouve toutes les semaines dans le local de *La Vie ouvrière*. Plusieurs dirigeants de la future tendance minoritaire ont participé à ce groupe (Hélène Brion ou Louis Bouët par exemple). En revanche, Alphonse Merrheim s'est immédiatement fâché avec Léon Trotski qui, en liaison avec Lénine, parle déjà du défaitisme révolutionnaire et veut créer une troisième Internationale par scission dans les partis socialistes[1].

Dès décembre 1914, il y a donc entre Alphonse Merrheim et Pierre Monatte des divergences non seulement à propos des relations internationales mais aussi sur des questions d'organisation. Que faire quand on est minoritaire ? Rester ou partir ? Respecter l'unité ou provoquer une scission ? Cinq ans plus tard, la réponse à ces questions opposera dramatiquement les deux hommes. En attendant, le texte de Pierre Monatte suscite peu de réactions. Il est incorporé au printemps 1915 et n'est démobilisé qu'au printemps 1919.

En janvier 1915 à Copenhague, la conférence des partis socialistes neutres énonce un certain nombre de propositions : paix sans annexion ni réparations, respect du droit des peuples, arbitrage obligatoire entre les nations, réduction des armements, abolition de la diplomatie secrète. Des socialistes allemands, dont Karl Liebknecht, reprennent à leur compte ces principes dans un manifeste qui connaît un grand retentissement. La Fédération des métaux le publie pour le 1er mai 1915 sous le titre « Le massacre des peuples doit cesser ». Deux autres fédérations (les Cuirs et peaux et la Chapellerie) et cinq UD l'appuient. Une nouvelle opposition confédérale vient de naître, d'abord informelle, puis organisée à l'automne. Un mouvement semblable naît dans la SFIO, dont Jean Longuet prend la tête. Dans les deux cas, on ne s'oppose pas à la défense nationale mais on réclame une consultation des organisations. Le 15 août 1915, une conférence nationale des fédérations et des UD donne l'occasion à cette opposition de présenter les principes d'une paix sans annexion ni réparations.

---

1. Récit d'Alphonse Merrheim devant le 14e congrès de la CGT (CGT, 1919, p. 170).

Les 5 et 8 septembre 1915, la conférence de Zimmerwald (Suisse) réunit 38 socialistes de 11 pays. Certains sont mandatés par leurs partis, surtout des neutres, d'autres sont oppositionnels dans les pays belligérants. Alphonse Merrheim et Albert Bourderon y «représentent» la CGT et la SFIO (ce sont des initiatives personnelles tenues secrètes). Alphonse Merrheim signe avec les socialistes allemands Georg Ledebour et Adolf Hoffmann une déclaration pacifiste franco-allemande. La conférence adopte un manifeste pour la paix immédiate sans annexion ni réparations, mais refuse le défaitisme révolutionnaire et la création d'une nouvelle internationale (soutenus seulement par Lénine, Léon Trotski et quelques bolcheviks russes). La conférence de Zimmerwald n'est pas le premier pas vers la IIIe Internationale, comme on le dit souvent. En revanche, elle est bien le début d'un mouvement contre la guerre chez les belligérants.

L'impact de la conférence est faible : la SFIO et la CGT continuent à soutenir la guerre à outrance et considèrent que la défaite de l'impérialisme allemand est la condition de la paix. La CAP de la SFIO condamne cette conférence. En décembre 1915, Albert Bourderon et Alphonse Merrheim constituent le Comité pour la reprise des relations internationales (CRRI) qui ne rencontre pratiquement aucun écho pendant un an. Ils n'obtiennent pas de passeports pour se rendre à la conférence de Kienthal qui, un an après Zimmerwald, réunit un nombre plus important de participants mais ne rencontre guère plus d'écho.

À la deuxième conférence nationale des fédérations et UD (décembre 1916), une motion approuvant l'action de la direction confédérale présentée notamment par Léon Jouhaux et Auguste Keufer est combattue par Alphonse Merrheim et Albert Bourderon. Cependant, la proposition de Thomas W. Wilson recueille l'unanimité (le président américain vient de demander à tous les gouvernements de publier leurs «buts de guerre» et formule quelques principes pour un nouvel ordre international).

Cette conférence constitue le vrai redémarrage de la confédération. On y adopte notamment le principe d'un programme confédéral. Les divisions ne semblent pas insurmontables, sauf avec un petit groupe du CRRI qui constitue le Comité de défense syndicaliste (CDS), animé par Raymond Péricat – qui aurait assuré le secrétariat de Léon Trotski pendant son séjour à Paris – et par ce qui reste du « noyau » de *La Vie ouvrière*. Hormis cette poignée de militants marginaux, l'unité de l'organisation va se réaliser à la fin de la guerre après deux années mouvementées.

1917-1918, l'unité reconstituée ?

Le printemps 1917 est marqué par plusieurs événements considérables. Dans le monde, la première révolution russe et l'entrée en guerre des États-Unis modifient le cours du conflit. En France, d'autres événements dramatiques conduisent à la rupture de l'Union sacrée et à la fin apparente des divisions au sein du mouvement ouvrier.

L'année 1917

Au printemps 1917, dans toute l'Europe, des mutineries et des grèves éclatent qui manifestent la volonté de voir cesser le carnage mais aussi le mécontentement face aux difficultés grandissantes de la vie quotidienne. En effet, les ravages de la guerre sous-marine provoquent une flambée des prix alors que les salaires ne suivent pas. D'après les statistiques du ministère du Travail, il y a eu en 1917 quelque 700 grèves impliquant 300 000 grévistes et 1,5 million de journées perdues : plus qu'en 1913. En janvier-février, un premier mouvement part de l'Habillement puis s'étend à la Métallurgie. Immédiatement, le ministre de l'Armement, Albert Thomas, publie une série de circulaires et de décrets destinés aux usines d'armement : salaires minima, procédure d'arbitrage obligatoire avec mise en place de commissions mixtes paritaires, délégués ouvriers [1]. Cette dernière institution donne un

---

1. D. Andolfatto, *L'Univers des élections professionnelles*, Paris, Éditions ouvrières, 1992, p. 69-76 ; B. W. Schaper, *Albert Thomas. Trente ans de réformisme social*, Assen, Van Gorcum, 1959 ; M. Rebérioux et P. Fridenson, « Albert Thomas, pivot du réformisme français », *Le Mouvement social*, n° 87, 1974, p. 85-98.

> **11. Les délégués du personnel selon Albert Thomas**
>
> « Dans l'organisation industrielle de demain, l'institution des délégués ouvriers peut être une grande chose. [...] Voilà le rôle : l'usine nouvelle avec ses délégués d'atelier apportant aujourd'hui les réclamations du travail, les discutant, se bornant, comme le veut la circulaire, en attendant la loi, aux questions de salaire, aux questions du travail, ayant la prudence d'être par-derrière une amicale des délégués, et non pas cette commission qui faisait peur à nos patrons comme un soviet russe ; ayant la prudence de s'entendre au point de vue technique et de laisser au syndicat lui-même le rôle de représentant des intérêts généraux de la corporation, mais déjà intervenant dans la pratique, dans l'organisation du travail, créant cette organisation nouvelle, que je n'ai pas pu, parce que je n'étais qu'un ministre, créer dans les établissements privés, mais que je me suis fait un devoir de créer dans nos établissements d'État où nous avons établi, quelques semaines avant mon départ, la commission mixte du travail où les directeurs, les ingénieurs, les ouvriers qualifiés et élus par leurs camarades viennent discuter [...] de l'organisation technique du travail.
> C'est donc par l'effort quotidien, par l'action modeste des délégués d'ateliers, c'est par l'action plus modeste encore de tous ceux qui vont se syndiquer et qui, éduqués, instruits, organisés, auront le souci de la production nationale en même temps que de l'avenir de leur classe [que le pays connaîtra une paix durable et que la classe ouvrière exercera] le grand rôle directeur qui lui revient. »
> Discours d'Albert Thomas devant les délégués ouvriers de Renault (25 novembre 1917)[1].

cadre juridique aux délégations traditionnelles, mais, dans l'esprit d'Albert Thomas et de ses amis, elle a une plus vaste portée (encadré 11).

L'agitation gagne le bâtiment parisien qui organise, pour le 1er mai, une grève et une manifestation réussies. Puis elle reprend dans la couture en mai et dans la métallurgie en juin. Les femmes y jouent un grand rôle (beaucoup d'hommes craignent l'envoi au front). Toutes ces grèves sont brèves et victorieuses, ce qui crée une atmosphère favorable à la syndicalisation.

La révolution russe modifie la situation mondiale et française. Une délégation dirigée par Albert Thomas revient de Russie

---

1. Cité par M. Rebérioux et P. Fridenson, « Albert Thomas, pivot du réformisme français », art. cité, p. 92-93.

convaincue qu'il faut accepter l'appel à une conférence socialiste internationale (également proposée par les Pays-Bas et les pays scandinaves). Le 28 mai, le conseil national de la SFIO accepte de participer à cette conférence qui doit avoir lieu à l'automne à Stockholm (avec la participation des organisations syndicales). Finalement, à cause du refus des gouvernements français et anglais de délivrer des passeports aux délégués, les organisateurs décommandent la conférence. Seuls les «zimmerwaldiens» se réunissent en septembre dans l'indifférence générale.

À l'automne 1917, le mouvement social semble disparaître sans laisser de trace. Selon Annie Kriegel, c'est la «seconde défaite du mouvement ouvrier[1]» (après l'impuissance d'août 1914). Toutefois, en France, ces événements ouvrent la voie à une nouvelle unité dans la CGT et dans la SFIO.

En septembre 1917, les socialistes quittent l'Union sacrée. Un mois plus tard, la majorité et la minorité de la SFIO adoptent une plate-forme «centriste»: soutien à la défense nationale mais non-participation au gouvernement Clemenceau. Un an plus tard, Ludovic-Oscar Frossard devient secrétaire général de la SFIO, Marcel Cachin directeur de *L'Humanité*; l'aile gauche, favorable à la révolution russe, intègre la direction.

Cela ouvre la voie à un compromis du même genre dans la CGT, compromis qui est trouvé lors de la troisième conférence nationale des fédérations et UD (novembre 1917): soutien aux révolutionnaires russes et aux propositions de Wilson; appel pour une conférence internationale ouvrière. Même Raymond Péricat vote pour. Seuls s'abstiennent François Mayoux et Fernand Loriot, deux instituteurs socialistes, membres du CRRI et pacifistes de la première heure. Avec Marcel Martinet, Marie Guillot[2] et quelques autres enseignants socialistes, ils ont fait de *L'École émancipée*[3], journal de la Fédération des instituteurs,

---

1. A. Kriegel, *Aux origines du communisme français*, Paris, Mouton, 1964, p. 143-170.

2. Portrait de Marie Guillot dans J.-W. Dereymez et L. Griveau, «Marie Guillot et le syndicat des instituteurs de Saône-et-Loire», *Le Mouvement social*, n° 127, 1984, p. 89-109.

3. Parmi les collaborateurs habituels, le philosophe Alain (Émile Chartier).

l'un des principaux organes de l'opposition à la guerre. À l'automne 1917, ces opposants sont totalement isolés dans la CGT, sinon dans la SFIO.

1918 : l'unité ?

L'unité de la CGT est réalisée comme en témoigne la présence d'Alphonse Merrheim et de Raymond Péricat dans la délégation française à la Conférence syndicale internationale interalliée de Londres (février 1918).

Durant les premiers mois de 1918, la victoire des bolcheviks semble démontrer qu'un coup d'État blanquiste suffit pour renverser la république bourgeoise et établir la dictature du prolétariat. Le petit noyau des opposants irréductibles s'empare de l'événement. Ses activités prennent un nouvel essor du fait de l'agitation sociale et de la politique de répression du gouvernement Clemenceau. Le CDS (Raymond Péricat et Benoît Broutchoux) décide de convoquer un congrès syndical. La confédération appelle à le boycotter mais elle concède un congrès confédéral pour juillet 1918. Malgré cette concession, le CDS maintient son « congrès » – transformé pour la forme en « conférence ». Il se tient en mai 1918 à Saint-Étienne, sous la présidence de Georges Dumoulin et sur fond de grèves dans le bâtiment parisien, dans plusieurs établissements métallurgiques et dans les mines de la Loire. Une majorité d'UD et un grand nombre de syndicats y auraient assisté. Cette conférence lance une grève générale qui échoue totalement. Raymond Péricat et une quarantaine de leaders de la Loire sont arrêtés et inculpés de « désertion en temps de guerre ». Le mouvement est décapité, le CDS disparaît.

Le congrès confédéral de juillet 1918, en pleine offensive allemande, voit le ralliement officiel des principaux leaders de la « minorité » : Albert Bourderon, Georges Dumoulin et Alphonse Merrheim. Une motion de synthèse reçoit 908 voix contre 253. Elle approuve l'action de la direction pendant la guerre, appuie la révolution russe et les propositions du président Wilson. Le congrès adopte également le principe de modifications dans l'organisation de la confédération. Les deux sections autonomes sont supprimées. Le CCN demeure composé de délégués des UD et des fédérations, mais ces délégués doivent appartenir à l'organisation représentée. Le BC est élu par le CCN entier. Une commission administrative d'une vingtaine de membres, résidant tous à Paris, est également élue par le CCN pour assurer la direction de la CGT en dehors des réunions du CCN.

Une solide majorité confédérale s'est constituée, effaçant les clivages d'avant 1914 et les divisions nées de la guerre. Du fait du retrait des socialistes du gouvernement, et dans la mesure où la situation du front le permet, la CGT peut maintenant appuyer les revendications des travailleurs sans craindre de gêner des ministres amis. Il reste quelques irréductibles – comme Raymond Péricat ou Fernand Loriot – mais, en dehors des instituteurs, ils ne contrôlent aucune fédération, aucune UD, aucun syndicat important. Ils ne constituent des minorités significatives que chez les Cheminots et dans quelques syndicats parisiens du Bâtiment, des Métaux ou de l'Aviation.

Le CCN de décembre 1918 adopte les modifications aux statuts et, à l'unanimité, le programme de la CGT. Le préambule rejoint la philosophie de la minorité confédérale d'avant 1914 : la révolution se réalisera grâce à l'intervention croissante de la classe ouvrière dans la vie économique du pays et non par une « émeute de rues[1] ». Le programme reprend les revendications traditionnelles[2] et ajoute des thèmes nouveaux : nationalisation « industrialisée[3] » des grands services et des industries essentielles, contrôle ouvrier, organisation nationale de la production, création d'un conseil national économique, réglementation internationale du travail. Ce programme recoupe largement celui que la SFIO adopte quelques mois plus tard. Bien sûr, on peut se demander quelle majorité parlementaire sera capable de le

---

1. CGT, 1921, p. 9.
2. Droit syndical pour tous (fonctionnaires, travailleurs étrangers...), journée de 8 heures, protection contre les accidents du travail, assurances sociales couvrant tous les risques de la vie, etc.
3. Cet adjectif signifie que la gestion n'est pas confiée à l'État mais aux représentants des consommateurs et des producteurs.

traduire dans les faits, mais ce relatif irréalisme ne doit pas effacer l'essentiel : la CGT semble entrer dans une ère nouvelle marquée par un afflux de syndiqués.

La vague de syndicalisation

À la fin de 1916 et au début de 1917, un courant d'adhésions redonne vie à la CGT. Les Chemins de fer en sont le symbole. Les autres fédérations qui, à la fin 1917, ont dépassé leurs effectifs de 1913 sont liées à la défense nationale : Habillement (+300 % par rapport à 1913), Voiture-Aviation (+200 %) ; les quatre fédérations des ouvriers de l'État doublent, de même que les Métaux (+91 %). En revanche, les autres fédérations demeurent sinistrées, à l'image du Bâtiment qui, à la fin 1917, n'atteint que le quart de ses effectifs de 1913. Dans ces fédérations, la vague de syndicalisation se déclenche après la démobilisation, au printemps 1919.

Dès le début de 1918, la confédération a retrouvé, voire dépassé, son niveau d'avant-guerre. La croissance se poursuit tout au long de l'année 1919 pour culminer à environ 2 millions d'adhérents au printemps 1920 (encadré 12).

Cet afflux apporte de nouvelles ressources à la confédération qui acquiert un immeuble, apure le passif de *La Bataille* (*syndicaliste*) et lui substitue au 1er janvier 1921 un nouveau quotidien : *Le Peuple*. En revanche, aucun nouveau service n'est ouvert aux adhérents et on oublie de constituer des réserves et une caisse de résistance centrale.

Comment expliquer cet afflux de syndiqués ? En premier lieu, les grèves réussies du printemps 1917 et l'arbitrage bienveillant du gouvernement ont créé une ambiance favorable à l'adhésion. Grâce aux « délégués » et aux commissions paritaires instituées par Albert Thomas, le syndicat peut pénétrer dans les usines travaillant pour la défense nationale et se substituer aux réseaux informels ou aux « amicales ». Il y a aussi une explication plus triviale : l'envolée des prix et les difficultés de ravitaillement donnent de l'importance aux UD liées aux coopératives de distribution. Enfin, l'Union sacrée a réintégré le syndicat dans la

L'impossible unité syndicale

12. Évolution du nombre d'adhérents à la CGT 1918-1921 [1]	
	Adhérents
année 1918	**665 000**
janvier-mai 1919	1 157 000
juin-décembre 1919	1 516 000
année 1919 (moyenne)	**1 366 000**
janvier-mai 1920	2 180 000
juin-décembre 1920	983 000
année 1920 (moyenne)	**1 581 000**
janvier-mai 1921 (dernier chiffre fourni avant la scission)	1 031 000

nation; le maelström de l'été 1914 a englouti les chapelles socialistes et les sectes anarchistes. La CGT oublie l'antipatriotisme et la politisation et semble adopter un syndicalisme de masse respectueux des différences philosophiques, religieuses, raciales et politiques de ses membres.

Tout cela correspond aux attentes des salariés et ouvre la porte par laquelle vont s'engouffrer au moins 2 millions de syndiqués. Mais c'est un malentendu! Cette vague d'adhésions bénéficie surtout aux partisans de la révolution russe, hostiles à la ligne confédérale. La majorité des adhérents partiront quand ils découvriront cette politisation extrême du syndicat. À l'automne 1921, tous les gains des années 1918-1919 se sont évaporés. Entre-temps, la CGT a constamment hésité entre deux lignes syndi-

---

1. Le rythme annuel des congrès confédéraux, au cours de la période 1919-1921, permet d'avoir des chiffres semestriels. Comme l'a montré Jean-Louis Robert, les versements à la trésorerie confédérale donnent une idée assez fiable du mouvement des effectifs dans les fédérations (*La Scission syndicale de 1921. Essai de reconnaissance des formes*, Paris, Publications de la Sorbonne, 1980, p. 47-54). Pour les effectifs détaillés, voir le document placé en ligne: http://www.upmf-grenoble.fr/cerat/Recherche/PagesPerso/LabbeAmiens.

cales : la négociation collective ou la grève générale insurrectionnelle.

1919-1920 : de nouvelles divisions

En 1919, après tant de sacrifices, l'opinion attend les dividendes de la paix et pense que l'« Allemagne paiera ». La France affronte plusieurs crises[1]. En premier lieu, une crise de l'énergie : les mines sont lentes à redémarrer et les livraisons de l'Allemagne sont entravées par la crise des transports. Le fret maritime a été diminué par la guerre sous-marine. Les chemins de fer sont en difficulté : le réseau a été partiellement détruit, le matériel est à bout, la réduction du temps de travail, la démobilisation et l'embauche massive d'un personnel inexpérimenté conduisent à la désorganisation chronique du service et à la quasi-faillite des compagnies. La reconversion de l'industrie de guerre, la réintégration des démobilisés entraînent le licenciement de nombreuses femmes. Il y a également une crise du logement : plusieurs villes ont été détruites ; d'autres ont connu un afflux de population, notamment Paris. Le bâtiment a été paralysé pendant toute la guerre, le parc existant n'a pas été entretenu. Enfin, la crise est financière : la dette écrase le budget alors que les prêts consentis à des pays comme la Russie ou la Turquie sont perdus. Et l'Allemagne se révèle incapable de « payer ».

Négociation collective ou grève générale ?

Pour endiguer le mécontentement social, le gouvernement fait voter des lois « ouvrières » : conventions collectives (mars 1919) et journée de 8 heures (avril 1919). Certains veulent prolonger le dialogue social qui s'était établi durant la guerre. C'est le cas du patronat de la métallurgie (Union des industries métallurgiques et connexes, UIMM) et de la Fédération des métaux qui parvien-

---

1. Sur la situation de l'économie française en 1919 : A. Sauvy, *Histoire économique de la France entre les deux guerres*, Paris, Economica, 1984.

nent à un « accord » en avril-mai 1919. Il s'agit d'un « relevé de conclusions » portant sur l'application de la journée de 8 heures sans réduction de salaire. Les métallos obtiennent en fait ce que le Livre avait depuis 1906 : 9 heures de travail par jour et la semaine anglaise (un jour et demi de repos). L'essentiel – c'est-à-dire les grilles salariales, les qualifications, les primes, les repos, etc. – doit être discuté au niveau régional et dans les établissements. Enfin, les signataires s'engagent à « faire tous leurs efforts » pour une application loyale de l'accord et pour le règlement amiable des difficultés. Autrement dit, l'accord n'a pas de caractère obligatoire et aucune procédure n'est mise en place pour éviter les conflits. Au mieux, on peut parler d'une déclaration de principe destinée à lancer la véritable négociation qui ne viendra jamais.

En effet, le mécontentement est à la mesure des espoirs déçus. À l'occasion du 1er mai 1919, le chômage est général ; une manifestation nombreuse et violente se déroule à Paris. Les Syndicats des métaux de la Seine – dirigés par des anarchistes et des socialistes de gauche – lancent un mouvement de grève. Le patronat, prenant le prétexte de l'accord avec la Fédération des métaux, refuse de négocier. Le 3 juin, la grève est générale dans la métallurgie parisienne (environ 150 000 grévistes). Le Conseil fédéral des métaux est saisi par les syndicats parisiens et se trouve pris dans une spirale classique. Le 23 juin, il appelle à la « grève générale de toutes les industries » avec comme revendications, outre « l'application du programme minimum de la CGT, la démobilisation rapide et totale, l'abandon de toute intervention militaire en Russie comme en Hongrie, ainsi que l'amnistie entière [1] ». Cette résolution est votée à l'unanimité, donc par des gens pondérés comme Hyacinthe Dubreuil, Raoul Lenoir ou Alphonse Merrheim...

Comme un mot d'ordre de grève générale a déjà été lancé conjointement en Angleterre, en Italie et en France pour le 21 juillet, le CCN estime inopportun d'user ses forces dans une bataille prématurée. À l'unanimité moins une abstention (celle

---

1. CGT, 1920, p. 106-107.

d'Alphonse Merrheim), le CCN décide de ne pas soutenir la grève des Métaux. Les grévistes parisiens reprennent le travail avec le sentiment d'avoir été trahis, sentiment qui se transforme en certitude quand, le 20 juillet, devant les menaces du gouvernement et l'insuffisante préparation, le CCN annule l'appel à la grève générale du lendemain. L'IC trouvera des partisans résolus parmi ces grévistes trahis.

En attendant, il y a une victime : la négociation collective. Dans la branche industrielle la plus importante de l'économie française, l'échec est patent. L'UIMM n'a pas l'autorité pour obliger les entreprises à négocier avec les syndicats et ceux-ci ne se sentent pas engagés par la signature de leur Fédération. Jusqu'en 1936, la journée de 8 heures n'est pas appliquée dans la métallurgie parisienne. En réponse aux attaques dont la Fédération est l'objet, Alphonse Merrheim répond :

« On nous a accusés d'être des "traîtres", des "vendus". [...] La vérité – on peut et on doit le dire –, si la journée de 8 heures est complètement sabotée, c'est la faute de certains militants et à cause de ces accusations[1]. »

Sans nier la responsabilité des extrémistes parisiens dans ce fiasco, on peut poser le problème à l'envers : comment en quelques semaines, dans une période troublée, effectuer un tournant aussi considérable ? Il faut une longue expérience commune pour établir, entre salariés et syndicalistes, la confiance nécessaire pour que les premiers se sentent tenus de respecter les engagements pris en leur nom par les seconds. À l'inverse, la négociation collective est condamnée quand des minorités dissidentes, même peu nombreuses, sont capables d'entretenir une agitation qui rend sans valeur la signature du syndicat.

La méthode du contrat collectif suppose au préalable que l'on fasse son deuil de l'utopie révolutionnaire. Or la révolution russe ramène cette utopie au premier plan à partir du printemps 1919.

---

1. CGT, 1920, p. 366.

Deuxième ou troisième Internationales ?

En février 1919, la CGT et la SFIO participent à la conférence internationale de Berne qui réunit les délégués socialistes ex-ennemis. Ceux-ci sont incapables de se mettre d'accord pour une renaissance de la IIe Internationale, mais on adopte une « charte du travail » à insérer dans le traité de paix et on décide la relance de la Fédération syndicale internationale (FSI) qui tient son premier congrès à Amsterdam en juillet-août 1919. Léon Jouhaux en devient secrétaire adjoint. À ce congrès prennent part tous les pays européens et l'AFL pour l'Amérique du Nord, mais pas la Russie qui condamne l'« internationale des syndicats jaunes ».

Lors de la conférence de Berne, les bolcheviks ont une nouvelle fois dénoncé la faillite de la IIe Internationale et ils ont appelé à la formation de l'IC, qui est fondée à Moscou en mars 1919. Ce débat a immédiatement des répercussions en France. Lors du congrès extraordinaire de la SFIO (avril 1919), la droite du parti, animée par Pierre Renaudel, est favorable à la IIe Internationale ; le centre gauche, emmené par Jean Longuet, préconise la reconstruction de l'Internationale par entente avec le parti communiste russe ; enfin un petit courant de gauche, animé par Fernand Loriot, demande l'adhésion immédiate à l'IC. Le centre l'emporte sur la droite et la motion Loriot recueille 14 % des mandats. Le parti est nettement déporté sur la gauche et il existe un réel courant de sympathie envers la révolution russe et l'IC.

Pour organiser ce courant, un Comité de la IIIe Internationale est constitué par un petit groupe[1]. Aucune fédération syndicale ou socialiste n'apporte son soutien. De plus, chez eux, la confusion est complète entre syndicalisme et politique. Trois hommes dominent ce groupe : Fernand Loriot, instituteur, devenu trésorier adjoint du parti l'année précédente, Joseph Tommasi[2] et

---

1. Fernand Loriot et Pierre Monatte avec Louise Saumoneau, Alfred Rosmer, Marcel Hasfeld, Raymond Péricat, Joseph Tommasi...
2. Joseph Tommasi est secrétaire d'une des sections socialistes de la Seine, secrétaire de la Fédération voiture-aviation (1918), membre « minoritaire » de la CA de la CGT (1919) et de la CAP de la SFIO (1920). Il est désigné secrétaire de l'UD

Pierre Monatte, qui n'a plus aucune responsabilité dans la CGT mais anime toujours *La Vie ouvrière* qui reparaît en avril 1919 avec un tirage confidentiel.

L'objectif affiché est modeste : faire de la propagande pour l'IC sans se lancer dans la constitution d'un nouveau parti. En réalité, on vise la conquête de la SFIO qui compte seulement 100 000 adhérents (plus des trois quarts sont venus après l'armistice et n'ont pas d'expérience[1]). Le prestige de la révolution russe est le levier principal. Pour prendre le contrôle du parti, il suffit de gagner quelques centaines de secrétaires de sections et de fédérations qui, en majorité, appartiennent à la génération du feu, et qui ont un lourd contentieux avec leurs aînés – spécialement les parlementaires et les chefs du parti, comme Jean Longuet, Pierre Renaudel, Marcel Sembat, Albert Thomas –, à qui l'on reproche de ne pas avoir été capables de préserver la paix et surtout d'avoir envoyé les autres à la boucherie. Selon une méthode éprouvée, on combine la rumeur, la calomnie, l'insulte avec la manipulation des assemblées et le bourrage des urnes. *La Vie ouvrière* devient le principal organe de cette machine de conquête.

La CGT ne devient un objectif qu'à l'automne 1919, lors du congrès confédéral de Lyon (septembre 1919). Les leaders de l'opposition (Louis Bouët, Pierre Monatte, Gaston Monmousseau, Joseph Tommasi) se lancent dans une critique intransigeante du rapport d'activité de la direction. On met en cause le ralliement à l'Union sacrée, l'origine des fonds qui ont permis à *La Bataille syndicaliste* de paraître pendant la guerre, la « trahison » de la Fédération des métaux (au printemps 1919) ou l'annulation de la grève générale de juillet 1919. La révolution russe est leur pavillon, comme le proclame Pierre Monatte :

> La CGT par la voix de Dumoulin a dit : « Notre plus grande préoccupation est d'engager une forte campagne pour la réforme du

---

de la Seine en décembre 1920. Après la scission, tout en restant dirigeant de la Fédération voiture-aviation, passée à la CGT-U, il entre au comité directeur du PC puis à son BP (1924). Poursuivi pour espionnage, il se réfugie à Moscou et y meurt mystérieusement en mai 1926 (il était proche de Léon Trotski).

1. A. Kriegel, *Le Congrès de Tours*, Paris, Julliard, 1964, p. ix.

logement, de l'habitation, afin de lutter contre les taudis. » Notre plus grande préoccupation à nous, à la classe ouvrière internationale, c'est la révolution russe... Il n'y a, à l'heure actuelle, dans le monde qu'une seule grande question qui domine toutes les autres : la révolution russe [1].

Le rapport moral est adopté par seulement 69 % des mandats. C'est une victoire considérable pour cette opposition à peine structurée. À l'issue de ce congrès, les partisans de l'IC décident de constituer un réseau : les Comités syndicalistes révolutionnaires (CSR) sur initiative des instituteurs qui sont en train d'en constituer pour « noyauter » la future Fédération de l'enseignement dans laquelle ils savent qu'ils seront minoritaires.

Espérant calmer le jeu, le CCN décide de donner à l'opposition une représentation au sein de la CA. Cela ne fait qu'entraver les travaux de la direction sans désarmer les sympathisants de l'IC qui sont décidés à mobiliser toutes les organisations qu'ils contrôlent pour les lancer dans la grève générale. Au début de 1920, la Fédération des chemins de fer – la plus importante de la CGT – tombe entre leurs mains puis explose à la suite d'une grève désastreuse.

Les mécanismes de la division

En janvier 1917, toutes les organisations syndicales de cheminots décident de fusionner dans la Fédération nationale des travailleurs de chemin de fer adhérente à la CGT. Chaque organisation devient une « tendance » ; elle conserve son réseau officieux et obtient des postes dans les différents niveaux de la nouvelle Fédération, proportionnellement au nombre des ses adhérents. Pourquoi Marcel Bidegaray et les responsables du SN ont-ils accepté cette solution qu'ils repoussaient avec horreur en 1912 ? Outre l'atmosphère particulière de la guerre, l'arithmétique a joué : à la fin 1916, le SN a près de 40 000 adhérents, deux fois plus que toutes les autres organisations réunies. Les hommes aussi ont changé : les anciens anarcho-allemanistes sont partis ou

---

1. CGT, 1919, p. 114.

semblent assagis. La génération des syndicalistes révolutionnaires commence tout juste à apparaître. Par exemple, Lucien Midol, ingénieur responsable de la Fédération des mécaniciens, a obtenu le secrétariat de l'Union PLM, mais c'est un socialiste modéré allié à Marcel Bidegaray[1]. Pierre Sémard[2] n'est que secrétaire de la section de Valence du réseau PLM et ne se signale pas par une particulière virulence. Gaston Monmousseau est entré en octobre 1910, comme ouvrier charron, aux ateliers des Batignolles des Chemins de fer de l'État, quelques jours avant la grande grève à laquelle il n'a pas participé car il était anarchiste « individualiste » (hostile à toute discipline collective notamment syndicale). Lors de la réunification, il devient secrétaire de la « section matériel » de l'Union État. Trois ans plus tard, en avril 1920, il est secrétaire général de la Fédération (qui compte alors 250 000 adhérents).

Pourquoi l'influence de cette infime minorité a-t-elle augmenté si vite ? Outre le prestige de la révolution russe, une première explication vaut pour toute la CGT : l'amertume des anciens combattants et leur antiparlementarisme. On reproche à la génération Jouhaux-Bidegaray de n'avoir pas su éviter la guerre, de s'être compromis avec les gouvernements d'Union sacrée, et d'avoir envoyé les autres se faire tuer. Dans ses *Carnets de route*, Georges Dumoulin explique ainsi la violence de son discours lors du congrès de juillet 1918[3]. D'autres ne surmonteront jamais ce ressentiment. Quarante ans après, Pierre Monatte estime encore que la majorité confédérale de 1918 n'était que l'alliance des « redevables », la « victoire des sursis d'appel » ; il s'étend longuement sur les turpitudes réelles ou supposées de Léon Jouhaux et fait de cet « immoralisme » la principale raison de la scission de la CGT[4].

1. Ce n'est qu'en 1919 que Lucien Midol rallie l'opposition, ce qui lui vaudra de devenir secrétaire de la Fédération, membre du CC puis du BP du PC (1924-1959) et député (1936).
2. Pierre Sémard sera l'organisateur de la scission de la Fédération en 1921, puis le secrétaire général du PC (1924-1928), chargé de sa bolchevisation.
3. G. Dumoulin, *Carnets de route*, Lille, L'Avenir, 1938, p. 95-96 et CGT, 1918, p. 135-148.
4. P. Monatte, *Trois Scissions syndicales*, Paris, Éditions ouvrières, 1958, p. 142-149.

Plus fondamentalement, les responsables n'ont pas prévu l'afflux des adhérents provoqué par la dynamique de l'unité et par la crise des transports, afflux qui bénéficie essentiellement à la tendance syndicaliste-révolutionnaire qui semble neuve et moins «compromise» que la génération Bidegaray. En moins de deux ans, les effectifs sont multipliés par 3,5 et atteignent 205 000 adhérents à la fin de la guerre. La progression se poursuit jusqu'au printemps 1919. Avec 380 000 adhérents, la Fédération – première organisation de la CGT – syndique alors plus de 4 cheminots sur 5. Ces nouveaux adhérents pensent obtenir une défense individuelle et collective; ils font confiance aux hommes de leur génération et approuvent les attaques contre les parlementaires et les «planqués» de l'arrière. Ils sont peu nombreux à comprendre que, une fois sur deux, ils rejoignent une organisation syndicaliste-révolutionnaire qui, en leur nom, soutient l'adhésion à l'IC. Certains le découvrent dès l'automne 1919. En effet, les départs commencent avant les grèves du printemps 1920. Mais les dirigeants sont occupés à leurs luttes de tendances et ne s'en aperçoivent pas.

L'échec de la grève générale

En février 1920, un mouvement parti de Périgueux s'étend rapidement et provoque une première grève dans l'ensemble des chemins de fer[1]. Marcel Bidegaray fait appel à l'arbitrage d'Alexandre Millerand et, muni d'une réponse apaisante – respect des droits syndicaux, révision des salaires, suspension de toutes les sanctions –, il obtient du conseil fédéral l'ordre de reprise du travail. Mais les solutions apportées sont insuffisantes pour apaiser la grogne des cheminots. Lors du congrès fédéral d'avril 1920, les CSR utilisent ce mécontentement pour renverser la direction de la Fédération. Marcel Bidegaray est remplacé par Gaston Monmousseau assisté de Lucien Midol. Le congrès

---

1. Pour une description de ces grèves: A. Kriegel, *La Grève des cheminots, 1920*, Paris, Armand Colin, 1988 et C. Chevandier, *Cheminots en grève ou la Construction d'une identité (1848-2001), op. cit.*

décide la grève générale et place en tête de ses revendications la nationalisation des chemins de fer, la réintégration des révoqués et le respect des droits syndicaux. Les salaires et les conditions de travail sont oubliés : le syndicalisme, ultra-politisé, est devenu sourd aux attentes des salariés.

La CA confédérale se rallie à la grève générale et l'organise par « vagues successives » : les cheminots à partir du 1er mai, suivis des inscrits maritimes et des dockers ; plus tard les autres corporations, en espérant que les industries non alimentées en énergie et en matières premières seront progressivement étouffées. Les manifestations du 1er mai 1920 sont presque aussi impressionnantes que l'année précédente, mais dans les chemins de fer la situation est mitigée. Les réseaux du PLM, de l'État et du Midi connaissent de fortes perturbations, mais dans le Nord, l'Est et en Alsace-Lorraine, les trains roulent. La grève touche moins de la moitié du personnel. Les unions et les sections syndicales hostiles aux syndicalistes révolutionnaires ont peu suivi le mot d'ordre : après tout elles avaient voté contre la grève générale lors du congrès. L'état-major de la Fédération et les responsables du comité de l'IC sont arrêtés. Le 11 mai, une information est ouverte contre la CGT aux fins de dissolution[1]. Pourtant la confédération s'entête et lance successivement dans la bataille les marins, les mineurs, les métallurgistes, les gaziers, les ouvriers du bâtiment, du meuble. Le CC réuni les 19 et 20 mai constate l'échec et donne l'ordre de la reprise pour toutes les corporations sauf les cheminots. Le 29 mai, la Fédération des chemins de fer donne cet ordre à son tour. C'est une terrible défaite : 18 000 cheminots sont révoqués (soit plus de 1 gréviste sur 10). Pendant quinze ans, il n'y aura plus de grève dans les chemins de fer. Le mois suivant, la direction fédérale est renversée. Marcel Bidegaray revient aux commandes, mais, comme en 1910, il ne peut empêcher les révocations et la fuite des adhérents.

Lors des débats houleux du CCN de mai 1920, Alphonse Merrheim reproche vivement aux CSR d'être « hypnotisés » par

---

1. Le 21 janvier 1921, la dissolution de la CGT est prononcée par le tribunal correctionnel de Paris. La confédération fait appel et la procédure s'interrompt.

l'exemple russe et par la révolution[1]. C'est effectivement le fond du problème.

Le grand schisme

Pendant cette période, *La Vie ouvrière* publie régulièrement la liste des CSR qui se forment dans toutes les corporations. Mais surtout elle publie la liste des sections socialistes qui se rallient à l'IC. En effet, les futurs communistes préparent le congrès socialiste de Strasbourg (février 1920), au cours duquel la SFIO bascule dans l'orbite de l'IC avant d'y adhérer en décembre.

La CGT face à la naissance du communisme français

Le congrès de Strasbourg de la SFIO se tient après l'échec des législatives de novembre 1919. Malgré une légère progression des voix par rapport à 1914 – mais le parti présentait plus de candidats –, il perd une trentaine de sièges de députés. Les socialistes progressent là où les partisans de l'IC ont mené campagne ; en revanche, ils stagnent dans les départements contrôlés par le centre ou la droite du parti[2]. Une partie de l'électorat socialiste traditionnel a été effrayée par l'agitation sociale du printemps et surtout par la révolution russe ; à l'opposé, la SFIO a capitalisé un mécontentement populaire que les partisans de l'IC interprètent comme une poussée révolutionnaire. Ils parviennent à convaincre un nombre important de fédérations, dont celle de la Seine qui leur donne la majorité huit jours avant le congrès.

Pour conserver le pouvoir, le centre concède la rupture avec la IIe Internationale et l'ouverture de négociations avec Moscou. La motion d'adhésion immédiate et sans condition présentée par le comité de l'IC obtient quasiment le tiers des mandats. Quelles que soient les manipulations auxquelles ont pu se livrer les

---

1. Cité par M. Labi, *La Grande Division des travailleurs. Première scission de la CGT. 1914-1921*, Paris, Éditions ouvrières, 1964, p. 158.
2. A. Kriegel, *Aux origines du communisme français*, *op. cit.*, p. 330-336.

> **13. Les 21 conditions adoptées par le 2ᵉ congrès de l'IC**
>
> La propagande et la presse doivent être soumises au parti et à l'Internationale. Tous les réformistes et centristes doivent être écartés (Jean Longuet est nommément cité aux côtés de Karl Kautsky, Ramsay MacDonald, etc.), et remplacés par des communistes éprouvés, voire des «travailleurs sortis du rang». Les «éléments petits-bourgeois» doivent être périodiquement épurés. Il faut développer l'action illégale et mettre sur pied un appareil clandestin. Les partis adhérents à l'Internationale communiste doivent: mener une propagande antimilitariste, antipatriotique, anticolonialiste; rejeter le parlementarisme, soutenir inconditionnellement l'Union soviétique et appliquer «toutes les décisions de l'Internationale communiste». Ils ont l'obligation de changer de nom et de s'intituler à l'avenir «parti communiste». Tous les adhérents qui refusent ces conditions ou les thèses de l'Internationale communiste devront être exclus.
> Deux conditions concernent plus particulièrement les syndicats:
> 9°) Tout parti désireux d'appartenir à l'Internationale communiste doit poursuivre une propagande persévérante et systématique au sein des syndicats, coopératives et autres organisations des masses ouvrières. Des noyaux communistes doivent être formés dont le travail opiniâtre et constant conquerra les syndicats au communisme. Leur devoir sera de révéler à tout instant la trahison des social-patriotes et les hésitations du «centre». Ces noyaux communistes doivent être complètement subordonnés à l'ensemble du parti;
> 10°) Tout parti appartenant à l'Internationale communiste a pour devoir de combattre avec énergie et ténacité l'«Internationale» des syndicats jaunes fondée à Amsterdam. Il doit répandre avec ténacité au sein des syndicats l'idée de la nécessité de la rupture avec l'Internationale jaune d'Amsterdam. Il doit par contre concourir de tout son pouvoir à l'union internationale des syndicats rouges adhérant à l'Internationale communiste [1].

secrétaires de sections et de fédérations, le courant en faveur de l'IC est incontestable. Pourtant, au milieu du congrès, on donne lecture d'un télégramme envoyé par le comité exécutif de l'IC: « Nous rejetons toute collaboration avec les chefs de la droite du parti et avec les longuettistes qui font retomber le mouvement dans le marais bourgeois de la IIᵉ Internationale jaune. » C'est annoncer aux congressistes que la scission est inéluctable et que la plupart des dirigeants historiques seront chassés. Le congrès, choqué, décide tout de même l'envoi à Moscou d'une délégation

---

1. J. Charles *et al.*, *Le Congrès de Tours*, Paris, Éditions sociales, 1980, p. 123-127.

composée de Ludovic-Oscar Frossard et de Marcel Cachin. Leur séjour dans des conditions humiliantes ne les détournera pas du communisme [1]. Cependant, pour signifier leur refus des exclusions, ils quittent Moscou au milieu du 2e congrès de l'IC (juillet-août 1920), avant la séance consacrée aux syndicats – au cours de laquelle il est réaffirmé que les syndicats rouges doivent être subordonnés au parti – et celle où sont définies les conditions d'adhésion à l'IC (encadré 13).

Les 21 conditions pour l'adhésion à l'IC sont connues en France, début septembre 1920, peu avant le 15e congrès de la CGT (Orléans). La CGT compte encore plus de un million d'adhérents, mais elle vient de subir l'échec de mai 1920. De plus, l'arrivée au Parlement d'une majorité conservatrice sonne le glas de son programme. On pourrait s'attendre à ce que ces questions dominent les débats. Pourtant, deux autres thèmes occultent tout le reste. D'une part, les relations des syndicats avec le futur parti communiste et, d'autre part, les droits et les devoirs de l'opposition confédérale. En effet, les CSR ont constitué une organisation parallèle à la confédération avec un organe central qui perçoit des cotisations et délivre des cartes. Les syndicats, UD et fédérations minoritaires viennent même de tenir des congrès dont *La Vie ouvrière* a reproduit les débats et les motions. Ils ont décidé d'adhérer à l'Internationale des syndicats rouges (ISR), qui vient d'être fondée à Moscou, sans attendre la décision du congrès confédéral.

En l'absence de Pierre Monatte, emprisonné à la Santé, c'est Louis Bouët et François Mayoux qui dirigent l'opposition. Au nom de la charte d'Amiens – dont ils ne retiennent que la lutte de classe, l'expropriation des capitalistes, la grève générale –, ils accusent la direction de la CGT de « collaboration de classes » avec la bourgeoisie mondiale contre le prolétariat révolutionnaire (l'essentiel de la critique porte sur la FSI, la participation de la CGT au BIT ou aux conférences internationales interalliées).

La présence à ce congrès de Ludovic-Oscar Frossard – secré-

---

1. Récit dans L.-O. Frossard, *De Jaurès à Lénine*, Paris, La Nouvelle Revue socialiste, 1930.

taire général de la SFIO et partisan de l'IC – montre à quel point les participants à ce débat ont oublié ce qu'est un syndicat[1] :

> On pouvait assister à cet extraordinaire spectacle d'anarchistes menaçant de mettre un terme au congrès si Frossard n'était pas autorisé à prendre la parole, tandis que d'autres délégués des syndicats guesdistes du Nord, brandissant leurs cartes du parti, contestaient à leur secrétaire général le droit d'exprimer son opinion devant des assises syndicales[2].

En effet, l'intervention de Ludovic-Oscar Frossard n'est pas protocolaire. Il affirme parler « au nom de la minorité », prononce un plaidoyer en faveur de l'adhésion à l'IC et prend un engagement imprudent concernant le respect de l'indépendance syndicale[3]. Alphonse Merrheim répond à Ludovic-Oscar Frossard (et au-dessus de lui à Lénine et à Trotski), dans un discours remarquable, truffé de citations. Dans une de ces citations, Charles Rappoport – l'homme qui orchestre dans l'ombre l'adhésion de la SFIO à l'IC – dresse un portrait impitoyable de Lénine[4]. Dans une autre, Alexandre Losovski – le dirigeant de l'ISR en cours d'organisation – dénonce l'asservissement des syndicats par les bolcheviks et la misère des masses ouvrières russes[5]. Une citation de Grigori Zinoviev, le chef de l'IC, confirme que la subordination des syndicats au parti est une condition non négociable de l'adhésion[6]. Alphonse Merrheim démontre que la Russie vit sous une dictature impitoyable. Il parle du « militarisme rouge » et prophétise la naissance d'un nouvel impérialisme. Il détaille les conditions d'adhésion à l'IC

---

1. Ludovic-Oscar Frossard est un ancien responsable syndical, il a participé à plusieurs congrès, notamment à celui de 1918, il est toujours syndiqué et connaît tous les dirigeants syndicaux. Il en trace un portrait dans ses mémoires (*Sous le signe de Jaurès. Souvenirs d'un militant*, Paris, Flammarion, 1943, p. 104-119).
2. M. Labi, *La Grande Division des travailleurs. Première scission de la CGT. 1914-1921*, *op. cit.*, p. 178.
3. CGT, 1920, p. 348-360.
4. *Ibid.*, p. 369-370.
5. *Ibid.*, p. 371-373.
6. *Ibid.*, p. 377-379.

et, à leur propos, il interpelle Ludovic-Oscar Frossard : « Il serait malhonnête, immoral, indigne, que nous votions ici l'adhésion de principe, avec l'arrière-pensée de violer les conditions fixées pour l'adhésion [à l'IC]. » Tout est remarquablement dit et, pourtant, il manque quelque chose : des perspectives mobilisatrices à opposer à l'utopie communiste. En effet, la force de cette utopie, censée s'incarner dans la Russie bolchevique, peut seule expliquer les gains de l'opposition car, au congrès, son inconsistance est totale.

Après le discours impitoyable d'Alphonse Merrheim, le porte-parole de l'opposition, Louis Bouët, instituteur falot, ne peut que répondre : « Merrheim vient de faire une mauvaise action, puisque demain, dans la presse bourgeoise, on exploitera ses propos contre la révolution russe [1]. » Enfin, il sert au congrès un ultime mensonge : « Il n'y a pas de conditions pour [adhérer à] cette Internationale syndicale [rouge] [2]. » Après quoi, sa voix est si faible qu'il est incapable de lire la motion de l'opposition (c'est le président de séance qui le fait pour lui).

Pourtant, les votes décisifs montrent que l'opposition contrôle près de 3 syndicats sur 10. Les partisans de l'IC ont résisté à tout : insignifiance des chefs, échec de la grève générale, perte (provisoire) de la Fédération des cheminots. Et ils savent déjà qu'ils vont contrôler le parti.

Les syndicalistes révolutionnaires et le congrès de Tours

À cette époque, la SFIO prépare le fameux congrès de Tours. On sait déjà que la majorité ira à l'adhésion à l'IC et personne ne doute que ce sera une scission. De quoi cette majorité est-elle composée ? Les noms des signataires de la motion, présentée par le comité de l'IC et par la fraction Cachin-Frossard, donnent une indication [3].

---

1. *Ibid.*, p. 397. Pendant soixante-dix ans, l'argument servira pour dénoncer l'anticommunisme : « Ce que vous dites est peut-être vrai mais vous faites le jeu de la bourgeoisie et du capitalisme. »
2. *Ibid.*, p. 399.
3. Le compte rendu sténographique du congrès de Tours est reproduit et commenté par J. Charles *et al.*, *Le Congrès de Tours*, *op. cit.* La motion et ses signataires se trouvent p. 138-142.

Parmi les 294 signataires de la motion, nous en avons identifié avec certitude 95. On trouve la bigarrure traditionnelle de la SFIO, caractéristique qui faisait horreur aux allemanistes : médecins, commerçants, avocats, journalistes, artistes, universitaires, de très nombreux élus locaux, mais aussi 39 syndicalistes (plus de 4 signataires sur 10) appartenant tous aux CSR.

Parmi ces 39 syndicalistes, 15 instituteurs [1] : les enseignants – et plus généralement les fonctionnaires (on trouve aussi deux postiers) – ont un poids considérable dans la SFIO et parmi les partisans de l'IC en 1919-1921 (il n'en restera qu'une poignée dans la CGT-U « bolchevisée »). L'autre caractéristique intéressante de ces 39 syndicalistes signataires de la motion Frossard-Cachin réside dans la forte présence des « salariés à statut », notamment des cheminots [2]. Pour le secteur privé, on trouve 5 responsables des Métaux, dont 4 de la région parisienne [3] et 2 responsables du Textile du Nord. Il y a enfin 5 secrétaires d'UD [4].

Pierre Monatte est l'un des auteurs de cette motion écrite sous le contrôle des envoyés de l'IC. N'étant pas membre du parti, son nom ne peut apparaître parmi les signataires, mais la direction de l'IC dévoile le pot aux roses dans un télégramme envoyé, non pour saluer le congrès, mais pour réclamer à nouveau l'exclusion de Jean Longuet, de Paul Faure et de leurs amis [5].

1. Notamment Fernand Loriot devenu trésorier de la SFIO après le congrès de Strasbourg, Louis Bouët, (Instituteurs), Charles Papillot, secrétaire de la section de la Seine du syndicat des instituteurs, ainsi que plusieurs autres collaborateurs réguliers de *L'École émancipée* et de *La Vie ouvrière*.
2. Cinq cheminots dont deux sont emprisonnés depuis la grève générale du printemps : Gustave Courage et M. Olivier (animateur de la première grève à Périgueux au début de l'année 1920).
3. Trois sont les principaux animateurs de la grève de mai-juin 1919, au cours de laquelle ils ont bataillé contre Alphonse Merrheim : Émile Bestel, Joseph Cartier, Joseph Knockaert.
4. Dont Joseph Tommasi et Rémy Cazals, qui est à la fois secrétaire de la fédération socialiste du Doubs et de l'UD CGT ; ou encore Louis Ferrier, signataire de la charte d'Amiens, militant guesdiste, membre du comité fédéral du parti et de celui de l'UD CGT de l'Isère.
5. Le télégramme est reproduit dans Charles et al., *Le Congrès de Tours*, op. cit., p. 465-466. Il est signé par Zinoviev, Lénine, Trotski, Boukharine, Rosmer, etc. et comporte les éléments suivants : « Nous avons lu un projet de résolution portant les signatures des camarades Loriot, Monatte, Souvarine, Cachin, Frossard et autres. Sauf sur quelques points, nous pouvons nous solidariser avec cette motion. »

Pierre Monatte, bien qu'emprisonné à la Santé, participe, avec d'autres syndicalistes importants, à l'état-major qui a préparé la scission. Leur présence aux côtés de « centristes » de la SFIO (Ludovic-Oscar Frossard ou Marcel Cachin) indique aussi qu'ils ont passé un compromis tactique avec ces politiciens bourgeois qu'ils dénonçaient à longueur de colonnes dans *La Vie ouvrière*. Enfin, les membres du comité ne peuvent ignorer le contenu exact des 21 conditions. Leur motion signifie qu'ils sont d'accord pour placer le syndicat sous la direction du PC et celui-ci sous la direction de l'IC. Deux lettres de Pierre Monatte à Léon Trotski et à Alexandre Losovski vont dans ce sens et montrent qu'il imaginait pour bientôt une révolution européenne [1].

Alors que les syndicalistes sont nombreux au congrès de Tours, il est assez peu question des syndicats. Seul Paul Faure montre, avec les chiffres de l'UD de la Seine, que la ligne de l'IC conduit à la désorganisation et à la désyndicalisation. Joseph Tommasi l'interrompt, mais il ne peut contester l'essentiel : depuis un an cette UD a perdu un nombre considérable d'adhérents [2].

La majorité vote l'adhésion à l'IC, ce qui signifie l'exclusion de la plupart des parlementaires, de la droite du parti (Léon Blum) et d'une partie de son centre (Jean Longuet, Paul Faure). Si l'on se fie aux mandats exprimés à Tours, le nouveau PC doit récupérer les deux tiers du parti et la plupart de ses fédérations, à l'exception de 16 qui n'ont pas donné la majorité à l'adhésion à l'IC. Deux de ces fédérations sont « historiques » (Tarn et Haute-Garonne), mais la plupart sont petites comme la Mayenne et les Hautes-Alpes. Tous les principaux centres ouvriers ont apporté leur soutien, moins net toutefois que la plupart des zones rurales, où les 100 % ne sont pas rares. On peut donc s'attendre à ce que le même courant emporte la CGT.

---

1. C. Chambelland, *Pierre Monatte. Une autre voix syndicaliste*, op. cit., 1999, p. 123.
2. J. Charles *et al.*, *Le Congrès de Tours*, op. cit., p. 389-395.

La décomposition de la CGT

À partir du moment où l'issue paraît certaine, la majorité confédérale se préoccupe d'empêcher la prise de contrôle de la CGT par le PC. La génération arrivée aux commandes de la CGT avant 1914 voit renaître le « gauchisme » désastreux des années 1906-1909. Elle connaît aussi la redoutable efficacité du « noyautage » et des campagnes de calomnies pour les avoir elle-même pratiqués contre l'ancienne minorité confédérale. La contre-attaque est menée par Georges Dumoulin, assisté par Raoul Lenoir, qui est devenu secrétaire confédéral, et par Alphonse Merrheim. Léon Jouhaux les suit tout en tentant, sans succès, de paraître « au-dessus de la mêlée ».

Les 8 et 9 novembre 1920, après un violent débat, le CCN condamne les CSR et enjoint aux fédérations et aux UD d'exclure les syndicats qui en resteraient membres. L'affrontement se déroule en trois temps : un premier vote montre que les CSR contrôlent 18 organisations sur les 120 présentes. Mais lors du vote décisif concernant les exclusions, 25 votent contre, 23 s'abstiennent et seulement 72 votent pour les exclusions. Autrement dit, la confédération est coupée en trois : les CSR (15 % des organisations), la majorité confédérale (60 %) et, enfin, un quart des UD et des fédérations qui se refusent à envisager une séparation, tout en condamnant l'action des partisans de l'IC. Le BC sortant pose alors la question de confiance : seules 3 organisations votent contre lui mais 22 autres s'abstiennent. Cette situation est d'autant plus inquiétante pour la majorité que beaucoup d'organisations n'ont pas tenu de congrès depuis 1919 et que chaque UD sera alors confrontée à des communistes plus ou moins résolus à appliquer les 21 conditions.

Deux autres CCN, en février et mai 1921, sont le théâtre de discussions violentes et l'occasion de mesurer la montée de l'opposition (au printemps, elle contrôle 31 organisations) et surtout la paralysie de la CGT : les organisations contrôlées par les CSR, notamment la région parisienne, sont en complète dissidence ; les leaders de la majorité ne peuvent plus parler dans les réunions syndicales. Constatant cette dégradation, le CCN décide d'avancer le congrès confédéral au mois de juillet 1921.

Du 25 au 30 juillet, à Lille, la CGT étale publiquement sa division et son impuissance. Au début du congrès, lorsque Georges Dumoulin – devenu la bête noire des CSR – prend la parole, les communistes dirigés par Gaston Monmousseau montent à l'assaut de la tribune pendant que Louis Lecoin tire des coups de revolver. Les Inscrits maritimes, au courant de ce projet de « prise du pouvoir »[1], repoussent l'assaut et la bagarre devient générale. Au bout d'une heure, on évacue les blessés et l'on se rend compte de la disparition de quelques portefeuilles, mais la direction de la CGT n'est pas « tombée » comme le palais d'Hiver !

Ensuite, près de la moitié du congrès se passe à discuter pour savoir si l'on accepte ou non les syndicats « exclus » de leur fédération pour cause d'appartenance aux CSR et à examiner la scission de la Fédération des cheminots partagée entre deux bureaux, l'un dominé par les communistes avec Pierre Sémard à sa tête, l'autre resté fidèle à la majorité confédérale et dirigé par Montagne.

Enfin, on entre dans le vif du débat. Georges Dumoulin prononce le réquisitoire contre l'opposition[2] : divisions internes entre les amis de Pierre Monatte – qui prétendent maintenir l'indépendance du syndicat – et ceux de Joseph Tommasi qui veulent le subordonner au PCF et à Moscou ; destruction des secrétariats internationaux qui font la force et l'originalité de la FSI ; constitution d'une « Tchéka à la mode française » pour instruire le procès de la majorité ; refus de la discipline minimale sans laquelle l'action syndicale est paralysée.

Pierre Monatte lui répond. Après avoir lancé une violente attaque contre Léon Jouhaux, à propos de son sursis d'appel, et déclaré que la CGT est devenue un simple « rouage gouvernemental[3] », il répète encore une fois que « le devoir du révolutionnaire est de faire la révolution ». Il dit sa foi dans un coup de force insurrectionnel de type blanquiste :

---

1. C'est ce qu'indique G. Dumoulin, *Carnets de route*, *op. cit.*, p. 99.
2. CGT, 1921, p. 254-265.
3. *Ibid.*, p. 267.

« Aujourd'hui, vous dites: les masses sont-elles révolutionnaires ? Ah ! je sais bien que les masses ne restent pas, ne peuvent pas être toujours tendues dans un effort révolutionnaire, que seuls les militants des minorités agissantes peuvent savoir se maintenir à ce diapason. Mais alors, quand ces masses assoupies se réveillent un jour, se lancent, se dressent, c'est à nous de nous jeter à leur tête, c'est à nous de faire ce que nous faisions autrefois, et si nous avions procédé ainsi, nous n'aurions pas vu la série interminable des échecs de grèves que nous avons connue depuis 1919. [...] Nous croyons que, par la grève générale et l'insurrection, nous pouvons démolir le régime et que nous pouvons sur la base de nos syndicats édifier un régime communiste nouveau[1]. »

Enfin Pierre Monatte propose au congrès un ultime pari : « Nous espérons que notre indépendance syndicale sera reconnue à Moscou »...

Le vote permet de constater que les deux forces sont maintenant presque à égalité : 1 572 mandats pour la majorité et 1 325 pour l'opposition. À l'issue du congrès, il est clair que les CSR refusent toute conciliation. Ils veulent contrôler toute l'organisation et en chasser les autres. La direction confédérale se trouve devant une option simple : attendre encore et risquer d'être renversée dans quelques mois ou contraindre l'opposition à quitter la CGT. C'est cette seconde solution qui est choisie lors du CCN de septembre 1921 où la majorité obtient la confirmation de la condamnation des CSR et fait élire une direction homogène (BC et CA). Le compte rendu sténographique montre qu'une dizaine d'UD sont absentes mais aussi que trois grosses fédérations ont préféré se tenir hors de la mêlée : les Fonctionnaires, le Papier et le Textile. Les Fonctionnaires ont d'ailleurs annoncé qu'ils se plaçaient dans l'autonomie pour maintenir l'unité de leur fédération. Lors des 2 votes décisifs, il y a 10 abstentions : jusqu'au bout, quelques UD et fédérations placent l'unité au-dessus de toute autre considération. Les exclusions passent de justesse (63 voix contre 56) et grâce au vote des fédérations (46 UD se

---

1. *Ibid.*, p. 277.

prononcent contre les exclusions et seulement 36 y sont favorables). Les CSR contrôlent les plus grosses UD : toutes celles de l'Île-de-France, les Bouches-du-Rhône, la Loire, l'Isère... Le Nord et le Pas-de-Calais sont les seuls départements importants qui restent majoritaires. Comme les bourses d'avant 1914, les UD ont été le vecteur de la conquête du syndicat par les CSR. Le CCN débat longuement du cas de Marseille. Cette UD – dirigée par l'instituteur communiste François Mayoux – illustre tous les maux de la CGT : deux « directions » se disputent le pouvoir à l'aide de mandats de syndicats fantômes, ou obtenus lors d'assemblées irrégulières, ou quasi vides. Or, dans le CCN, les UD pèsent deux fois plus lourd que les 44 fédérations. La réforme de 1918 a levé l'hypothèque Yvetot, mais elle n'apporte pas de solution à la politisation des UD ni à leur poids excessif au CCN. Cette « malformation » de l'organisme confédéral suprême est en partie responsable du désastre de 1921.

Les CSR ne cessant pas leur activité, les exclusions se poursuivent et les ponts sont coupés avec la confédération. L'opposition réunit un congrès extraordinaire en décembre 1921 à Paris. Il y a 1 550 syndicats mandatés : les CSR ont donc la majorité dans la CGT, mais cette majorité est fragile. Les exclusions ont mis dans l'impasse la stratégie de « conquête par l'intérieur ». Une ultime tentative de dialogue avec le BC est tentée : l'opposition accepte de supprimer l'adhésion collective aux CSR (qui ne sont pas dissous) et exige la réintégration de tous les exclus ainsi qu'un nouveau congrès confédéral avant l'été[1]. Devant l'échec de cette tentative – contre l'avis de Pierre Monatte et de François Mayoux qui préconisent la patience (après avoir jeté beaucoup d'huile sur le feu) –, le congrès décide la scission. Au premier janvier 1922, les CSR délivrent leurs propres cartes « confédérales », donnant naissance quelques mois plus tard à la CGT-Unitaire.

Non seulement le mouvement ouvrier se trouve coupé en deux mais, de plus, une autre tradition s'affirme à ses côtés : le syndicalisme chrétien.

---

1. Compte rendu de cette entrevue dans le rapport moral présenté au 1er congrès de la CGT-U.

La naissance du syndicalisme chrétien

La Confédération française des travailleurs chrétiens naît le 1er novembre 1919 sous la présidence de Jules Zirnheld (1876-1940) et le secrétariat de Gaston Tessier (encadré 14) par fusion de plusieurs organisations de salariés chrétiens[1].

La naissance de la CFTC est directement liée au retour à la France de l'Alsace-Moselle. Dans ces trois départements, il existe un syndicalisme chrétien fort d'environ 20 000 adhérents, qui souhaite retrouver en France l'équivalent de la Confédération des syndicats chrétiens allemands. Le syndicalisme chrétien français avait jusqu'ici été cantonné essentiellement au monde des employés catholiques, avec quelques ouvrières à Paris, en Rhône-Alpes et dans le Nord, essentiellement dans le textile et la confection, et un petit groupe de cheminots du Nord, emmenés par Charlemagne Broutin, qui ont rompu avec la CGT quelques mois auparavant. Avant 1920, les adhérents de la plupart de ces syndicats français étaient sélectionnés parmi les catholiques pratiquants et de parfaite moralité. On était plus proche de l'amicale, voire de la société de pensée, que du syndicalisme. Les Alsaciens et Mosellans apportent une vision différente. Leurs syndicats sont ouverts à tous ceux qui se reconnaissent dans les principes chrétiens. Ils ont une base ouvrière – mines, sidérurgie et métallurgie, textile –, un nombre important de «fonctionnaires» syndicaux, une organisation solide. Enfin, ces syndicats étaient liés à la démocratie chrétienne (le Zentrum) avec une division du travail comparable à celle existant entre le DGB et la social-démocratie.

Appuyée par Gaston Tessier et Charlemagne Broutin, la substitution de l'adjectif «chrétien» à «catholique» marque la victoire de la vision «alsacienne» et le début d'une évolution qui se terminera, quarante-quatre ans plus tard, par la «déconfessionnalisation» de la centrale. En attendant, pour respecter le souhait

---

1. M. Launay, *La CFTC. Origines et développement (1919-1940)*, Paris, Publications de la Sorbonne, 1986, p. 21-108.

> **14. Gaston Tessier (1887-1960)**
>
> Gaston Tessier a effectué toute sa scolarité dans des établissements religieux. Il restera toute sa vie un catholique pratiquant régulier et 4 de ses 9 enfants devinrent religieux.
> Employé de commerce à l'âge de seize ans, il adhère à dix-huit ans, en 1905, au Syndicat des employés du commerce et de l'industrie (SECI). Il est patronné par Jules Zirnheld, secrétaire du SECI. En 1908, à vingt et un ans, il devient secrétaire général du Syndicat des employés de Paris qui compte environ 4000 membres. C'est le début de sa carrière de permanent syndical. En 1912, il est secrétaire des Syndicats ouvriers de la Seine et, l'année suivante, secrétaire de la Fédération des syndicats d'employés catholiques de France, la première fédération à être constituée.
> Il est élu secrétaire général de la Confédération française des travailleurs chrétiens (CFTC) lors de sa constitution, le 1er novembre 1919. L'année suivante, il participe à la création de la Confédération internationale des syndicats chrétiens (CISC) et il devient secrétaire général de la Fédération internationale des syndicats chrétiens d'employés. Il participe à toutes les conférences internationales du travail et, en 1925, il siège dans le conseil économique et social créé par le gouvernement Herriot.
> En 1924, il doit se rendre à Rome, avec Jules Zirnheld, pour éviter que le pape ne condamne la CFTC accusée par le patronat chrétien du Nord de «déviation marxiste». En effet, durant l'entre-deux-guerres, il sera le défenseur de la pureté doctrinale du mouvement qu'il ramassera dans quelques formules comme: «l'individu libre dans la profession organisée». Il défend aussi l'idée selon laquelle il existe une «famille démocrate-chrétienne» regroupant syndicats, associations et partis, et soutient le lancement du quotidien *L'Aube* de Francisque Gay (1932).
> Après la défaite de 1940, Gaston Tessier proteste contre la dissolution des confédérations syndicales, s'oppose au corporatisme de Vichy et, en novembre 1940, avec Jules Zirnheld et Maurice Bouladoux, il signe le Manifeste des douze (avec neuf dirigeants cégétistes) qui affirme l'indépendance du syndicalisme (chapitre VI).
> À la Libération, Gaston Tessier siège à l'Assemblée consultative provisoire et participe à la création du MRP (il est membre de son comité directeur jusqu'en 1946). En mai 1948, il est élu président de la CFTC, l'administration quotidienne de la centrale étant confiée à Maurice Bouladoux. Il devient également président de l'Union nationale des sociétés mutualistes, membre du Conseil du plan, administrateur du Crédit lyonnais puis, en 1957, conseiller d'État. Il continue cependant à participer à la direction de la CFTC et tente de s'opposer, sans succès, à la montée de la minorité «Reconstruction», emmenée notamment par Paul Vignaux. En 1953, il doit renoncer à la présidence de la CFTC.

des syndicats alsaciens-mosellans, qui souhaitent conserver leur autonomie, la CFTC adopte une organisation assez comparable à celle de la CGT (avec des fédérations par métiers et par industries mais des unions régionales à la place des UD).

La CFTC se dote d'une «doctrine», en fait un véritable programme politique, sinon même une «cuirasse idéologique[1]»: dualisme scolaire, protection de la famille, troisième voie entre le collectivisme et le capitalisme. Ces idées donneront une base populaire au courant démocrate-chrétien qui émerge sur la scène politique au cours de la décennie suivante et s'affirme après 1944 à travers le Mouvement républicain populaire (MRP).

La tradition syndicale chrétienne restera toujours divisée. Les militants du Sillon de Marc Sangnier, puis ceux des associations chrétiennes ouvrières comme la JOC (Jeunesses ouvrières catholiques), préfèrent souvent adhérer à la CGT pour ne pas rompre avec le monde ouvrier, même s'ils ne trouvent pas dans la CGT la neutralité qu'ils seraient en droit d'attendre. À cause de ces divisions, le développement de la CFTC sera lent durant l'entre-deux-guerres.

Trois questions

En conclusion, les événements de 1919-1922 soulèvent trois questions, concernant les origines de la scission du mouvement ouvrier, sa responsabilité dans la désyndicalisation et le devenir des acteurs de ce drame.

La scission est-elle une conséquence de la Première Guerre?

Selon une thèse habituelle, la scission au sein du mouvement ouvrier français s'explique par les clivages d'avant-guerre et les séquelles de l'Union sacrée[2]. En fait, ces clivages et ces séquelles étaient liquidés dès la fin de 1917. Pierre Monatte

---

1. M. Branciard, *Histoire de la CFDT*, Paris, La Découverte, 1990, p. 21.
2. Par exemple: J.-L. Robert, *La Scission syndicale de 1921. Essai de reconnaissance des formes*, op. cit., p. 173-179, ou M. Dreyfus, *Histoire de la CGT*, Bruxelles, Complexe, 1995, p. 123.

confirme que le courant « syndicaliste-révolutionnaire » émerge difficilement près d'un an après la fin de la guerre à l'automne 1919[1]. Comme l'a démontré Annie Kriegel[2], la scission syndicale est un sous-produit de la division de la SFIO qui est une conséquence de la révolution russe, de la naissance de l'IC et de la fascination que ces événements ont exercée sur de nombreux socialistes[3]. Autrement dit, le grand schisme du mouvement ouvrier est provoqué par la volonté hégémonique de Moscou, conjuguée avec des facteurs conjoncturels propres à la politique française[4]. La scission du mouvement ouvrier repose sur un pari (qui se révélera exact) et que Marcel Cachin explique ainsi aux congressistes de Tours au moment où ils se séparent définitivement :

> Certains ne croient pas à la grandeur de la révolution russe, à sa durée, à sa force. C'est le point tragique du débat. Si chacun de nous se donnait sans réserves à la révolution russe, malgré ses fautes et malgré ses erreurs que nous n'avons pas à dissimuler, je suis convaincu que nous apercevrions la grandeur de ce mouvement. [...] Car si la France y vient la dernière, en raison de son état actuel, elle y viendra pourtant[5].

La scission syndicale était d'autant moins inéluctable que Lénine avait recommandé de ne pas quitter les syndicats mais de les conquérir « de l'intérieur » par noyautage. Cependant cette recommandation était sans doute inconciliable avec les attaques constantes de l'IC contre les « syndicats jaunes ». Au printemps 1920, Trotski avait même écrit publiquement aux syndicalistes français : « Considérez-vous comme nécessaire une lutte systé-

---

1. P. Monatte, *Trois Scissions syndicales, op. cit.*, p. 150-151.
2. A. Kriegel, *Aux origines du communisme français, op. cit.*
3. S. Cœuré, *La Grande Lueur à l'est. Les Français et l'Union soviétique, 1917-1939*, Paris, Seuil, 1999, p. 42-48 ; C. Jelen, *L'Aveuglement. Les socialistes et la naissance du mythe soviétique*, Paris, Flammarion, 1984.
4. Les études locales conduisent à la même conclusion : J. Barzman, *Dockers, métallos, ménagères. Mouvements sociaux et cultures militantes au Havre*, Rouen-Le Havre, Publications de l'université de Rouen et du Havre, 1997.
5. J. Charles *et al.*, *Le Congrès de Tours, op. cit.*, p. 619.

matique et impitoyable contre les syndicalistes français ; considérez-vous comme du devoir du Parti socialiste français de développer, en collaboration avec Loriot, Monatte, Rosmer, une énergique propagande parmi les masses ouvrières pour qu'on écarte des rangs du syndicalisme français les traîtres comme Jouhaux, Dumoulin, Merrheim, oui ou non[1] ? » Comment obliger les militants communistes à demeurer sous la direction de ces « traîtres » (s'ils ne parviennent pas à les expulser) ?

La scission est-elle responsable des pertes d'adhérents ?

La majorité des syndiqués n'ont pas attendu l'automne 1921 pour quitter la CGT. Le recul s'amorce un an avant, au milieu de 1920, après l'échec de la grève générale, et il s'accélère au début de 1921. Il est certain que, en juillet 1921, la CGT a perdu plus de la moitié de ses adhérents par rapport au début de l'année précédente. Dans certaines organisations, comme les Cheminots ou l'UD de Paris, le recul s'amorce dès l'automne 1919. Comme avant 1914, les principaux responsables de la désyndicalisation sont l'absence de services aux adhérents, la violence et les outrances verbales de quelques militants, les grèves minoritaires, l'agitation brouillonne, les polémiques publiques et le contrôle de certains syndicats par des « avant-gardes révolutionnaires » autoproclamées. Après 1921, le mouvement syndical éclaté ne surmontera jamais ces défauts.

Que sont-ils devenus ?

Aucun des syndicalistes signataires de la motion de Tours ne jouera un rôle de premier plan dans la suite de cette histoire. François Mayoux est exclu pratiquement tout de suite du PCF. Louis Bouët parvient à entraîner une poignée infime de ses collègues instituteurs au PC et à la CGT-U. Lui-même ne reste que quelques semaines au comité directeur du parti communiste. Pierre Monatte est le symbole de cet échec. Ayant été la cheville

---

1. CGT, 1920, p. 385.

ouvrière des CSR, il serait désigné pour jouer un rôle de premier plan dans la CGT-U... Il reste à la CGT ! Pour travailler comme correcteur dans le Livre parisien, la carte syndicale est obligatoire. Pierre Monatte n'a pas le courage de changer de métier ou de devenir permanent pour mettre sa vie en accord avec ses convictions. Comme lui, beaucoup d'intellectuels français d'extrême gauche donnent des leçons de morale et de révolution au monde, tout en pratiquant un corporatisme étroit dans leur vie professionnelle.

La plupart de ceux qui ont essayé de préserver la CGT payent lourdement ces mois de déchirement. Alphonse Merrheim et Georges Dumoulin sont les deux dirigeants syndicaux qui ont le mieux pressenti les dangers de la mainmise communiste sur le mouvement syndical. Début 1922, Alphonse Merrheim se trouve à la tête d'une fédération comptant à peine plus de 10 000 syndiqués (moins qu'à son arrivée à Paris en 1904). Il ne peut plus tenir de réunions sans être agressé par des commandos « unitaires ». Le patronat de la métallurgie refuse sèchement la négociation de nouvelles conventions collectives. Alphonse Merrheim plonge dans la dépression ; interné début 1923, il meurt en 1925 sans avoir retrouvé la raison. En 1923, Georges Dumoulin, découragé, ne demande pas le renouvellement de son mandat au bureau confédéral. En fait, Léon Jouhaux le pousse dehors. En 1924, il est battu aux élections législatives où il se présentait avec l'investiture de la SFIO. Albert Thomas lui trouve une sinécure au BIT qu'il abandonne rapidement, préférant un modeste emploi de bureau pour retourner dans son Nord natal au milieu des mineurs... avant de reprendre, un peu malgré lui, la lutte syndicale en 1930 (voir chapitre v).

En revanche, d'autres permanents qui ont eu la prudence de ne pas monter en première ligne, comme Léon Jouhaux ou Raoul Lenoir, vont surnager et tenter de faire vivre une confédération privée de la plupart de ses adhérents.

Chapitre V

Les divisions insurmontables
(1922-1939)

Au congrès d'Amiens, Auguste Keufer avait prédit les conséquences de la politisation des syndicats : désorganisation, impuissance et fuite des adhérents. Début 1922, ces prédictions se sont réalisées. Les trois confédérations (CGT, CGT-U, CFTC) rassemblent moins d'un dixième des salariés français et sont frappées de discrédit.

Les CGT rivales invoquent toutes deux la « charte d'Amiens » pour justifier des lignes opposées. Pour ceux qui conservent le contrôle de la confédération, la charte signifie l'autonomie du syndicat et la non-intervention des partis dans les affaires syndicales. On repousse le PCF mais l'on se méfie de la SFIO et, au niveau de la confédération, comme dans pratiquement toutes les fédérations et les UD, on veille à ce que les permanents n'aient pas de fonction politique. Pour la CGT-« Unitaire » – en France, les diviseurs se baptisent toujours « unitaires » –, la lutte de classe est une, donc le parti et le syndicat doivent être unis et le premier doit diriger le second. Le cumul de fonctions politiques et syndicales est donc nécessaire.

Pendant treize ans, ce dialogue de sourds se poursuit sans résultat avant un tournant diplomatique de l'URSS qui permet la réunification de la CGT et le front populaire. Mais cette unité est de pure façade. Une nouvelle scission est déjà engagée avant la Seconde Guerre mondiale.

La difficile naissance du communisme syndical

En février 1922, les CSR se transforment en CGT-U. Cela ne change pas grand-chose puisque la structure était déjà en place. La CGT-U à sa naissance est donc le même composé instable de tendances contradictoires (anarchistes, syndicalistes révolutionnaires et communistes). Il faut près de cinq ans pour clarifier la situation, au rythme des crises qui agitent le parti communiste.

La situation en 1922

Le 1er congrès confédéral se tient à Saint-Étienne, juin 1922. Le rapport de la direction provisoire indique le nombre de cartes diffusées – 300 000 en mars 1922 – et récapitule le nombre de timbres payés à la trésorerie confédérale par les organisations au cours des 4 premiers mois. Cela permet de savoir qui a rejoint la CGT-U[1]. Pour une fois, il y a « trop » de timbres (équivalents à 400 000 adhérents) par rapport au nombre de cartes officiellement diffusées. La CGT-U naissante reçoit donc des cotisations qui n'avaient pas été versées à la trésorerie confédérale dans les derniers mois de 1921, époque où la scission était entrée dans les faits de la part de fédérations qui étaient des « bastions » des CSR : Alimentation, Voiture-aviation, Bâtiment, Verre, Teinturiers.

La CGT-U plafonne autour de 400 000 adhérents jusqu'en 1926 puis décline[2]. Alors qu'en décembre 1921 les CSR étaient parvenus à réunir plus de la moitié des syndicats de la CGT, ils n'entraînent finalement que 40 % des adhérents restés fidèles malgré la débâcle de 1920. Auparavant, il y avait 2 millions de cégé-

---

1. Les données détaillées sont placées en ligne : http://www.upmf-grenoble.fr/cerat/Recherche/PagesPerso/LabbeAmiens.
2. À partir de 1923, la CGT-U comme la CGT ne publient plus les tableaux des recettes détaillées, ce qui est un signe de leurs difficultés mais aussi un indice de la confiscation de ces organisations par leurs dirigeants qui n'estiment plus nécessaire de rendre des comptes précis. Dans la suite du chapitre, les effectifs sont estimés à partir des mandats de congrès selon la méthode exposée dans A. Prost, *La CGT à l'époque du Front populaire, 1934-1939. Essai de description numérique*, Paris, Armand Colin, 1964.

Les divisions insurmontables 177

tistes. Les CSR conservent donc un cinquième des adhérents qui avaient rejoint la CGT à la fin de la Première Guerre mondiale. Un autre cinquième reste à la CGT. La grande masse a disparu.

Dans l'ensemble, la nouvelle confédération accentue les traits de l'ancienne. Géographiquement, la CGT-U regroupe la moitié des UD mais ce sont les plus importantes. La région parisienne apporte le tiers des adhérents. On trouve ensuite le Rhône, les Bouches-du-Rhône, la Loire, l'Isère... Cependant, le Nord (la seconde UD du pays), le Pas-de-Calais, l'Hérault et la Gironde sont restés à la CGT.

Sur les 41 fédérations constituant la CGT de 1921, 35 passent en tout ou partie à la CGT-U. En dehors des Cheminots, où la scission avait eu lieu avant le congrès de Lille (Pierre Sémard garde le secrétariat), les plus grosses fédérations (Textile, Sous-sol, Postes, Métaux...) sont restées à la CGT. De plus, dans trois fédérations importantes, aucune équipe n'a rejoint la CGT-U. Il s'agit des Services de santé (personnels des hôpitaux), des Marins – qui comptaient chacune 27 000 adhérents en 1921 et qui resteront jusqu'en 1936 des « bastions » confédérés – et des Fonctionnaires (21 000 syndiqués en 1921) qui se sont proclamés « autonomes » pour conserver leur unité. Enfin les CSR n'ont pas pu s'implanter dans les Tabacs, la Chapellerie, la Pharmacie.

Si l'on s'en tient à l'arithmétique, les adhérents des UD sont majoritairement partisans des CSR et ceux des fédérations leur sont majoritairement hostiles. Comme ce sont les mêmes syndiqués dans les deux cas, on constate, une fois de plus, la relativité de la « démocratie syndicale ».

Les CSR ont conservé près de la moitié des adhérents de l'ancienne Fédération des chemins de fer (au moment de la scission). Cela explique que les cheminots représentent 12 % des effectifs de la CGT-U et la dominent d'emblée. Ils sont suivis des ouvriers du textile et des mineurs. En fait, la plupart des bassins miniers restent aux mains des confédérés et les communistes devront attendre la Résistance et la Libération pour conquérir la Fédération du sous-sol. Le Bâtiment devance les Métaux, soulignant le rôle des anarchistes dans la scission mais aussi l'effondrement syndical dans les grandes usines de la métallurgie qui avaient largement contribué à la vague de syndicalisation de 1917-1920.

L'importance des services publics (employés municipaux) s'explique par le nombre des municipalités socialistes qui ont rejoint le PC au congrès de Tours. En revanche, les agents des Postes (fortement syndiqués) restent fidèles à la CGT dont il formeront entre les deux guerres un des secteurs dynamiques. À l'inverse, une faible majorité des employés des Postes (fort peu syndiqués) vont à la CGT-U. La Fédération de l'enseignement est apparemment la seule des fédérations de fonctionnaires à être dominée par les « unitaires ». En fait, les 6 500 instituteurs de cette fédération sont peu de chose face aux 60 000 adhérents du Syndicat national des instituteurs (SNI, anciennes amicales) qui s'apprête à rejoindre la CGT et parmi les 120 000 instituteurs que compte à l'époque l'Éducation nationale. Le petit noyau de *L'École émancipée* soutient avec ferveur la révolution russe et affiche son désintérêt pour les affaires corporatives. Cela ne peut lui attirer les suffrages du grand nombre des enseignants[1]. La même remarque s'applique à la plupart des militants de la CGT-U comme le montrent les débats du 1er congrès.

Le syndicalisme communiste

Le 1er congrès de la CGT-U discute essentiellement des statuts de la confédération et de son affiliation à l'ISR. Les deux courants – marxiste-léniniste et syndicaliste révolutionnaire – se réclament également de la charte d'Amiens, mais les uns au nom de l'émancipation intégrale du prolétariat, les autres au nom de la lutte de classe. Le projet de statuts de la direction provisoire fixe comme but : « la suppression du patronat, l'abolition du salariat, *la disparition de l'État* » (nous soulignons). Le dernier membre de phrase est inacceptable aux yeux des communistes et de leurs alliés syndicalistes révolutionnaires, partisans de la dictature du prolétariat. Aussi se coalisent-ils pour présenter un contre-projet où l'État ne disparaît plus...

---

1. L. Le Bars, « La difficile affirmation de la Fédération unitaire de l'enseignement (1919-1929) », *Le Mouvement social*, n° 187, 1999, p. 63-82.

La question d'une adhésion éventuelle à l'ISR fait surgir le même clivage. Au nom de l'indépendance du syndicat, les partisans de la direction provisoire, emmenés par Pierre Besnard, récusent l'IC parce qu'elle subordonne le syndicat au parti. Au nom de la lutte de classe à l'échelle mondiale, leurs opposants, dirigés par Gaston Monmousseau, recommandent l'adhésion, sous condition que l'ISR reconnaisse «l'autonomie» du syndicalisme français. C'est alors qu'Alexandre Losovski, secrétaire de l'ISR, apparaît pour délivrer un message apaisant. En fait, il organise tout depuis la coulisse, ce qui dément en pratique cette promesse d'autonomie.

On qualifie habituellement la direction provisoire, c'est-à-dire les fondateurs de la CGT-U, d'«anarcho-syndicalistes». En fait, beaucoup sont adhérents au PCF, comme Raymond Péricat ou François Mayoux (secrétaire de l'UD des Bouches-du-Rhône). Pierre Besnard, qui présente au congrès la motion contre l'adhésion à l'ISR, a été secrétaire de la Fédération des cheminots (tendance Sémard), puis des CSR. C'est un authentique syndicaliste révolutionnaire, pas un anarchiste. À l'inverse, on présente les alliés de la direction de l'ISR comme des «syndicalistes révolutionnaires» alors que ce sont des compagnons de route ou des sous-marins communistes. Ainsi Gaston Monmousseau – en contact épistolaire étroit avec Alexandre Losovski – se montre un exécutant zélé des directives de Moscou. Il vient de succéder à Pierre Monatte à la tête de *La Vie ouvrière*, qui tombe ainsi dans l'escarcelle du parti. Sa motion d'adhésion «conditionnelle» à l'ISR ayant obtenu la majorité, il devient secrétaire général[1] de la CGT-U et sera le principal artisan de sa bolchevisation.

Dans la première équipe dirigeante de la CGT-U, une femme : Marie Guillot, du Syndicat des instituteurs. Dans cette équipe, elle est probablement la seule à croire au «syndicalisme révolutionnaire».

---

1. Il le reste jusqu'en 1932. Benoît Frachon le remplace alors. Gaston Monmousseau entre au BP du PCF en 1926, quelques mois après son «adhésion» à ce parti. Il y siégera jusqu'à sa mort en 1960 et sera député en 1936.

À l'époque, le problème réside non pas dans la CGT-U mais dans le parti lui-même[1]. Léon Trotski suit personnellement le dossier français et l'IC consacre beaucoup de temps et d'argent pour transformer le PCF en un parti « léniniste à 100 % ». L'IC obtient d'abord l'exclusion des syndicalistes qui, comme François Mayoux, se sont opposés au rôle dirigeant du parti dans le syndicat. Puis en janvier 1923, Ludovic-Oscar Frossard est contraint de démissionner (il refuse de cautionner le noyautage des syndicats, l'exclusion des francs-maçons et des adhérents de la Ligue des droits de l'homme). Albert Treint (des Instituteurs) et Alfred Rosmer (ancien de *La Vie ouvrière* et secrétaire de l'IC) entrent alors à la direction du parti. Pierre Monatte – voyant le PC délesté des « politiciens bourgeois » qu'il déteste – donne son adhésion. À l'instigation de ces trois hommes, la direction décide que les communistes doivent se syndiquer et créer des noyaux (baptisés « commissions syndicales ») chargés d'orienter l'activité de leurs syndicats, comme le prescrit la 9e des conditions d'adhésion à l'IC (encadré 13). Ce noyautage ne fait pas l'unanimité dans la CGT-U. Le CCN en débat en juillet 1923. Une motion d'approbation, présentée par Pierre Sémard, est adoptée par une large majorité. Enfin, à l'automne, un congrès extraordinaire voit la victoire des communistes avec 70 % des mandats (pour la motion Sémard) contre 18 % aux « anarcho-syndicalistes » (essentiellement le Bâtiment) et 12 % aux « syndicalistes révolutionnaires » emmenés par Marie Guillot qui démissionne de son poste de trésorière.

L'adhésion au PCF de Pierre Monatte et des autres « syndicalistes révolutionnaires » repose en effet sur une équivoque (l'« autonomie » du syndicalisme français) que la direction de l'IC – spécialement Grigori Zinoviev et Staline – se charge de dissiper : dénoncés comme « centristes » (on n'ose pas encore attaquer de front les partisans de Léon Trostki), ils sont contraints de démissionner ou sont exclus au cours de l'année 1924.

Les fédérations et les UD sont prises en main les unes après

---

1. S. Courtois et M. Lazar, *Histoire du Parti communiste français*, Paris, PUF, 2000, p. 69-97.

les autres. La Fédération du bâtiment est le principal bastion des anarchistes. La reconquête est confiée à Jules Teulade qui constitue une direction parallèle et « noyaute » les syndicats [1]. Fin 1924, la CGT-U convoque un congrès extraordinaire de la Fédération du bâtiment. Jules Teulade est élu secrétaire général, mais les effectifs sont tombés à 15 000 adhérents contre 34 000 en 1922. En 1926, il est remplacé par Marcel Brout, ancien maçon, secrétaire de l'union de la région parisienne, membre du CC du PCF [2].

À partir de 1925, la CGT-U comme le PCF sont placés sous le contrôle de l'IC et peu de syndicats échappent à la tutelle. La CGT-U devient une pépinière de cadres pour le parti. En effet, les 2e et 13e conditions d'adhésion à l'IC exigent une épuration périodique des « éléments petits-bourgeois » et « centristes » et leur remplacement par des « travailleurs sortis du rang ». Benoît Frachon, Marcel Gitton ou Maurice Thorez sont les archétypes de ces nouveaux cadres (encadré 15). On peut aussi citer Pierre Sémard, secrétaire général du parti de 1924 à 1928 (la Fédération des cheminots est alors confiée à Lucien Midol). C'est également pour « prolétariser » le parti que Gaston Monmousseau, Benoît Frachon et Lucien Midol entrent au BP en 1926. Par la suite, il y aura toujours au moins deux ou trois dirigeants syndicaux au BP. Les syndicats fourniront un contingent considérable de députés, sénateurs, maires, conseillers municipaux, secrétaires de fédérations et de sections du PCF.

Entre 1925 et 1936, la CGT-U est la « casquette » des communistes au travail. Les archives de l'ISR montrent un pilotage étroit par Moscou [3]. L'organisation fait preuve d'un activisme considérable, recherchant l'affrontement qui est censé « élever le niveau de conscience de la classe ouvrière » et démasquer la trahi-

---

1. J. Teulade, « Nous les croulants », *Communisme*, n° 69, 2002, p. 55 et S. Boulouque, « Itinéraire de deux cadres syndicaux intermédiaires : Jules Teulade et Adrien Langumier », *Communisme*, n° 69, 2002, p. 65.

2. Marcel Brout sera député en 1936 (tout en demeurant président de la Fédération du bâtiment) mais il dénoncera le pacte germano-soviétique et sera épuré à la Libération.

3. S. Boulouque, « Vérification, rectification et interdépendance : les relations entre la CGT-U et l'ISR », *Communisme*, n° 65-66, 2001, p. 133-160.

> **15. Benoît Frachon**
>
> Ouvrier métallurgiste à l'âge de treize ans, dans sa ville natale du Chambon-sur-Lignon. Il aurait été syndiqué en 1909 mais n'a pris aucune responsabilité dans son syndicat. Il aurait participé à un petit groupe libertaire mais il ne subsiste pas de trace de ces activités. Pendant la guerre, il est ouvrier (mobilisé) dans un Arsenal. Il aurait été élu délégué suppléant dans son atelier en 1918. Démobilisé en août 1919, il s'installe à Marseille où il aurait adhéré pendant quelques mois à la Confédération des travailleurs du monde, petit groupuscule anarcho-syndicaliste (dans son autobiographie déposée à Moscou, il omet ce point). En juin 1921, il revient au Chambon et se syndique à la CGT. Un an plus tard, il devient secrétaire du syndicat local des Métaux et adhère au parti communiste. La même année, il est élu conseiller municipal et devient adjoint au maire du Chambon. Au printemps 1924, il anime une grande grève des métallurgistes qui attire sur lui l'attention du parti. Dès lors, il fait une carrière fulgurante.
> En novembre 1924, il devient permanent syndical (secrétaire de l'UD CGT-U de la Loire) et le parti lui confie la supervision de l'activité syndicale dans une vaste région comprenant 7 départements du Sud-Est. En février 1926, il fait son premier voyage à Moscou. En juillet 1926, il entre au comité central et enchaîne les responsabilités de premier plan : secrétaire de la région lyonnaise, candidat aux législatives, congrès de l'IC. Il s'installe à Paris et entre au BP en 1928 (il y siégera jusqu'au début des années 1970). En 1929, il est membre du secrétariat collectif avec Henri Barbé, Pierre Célor et Maurice Thorez. En 1931, il s'allie avec Maurice Thorez dans la lutte contre le « courant sectaire » (Henri Barbé et Pierre Célor).

son des dirigeants « réformistes » (à partir de 1928, cette stratégie est baptisée « classe contre classe »)[1]. La tradition syndicale est perdue : on ne négocie plus ; l'appel à l'action est rituel ; la confédération ne développe aucune analyse, aucun programme, aucune formation ; le parti s'en charge pour elle.

À la fin 1922, la CGT-U propose aux autres syndicats de former un « front unique » dont Albert Treint, en 1922, a donné la définition suivante : « Nous nous rapprochons des chefs réformistes, à chaque fois qu'il s'agit d'une action précise ; puis, l'action terminée, nous nous en éloignons ; nous nous rapprochons et nous nous éloignons d'eux alternativement comme la main se rapproche et s'éloigne de la volaille à plumer. » Naturellement,

---

1. *Id.*, « Usages, sens et fonction de la violence dans le mouvement communiste en France, 1920-1936 », *Communisme*, n° 78-79, 2004, p. 105-130.

> **(1893-1975)**[1]
>
> Entré au BC de la CGT-U en 1931, il quitte le secrétariat du PC en 1932 pour remplacer Gaston Monmousseau à la tête de la confédération. C'est à ce titre qu'il dirige les négociations de réunification avec la CGT. Après le congrès de Toulouse (mars 1936), il devient secrétaire confédéral (avec Gaston Monmousseau). Pour se conformer aux statuts de la CGT réunifiée, il démissionne du BP du PC mais continue à participer à ses travaux.
> Après le pacte germano-soviétique et la déclaration de guerre, Benoît Frachon est exclu du BC. Il entre dans la clandestinité et, avec Jacques Duclos et André Marty, il dirige le parti pendant toute la guerre, en l'absence de Maurice Thorez réfugié à Moscou.
> À la Libération, Benoît Frachon devient secrétaire général de la CGT, en vertu des accords passés avec la majorité de la CGT en avril 1943, qui le placent à égalité avec Léon Jouhaux. Il pilote la prise de contrôle de la confédération par les communistes.
> En mars 1953, après la manifestation contre le général Ridgway, il passe plusieurs mois dans la clandestinité (chapitre VII). En 1967, il choisit Georges Séguy pour successeur et reste président jusqu'à sa mort.
> Orateur peu doué, Benoît Frachon était un homme d'appareil, prudent, réservé et d'une forte intelligence tactique, ce qui lui a permis de traverser sans encombre cinquante ans de crises et de purges dans le parti. Sa longévité dans la direction n'a été égalée que par Marcel Cachin, Jacques Duclos et Maurice Thorez. Il écrivait beaucoup dans la presse communiste et une partie de ses articles ont été réunis dans un livre[2]. Des Mémoires posthumes portant sur la première partie de sa vie ont également été publiés (*Mémoires de lutte*).

le PCF et la CGT-U se heurtent toujours à un refus de la part de ceux à qui ils proposent une pareille alliance. Loin de gagner des adhérents, la CGT-U subit un courant constant de départs tout au long de sa brève histoire et, à partir de 1926, les adhésions nouvelles ne compensent plus les départs (encadré 16).

Ce sont d'abord les anarchistes et les syndicalistes révolutionnaires qui doivent partir ou sont exclus pour avoir refusé l'adhésion à l'ISR, puis le rôle dirigeant des communistes dans les syndicats. Certains rejoignent la CGT, comme Louis Lecoin.

---

1. D'après J. Girault, *Benoît Frachon, communiste et syndicaliste*, Paris, Presses de Sciences Po, 1989, la notice du dictionnaire biographique dirigé par J. Maitron et la fiche « biographique » de Benoît Frachon conservée dans les archives de l'IC à Moscou (S. Courtois, « Dirigeants communistes et mouvement syndical », *Communisme*, n° 35-37, 1994, p. 12-14).

2. B. Frachon, *Au rythme des jours*, Paris, Éditions sociales, 1967-1968, 2 tomes.

16. Évolution des effectifs de 1922 à 1935
(arrondis au millier d'adhérents)

Années	CGT	CGT-U	Total
1921	543	388	931
1924	546	—	—
1926	583	479	1 062
1928	616	411	1 028
1930	641	358	1 000
1932	592	287	880
1934	546	293	839
1935	700	206	906

Années 1921 à 1934 : d'après A. Prost, *La CGT à l'époque du Front populaire, 1934-1939. Essai de description numérique*, Paris, Armand Colin, 1964, p. 120. Pour 1935 : nombre de timbres payés au 31 octobre 1935 (information donnée par Léon Jouhaux lors du CCN de janvier 1936).

Les fonctionnaires « syndicalistes révolutionnaires » fondent, en novembre 1924, l'Union fédérative des syndicats autonomes. En 1926, la CGT-SR (pour « syndicaliste révolutionnaire ») est créée avec Pierre Besnard à sa tête. La Fédération de l'enseignement imagine résoudre le problème en introduisant dans ses statuts une reconnaissance des « tendances », le conseil fédéral étant composé à la proportionnelle de celles-ci et le bureau restant homogène. Naturellement, la distinction entre « tendances » (autorisées) et « fractions » (interdites) fera couler beaucoup d'encre. Cette minuscule fédération n'en sera pas moins secouée par de multiples scissions, comme le reste de la CGT-U. Après la guerre, la FEN adoptera la même solution, puis le « nouveau » PS, après son congrès d'Épinay en 1969.

Deux éléments amènent un tournant dans la politique de la CGT-U. D'une part, l'hémorragie des effectifs signifie l'échec du « front unique » et de la lutte « classe contre classe ». D'autre part, à partir de 1932, la montée du nazisme amène l'IC à mobiliser pour la « défense de la paix ». La CGT-U s'associe à l'appel d'Henri Barbusse et de Romain Rolland en faveur d'un congrès mondial pour la paix à Amsterdam. Un second congrès a lieu salle Pleyel à Paris en juin 1933 (d'où le nom « Amsterdam-Pleyel »). Ce mouvement est vite réduit à quelques compagnons de route, encadrés par les communistes, notamment par Henri Raynaud, secrétaire de l'Union des syndicats de la région parisienne, et par Julien Racamond, numéro 2 de la CGT-U. C'est alors que surviennent les événements de février 1934.

La vieille CGT dans l'impasse

La CGT et la SFIO tirent une même conclusion des événements de 1920-21 : il faut établir une séparation plus nette entre le parti et le syndicat. Les permanents de la CGT ne pourront avoir de mandats électoraux ou siéger dans les organes dirigeants du parti. À part quelques guesdistes, les confédérés respecteront cette règle et, à la satisfaction de Léon Jouhaux, la SFIO se tiendra à l'écart des affaires de la CGT.

Face au communisme syndical, la CGT pense être l'héritière du mouvement ouvrier français. Pourtant, la scission la change profondément, tout comme la « vieille maison » de Léon Blum n'est pas la « SFIO continuée », mais une organisation moins ouvrière et plus électoraliste.

Les nouveaux équilibres internes

Au milieu des années 1920, une fois la confédération stabilisée, on constate que les Mineurs y pèsent aussi lourd que les Cheminots (65 000 adhérents) ; le Textile (40 000) passe devant le Bâtiment (30 000) et les Métaux (20 000) qui ne pèsent pas plus lourd que l'Éclairage ou le Livre, bien que le nombre de salariés potentiellement syndicables y soit douze fois plus important. Mais surtout, à partir de 1924, les fonctionnaires (enseignants, agents des finances) entrent dans la confédération et rejoignent les postiers (45 000 adhérents) et les employés municipaux (50 000). Bien qu'organisés dans des fédérations distinctes, ces nouveaux syndiqués cultivent une même culture corporative. La grève leur est étrangère. Leur vie syndicale est riche mais occupée par des questions de statuts, de traitements, de mutuelles et de réglementation. Les secrétaires consacrent une bonne partie de leur temps aux dossiers des adhérents (avancements, mutations et sanctions). Une culture assez semblable existe chez les cheminots, les gaziers, les électriciens (du moins depuis qu'ils se sont délestés de leurs fractions gauchistes). C'est donc toute l'organisation qui est déportée, idéologiquement et socialement, assez loin de la CGT d'avant-guerre.

Léon Jouhaux et Raoul Lenoir se méfient des nouveaux venus. Les fonctionnaires et ouvriers à statut n'ont pas, dans la CA et le BC, une place équivalente à leur poids en termes d'effectifs et d'apports financiers. Mais leur influence est considérable, d'autant plus que ce sont souvent des électriciens, des instituteurs, des postiers, des employés municipaux ou des fonctionnaires de finances qui aident à la reconstruction des UD. En effet, si la CGT a conservé la majorité des grandes fédérations, elle a perdu la plupart des UD, spécialement toutes celles de la région parisienne dont la reconstitution s'avère difficile. Les confédérés ne peuvent plus tenir de réunions publiques sans risquer l'agression de commandos communistes (spécialement à Paris). Cela entraîne un repli sur une vie d'appareil.

Les UD ayant été le principal véhicule de l'influence des CSR, elles sont surveillées de près. Les secrétaires d'UD deviennent les « préfets » de la confédération. Dans le BC, un secrétaire est chargé des relations avec les UD. Les méthodes ne sont pas très éloignées du « suivi » des organisations dans la CGT-U. Robert Bothereau, futur secrétaire général de FO, assure cette fonction à partir de décembre 1933.

En 1925, Léon Jouhaux se résout à introduire une certaine dose de proportionnelle dans les votes aux congrès. La représentation « proportionnée » consiste à calculer les mandats selon des tranches de tailles croissantes[1]. En revanche, au CCN, les UD et

---

1. Une voix jusqu'à 50 adhérents, 2 de 50 à 100, 3 de 100 à 250, 4 de 250 à 500, 5 de 500 à 1 000, puis une voix supplémentaire par tranche de 1 000. En 1946, la proportionnelle stricte est instaurée (chapitre VI).

les fédérations continuent à n'avoir qu'une voix quels que soient leurs effectifs. Léon Jouhaux aime les solutions médianes, voire byzantines. De plus, il vient d'une petite fédération (les Allumettiers) et n'a jamais pu s'appuyer sur une grosse organisation. Mais surtout, comme avant guerre, une poussière de petits syndicats est plus difficile à noyauter que quelques grosses fédérations très centralisées. Les événements de 1936-1939 montreront la justesse de cette intuition.

La vie confédérale connaît un assoupissement jusqu'au début des années 1930. Le CCN se réunit trois fois l'an et ses délibérations deviennent formelles. La CA siège assez rarement (moins d'une fois par mois). Elle joue à peu près le rôle du CC avant guerre. Elle ne donne pas d'impulsion ; elle exerce un contrôle formel sur l'exécutif mais elle conserve le pouvoir de prendre les décisions suprêmes. Par exemple, la CA, réunie en urgence le 7 février 1934, adopte un appel à une grève nationale de 24 heures.

Léon Jouhaux occupe une position prédominante – c'est à ce moment que l'on commence à l'appeler «le Général» –, même s'il délègue volontiers à Raoul Lenoir les tâches ordinaires. À l'approche des congrès, ce sont eux deux qui «composent» les futurs BC et CA. Dès lors, les autres secrétaires se gardent de prendre des initiatives ou d'avoir trop d'ambitions[1]. Les directions fédérales et confédérales se renouvellent peu, au rythme des décès, des départs et des rares démissions. Ainsi en 1933, deux trentenaires – René Belin, secrétaire de la Fédération postale et Robert Bothereau, secrétaire de l'UD du Loiret – entrent au BC. En 1936, Raymond Bouyer remplace Francis Million, démissionnaire. Comme Francis Million était responsable du *Peuple*, le choix s'est porté sur Raymond Bouyer qui a amélioré le journal de la Fédération de la métallurgie. Au total, ces changements «homéopathiques» n'empêchent pas la direction confédérale de vieillir.

---

1. Il existe peu de témoignages sur la vie intérieure de la confédération à cette époque, en dehors de ceux de Georges Lefranc et de René Belin, qui doivent être accueillis avec prudence, puisqu'ils ont été rédigés après la Seconde Guerre : leurs auteurs peuvent en vouloir à leurs anciens collègues de les avoir laissé chasser du mouvement syndical (voir chapitre VI).

Enfin, la confédération se dote d'un centre de documentation, organisé par Hyacinthe Dubreuil, et d'un Centre confédéral d'éducation ouvrière, mis sur pied par Georges Lefranc (agrégé d'histoire) et Ludovic Zoretti (professeur de mathématiques à l'Université de Caen). Ce CCEO se différencie des universités populaires d'avant-guerre. Cependant l'économie politique, l'histoire générale et le droit dominent les programmes. Les relations professionnelles, la négociation collective ou la pratique syndicale y tiennent peu de place.

Réformisme ?

On continue à se dire révolutionnaire et à invoquer la charte d'Amiens mais, dans la pratique, la grève est un sujet tabou à cause de l'échec de 1920, mais surtout parce que l'on craint d'être débordé par les communistes. On poursuit donc dans la voie tracée depuis décembre 1918.

La CGT obtient quelques réussites, comme la création du Conseil national économique en 1925. Ce conseil, composé d'une cinquantaine de personnalités nommées par le gouvernement, est chargé de le conseiller dans le domaine économique et social. Léon Jouhaux est l'un des trois présidents. Les travaux sont de qualité, de même que les rapports rédigés par de jeunes hauts fonctionnaires, mais on peut se demander s'ils sont lus. L'autre réussite concerne les assurances sociales qui figuraient dans le programme de la CGT de 1918. Le projet de loi, déposé en 1921, est voté par la Chambre en 1928 et par le Sénat en 1930. La CGT fonde un réseau de caisses, «Le Travail», auxquelles seront affiliés près d'un demi-million de travailleurs. Il y a aussi une loi sur les allocations familiales (1931) et une amélioration de la couverture des maladies professionnelles. En revanche, le projet de congés payés est bloqué et la journée de 8 heures reste lettre morte, du moins jusqu'à ce que la crise amène les entreprises à réduire les horaires.

Dans les années 1922-1934, les organisations confédérées développent une politique de «présence» (dans toutes les institutions où se prennent des décisions qui concernent les salariés).

Léon Jouhaux répète que la classe ouvrière doit prendre «toute sa place» dans la vie nationale. Cela revient à participer à toutes les institutions, depuis les œuvres sociales des entreprises, le syndicat communal des eaux, jusqu'au Conseil national économique ou le conseil d'administration et l'assemblée annuelle du BIT, que Léon Jouhaux ne manquerait pour rien au monde.

En 1933, le «Général» décide de transformer le programme de la CGT en un «plan». Le planisme séduit les syndicalistes, y compris les chrétiens, mais moins les politiques. Au sein de la SFIO, cette idée est utilisée par les «néos» (Marcel Déat, Adrien Marquet, Paul Ramadier) contre les «archéos» (Léon Blum et Paul Faure), mais les seconds l'emportent, provoquant une nouvelle scission dans la SFIO. Léon Jouhaux poursuit son idée. Il réunit un «brain trust» dont l'animation est confiée à Christian Pineau et Robert Lacoste (des Fonctionnaires). L'équipe tient plusieurs réunions d'où sortent des notes et des mémos que Robert Bothereau puis Georges Lefranc transforment hâtivement en un plan «présenté tel quel au congrès de fin septembre 1935 et adopté sans qu'on y changeât une ligne[1]». Le plan affirme la nécessité d'une direction économique confiée essentiellement à un conseil économique et, comme moyens, la nationalisation des industries clefs et du crédit[2].

C'est encore une des digues de papier que Léon Jouhaux imagine dresser devant les communistes au cours du processus de réunification de la CGT.

Quelle unité ?

Depuis décembre 1921, tous prétendent ne pas se résigner à la division du mouvement syndical, mais les communistes, les confédérés et les autonomes campent sur leurs positions en accusant les autres d'être les diviseurs. Lors de son congrès d'avril 1923, la CGT-U lance un appel à un congrès d'unité. En septembre 1923,

---

1. G. Lefranc, *Histoire du Front populaire*, Paris, Payot, 1965, p. 90.
2. J. Amoyal, «Les origines socialistes et syndicalistes de la planification en France», *Le Mouvement social*, n° 87, 1974, avril-juin, p. 138-141.

le congrès de la CGT répond en adoptant une motion qui propose de reconstituer l'« unité organique par la base » mais exige que les syndicats qui rejoindraient la CGT quittent l'ISR et reconnaissent l'indépendance du syndicalisme (par rapport aux partis).

Cependant, en 1930, la crise économique, la montée du fascisme et du nazisme donnent un aspect dramatique à cette division. Un petit groupe dit « comité des 22 » lance une campagne en faveur de l'unité syndicale [1]. Maurice Chambelland en est la cheville ouvrière. Cet ancien employé des impôts est membre du PCF dès l'origine. Secrétaire de la rédaction de *La Vie ouvrière*, début 1922, il est licencié en novembre quand Gaston Monmousseau et Pierre Sémard prennent la direction de l'hebdomadaire. Il est l'un des animateurs de la tendance « syndicaliste révolutionnaire » au sein de la CGT-U et porte-parole de cette tendance aux congrès confédéraux jusqu'en 1931. Fin 1929, avec Daniel Guérin, il lance le *Cri du peuple*, hebdomadaire qui se donne pour objectif la « reconstitution de l'unité syndicale ». En novembre 1930, Maurice Chambelland, aidé par Pierre Monatte, réunit 22 responsables syndicalistes. Chez les 7 confédérés, on trouve : Marthe Pichorel et Roger Hagnauer (Instituteurs), Clément Delsol (Éclairage), Léon Digat (Postiers) et Georges Dumoulin. Parmi les autonomes, responsables de la Fédération des fonctionnaires : Michel Piquemal, Robert Laplagne (tous deux du Syndicat autonome des contributions indirectes), et Roger Francq [2]. Enfin, il y a 8 unitaires, dont Lucie Colliard (Enseignement), Henri Boville (Boulangers) et, surtout, Antoine Rambaud – populaire secrétaire de l'Union des syndicats de cheminots du réseau de l'État – qui tient tête aux communistes depuis dix ans avec l'appui de ses syndiqués.

Les « 22 » lancent un appel à l'unité syndicale [3] fondée sur la

---

1. D. Guérin, *Front populaire, révolution manquée*, *op. cit.*, p. 40-48. Et la fiche de Maurice Chambelland dans le dictionnaire biographique dirigé par J. Maitron.

2. Ce dernier a été ingénieur en Russie et il est probablement resté compagnon de route ; il abandonne rapidement le comité, effrayé par les réactions du PCF et de la CGT-U.

3. Texte reproduit dans B. Georges et D. Tintant, *Léon Jouhaux. Cinquante ans de syndicalisme*, *op. cit.*, p. 389.

charte d'Amiens. Ils condamnent l'ingérence des partis et des sectes (ce qui semble exclure les communistes et les anarchistes). Ils affirment que l'unité est une aspiration partagée par la majorité des travailleurs et prédisent que l'unité attirera vers le syndicalisme des millions de salariés, à condition que le syndiqué ne soit pas heurté dans ses convictions politiques, religieuses ou philosophiques. Au printemps, les « 22 » complètent leur appel en préconisant un « congrès d'unité » (ce qui ouvre la porte aux communistes).

Les signatures de Pierre Monatte, Georges Dumoulin et Antoine Rambaud donnent un large écho à l'appel qui est très mal accueilli par le PCF et la CGT-U. Gaston Monmousseau affirme : « CGT unique, CGT de trahison ». Pour la CGT, la porte est ouverte aux anciens scissionnistes, mais pas question d'un « congrès de fusion[1] ».

Le congrès de la CGT de septembre 1931 est marqué par le retour de Georges Dumoulin qui prononce un plaidoyer pour l'unité. Il met aussi en cause l'attitude peu combative de la confédération et sa politique de « présence », notamment dans les organismes internationaux. Léon Jouhaux, comprenant le danger, s'affirme de nouveau pour l'unité, mais il va plus loin que l'habituel couplet (« la porte est ouverte à tous ») : il indique que les syndicats sont libres de fusionner et de provoquer des congrès fédéraux, voire un congrès confédéral extraordinaire pour sanctionner ces fusions. André Delmas, secrétaire du SNI, soumet alors au vote du congrès une motion qui reprend la déclaration de Léon Jouhaux (encadré 17). Les « 22 », par la voix de Léon Digat, annoncent qu'ils se rallient à la motion Delmas, adoptée à l'unanimité et confirmée deux ans après par le congrès confédéral de 1933.

La « motion Japy » désamorce la contestation dans la CGT. En novembre 1931, le congrès de la CGT-U, au « Magic City », repousse les propositions d'unité qu'Antoine Rambaud défend sous les huées. Le groupe des « 22 » se disperse. Le *Cri du peuple* cesse de paraître. Maurice Chambelland quitte la CGT-U et adhère au syndicat des correcteurs de la Fédération du livre

---

[1]. *Ibid.*, p. 115.

**17. Motion sur l'unité syndicale
votée à l'unanimité par le congrès CGT
(Paris, salle Japy, 1931)**

« Le congrès affirme de nouveau sa volonté de reconstituer l'unité syndicale ouvrière. Il considère que l'union de toutes les forces d'action est plus nécessaire que jamais au moment où le régime qui pèse sur le travail démontre son impuissance à remédier à la situation économique. Il fait appel à tous ceux qui déplorent la scission et qui considèrent que le devoir de tous les travailleurs organisés est d'y mettre fin. Il condamne formellement toute tentative de congrès réunissant l'organisation centrale régulière et les groupements ou fractions dissidents ; tentatives dont la seule conséquence serait de retarder la réalisation de l'unité durable.
Le congrès insiste auprès des syndicats, des UD et des fédérations pour que tous et toutes s'attachent avec plus de volonté encore à créer une atmosphère d'apaisement et de réconciliation. Les fédérations, chacune pour ce qui les concerne, auront à juger le moment opportun pour prendre les initiatives afin de favoriser cette unité.
Le congrès leur demande de ne poser aucune condition ayant un caractère de sanction au retour dans le sein de la CGT, en dehors de laquelle il ne saurait concevoir la reconstitution de l'unité syndicale.
La règle de la démocratie syndicale loyalement appliquée par tous les syndiqués leur permet d'exprimer leur conception à tous les degrés du mouvement syndical, déterminant ainsi une ligne de conduite à laquelle tous devront ensuite se conformer pour l'action.
L'unité ainsi obtenue, aucun obstacle ne subsistera au rapprochement réconciliateur de tous les travailleurs qui veulent sincèrement collaborer à l'œuvre de défense et d'émancipation de la classe ouvrière. »
Avant le vote, Léon Jouhaux prononce une courte déclaration qui se termine ainsi :
« L'unité, elle se réalisera à la base. S'il y a demain, dans une commune quelconque, deux organisations de même profession qui veulent la réaliser, j'affirme qu'il n'y a pas ici une seule fédération qui se dressera contre l'assemblée de fusion entre les deux organisations. Même si l'organisation dissidente est plus forte que l'organisation confédérée. C'est l'application des règles de la démocratie syndicale auxquelles nous nous soumettons en toutes circonstances. Et si, l'unité étant réalisée par cette voie, les organisations confédérées réclament dans leur majorité un congrès extraordinaire de la CGT pour sanctionner la fusion, le BC et la CA n'ont pas autorité pour refuser ce qui est demandé par la majorité des organisations ouvrières.
Le congrès se tiendra.
J'ajoute en terminant que ce congrès, déterminé sous la poussée de la réalisation de l'unité pour la consacrer définitivement, sera vraiment le congrès de la réconciliation et de l'unité véritable[1]. »

---

1. CGT, 1933, p. 9-10.

CGT. Le rythme des départs de la CGT-U s'accélère. Les deux Fédérations des ports et docks fusionnent et décident leur affiliation à la CGT. Plusieurs sections départementales de la Fédération unitaire de l'enseignement font de même, ainsi qu'Antoine Rambaud qui est suivi par plus de 4 000 cheminots unitaires.

Beaucoup espèrent que la CGT-U se videra progressivement, aboutissant à une réunification de fait sans les dirigeants communistes. L'évolution des effectifs de la CGT-U semble confirmer cette analyse (encadré 16) : entre 1930 et 1934, elle perd plus de 40 % de ses adhérents. L'arrivée au pouvoir de Hitler et le grand tournant diplomatique de Staline en décident autrement.

Une unité de façade (février 1934-mai 1936)

Pendant plus d'un an, l'IC interprète l'avènement de Hitler comme la faillite de la social-démocratie et le signe d'une aggravation de la crise du capitalisme. La ligne demeure le front unique à la base, sous direction communiste, et la lutte contre les « sociaux-traîtres ». C'est dans ce contexte que surviennent les événements de février 1934 et le grand tournant opéré par Staline.

Le grand tournant communiste (février-juillet 1934)

Le 6 février 1934, à l'appel de plusieurs ligues d'extrême droite, les manifestants réunis place de la Concorde tentent de donner l'assaut à la Chambre des députés réunie pour investir un gouvernement de centre gauche présidé par Édouard Daladier. La troupe tire et fait une quinzaine de morts. Le président du Conseil démissionne.

La démocratie semble menacée. La CA de la CGT lance un appel à une grève nationale de 24 heures pour le 12 février, malgré l'opposition de Léon Jouhaux. La CGT-U finit par s'y rallier. La fédération socialiste de la Seine appelle à une manifestation qui est rejointe par le PC. Le nouveau président du Conseil, Gaston Doumergue, rencontre Léon Jouhaux et lui donne l'assurance qu'il n'y aura pas de répression contre les grévistes. Dans l'ensemble, c'est une réussite : il n'y a plus de transports ni de courrier à Paris ; un arrêt de travail symbolique est organisé dans les chemins de fer (qui n'en avaient pas connu depuis 1920). Les manifestations sont massives et pacifiques.

Pourtant, le PCF ne profite pas de cette ouverture. Début avril 1934, la CGT doit annuler une manifestation au Vélodrome d'hiver sous la menace d'une contre-manifestation du PCF. En juin 1934, la ligne sectaire semble l'emporter avec l'exclusion de Jacques Doriot. En fait, Staline vient de décider un changement complet de sa diplomatie pour se tourner vers les démocraties. Maurice Thorez en a été informé lors de sa visite à Moscou en mai 1934[1]. Il en résulte des changements immédiats sur la scène politique et syndicale française.

En juin 1934, Jean Zyromski et Léon Blum (SFIO) signent avec Maurice Thorez, Marcel Gitton et Benoît Frachon (PCF), un « pacte de non-agression ». Maurice Thorez propose même des conversations de parti à parti. En juillet, un « pacte d'unité d'action » est signé. À l'automne, le PCF lance l'idée d'un « front populaire » : il s'agit d'étendre le rassemblement aux radicaux qui, en majorité, viennent de passer dans l'opposition. Cette proposition est bloquée par les réticences d'une partie des radicaux et des socialistes, jusqu'au voyage de Pierre Laval à Moscou en mai 1935. À cette occasion, un pacte franco-soviétique est signé et Staline déclare « comprendre et approuver pleinement la politique de défense nationale faite par la France pour maintenir sa force armée au niveau de sa sécurité ». Les communistes qui étaient résolument antimilitaristes et antipatriotiques adoptent sans transition des positions inverses.

Les quatre partis de gauche (PCF, SFIO, radicaux et néo-socialistes), les deux CGT et quatre associations de gauche se réunissent... au siège du SNI-CGT pour préparer le 14 juillet 1935. En effet, les relations entre la CGT-U et la CGT suivent le tempo donné par les partis. En juin 1934, une première lettre de la

---

[1]. S. Courtois et M. Lazar, *Histoire du Parti communiste français*, *op. cit.*, p. 123 ; S. Courtois, « Le parti est devenu un facteur politique », *Communisme*, n° 67-68, 2001, p. 71-73.

CGT-U propose l'unité d'action. La CGT répond « unité organique » et motion Japy. En octobre 1934, par la voix de Julien Racamond, la CGT-U accepte la reconstitution de la « vieille CGT ». À partir de là, les processus politiques et syndicaux divergent légèrement. Les deux partis restent indépendants mais se lient par un pacte d'unité d'action. Les deux confédérations négocient une fusion pilotée par le « sommet ».

La réunification de la CGT? (octobre 1934-février 1936)

Pourquoi la CGT accepte-t-elle ces négociations risquées[1]? L'évolution des effectifs est une première explication: entre 1930 et 1934, le nombre d'adhérents a diminué de 100 000 (-15 %). Pas un secteur n'est épargné. La désunion aggrave les effets de la crise économique. De plus, la majorité du BC pense que les communistes n'accepteront pas l'humiliation d'un « retour » à la CGT et que Moscou ne voudra pas les laisser quitter l'ISR pour la FSI[2]. On pourra donc leur faire porter la responsabilité de l'échec. Léon Jouhaux avait prévu un obstacle supplémentaire: confier la direction des négociations à Francis Million (Livre), hostile à l'unité puis, après la démission de ce dernier, à Raoul Lenoir. En 1920-1921, ce dernier n'avait pas réussi à empêcher la mainmise des CSR sur une moitié des syndicats de la Métallurgie; il n'a pas la fermeté d'Alphonse Merrheim ou de Georges Dumoulin, mais, au moins, il connaît le danger. Cependant, on a dû admettre dans la délégation confédérale la présence d'André Delmas (des Instituteurs) et d'un postier qui sont favorables à un congrès d'unité.

En novembre 1934, le secrétaire de l'IC qui supervise la CGT-U annonce que les communistes organiseront des noyaux dans les syndicats unifiés et qu'ils chercheront par tous les moyens à influencer l'activité de ces syndicats. La CGT exige un démenti

---

1. Sur ces risques, voir la fusion dans les chemins de fer en 1917 (évoquée au chapitre IV).
2. C'est ce que Léon Jouhaux aurait déclaré en BC d'après René Belin (*Du secrétariat de la CGT au gouvernement de Vichy*, Paris, Albatros, 1978, p. 53-55).

que la CGT-U refuse de donner. Les négociations sont rompues jusqu'en juin 1935. Mais, entre-temps, l'unité à la base commence à se réaliser dans les Chemins de fer, les Services publics et dans certaines UD comme l'Isère. Enfin, le CCN de la CGT est bombardé d'appels à l'unité lancés au nom de la motion Japy.

Au début de juin 1935, la direction du PCF par la voix de Marcel Gitton – qui passe pour le plus « dur » – annonce que les communistes condamnent l'existence des fractions dans le mouvement syndical et qu'ils respectent son indépendance. La CGT-U reprend cette déclaration terme à terme. À ce moment, l'enthousiasme déclenché par la perspective du front populaire enlève les derniers obstacles.

En effet, la réussite des manifestations du 14 juillet 1935 conduit le comité d'organisation – dans lequel siègent la CGT et la CGT-U – à entreprendre la rédaction d'un programme en vue des législatives de 1936. En janvier 1936, après bien des péripéties, on aboutit à un texte tournant autour de trois grands thèmes : liberté, paix, lutte contre la crise économique. Dans ce programme, le plan a disparu et les nationalisations, chères à la CGT, sont limitées à la Banque de France et à l'Armement. Léon Blum et Paul Faure n'étaient pas favorables aux nationalisations ; les radicaux et les communistes y étaient hostiles. Malgré cette tournure partisane et politicienne, la CGT continue à siéger au comité du front populaire. Ce faisant, elle cautionne les candidatures de la gauche aux législatives de 1936 et abandonne en pratique la neutralité qu'elle réclame en théorie.

Durant l'été 1935, les négociations entre la CGT et la CGT-U se concluent par l'acceptation de toutes les conditions posées par la CGT. L'unité est ratifiée par les deux congrès confédéraux tenus en même temps (27 septembre 1935). Les fusions doivent se réaliser dans les syndicats puis dans les UD et les fédérations avant d'être couronnées par un congrès confédéral d'unité.

Du point de vue financier, la CGT-U apporte... des dettes. Quant aux effectifs, les cartes unitaires ne comportent pas beaucoup de timbres et il y a un grand nombre de chômeurs – dont les cotisations sont toutes symboliques. *A priori*, les confédérés ont une écrasante majorité, dans un rapport de 7 contre 2 aux communistes. Sur le papier, ces derniers ne peuvent espérer emporter qu'une petite dizaine d'UD et de fédérations (dont les Cheminots et le Bâtiment).

Pourtant, dès le début, les choses ne se passent pas tout à fait comme le voudrait l'arithmétique. Du côté confédéral, les organisations sont livrées à elles-mêmes. Les secrétaires confédéraux assistent aux congrès d'unité pour y prononcer des discours protocolaires. Du côté communiste, la composition des conseils et des bureaux est supervisée par les fédérations du PCF au niveau local ; au plan national, la commission d'organisation et la section des cadres choisissent avec soin les militants chargés d'orchestrer l'unité. Ces militants – généralement plus déterminés et plus disciplinés que leurs homologues confédérés – arrivent aux congrès avec les mandats de tous leurs ex-adhérents (ou supposés tels) et emportent un certain nombre de syndicats où ils n'ont pas, théoriquement, la majorité. Ainsi, en janvier 1936, au congrès d'unité de l'Union des syndicats de la région parisienne (ex-USS) – qui comporte plus de 1 adhérent sur 5 de la future confédération –, il apparaît que les communistes contrôlent près de la moitié des syndicats et l'on doit leur concéder 2 des 4 secrétaires permanents : Henri Raynaud et Eugène Hénaff. Les deux confédérés sont Gaston Guiraud et Robert Lefèvre (ami de René Belin, secrétaire du Syndicat des mécaniciens-dentistes). Quelques semaines plus tard, ce dernier prend la tête de la Fédération des services publics et de santé. Il est remplacé au secrétariat de la région parisienne par Marcel Brenot[1]. Grâce à lui et avant même la «ruée syndicale», les communistes contrôlent la région parisienne. Dans plusieurs organisations, on aboutit aussi à la parité qui est acceptée comme une solution provisoire, en attendant le «vrai» congrès d'unité. C'est le cas dans la Métallurgie, où le pouvoir est partagé entre les anciens secrétaires généraux (Léon Chevalme, CGT) et Ambroise

1. Ancien de la CGT-U, il avait adhéré au PC dans les années 1920 et était resté un compagnon de route. André Tollet l'avoue dans ses Mémoires et indique même que Marcel Brenot voulait adhérer au parti mais qu'on le lui a refusé. Il a finalement adhéré pendant l'Occupation (*Ma traversée du siècle. Mémoire d'un syndicaliste révolutionnaire*, Montreuil, VO, 2002, p. 18).

Croizat[1], assistés de Marcel Roy (CGT) et Raymond Semat (CGT-U). Le congrès d'unité est renvoyé à l'automne 1936.

Le premier CCN « unifié », réuni à la fin janvier 1936, montre que le déroulement de la fusion ne justifie pas l'optimisme initial des confédérés. Certes, le bureau provisoire comprend 6 ex-confédérés, tous du bureau sortant (Léon Jouhaux, René Belin, Robert Bothereau, Raymond Bouyer, Georges Buisson, Félix Dupont) et 2 communistes (Benoît Frachon et Julien Racamond). Mais, alors que de nombreuses fédérations et UD sont encore en cours d'unification, il apparaît que les communistes contrôlent déjà 32 organisations contre 98 aux confédérés. De plus, sans que les confédérés en aient clairement conscience, l'unité se fait sur l'adhésion au front populaire : l'organisation syndicale reconnaît ainsi la supériorité du politique et accepte de devenir une composante secondaire d'une coalition essentiellement électorale. C'est l'objectif immédiat du PCF, comme le montre clairement le congrès d'unité.

Le congrès d'unité (Toulouse, mars 1936)

Le congrès de Toulouse ne fait pas apparaître de clivage entre générations, comme ce sera le cas les années suivantes. À part Léon Jouhaux, les principaux dirigeants des années 1917-1922 ne sont plus là. L'âge des délégués ne fait pas apparaître de différences sensibles entre les deux camps. Si l'on s'en tient aux dirigeants, certains confédérés – comme Robert Bothereau (trente-cinq ans) ou René Belin (trente-huit ans) – sont plus jeunes que Benoît Frachon (quarante-deux ans). Certes, Georges Buisson (cinquante-huit ans), Charles Laurent et Léon Jouhaux (cinquante-sept ans), Félix Dupont (cinquante-quatre ans) font figure d'ancêtres, mais Gaston Monmousseau, Lucien Midol, Julien Racamond ou Pierre Sémard ont tous passé la cinquantaine. En

---

[1]. Secrétaire de la Fédération unitaire des métaux depuis 1928, il siège au CC du PCF depuis 1929. Élu député en 1936, réélu en 1945-1947, il est ministre du Travail en 1945-1947. Malgré ces multiples fonctions, il reste à la tête de la Fédération jusqu'à sa mort en 1951.

définitive, avant juin 1936, c'est tout le mouvement syndical qui manque de jeunes.

Une fois de plus, tous les orateurs se réclament de la charte d'Amiens. Pourtant, personne ne met en question la participation de la CGT au Front populaire. La discussion porte sur une question apparemment accessoire : la confédération doit-elle conserver son « plan », comme le demandent les confédérés, ou bien lui substituer le programme du Front populaire (c'est la position des communistes) ? Après un long débat, le congrès adopte la proposition de Léon Jouhaux : la CGT conserve son plan mais soutient le programme du Front populaire[1]. Ce sera la seule (fausse) unanimité. Pour le reste, le congrès de Toulouse montre l'échec de la « fusion » puisque l'on s'oppose sur tout : l'organisation interne, le cumul des responsabilités politiques et syndicales, l'affiliation internationale.

Le respect de l'organisation interne de la CGT était la première condition de la réunification. Celle-ci à peine acquise, les communistes proposent de bouleverser cette organisation en faisant élire le BC et la CA par le congrès (à la place du CCN). En second lieu, lors des négociations, les communistes avaient accepté le principe de l'indépendance de la CGT. Au mépris de cette promesse, Benoît Frachon et Julien Racamond viennent d'être reconduits au CC du PCF (avec 14 autres responsables de premier plan de la CGT-U) ; Benoît Frachon siège au BP du parti (avec Lucien Midol, Gaston Monmousseau et Pierre Sémard) et sa candidature aux législatives est envisagée. Au congrès de Toulouse, les communistes demandent qu'aucune disposition statutaire ne limite le cumul des responsabilités politiques et syndicales. Enfin, lors des négociations, les communistes avaient accepté l'adhésion à la FSI (donc le départ de l'ISR). À Toulouse, ils ne reviennent pas sur cette promesse : ils demandent des négociations entre l'ISR et la FSI pour la réunification du mouvement syndical international.

La question internationale suscite déjà beaucoup de passion. Pour l'instant, seule une fraction d'extrême gauche ose dénoncer

1. CGT, 1936, p. 167.

l'instrumentalisation du mouvement ouvrier français par l'Union soviétique. Cette fraction rencontre dans le congrès un écho inattendu, surtout quand elle affirme son refus de faire la guerre pour l'URSS. L'intervention qui marque vraiment l'assemblée est celle de Jean Mathé, secrétaire de la Fédération postale, qui termine un vigoureux discours, fréquemment interrompu par les applaudissements, par une formule qui deviendra célèbre : « Plutôt que la guerre, la servitude, parce que de la servitude on en sort, de la guerre on n'en revient pas[1]. »

Lors des trois votes, les communistes sont battus dans une proportion de 7 contre 3. Malgré la supériorité de leur organisation, leur influence n'a donc pas beaucoup progressé. Pour se « mettre en règle », Benoît Frachon et Julien Racamond, membres du BC, quittent d'une manière toute formelle le CC et le BP du PCF. Benoît Frachon continue à siéger au BP (mais ne figure plus sur la liste officielle); il ne sera pas candidat aux législatives.

Pourquoi les communistes livrent-ils ces combats perdus d'avance ? Ils proclament ainsi qu'ils constituent une « tendance » que la majorité confédérale doit reconnaître et avec laquelle elle doit partager le pouvoir. C'est effectivement ce qui se passe lors du CCN réuni à la suite du congrès. S'il y a plus de candidatures que de postes à pourvoir, il risque de n'y avoir aucun communiste à la CA et au BC. Pour leur assurer le nombre de postes prévus, le BC est reconduit sans débat et, pour la CA, une liste bloquée assure à la fraction communiste, reconnue en tant que telle, 10 sièges sur 45.

Il n'y a donc pas « unification » mais juxtaposition de deux réseaux. Les communistes partent en position apparente de faiblesse mais disposent d'armes redoutables : outre le cynisme et le mépris de la parole donnée, il y a l'argent, l'unité de commandement et une discipline quasi militaire.

À chaque congrès d'UD et de fédérations, les communistes présentent leurs propositions et ils les imposent, au nom du fédé-

---

1. CGT, 1936, p. 42. Jean Mathé sera résistant et fondateur de FO. Cette formule est lancée avant la remilitarisation de la Rhénanie. La « servitude » ne signifie pas la victoire militaire de l'Allemagne, alors inconcevable, mais un gouvernement français autoritaire capable de renégocier les traités pour éviter la guerre.

ralisme[1], à chaque fois qu'ils le peuvent face à une majorité confédérale molle ou désunie. Ce sera le cas dans l'Union des syndicats de la région parisienne, dans les 7 UD conquises initialement par les communistes ainsi que dans les Fédérations de l'agriculture, du bâtiment, des cheminots et des métaux, auxquelles s'ajoutent, entre 1937 et 1939, le Bois, les Cuirs et peaux, le Papier et le Textile.

Sans prétendre être exhaustifs, nous avons relevé 9 secrétaires fédéraux élus députés en 1936 (8 communistes et 1 socialiste[2]). La même pratique se retrouve, sur une échelle plus étendue, dans les conseils généraux et municipaux, ainsi qu'au niveau des fédérations départementales du PCF. Par exemple, Eugène Hénaff, secrétaire de l'Union des syndicats de la région parisienne, est également membre de la direction de la fédération communiste de la Seine, élu au CC en 1936 (il le restera jusqu'en 1964), candidat aux législatives de 1932 et aux municipales de 1935 à Pantin. Au total, l'interpénétration est si grande entre le parti et les permanents de l'ex-CGT-U qu'il n'existe en réalité qu'un seul appareil.

Le Front populaire

Comme on l'a vu dans le chapitre II, la situation politique influe sur le nombre des grèves. L'arrivée d'un nouveau pouvoir plus favorable aux travailleurs s'accompagne d'une poussée des conflits du travail. Les événements de 1936 en sont une illustration[3].

---

1. Les statuts de la CGT affirment: «La CGT, basée sur le principe du fédéralisme et de la liberté, assure et respecte la complète autonomie des organisations qui se conforment aux présents statuts.» Il suffit donc d'oublier les six derniers mots de cet article.

2. Marcel Brout (Bâtiment), Alfred Costes et Ambroise Croizat (Métaux), Pierre Dadot (Travailleurs de l'État), Antoine Demusois et Lucien Midol (Cheminots), Charles Michels (Cuirs et peaux), Parsal (Agriculture). Chaussy, député socialiste, a aussi utilisé les statuts de sa fédération (Agriculture) pour conserver son poste de secrétaire.

3. Les événements du printemps 1936 ont fait l'objet d'un nombre considérable de travaux. Pour les plus récents: A. Prost, «Les grèves de mai-juin 1936 revisitées», *Le Mouvement social*, n° 200, 2002, p. 33-54.

Mai-juin 1936

La première grève a lieu le 11 mai 1936, après le second tour des législatives qui donne la victoire à la gauche. Elle éclate aux usines Bréguet du Havre pour protester contre le licenciement de deux grévistes du 1er mai. On y « invente » la grève avec occupation des locaux. Une délégation est envoyée auprès de la direction. Les grévistes attendent les résultats et, comme l'affaire traîne, ils campent sur place. Le paradoxe de l'action collective permet de comprendre cette décision : la mobilisation étant proportionnelle à la pression que le groupe peut exercer sur chacun de ses membres, elle sera plus grande en restant ensemble dans l'usine qu'en se dispersant. On évite les divisions ; on surveille ceux qui risquent de flancher face à la maîtrise et, surtout, on prévient un lock-out. En effet, à l'époque, la grève est toujours une rupture du contrat de travail : le patron peut fermer l'usine puis (ré)embaucher qui il veut. L'occupation est donc la parade inventée par des ouvriers peu syndiqués, mal encadrés et sans caisse de résistance.

Du 15 au 27 mai, toute l'industrie aéronautique est touchée, puis le 28, la mécanique parisienne et l'automobile. Dans la plupart des usines occupées, il n'y a pratiquement aucun syndiqué.

Devant cette propagation rapide, on a fait du PCF un « chef d'orchestre » (à défaut de pouvoir incriminer Léon Jouhaux qui était à Genève...). En fait, trois nouvelles ont suffi pour généraliser la grève. Le 29 mai, le patronat de la métallurgie, en même temps qu'il accepte l'ouverture de négociations, promet qu'il n'y aura pas de sanction pour fait de grève. Deuxièmement, lors de la présentation de son gouvernement devant les chambres, Léon Blum a indiqué que la force ne sera pas utilisée pour dégager les entreprises occupées[1]. Troisièmement, les gains obtenus par

---

1. Le ministre de l'Intérieur (Roger Salengro) a d'abord déclaré que l'ordre doit être maintenu. Il est donc publiquement désavoué par Léon Blum. Début juillet, il affirme que le gouvernement s'opposera à de nouvelles occupations. Là encore, il n'est pas suivi (G. Lefranc, *Histoire du Front populaire, op. cit*, p. 146 et p. 175).

les premiers grévistes sont rapidement connus : contrats collectifs, augmentations de salaire conséquentes et paiement, au moins partiel, des jours de grève. Les ouvriers encore au travail savent donc qu'ils ne risquent rien à se lancer à leur tour. C'est pourquoi il y aura plus de grèves après les accords Matignon qu'avant ceux-ci.

Les accords de Matignon

Le 7 juin, le président du Conseil réunit autour de lui trois ministres, quatre responsables du patronat (Confédération générale de la production française, Union des industries métallurgiques, Chambre de commerce de Paris) et six représentants de la CGT : Léon Jouhaux, Benoît Frachon, René Belin (confédération), Henri Cordier (Bâtiment), Pierre Milan (Chapellerie), Raymond Semat (Métaux). En quelques heures, il leur arrache les « accords de Matignon »[1]. À la suite de quoi, Léon Jouhaux fait un compte rendu devant la CA, un discours radiophonique et repart à Genève (pour l'assemblée de l'OIT), accompagné de Robert Bothereau, Georges Buisson et Julien Racamond. Pendant la seconde quinzaine de juin, la CGT reste sans direction...

On a souvent considéré ces « accords » comme une superconvention collective interprofessionnelle. Outre la promesse de plusieurs lois concernant les conventions collectives, les 40 heures et les congés payés, les dispositions essentielles concernent la négociation collective, la liberté syndicale, l'augmentation des salaires (7 à 15 %), l'élection de délégués du personnel, l'absence de sanction pour fait de grève, l'engagement d'évacuer les usines après le début des négociations locales. Bien que de grande portée, ce texte ne peut être considéré comme un « accord-cadre ». Plusieurs éléments clef lui manquent :

– Le statut de la grève et du lock-out est le principal « oubli ». La grève continue d'être une rupture du contrat de travail ; l'employeur peut fermer son établissement et licencier les grévistes. Cette fois, il n'y aura pas de sanction contre les grévistes, mais

---

1. Texte dans G. Lefranc, *Histoire du Front populaire*, *op. cit.*, p. 454-455.

pour la suite ? C'était une occasion unique pour résoudre cette question cruciale par un compromis équilibré.

– Qui seront les négociateurs syndicaux dans les établissements et les localités ? Comme à Fougères en 1906, comme à Paris en 1919, c'est l'autre question clef. Cette fois, il faut la résoudre à chaud puisque de nombreuses usines sont occupées, chacune avec son propre « cahier de revendications ». Le patronat propose l'élection de délégués du personnel, postulant, une fois de plus, qu'il est plus facile de trouver un arrangement avec « ses » salariés qu'avec un permanent syndical extérieur à l'entreprise. Pourtant, les « accords » précisent bien que « ces délégués ont qualité pour présenter à la direction les réclamations *individuelles* » (nous soulignons). On légitime donc des pratiques informelles assez générales, mais on ne résout pas la question de la négociation *collective* d'entreprise.

– Les procédures de ratification des accords ne sont pas non plus discutées. Autour de la table de Matignon, on feint de croire que les chefs syndicaux peuvent parler au nom de leurs « troupes », c'est-à-dire pour des gens qui parfois n'ont jamais vu un syndicaliste de leur vie. Comment imaginer que les salariés puissent se sentir personnellement engagés par ces textes négociés loin d'eux et mis en œuvre sans leur consentement explicite ? Dès l'automne 1936, on verra bien que la réponse est négative.

– La question du pouvoir d'achat (échelle mobile) n'est pas abordée. Dès l'été 1936, l'inflation commence à annuler en partie les hausses du salaire nominal et les ouvriers ont le sentiment légitime d'avoir été dupés. Les patrons s'en tiennent à la lettre des accords et refusent de rouvrir des négociations...

– La durée des contrats et l'arbitrage sont oubliés. Aucune limite de temps n'est fixée, aucun rendez-vous n'est pris pour actualiser, compléter ces textes, aucune procédure d'arbitrage n'est prévue pour résoudre les litiges inévitables qui surviendront lors de l'application des conventions.

Avant même de commencer, la négociation collective se trouve dans l'ornière par la faute des négociateurs de Matignon. Pendant quelques jours, le patronat était « groggy », prêt à un compromis acceptable sur tous ces points. La CGT et le gouvernement ont laissé passer cette chance unique.

L'échec de la négociation collective ?

Tous ces manques apparaissent dès l'automne et entraînent une reprise des grèves dans un climat plus âpre. Une nouvelle entrevue a lieu à la présidence du Conseil en septembre 1936. Les discussions s'éternisent et, en novembre 1936, le patronat quitte la table, estimant que les syndicats ne respectent pas leur signature (comme s'ils pouvaient avoir le moindre contrôle sur leurs « troupes »). Il faut alors résoudre les questions « à chaud » par une loi qui organise une procédure d'arbitrage assez complexe.

Pourtant, le dialogue n'est pas rompu. La négociation collective semble même connaître un bond en avant considérable : de juin 1936 à décembre 1938, plus de 5 000 conventions collectives sont signées, par région et par branche, dont une petite centaine est étendue par arrêté ministériel. Ce qui prouve également l'aptitude de certains permanents à ce genre d'exercice. Mais le processus, déjà fortement ralenti à l'automne 1938, est interrompu par une grève générale désastreuse en novembre, puis par la guerre. Cependant, au niveau des branches et des régions, il ne s'agit pas d'un « contrat collectif » mais de véritables règlements. De plus, ces conventions ne résolvent pas le problème essentiel : qui doit négocier au niveau des entreprises ? Les délégués du personnel ? Leur compétence se limite aux cas individuels. D'ailleurs, l'élection garantit-elle l'expérience et la formation intellectuelle nécessaires pour ces négociations ? Fournit-elle l'autorité pour obtenir des salariés concernés le respect du contrat, c'est-à-dire l'absence de grève jusqu'à son expiration ? Il est exact que ces questions se posent également à propos de nombreux permanents syndicaux : les employeurs craignent, parfois à juste titre, de se trouver face à des militants politiques – communistes ou socialistes de gauche – plus préoccupés par la propagande révolutionnaire que par les revendications de leurs adhérents et les problèmes de l'entreprise.

18. Les délégués du personnel en question

À l'automne 1936, des grèves dures se déroulent dans le textile du Nord. La philosophe Simone Weil, qui a déjà travaillé en usine, est envoyée par la CGT pour enquêter sur ces conflits. Son rapport constate un effondrement de l'autorité de la maîtrise après juin 1936. En conséquence, le rythme du travail est moins intense, mais il y a aussi une diminution de la qualité de la production. La direction ne soutenant plus la maîtrise, celle-ci se trouve dans une situation morale difficile et elle est en train de basculer dans le camp anti-ouvrier.

« Les délégués ouvriers ont joué un rôle de premier plan dans cette évolution. Élus pour veiller à l'application des lois sociales, ils sont bientôt devenus un pouvoir dans les usines et se sont considérablement écartés de leur mission théorique. La cause doit en être recherchée d'une part dans la panique qui a saisi les patrons après juin et les a parfois amenés à une attitude voisine de l'abdication, d'autre part dans le cumul des fonctions propres des délégués et de fonctions syndicales qui n'ont jamais été prévues par aucun texte. Les délégués sont peu à peu apparus comme une émanation de l'autorité syndicale, et les ouvriers habitués depuis des années à l'obéissance passive, peu entraînés à la pratique de la démocratie syndicale, se sont accoutumés à recevoir des ordres.

L'assemblée des délégués d'une usine ou d'une localité remplace ainsi en fait dans une certaine mesure l'assemblée générale d'une part, d'autre part les organismes proprement syndicaux. [...Ici,] les délégués ordonnent une grève perlée sans consulter le syndicat. Ailleurs, les délégués font débrayer pour obtenir le renvoi de syndiqués chrétiens. Ailleurs, plusieurs délégués amènent les ouvriers à assiéger un atelier, pendant les heures de travail, pour sortir de l'usine un autre délégué, adhérent à la CGT, qu'ils accusent d'être vendu à la direction. [...] Ils harcèlent la maîtrise et la direction, souvent avec la menace du débrayage à la bouche, et créent chez les chefs, sur qui pèsent déjà lourdement les préoccupations purement techniques, un état nerveux intolérable. [...] D'autre part, le pouvoir que possèdent les délégués a, dès à présent, créé une certaine séparation entre eux et les ouvriers du rang; de leur part, la camaraderie est mêlée d'une nuance très nette de condescendance, et souvent les ouvriers les traitent comme des supérieurs hiérarchiques. Cette séparation est d'autant plus accentuée que les délégués négligent souvent de rendre compte de leurs démarches. Enfin comme ils sont pratiquement irresponsables et comme ils usurpent en fait des fonctions proprement syndicales, ils en arrivent tout naturellement à dominer le syndicat[1]. »

---

1. S. Weil, « Remarques sur les enseignements à tirer des conflits du Nord », *La Condition ouvrière*, Paris, Gallimard, 1937, p. 361-368.

Les délégués – presque tous militants de la CGT[1] – ont pallié l'absence de représentant syndical sur le lieu du travail de façon souvent maladroite, voire désastreuse pour leurs camarades de travail mais aussi pour l'entreprise et pour le mouvement syndical (encadré 18). L'expérience n'est donc pas positive. C'est pourquoi, à l'automne 1939, on décide de mettre fin au mandat des délégués et de substituer la désignation à l'élection (chapitre VI).

Comme en 1917-1920, la France a donc manqué l'occasion de mettre en place un système moderne de relations industrielles. Comment expliquer cet échec ?

Outre l'urgence et une certaine panique, il faut mettre en cause l'inexpérience des « négociateurs » réunis à Matignon. Avant juin 1936, la négociation collective se limitait à quelques branches spécifiques, comme le Livre, les Mines ou les Inscrits maritimes et elle se déroulait dans une indifférence générale. Certes, les responsables de la CGPF ou de l'UIMM ont l'habitude des relations avec le gouvernement, mais c'est pour obtenir des commandes publiques, réclamer des protections douanières ou des subventions. Certes, Léon Jouhaux et ses collègues fréquentent beaucoup les ministères, mais c'est pour réclamer de nouvelles lois. Aucun de ceux qui accompagnent Léon Jouhaux à Matignon n'a l'expérience des relations industrielles. Pourtant, en novembre 1934, au Conseil national économique – dont Léon Jouhaux est l'un des vice-présidents –, une majorité s'était ralliée aux conventions collectives (texte rapporté par Pierre Laroque et par Francis Million). Dix-huit mois plus tard, Léon Blum « oublie » Pierre Laroque, son collègue au Conseil d'État ; Léon Jouhaux « oublie » Francis Million et la Fédération du livre (trop mal vus par les autres).

Les gens réunis autour de la table de Matignon raisonnent en politiques. Léon Jouhaux et Benoît Frachon veulent aider la majorité parlementaire que la CGT a contribué à faire élire et, pour cela, ramener le fleuve dans son lit.

Enfin, les états-majors syndicaux et patronaux se désintéres-

---

1. Voir les résultats recueillis par D. Andolfatto, *L'Univers des élections professionnelles*, *op. cit.*, 1992, p. 76-85.

sent également des statistiques et des études économiques. En 1936, il existe des chiffres de bonne qualité concernant l'emploi, la durée du travail, les salaires, les prix, la production, mais ils sont ignorés. Au Parlement, dans l'administration, la presse, l'université, on se contente d'idées générales, sinon fausses (concernant notamment la semaine de 40 heures réclamée depuis 1931 par la CGT).

En juin 1936, les salariés ne voient que les promesses d'une vie meilleure. Aussi apportent-ils massivement leur adhésion à la CGT et, dans une mesure non négligeable, à la CFTC. C'est la « ruée » syndicale.

Les conséquences de la ruée syndicale

De mai à décembre 1936 les effectifs syndiqués explosent. Cette ruée bouleverse le visage de la CGT et aura des conséquences durables.

Le bouleversement sociologique

Si l'on s'en tient aux cartes, entre juin et décembre 1936, la CGT passe de 1,5 à 4,5 millions de cartes effectivement payées à la trésorerie confédérale. Le maximum est atteint pour l'année 1937 avec 4,7 millions de cartes. Cette même année, les fédérations ont réglé 40 millions de timbres à la trésorerie confédérale : la CGT avait donc environ 4,4 millions d'adhérents. De son côté, la CFTC passe de 150 000 adhérents, au début 1936, à 415 000 à la fin de 1937, soit une progression presque aussi forte que celle de la CGT[1]. Si l'on ajoute à cela environ 200 000 autonomes et « indépendants », il est certain que, en 1937, au moins un salarié sur deux est syndiqué. Parmi les grands pays industriels comparables, la France qui était la lanterne rouge de la syndicalisation, rejoint, en quelques semaines, le niveau des plus syndiqués (Angleterre ou pays scandinaves).

---

1. M. Launay, *La CFTC. Origines et développement (1919-1940)*, *op. cit.*, p. 322.

La structure professionnelle de la CGT s'en trouve bouleversée (encadré 19). C'est la seule fois que sa composition sociologique se rapproche de la population active salariée qu'elle prétend représenter.

19. Évolution de la structure professionnelle de la CGT entre 1935 et 1937 [1]

	1935	1937	Croissance (%)
Fonctionnaires	36	11	60
Salariés à statut	32	22	250
Secteur privé	32	67	940
Total	100	100	410

Avant la ruée syndicale, la CGT réunifiée est une organisation de salariés protégés soit par les statuts des fonctions publiques nationales ou territoriales (36 % des adhérents), soit par celui de certaines professions comme les cheminots, les mineurs, les salariés des transports en commun ou les ouvriers des arsenaux de l'État (32 %). En revanche, moins du tiers des adhérents viennent du secteur privé qui constitue plus de 75 % de l'emploi salarié total. Ce décalage interdit de considérer que la CGT d'avant 1936 représente la «classe ouvrière», comme le disent les participants au congrès de la réunification, mais un salariat spécifique.

Naturellement, les salariés de l'État – enseignants, postiers, agents des impôts et de l'équipement, policiers – et ceux des collectivités territoriales ne boudent pas la CGT du Front populaire, mais ils sont déjà fortement syndiqués en 1935. Aussi l'augmentation de leurs effectifs (+60 % sur deux ans) n'empêche pas leur poids relatif de diminuer des deux tiers.

---

1. Pour le détail, voir la page électronique citée plus haut. Le calcul présenté dans le tableau 19 comporte une légère incertitude. Par exemple, à partir de 1936, la Fédération des services publics (salariés des collectivités territoriales, donc «fonctionnaires») fusionne avec celle des services de santé (personnels hospitaliers, mélange de salariés et de droit commun); la Fédération des transports réunit des salariés à statut (régies des transports en commun) et des salariés d'entreprises de transport routier privées.

En 1936-1937, le nombre des syndiqués chez les salariés à statut est multiplié par 3,5. Le taux de syndicalisation augmente un peu moins, car ces secteurs – spécialement les chemins de fer et les mines – embauchent pour compenser la réduction de la durée du travail. À cette époque, ces salariés à statut (ou assimilés) représentent environ 10 % dans la population active salariée française. La syndicalisation n'est pas loin de son maximum théorique. Par exemple, si l'on ajoute les 36 000 cheminots adhérents à la CFTC aux 390 000 cégétistes et aux quelques milliers d'autonomes, il s'avère que pratiquement tous les cheminots « syndicables » le sont effectivement (les compagnies de chemins de fer emploient un demi-million de salariés en 1937, mais une partie des employés et l'encadrement ne peuvent adhérer aux syndicats ouvriers). Cela est également vrai pour les mineurs – le personnel du fond est syndiqué quasiment à 100 % (une fois déduits les porions) – et pour les ouvriers des compagnies d'électricité et des transports en commun. La moyenne de timbres par carte (toujours supérieure à 10 par an) montre la grande fidélité des adhérents de ce groupe. Enfin, ils fournissent la majorité des secrétaires d'UD et des membres des conseils départementaux. Ils forment donc le cœur de la CGT, avant comme après 1936, même si leur poids apparent diminue.

Dans le secteur privé, les effectifs moyens décuplent en quelques mois. Le Livre est la fédération qui fait apparemment le moins bien (le nombre de ses adhérents double tout de même), tout simplement parce qu'elle avait déjà syndiqué une bonne partie de la profession. À l'opposé, certaines fédérations connaissent une véritable explosion parce qu'elles ne syndiquaient qu'une proportion infime des salariés compris dans leur champ d'action. Cela est particulièrement vrai pour la Fédération des métaux qui passe de 52 000 adhérents à 900 000. Alors qu'elle figurait au 6e rang des fédérations au moment de la fusion, un an et demi plus tard, elle est la première, très loin devant les Chemins de fer, et elle groupe 20 % des effectifs confédérés. La Chimie, le Bois, le Verre, l'Alimentation, l'Habillement, le Bâtiment voient également leurs effectifs multipliés par plus de 10.

Pourquoi les salariés ont-ils adhéré en si grand nombre ?

Comme en 1917-1918, l'unité syndicale est un puissant facteur de syndicalisation, du moins tant que les déchirements entre les dirigeants ne sont pas connus des adhérents. La brièveté des grèves de mai-juin et leur réussite sont aussi un élément important, mais qui a pu conduire à surestimer la puissance syndicale. La défense individuelle est également une cause d'adhésion. En 1936 comme en 1945, l'institution légale du «délégué» ne fait que codifier des usages anciens avec une différence de taille: alors qu'auparavant l'aide et la défense étaient réservées aux seuls membres ou syndiqués, les délégués d'Albert Thomas, réinventés et généralisés par le Front populaire, représentent l'ensemble du personnel. En revanche, la négociation collective au niveau des entreprises n'est toujours pas prise en charge; peu de services mutualistes sont offerts aux adhérents; les caisses de résistance restent embryonnaires.

À quoi servent les sommes recueillies à partir de mai 1936? Au niveau de la confédération et des grandes fédérations, le nombre des secrétaires est augmenté; on achète des immeubles pour les sièges et des demeures pour les œuvres. Les services juridiques sont étoffés. On crée un institut pour l'étude des maladies professionnelles, un service pour la main-d'œuvre étrangère. Les activités du Centre confédéral d'études ouvrières sont développées. On recrute du personnel administratif. Enfin, une proportion importante des recettes est consacrée aux journaux. Le quotidien *Le Peuple* continue à être porté à bout de bras par la confédération. Début 1938, Léon Jouhaux obtient le lancement d'un hebdomadaire, *Messidor*, qui survivra jusqu'à la guerre. Ce journal arrive dans un panorama encombré. Outre les périodiques propres à chaque fédération et aux principales UD, il y a déjà deux hebdomadaires: *La Vie ouvrière*, aux mains des communistes, tire à 150 000 exemplaires; *Syndicats*, lancé fin 1936, est animé par René Belin avec la majorité des confédérés, mais sans les proches de Léon Jouhaux[1]. Il est impossible de connaître le coût de cette presse car les rapports financiers pré-

---

1. M.-F. Rogliano, «L'anticommunisme dans la CGT: *Syndicats*», *Le Mouvement social*, n° 87, 1974, p. 63-84.

sentés lors les congrès ne donnent aucun chiffre précis à ce sujet, mais il est certain qu'elle a absorbé la majorité des ressources, nettes des charges de personnel, sans répondre forcément aux attentes des syndiqués.

Le bouleversement des équilibres politiques

La ruée syndicale bouleverse profondément les fragiles équilibres négociés lors de la réunification de la CGT.

En effet, début 1936, de nombreuses organisations ont été dotées de directions provisoires, constituées soit sur le mode paritaire, soit en calculant le poids respectif des anciens de la CGT-U et de la CGT d'après les effectifs des deux organisations. Ainsi dans la Fédération de la métallurgie, le congrès d'unité, chargé d'adopter les statuts et d'élire la direction se tient fin novembre 1936. Entre-temps, la Fédération est passée à 600 000 adhérents; le nombre des syndicats a quadruplé. La discussion autour des incompatibilités entre mandats syndicaux et politiques permet de mesurer l'influence des deux factions : 452 voix pour et 1 347 contre. Les communistes contrôlent donc les trois quarts des effectifs. Ambroise Croizat devient secrétaire général; sur les 6 postes de secrétaires, les communistes en réservent 2 à des non-communistes, Léon Chevalme et Marcel Roy, qui acceptent de faire de la figuration au bureau national.

Sans doute la discipline partisane a-t-elle joué un rôle dans les gains spectaculaires des communistes, mais l'essentiel réside ailleurs. La majorité des nouveaux adhérents viennent des grandes usines de la métallurgie, de l'automobile et de l'aviation où, avant mai 1936, ne subsistaient, comme force organisée, que quelques noyaux de communistes plus ou moins clandestins. Ceux-ci ont logiquement dirigé les nouvelles organisations (syndicats et unions locales) où les adhésions affluaient par milliers, sans que la plupart des adhérents aient conscience qu'ils apportaient leur concours à une succursale du PCF.

Durant l'hiver 1936-1937, les communistes profitent ainsi du renouvellement des bureaux des organismes unifiés. Dans la Somme, tous les non-communistes sont éliminés. Pour le renouvellement de l'Union des syndicats de la Seine (la plus grosse UD), pourtant déjà sous contrôle grâce à un compagnon de route, *L'Humanité* publie une liste de 31 noms, parmi lesquels seulement 7 ex-confédérés[1]. Pour éviter l'élimination, certains ex-confédérés se désolidarisent de leurs anciens camarades et se transforment en compagnons de route. C'est la technique du « salami » qui sera employée avec succès après guerre.

En fait, dès l'automne 1937, les communistes contrôlent près de la moitié des syndicats. En revanche, au niveau des fédérations et des UD, la situation paraît moins favorable : le CCN de septembre 1937 montre que les confédérés conservent le contrôle de 21 fédérations contre 13 aux communistes (mais ces dernières comptent plus de syndiqués que les 21 contrôlées par les non-communistes). Enfin, 3 UD sur 4 demeurent confédérées. Cela tient en partie au fait que, statutairement, beaucoup de congrès ont lieu tous les deux ans...

Les non-communistes risquent donc de perdre rapidement le contrôle de la confédération, d'autant plus qu'ils sont très divisés. Deux courants principaux apparaissent.

D'une part, Léon Jouhaux, suivi par tous les non-communistes du BC (sauf René Belin), la Fédération des fonctionnaires et quelques petites fédérations du privé ainsi que plusieurs UD, dont celle du Rhône, dirigée par Marius Vivier-Merle (qui doit composer dans son département avec un fort courant communiste). À partir de l'automne 1936, le comportement de Léon Jouhaux montre qu'il a décidé de transiger avec les communistes. Ainsi soutient-il la candidature des syndicats soviétiques à la FSI (en fait, il s'agit de négocier une vice-présidence et un poste de secrétaire permanent pour les « syndicats » soviétiques). Il se rend à Moscou en novembre 1937 et il est même reçu par Staline avec qui il discute de la situation politique générale... En contrepartie, jusqu'à l'automne 1938, les communistes encensent Léon Jouhaux et le soutiennent contre la tendance *Syndicats*. Il se développe même un petit culte de la personnalité qui

---

1. Voir le récit de plusieurs de ces manœuvres dans A. Prost, *La CGT à l'époque du Front populaire, 1934-1939. Essai de description numérique*, op. cit., p. 138-145.

culmine avec un banquet et une fête artistique organisés par le CCN pour le soixantième anniversaire du « Général » en juillet 1939.

D'autre part, la tendance *Syndicats*, animée par René Belin avec des dirigeants des Mineurs, de l'Alimentation, du Bâtiment, de l'Enseignement (André Delmas), du Livre (Claude Liochon), des PTT, des UD du Nord (Georges Dumoulin) et de la Gironde (André Guiraud). À l'opposé des partisans de Léon Jouhaux, les dirigeants de la tendance *Syndicats* sont décidés à lutter pied à pied contre ce qu'ils nomment la « colonisation de la CGT » par les communistes.

Vers de nouveaux déchirements

Un mois après son arrivée au pouvoir, le gouvernement Blum est confronté à la guerre civile espagnole, qui va peser sur la politique intérieure française jusqu'au printemps 1939 et qui provoque une division irrémédiable dans la majorité parlementaire, dans le mouvement ouvrier et dans le pays. Les communistes réclament une aide pour le gouvernement républicain légal, pendant que les envoyés du Komintern, dirigés par André Marty, se livrent aux pires manœuvres pour prendre le pouvoir dans la coalition au pouvoir à Madrid et pour liquider l'extrême gauche et les anarchistes. Léon Jouhaux se rallie à la demande d'aide pour les républicains. En revanche, la tendance *Syndicats* et la fraction pacifiste de la CGT soutiennent la « non-intervention », la recherche d'une solution internationale et une aide humanitaire.

Naturellement, derrière la guerre civile espagnole, il y a la question de l'attitude face à l'Allemagne nazie. Le 11 mars 1938, Hitler annexe l'Autriche. La France n'a pas de gouvernement. Léon Blum propose un gouvernement d'union nationale. La droite refuse, effrayée par les grèves. En effet, la situation sociale est mauvaise. Les conventions collectives signées à l'automne 1936 viennent d'expirer. À partir du 25 mars, des usines importantes sont occupées (Citroën, Gnome et Rhône, Panhard, Matériel téléphonique...). La CGT divisée est incapable d'imposer la moindre discipline. Les communistes tentent de garder le contrôle d'un mouvement qui est impulsé par la fédération socialiste de la Seine tombée entre les mains des partisans gauchistes de Marceau Pivert[1].

À cette époque, le trésorier confédéral constate une baisse des commandes de timbres et de cartes en provenance des fédérations et des UD[2]. Le déclin de la CGT commence.

Le 30 septembre, à Munich, Chamberlain, Daladier, Hitler et Mussolini démantèlent la Tchécoslovaquie. Seuls les communistes réclament la guerre en alliance avec l'URSS. Autant par pacifisme que par anticommunisme, les autres formations refusent une guerre, prétendant que ce serait se battre pour l'URSS... Cette crise entraîne une profonde division dans tous les partis (sauf chez les communistes) et au sein de la CGT. Les communistes sont va-t-en-guerre, les autres se partagent en trois camps : une minorité favorable à la fermeté envers Hitler (c'est-à-dire l'alliance avec l'URSS et le réarmement de la France), une autre favorable à l'alliance avec l'Angleterre quoi qu'il en coûte (également favorable au réarmement) et les pacifistes qui préconisent la renégociation du traité de Versailles, la sécurité collective et le désarmement. La tendance *Syndicats* conserve son unité sur une ligne toute négative : puisque les communistes poussent à la guerre, il faut défendre la paix ! Léon Jouhaux tente de se placer au-dessus de la mêlée tout en se déclarant anti-munichois.

Munich a déporté la majorité parlementaire vers la droite. Paul Reynaud devient ministre des Finances et obtient les « pleins pouvoirs ». Le 12 novembre 1938, deux jours avant l'ouverture du congrès confédéral de Nantes, il publie un plan de redressement économique et financier, comportant notamment un assouplissement des 40 heures et une augmentation de la fiscalité indirecte.

---

1. Durant l'été, la SFIO exclut Marceau Pivert et ses partisans et dissout la fédération de la Seine, mais le mal est fait.
2. B. Georges et D. Tintant, *Léon Jouhaux. Cinquante ans de syndicalisme*, op. cit., p. 231.

Le congrès de Nantes

Pour la préparation du congrès confédéral de novembre 1938, un problème nouveau se pose : le nombre des syndicats a tellement augmenté que l'ancien système, permettant à chaque syndicat d'envoyer un délégué ou d'en mandater un, n'est plus physiquement praticable. On décide que seuls les syndicats ayant au moins 5 000 membres peuvent envoyer un délégué ou choisir librement leur mandataire. Pour les autres, on imagine un système de regroupement obligatoire, sur une base fédérale, mais opéré dans le cadre des UD et des régions. Le congrès garde ainsi une taille raisonnable, mais il est fabriqué par les appareils. Certes, dès l'origine, les choses étaient faussées à cause du cumul des mandats entre les mains des dirigeants, mais les syndicats pouvaient choisir leurs mandataires. La perte de cette liberté aggrave considérablement les défauts antérieurs, comme le montrent les débats de Nantes.

Un congrès syndical aurait eu beaucoup de choses à discuter. Outre l'implantation et l'organisation de la CGT, il fallait faire le bilan des délégués du personnel, de la négociation collective, de la législation du travail ; envisager les actions nécessaires pour relancer la négociation et pour préserver les conquêtes de 1936, etc. Ce pouvait aussi être l'occasion de trouver un terrain d'entente entre les factions. Au contraire, le congrès est dominé par l'éternel problème des relations avec les partis, par la situation internationale et par les attaques contre la politique économique du gouvernement.

Syndicats, par la voix d'André Delmas, a déposé deux motions : la paix – c'est-à-dire l'approbation de Munich, le désarmement, la sécurité collective – et l'indépendance syndicale (généralisation des incompatibilités). Les communistes, par le canal des Cuirs et peaux, répliquent avec deux motions sur la paix (condamnation de Munich, lutte internationale contre le fascisme et le nazisme) et sur l'indépendance syndicale (laissant chaque organisation libre d'établir ou non des incompatibilités). Alors, au nom de l'unité du mouvement, les amis de Léon Jouhaux, par la voix de Marius Vivier-Merle, présentent deux textes de « synthèse ». À la révision des traités, ils substituent un appel au président Roosevelt pour une conférence internationale. Pour l'indépendance syndicale, ils proposent la création d'une commission confédérale chargée de lutter contre les empiètements des partis.

Le dialogue entre Georges Dumoulin et Léon Jouhaux domine encore une fois les assises de la CGT. Georges Dumoulin met en cause le mode de désignation des délégués qui conduit à un congrès « caricatural par rapport à la richesse du mouvement syndical ». Il attaque *Messidor* qui n'est pas un journal syndical. Il reproche à la direction confédérale de trop se préoccuper de la nation et d'oublier la lutte des classes. Il accuse les communistes d'avoir manipulé les nouveaux syndiqués et de « coloniser » la CGT. Il attaque les partis qui se servent des syndicats sans égard pour les syndiqués. Enfin, il récuse par avance l'alliance du courant Jouhaux et Vivier-Merle avec les communistes sur une « motion châtrée ». Léon Jouhaux lui répond vivement et attaque la tendance *Syndicats*. Par contraste, son silence envers les communistes montre quel camp il a choisi.

La commission des résolutions ne parvient pas à un texte d'unanimité, sauf à propos de l'Espagne. Elle bute sur l'indépendance syndicale. Comme l'a prévu Georges Dumoulin, les communistes se rallient aux deux motions de Marius Vivier-Merle, ce qui scelle leur alliance avec la tendance Jouhaux contre *Syndicats*.

Pourquoi les communistes opèrent-ils ce recul tactique? Au début du congrès, ils ne sont pas parvenus à faire modifier les statuts (pour que la direction confédérale soit élue directement par le congrès): la CA et le BC seront donc désignés par le CCN où ils sont largement minoritaires. Leur maintien à la direction dépend du bon vouloir de Léon Jouhaux, surtout depuis qu'un certain nombre de confédérés ont annoncé qu'ils sont décidés à lutter contre la « colonisation » de la CGT.

Les deux motions Vivier-Merle sont adoptées à environ 7 contre 3 pour les motions Delmas. Comme les communistes contrôlent pratiquement la moitié des mandats, il ne reste que 20 % pour Léon Jouhaux: la majorité des ex-confédérés est hostile à son alliance avec les communistes.

Lors du CCN qui suit le congrès, les communistes veulent que

René Belin quitte le BC et qu'Henri Raynaud y accède (en plus de Benoît Frachon et Julien Racamond). Léon Jouhaux, qui a senti le vent tourner, rompt ce pacte et fait adopter par acclamation la reconduction du BC sortant. En revanche, lors de l'élection de la CA, les communistes se retrouvent avec moins de sièges qu'à Toulouse alors qu'ils en espéraient le double. La plupart des dirigeants confédérés ne suivent plus Léon Jouhaux. Celui-ci ne s'incline pas et convoque un nouveau CCN, au cours duquel il fait augmenter le nombre de sièges à la CA afin de repêcher la plupart des communistes battus lors du scrutin précédent. Ce coup de force achève de le déconsidérer aux yeux de nombreux responsables confédérés.

Enfin, lors du congrès de Nantes, un fort courant d'opinion se dessine parmi les délégués contre les décrets-lois Reynaud. Maurice Chambelland propose une grève générale, idée reprise par plusieurs orateurs. Léon Jouhaux présente une motion d'unanimité condamnant ces mesures et donnant à la direction mandat pour organiser la lutte, y compris par la grève générale. Le piège se referme sur la CGT...

L'échec de la grève générale

La nouvelle CA se réunit le 25 novembre et décide à l'unanimité moins une voix de lancer une grève générale de 24 heures pour le 30 novembre, contre les décrets-lois[1]. À la demande de Léon Jouhaux, il est précisé que le mouvement doit se dérouler dans l'ordre, sans occupation d'usine, ni manifestation. La quasi-unanimité cache des motivations diverses. Plusieurs responsables pensent que cinq jours suffiront pour que le président du Conseil, Édouard Daladier, trouve un compromis avec Léon Jouhaux, ce qui permettra de lever le mot d'ordre. Les responsables des cheminots et des transports en commun ayant annoncé que leurs corporations « marcheront », d'autres pensent que, sans transports en commun, les grévistes auront une excuse

---

1. Sur cette grève : G. Bourdé, « La grève du 30 novembre 1938 », *Le Mouvement social*, n° 55, 1966, p. 87-91.

pour ne pas se rendre au travail. Enfin, plusieurs usines automobiles et métallurgiques de la région parisienne sont en grève – Renault depuis la veille – et l'on pense, à tort, que ces grèves pourront se poursuivre jusqu'au 30.

Tous ces calculs sont déjoués. La grève chez Renault est un échec et l'entreprise en profite pour licencier les militants syndicaux les plus en vue. Paul Reynaud se montre intraitable. Les cheminots sont mobilisés, les dépôts de bus et du métro sont occupés par la troupe. Le 30, les transports en commun fonctionnent normalement, la plupart des magasins et des banques sont ouverts. Certes, beaucoup d'usines sont fermées, mais cela ne compense pas l'effet produit par l'échec dans les transports.

C'est la revanche de mai 1936. Des centaines de sanctions sont prononcées dans les administrations, les chemins de fer, les transports en commun, les compagnies d'électricité. Dans l'industrie, environ 800 000 ouvriers sont victimes de lock-out, mais on ne sait pas combien sont licenciés. Il apparaît que la confédération, la plupart des fédérations et des UD n'ont pas constitué de caisses de grève. La Métallurgie, qui a reçu l'afflux le plus considérable de cotisations, a acheté des châteaux pour ses œuvres sociales, construit une clinique, embauché du personnel de bureau, mais elle se trouve incapable de soutenir ses syndiqués grévistes de l'automne 1938, ni de secourir les milliers de militants victimes de la répression et mis à l'index. La confédération aurait consacré quatre fois plus d'argent au magazine *Messidor* que pour le soutien à cette grève[1].

Comme en 1920, l'échec de la grève est un tournant. Le patronat ne veut plus négocier; le gouvernement multiplie les aménagements aux 40 heures. Au sein de la CGT, la lutte des factions ne connaît plus de limites. Par exemple, en janvier 1939, le syndicat de Renault de Billancourt exclut les syndiqués qui avaient refusé de faire grève le 24 novembre.

La bataille la plus violente se déroule dans l'UD du Nord, qui est la deuxième en importance après Paris (en 1937, elle compte 300 000 adhérents) et dans le Syndicat des mineurs du Pas-de-

---

1. R. Belin, *Du secrétariat de la CGT au gouvernement de Vichy*, *op. cit.*, p. 75.

Calais (100 000 adhérents) qui détient la clef de la Fédération du sous-sol[1]. Si les communistes parviennent à conquérir ces organisations, ils auront la majorité dans la CGT. Début 1938, les communistes contrôlaient 40 % des mandats dans le Nord et 43 % chez les mineurs du Pas-de-Calais. Du fait des divisions chez les non-communistes, le pouvoir semble à portée de main. Après l'échec du 30 novembre, Georges Dumoulin, secrétaire de l'UD du Nord, organise la contre-offensive. En février 1939, les non-communistes conservent une courte majorité dans cette UD. Georges Dumoulin fait élire un bureau départemental homogène et entreprend de chasser tous les communistes présents dans les unions locales et les syndicats majoritaires. Il organise le noyautage des autres. D'après ses déclarations, il semble évident qu'il est décidé à contraindre les communistes à la scission ou à accepter leur marginalisation.

Les mêmes combats se déroulent dans plusieurs fédérations et dans certaines UD comme la Gironde ou le Doubs[2]. Avant même la signature du pacte germano-soviétique et l'exclusion des communistes, la CGT se trouve en état de scission.

Enfin et surtout, elle perd un nombre considérable de ses adhérents. À la fin du printemps 1939, d'après Georges Lefranc, elle ne compte plus que un million de membres[3], soit son niveau d'avant la « ruée » de 1936.

Ce reflux est-il fatal ? Notre pays est-il condamné à connaître de brèves vagues de syndicalisation entrecoupées de longues dépressions ? L'exemple de la CFTC suggère le contraire.

L'affirmation du syndicalisme chrétien

Jusqu'à la déclaration de guerre, la CFTC conserve pratiquement tous les adhérents qu'elle a gagnés en 1936-1937, soit un

---

1. É. Dejonghe et Y. Le Maner, « Un bastion du Nord », *in* Jean-Pierre Rioux, Antoine Prost, Jean-Pierre Azéma (dir.), *Les Communistes français de Munich à Châteaubriant*, Paris, Presses de Sciences-Po, 1987, p. 204-213.
2. Voir A. Prost, *La CGT à l'époque du Front populaire, 1934-1939. Essai de description numérique*, op. cit., p. 146-147.
3. G. Lefranc, *Le Mouvement syndical sous la IIIe République*, op. cit., p. 385.

effectif total d'environ 400 000 syndiqués[1]. Alors que de 1920 à 1935, ses effectifs avaient stagné autour de 150 000 syndiqués et que les équilibres internes s'étaient maintenus inchangés, les adhérents nouveaux conquis en 1936-1938 entraînent une relative « ouvriérisation » de la centrale et une montée de l'industrie, spécialement de la métallurgie[2].

Il est vrai que la CFTC a la sagesse de s'opposer à la grève de novembre 1938, tout en condamnant les décrets-lois. Tout au long de la période 1936-1939, elle réussit à se tenir à l'écart des déchirements autour de la guerre d'Espagne ou de Munich. Ayant été exclue de la conférence de Matignon, elle entreprend un long travail de persuasion pour obtenir la reconnaissance de sa représentativité. Elle parvient à faire élire des délégués dans un nombre significatif d'établissements. Les fédérations de la CFTC s'engagent à fond dans la négociation des contrats collectifs qui correspond à leur philosophie. Celle-ci évolue d'ailleurs sous l'influence de Gaston Tessier, qui fait adopter un « plan »[3] et aussi grâce à l'action de nouveaux militants comme Paul Vignaux – fondateur du Syndicat général de l'éducation nationale (1937) – qui se déclare laïc[4].

La CFTC se trouve confrontée aux mêmes problèmes que la CGT. Problèmes politiques d'abord : même si son opposition au Front populaire est discrète, la confédération est fortement liée à l'opposition parlementaire. Gaston Tessier et son équipe entretiennent des rapports étroits avec un intergroupe informel de 70 parlementaires d'inspiration démocrate-chrétienne. La CFTC a noué aussi des liens privilégiés avec *L'Aube*. Alors que le recrutement commence à se déconfessionnaliser, il reste très politique.

Problèmes organisationnels : les UD se substituent progressive-

---

1. Entre 380 000 et 400 000 (M. Launay, *La CFTC. Origines et développement (1919-1940)*, *op. cit.*, p. 322 et p. 382-384).

2. P. Trimouille, « Les syndicats chrétiens dans la métallurgie française de 1935 à 1939 », *Le Mouvement social*, n° 62, 1968, p. 27-47.

3. M. Launay, *La CFTC. Origines et développement (1919-1940)*, *op. cit.*, p. 306-314.

4. M. Singer, *Histoire du SGEN*, Lille, Presses universitaires de Lille, 1987.

ment aux régions, ce qui rapproche la confédération des syndicats, mais la CFTC affronte les mêmes difficultés que la CGT : la confédération communique mal avec des syndicats très émiettés ; la coordination est impossible entre les diverses structures confédérées ; il existe des différences considérables de « culture corporative » entre les fédérations du secteur public, les employés et les organisations ouvrières, comme les Métaux ou les Chemins de fer, qui ont vu leurs effectifs augmenter rapidement. Enfin, comme à la CGT, les syndicats chrétiens ne savent pas où mettre les agents de maîtrise et les techniciens qui se présentent en nombre, mais qui ne souhaitent pas être mélangés avec les ouvriers ni dilués dans les syndicats d'employés du tertiaire. La formule du syndicat national des agents de maîtrise est adoptée par la Fédération de la métallurgie. Elle séduit les fédérations d'industrie, mais elle est combattue par les Employés qui craignent de se voir « voler » des adhérents potentiels. Cette incapacité des confédérations ouvrières à s'ouvrir aux « cadres » entraînera une division supplémentaire après la Seconde Guerre mondiale.

En mai-juin 1936, la classe ouvrière française a montré sa force, sa détermination et son calme. Il lui a manqué des chefs à la hauteur des événements. Enfermés dans leur routine, aveuglés par leur politisation et leurs divisions, les syndicalistes n'ont pas saisi l'occasion pour rénover – ou inventer – les relations professionnelles. Pourtant, des hommes comme Albert Thomas avaient eu l'intuition qu'un système moderne de relations industrielles est un puissant facteur de progrès économique et social mais aussi un outil indispensable de la défense nationale. Au printemps 1939, la France en est revenue au système archaïque : autoritarisme et routine des dirigeants ; morosité et résistance passive des ouvriers. Avant d'être défaite militairement, la France avait déjà perdu la guerre sur le front industriel et économique. Les dirigeants politiques et syndicaux portent une responsabilité dans cette défaite-là.

Chapitre VI

De la débâcle de 1940 à la scission de 1947

La mobilisation générale de 1939 et l'exclusion des communistes de la CGT – après le pacte de non-agression germano-soviétique puis l'invasion de la Pologne par les Soviétiques – affaiblissent considérablement la confédération syndicale, atomisant ses effectifs et son organisation. La CGT ne compterait plus que 500 000 adhérents au début de 1940 (mais elle en revendique encore 800 000[1]). Quelque 238 syndicats contrôlés par les communistes (dont 8 fédérations et 11 UD) ont été dissous[2]. De sévères mesures d'économie sont prises. Les publications sont réduites. La parution du *Peuple* – jusque-là quotidienne – devient hebdomadaire. Sans troupes et sans ressources, bien des organisations de la CGT tournent à vide.

Comme en 1914, la confédération tente de renouer avec une « politique de présence » auprès des pouvoirs publics. Dès octobre 1939, des entretiens tripartites – patronat-syndicat-gouvernement – ont abouti aux « accords Majestic », texte peu contraignant, signé au ministère de l'Armement (l'hôtel Majestic), qui prévoit la consultation de la CGT sur toute question sociale touchant aux industries de guerre. La CGT, qui disposera d'une représentation permanente dirigée par René Belin, obtient tout de même quelques satisfactions, comme la reconduction des conventions collectives pendant la durée des hostilités et, dans les établissements de plus de 100 salariés, la désignation de délé-

---

1. B. Georges et D. Tintant, *Léon Jouhaux. Cinquante ans de syndicalisme*, op. cit., p. 417
2. S. Courtois, *Le PCF dans la guerre*, Paris, Ramsay, 1980, p. 68.

gués ouvriers « par les organisations ouvrières légales les plus représentatives » (décret du 10 novembre 1939). Cette formulation permet d'écarter les militants des organisations communistes, interdites depuis septembre 1939. Mais ces modalités rompent également avec le principe électif introduit en 1936, ce dont Léon Jouhaux se réjouit puisque c'est revenir à l'une des revendications traditionnelles de la CGT. Fin 1939, le secrétaire général de la CGT affirme donc que « cette doctrine [la désignation] a toujours été [celle] de la CGT. Avec le suffrage universel, le délégué élu devenait indépendant de son organisation et il arrivait [...] qu'il devienne en fait le serviteur de son patron. De plus, le délégué ainsi désigné pouvait aussi [...] devenir l'instrument de propagande des mots d'ordre politiques. Le nouveau régime supprime tous ces inconvénients [1] ». Cela témoigne bien de la méfiance de la CGT à l'égard des procédures électorales et d'une « rencontre » avec la base parfois problématique [2].

Cependant ces dispositions demeurent surtout théoriques, tout comme, plus globalement, la « collaboration » entre patrons et ouvriers imposée par les circonstances. Et si les dirigeants de la CGT peuvent éprouver la satisfaction d'être associés de nouveau à certaines décisions, retrouvant – comme avant la réunification de 1936 – le chemin des ministères et des préfectures, la débâcle de 1940 conduit à l'isolement, sinon à l'effondrement des structures syndicales, comme de bien d'autres institutions. La direction de la CGT se replie d'abord sur la bourse du travail de Poitiers, tandis que Léon Jouhaux se réfugie à Bordeaux, où il se trouve au moment de l'armistice. Il gardera un « souvenir très amer » de ce séjour bordelais, « la bourse du travail [étant] désertée, le Bureau confédéral disloqué, [lui-même étant] tenu à l'écart de toutes les décisions importantes comme il ne l'a jamais été depuis 1914 » [3]. Fin juin 1940, il gagne Toulouse où il convoque une réunion du CCN, le 20 juillet. Entre-temps, le gouvernement s'est installé

1. Cité par G. Lefranc, *Les Expériences syndicales en France, 1939-1950*, Paris, Aubier, 1950, p. 30-31.
2. D. Andolfatto, *L'Univers des élections professionnelles, op. cit.*
3. B. Georges et D. Tintant, *Léon Jouhaux. Cinquante ans de syndicalisme*, *op. cit.*, p. 271.

à Vichy où Léon Jouhaux délègue Robert Bothereau, Robert Lacoste et Léon Chevalme.

L'hésitation entre Vichy et l'attentisme

Robert Bothereau et Robert Lacoste rencontrent Pierre Laval le 12 juillet 1940. Le nouvel homme fort du gouvernement reste muet sur ses intentions à l'égard du syndicalisme. Mais les délégués de Léon Jouhaux prennent la mesure de l'antisyndicalisme profond à l'œuvre à Vichy[1]. Robert Lacoste plaide néanmoins pour que le ministre du Travail – compte tenu des circonstances – soit un syndicaliste. Pierre Laval entend-il ce message ou agit-il par simple calcul? Après avoir envisagé d'autres hypothèses, c'est en effet René Belin, l'un des membres du BC de la CGT et le leader de la tendance *Syndicats*, qui est nommé ministre de la Production industrielle et du Travail. Il semble même que Pierre Laval ait d'abord envisagé de désigner Robert Lacoste, au positionnement plus «centriste» dans la CGT et qui bénéficiait d'une plus forte autorité, notamment dans la fonction publique[2]. Mais, dans la confusion de l'époque, il ne réussit pas à le contacter lors de la nomination.

René Belin, ministre du Travail

Pareil choix pour un tel poste se révèle tout à fait inédit et même «historique» – cela ne se reproduira d'ailleurs pas. D'une certaine manière, il s'agit d'une reconnaissance du rôle que des organisations ou des hommes de la CGT (sans les communistes) peuvent espérer jouer dans la période qui s'ouvre. Cela témoigne aussi de l'originalité, sinon de la vigueur, de la pensée des élites de la CGT des années 1930 qui ont contribué à jeter les bases d'un réformisme, préconisant une direction rationalisée de l'économie et un système de relations professionnelles dépassant les

---

1. *Ibid.*, p. 272.
2. C. Harmel, *Robert Bothereau*, Nanterre, Institut d'histoire sociale, 2001, p. 5.

antagonismes traditionnels, ce qui rejoint – certes confusément – certains objectifs de cet « ordre nouveau » que va tenter de mettre en œuvre Vichy[1].

Mais l'intégration de René Belin dans le gouvernement Laval témoigne aussi d'une part d'improvisation dans la composition de celui-ci, voire d'un désir de « revanche des minorités », selon un mot de Stanley Hoffman[2]. Des représentants des employeurs furent d'abord pressentis pour le ministère de la Production industrielle et du Travail, finalement confié à René Belin. Mais des divergences étaient survenues dans le choix des hommes, tandis que le nom de Belin est apparu introduire un certain équilibre dans un gouvernement très marqué à droite.

René Belin est un cégétiste relativement atypique et assez peu connu, même s'il a démontré des talents d'organisateur et de propagandiste au sein de la Fédération des PTT, dont il est issu. Il s'est aussi déclaré réservé à l'égard des réformes sociales du Front populaire, qu'il a d'abord soutenues, mais qu'il juge finalement négatives pour l'économie. Surtout, René Belin s'est révélé très anticommuniste, pacifiste et même favorable à une révision du traité de Versailles sans être toutefois pro-allemand. Tous ces éléments ne peuvent que faciliter sa nomination. Mais la thèse d'une revanche inattendue s'impose aussi dans la mesure où la tendance *Syndicats*, dont René Belin était l'animateur, a été mise en minorité lors du congrès de 1938. Son isolement s'est accentué après sa tentative de conciliation avec Paul Reynaud, lors de la grève générale de novembre 1938 (voir chapitre v). On indiquera parallèlement que Pierre Laval, issu de la SFIO – si proche de la CGT de Léon Jouhaux – fut l'un des avocats de la centrale syndicale, lorsque celle-ci fut menacée de dissolution en 1920-1921. Plusieurs fois ministre du Travail, ancien président du Conseil, il a sans doute conservé des contacts à la CGT qu'il aurait même aidée financièrement au début des

---

1. A. Shennan, *Rethinking France. Plans for Renewal, 1940-1946*, Oxford, Clarendon Press, 1989.
2. Cité par J.-P. Azéma, *De Munich à la Libération, 1938-1944*, Paris, Seuil, 1979, p. 86.

années 1930. Des liens assez intimes ont également existé entre Léon Jouhaux et Pierre Laval[1]. Bref, le choix d'un cégétiste pour le ministère du Travail de Vichy peut surprendre mais il obéit aussi à certaines logiques.

Le soutien de la CGT à Vichy, voire l'intégration d'un des siens au gouvernement, n'était d'ailleurs pas exclu dans l'esprit Léon Jouhaux. Cependant la solution Belin ne lui convient pas. Les deux hommes, d'abord proches, se sont éloignés pour diverses raisons, politiques et privées[2]. Dans ses Mémoires, René Belin trace un portrait peu amène de Léon Jouhaux et, à travers lui, d'une CGT trop institutionnelle et tranquille :

> En sept années de cohabitation syndicale, j'ai eu tout le temps de prendre la mesure de l'homme [Léon Jouhaux], d'apprécier ses qualités et de découvrir ses insuffisances. Je l'ai servi de mon mieux, sans plus d'illusion qu'il ne convenait, lui rédigeant parfois sur le marbre d'une table de café ses allocutions à la radio, l'invitant avant 1936 à donner un peu plus de relief à la vie confédérale et lui faisant à cet égard diverses suggestions. Je devais m'apercevoir que je ne réussissais guère qu'à ennuyer un homme satisfait de son sort, s'accommodant de sa petite CGT de 600 000 membres[3].

Léon Jouhaux aurait sans aucun doute préféré que ce soit l'un de ses lieutenants ou lui-même qui fût appelé à Vichy, sans se rendre compte semble-t-il combien le nouveau régime – qui exècre tout ce qu'a représenté le Front populaire et la République – déteste en réalité ce qu'il personnifie[4]. Il a sans doute espéré que le maréchal Pétain – un ancien de 1914, tout comme lui – ou

---

1. Selon René Belin (*Du secrétariat de la CGT au gouvernement de Vichy*, *op. cit.*, p. 165), Léon Jouhaux et Pierre Laval «étaient amis à tu et à toi [et] ne s'étaient jamais perdus de vue». Avant son procès, en 1945, Pierre Laval adressera d'ailleurs deux lettres à Léon Jouhaux, recherchant son soutien et lui déclarant dans la seconde (28 septembre 1945) : «Tu peux beaucoup, et je compte sur une amitié si vieille» (B. Georges et D. Tintant, *Léon Jouhaux. Cinquante ans de syndicalisme*, *op. cit.*, p. 446-447).
2. C. Harmel, *Robert Bothereau*, *op. cit.*, 2001, p. 4.
3. R. Belin, *Du secrétariat de la CGT au gouvernement de Vichy*, *op. cit.*, p. 122.
4. Lettre d'Albert Guigui à René Belin sur le sujet. Citée par B. Georges et D. Tintant, *Léon Jouhaux. Cinquante ans de syndicalisme*, *op. cit.*, p. 443.

Pierre Laval, qu'il connaît personnellement, l'appelleraient, car la CGT ne peut pas ne pas participer à l'œuvre de régénération du pays qu'il importe d'entreprendre. Mais ce signe n'est pas venu. Léon Jouhaux en éprouvera une certaine amertume qui se transformera même en quasi-dépression[1].

L'offre de service à Vichy

Si le choix de René Belin pour le ministère du Travail ne les satisfait pas, Léon Jouhaux et la CGT donnent toutefois des gages de conformité au nouveau régime lors de la réunion du CCN, à Toulouse, le 20 juillet 1940. Constatant que « l'immense désastre subi par la France [faisait] à toutes les forces économiques l'obligation de contribuer au relèvement du Pays », les 24 représentants de fédérations et 28 d'UD présents à Toulouse décident d'abord de modifier les statuts de la confédération, récrivant son emblématique article premier qui – en écho à la charte d'Amiens – mentionnait que la CGT « a pour but de grouper sans distinction d'opinions politiques, philosophiques et religieuses, toutes les organisations composées de salariés conscients de la lutte à mener pour la disparition du salariat et du patronat ». Désormais – en écho au nouveau régime –, « la CGT se donne pour but de défendre les droits sacrés du travail, d'accroître le niveau de vie des travailleurs, de protéger la famille de ces derniers et de collaborer à la prospérité nationale ». Les mêmes s'accordent pour effacer des statuts tout ce qui concerne la grève et pour se rallier à la conciliation et à l'arbitrage des conflits du travail. Un système de collaboration tripartite – syndicats, employeurs, État – doit désormais régir les relations du travail. Selon Georges Lefranc, ce projet de « Communauté française du travail » puiserait son inspiration dans l'exemple des syndicats allemands qui, en novembre 1918, dans une situation assez analogue, ont négocié un pacte avec les employeurs qui établissait une « communauté centrale du travail », intégrant les acteurs syndicaux dans un système de relations professionnelles fondées sur

---

1. R. Belin, *Du secrétariat de la CGT au gouvernement de Vichy, op. cit.*, p. 164.

la négociation par branche. Dans la France de 1940, il s'agit donc « de donner à la "collaboration" entre toutes les organisations professionnelles d'employeurs et de salariés un cadre permanent[1] ». Enfin, les structures de la CGT se trouvent également repensées. Le niveau confédéral est transformé en un simple « comité national », chargé de coordonner des « fédérations nationales industrielles », formées de « syndicats à la base ». Tout cela paraît anticiper la politique de Vichy, en tous les cas donner des gages sérieux au nouveau régime. Cela semble le prix – assez incroyable quatre ans après le Front populaire – que les cadres de la CGT sont prêts à payer pour rester dans le jeu. Après coup, les acteurs de ce tournant expliqueront que tous ces changements – bien théoriques selon eux – ne constituaient en fait qu'un « paratonnerre[2] ». Il fallait sauver ce qui pouvait l'être... en attendant des heures meilleures.

En fin de compte, la CGT fait une offre de service au nouveau régime, adressant la résolution adoptée à Toulouse au maréchal Pétain. De leur côté, les communistes ont également tenté de jouer de nouveau un rôle au grand jour en tentant d'obtenir des Allemands la reparution de *L'Humanité*[3]. En octobre 1940, à l'instigation de l'Union des syndicats clandestins de la Seine et notamment d'Eugène Hénaff, les syndicalistes communistes contactent également les services allemands de la Propaganda-Staffel pour faire reparaître *La Vie ouvrière*[4]. L'absence de réponse des autorités, des interrogations sur ces initiatives conduisent les communistes vers une résistance passive, Benoît Frachon devenant l'un des chefs clandestins du PCF.

Du côté de la CGT officielle, le repositionnement est également rapide mais n'exclut pas non plus des ambiguïtés. Si Léon Jouhaux demeure à l'écart du régime de Vichy, c'est d'abord parce que celui-ci lui a préféré un rival. En effet, Vichy coupe

---

1. G. Lefranc, *Les Expériences syndicales en France, 1939-1950*, op. cit., p. 37.
2. B. Georges et D. Tintant, *Léon Jouhaux. Cinquante ans de syndicalisme*, op. cit., p. 273.
3. S. Courtois et M. Lazar, *Histoire du Parti communiste français*, op. cit., p. 178.
4. J.-L. Panné, *Boris Souvarine*, Paris, Robert Laffont, 1993, p. 274.

très vite les ponts avec les confédérations en prononçant leur dissolution dès le 16 août 1940 et en écartant les syndicats des comités d'organisation de branche alors mis en place pour relancer l'économie.

Selon René Belin, à travers ces comités, il s'agit de «ranimer l'économie[1]» en introduisant de nouveaux modes de régulation écartant les confédérations syndicales (CGT, CFTC et SPF) et les organisations patronales nationales (CGPF, Comité des forges, Comité des houillères) parce qu'elles auraient favorisé une «globalisation» des revendications, politisé l'action professionnelle et, ce faisant, contribué à un désordre et à un déclin auxquels le nouveau régime entend s'attaquer (mais le patronat disposera de représentants au sein des comités d'organisation, ce qui n'est pas le cas des syndicats).

À la place des «vieilles» organisations et des antagonismes traditionnels, René Belin veut jeter les bases d'une «économie dirigée» et «organiser des rapports sociaux sur des bases nouvelles»[2]. Au syndicalisme confédéral qui est banni, René Belin oppose un nouveau modèle. Il tente de le justifier dans ses Mémoires: «La France des années 1910 et encore celle de l'entre-deux-guerres pouvait s'accommoder d'un syndicalisme instable, divisé, largement minoritaire, d'abord dominé par des anarchistes, puis par des staliniens.» Compte tenu de ces «errements anciens» et de la débâcle de 1940, il importait de procéder à «l'institutionnalisation du syndicalisme ouvrier et patronal, l'organisation des rapports entre partenaires sociaux, la mise en place réelle de dispositifs de conciliation et d'arbitrage»[3].

Cette évolution néfaste conduit Léon Jouhaux à se retirer alors à Sète. Circonspect à l'égard de Vichy, il se méfie aussi du général de Gaulle. Dans un courrier adressé à René Belin à l'issue du CCN du 20 juillet 1940, Albert Guigui – autre responsable de la CGT qui ralliera bientôt de Gaulle – traduit bien l'état d'esprit qui règne alors dans la «vieille maison» syndicale: «Les hommes

---

1. R. Belin, *Du secrétariat de la CGT au gouvernement de Vichy, op. cit.*, p. 145.
2. *Ibid.*, p. 146-149.
3. *Ibid.*, p. 160-161.

qui ont été capables de bouleverser les assises demi-centenaires d'une organisation à laquelle est attaché leur nom ont été incapables de surmonter leurs rancœurs personnelles et de sacrifier leur fonction[1]. » Bref la confédération, compte tenu des événements et d'une paralysie de ses dirigeants, entre dans une quasi-léthargie. Mais tel n'est pas le cas des organisations fédérées.

Le syndicalisme continue

Pendant toute la durée de la guerre, bien des structures syndicales conservent une activité. Évoquant l'union départementale du Rhône, Jean-Pierre Le Crom mentionne par exemple: «L'activité de l'UD est très faible. Ici, comme dans les autres UD en activité, on négocie l'application des augmentations de salaire et une amélioration du ravitaillement avec le préfet ou le maire de Lyon[2].» Mais la vie syndicale demeure relativement intense dans des secteurs tels le Livre, les Cheminots, les Mineurs, ce qui indique que la CGT n'a pas perdu toutes ses troupes, ni toutes ses ressources. Par exemple, la Fédération nationale (FN) des cheminots (ex-CGT) reconquiert plus de 50 000 adhérents de 1941 à 1944. Le recrutement s'accélère à partir de 1943. Selon Georges Ribeill, cela «traduit sûrement l'influence croissante des militants communistes» qui appellent à développer l'entrisme dans les syndicaux légaux[3]. Quant à la «politique de présence», elle accapare les permanents qui ont à traiter avec les pouvoirs publics et la direction de la SNCF pléthore de sujets: «salaires, indemnités et allocations diverses, avancement vertical, primes, allocations familiales, salaires des auxiliaires, retraites et pensions, durée du travail, convention collective, caisse de prévoyance, facilités de circulation, avancement en grade, ravitaillement alimentaire, sécurité du personnel, orphelinat, prisonniers

---

1. Cité par B. Georges et D. Tintant, *Léon Jouhaux. Cinquante ans de syndicalisme, op. cit.*, p. 444.
2. J.-P. Le Crom, *Syndicats nous voilà! Vichy et le corporatisme*, Paris, L'Atelier, 1995, p. 247.
3. G. Ribeill, «Les chantiers de la collaboration sociale des fédérations légales des cheminots (1939-1944)», *Le Mouvement social*, n° 158, 1992, p. 99-100

de guerre[1] ». Dès septembre 1940, un comité d'organisation syndical, rassemblant les responsables des ex-fédérations CGT, CFTC et cadres, est créé pour constituer l'interlocuteur unique de l'État et de la SNCF. Une « charte » des cheminots est adoptée en 1943, mais sa mise en œuvre soulève des difficultés entre l'ex-CGT et l'ex-CFTC car les chrétiens repoussent l'idée d'une fusion. En février 1944, la FN tient encore un congrès qui réunit 502 délégués représentant 395 syndicats (sur 430). Elle engage alors, non sans ambivalences, son retrait des institutions de la « charte », conformément à un mot d'ordre plus général de la CGT clandestine.

Le Livre est également une des fédérations de la CGT « les moins perturbées » par la guerre[2]. Certes, ses effectifs reculent de pratiquement de moitié au début des années 1940. Mais des cotisations ne cessent pas d'être perçues, tandis que les prestations diverses – allocations chômage, maladie, vieillesse – versées par la Fédération sont toujours servies. Le Livre pratique sans états d'âme une « présence » dans de nombreux lieux. En 1941, le Livre parisien refuse – en assemblée générale – de se fondre dans le groupe corporatif mis en place dans la profession, mais il réussit à faire pression pour y être intégré ès qualités puis à obtenir des avantages divers, notamment salariaux.

Plus largement, à partir de l'automne 1941, se pose à tous les syndicats et à toutes les fédérations la question de la participation aux organismes prévus par la charte du travail qui fixe un nouveau cadre aux relations professionnelles et institue un syndicalisme unique et obligatoire. Selon les branches d'activités, les lieux ou les entreprises, l'implication des syndicats de la CGT – ou de la CFTC – se révèle à géométrie variable. Il convient aussi de faire la part entre ce qui est négocié ou prévu sur le papier et la réalité des institutions de la charte qui sont mises en place effectivement. Le double jeu – une présence dans les organismes de Vichy et, parallèlement, dans les structures

---

1. *Ibid.*, p. 100.
2. J.-P. Le Crom, « La Fédération du livre face au régime de Vichy : entre réalisme et opportunisme », *Le Mouvement social*, n° 189, 1999, p. 9.

clandestines de la Résistance – se rencontre bien souvent, surtout à partir de 1943, après l'institution de la « relève » puis du Service du travail obligatoire (STO). Par exemple Largentier, l'un des responsables du Livre parisien, évoqué plus haut, participe au groupe corporatif mis en place par Vichy en même temps qu'il tire le journal clandestin *Résistance ouvrière* ou héberge Louis Saillant, l'un des émissaires de Léon Jouhaux, quand il vient à Paris[1]. Dans les faits, la plupart des syndicats participent à des comités sociaux locaux ou d'entreprise – institués par la charte du travail – lesquels se préoccupent avant tout du ravitaillement : ce sont les fameux « comités patate ».

En 1940, malgré la dissolution des confédérations, René Belin tente également de maintenir un interlocuteur syndical central à travers un Comité syndical de coordination (CSC), qui accueille les principaux responsables de l'ex-tendance *Syndicats* ainsi que divers cadres de fédérations (Mines, Métallurgie) et d'UD. Lors d'une réunion à Paris, le 16 septembre 1940, ces responsables expriment le projet de « rénover la conscience syndicale et [de] laisser de côté les formules périmées et vide de sens. [...] Crétins, ivrognes et forts en gueule [ne doivent plus faire] la loi dans les réunions syndicales[2] ». À travers ces excès de langage, on retrouve l'idée – bien souvent formulée au cours de l'histoire syndicale – d'un syndicalisme dépassionné, réaliste et « constructif », qui apparaît dans ce cas précis fourvoyé. Le 6 octobre, les mêmes syndicalistes – soit 81 délégués représentant 11 fédérations et 29 UD de la zone sud – adoptent formellement une motion de soutien à René Belin et de remerciement au maréchal Pétain pour « l'acte de confiance qu'il nous a donné en appelant René Belin dans son gouvernement[3] ».

Il semble cependant que le maréchal Pétain – à tout le moins son cabinet –, qui s'était rallié au choix de Pierre Laval lors de la nomination de René Belin, n'apprécie guère ce dernier, jugé trop sensible aux intérêts des syndicalistes et pas suffisamment aux

---

1. *Ibid.*, p. 17.
2. Cité par J.-P. Le Crom, *Syndicats nous voilà! Vichy et le corporatisme*, *op. cit.*, p. 114.
3. *Ibid.*, p. 118.

idées sociales que cherche à propager le nouveau régime. Les heurts seront nombreux lors de la préparation de la charte du travail puis lors de sa mise en œuvre. Une note d'un membre de l'entourage de René Belin regrette ainsi que ce dernier ne soit que « le centre de ralliement et d'appui d'un certain nombre de syndicalistes qui sont de véritables professionnels de ce système [syndicaliste] et mettent tout en œuvre pour le maintien de leur profession. Ils suppléent à leur modestie numérique par une activité aussi débordante qu'officielle (journaux, réunions, semaines d'études). Mais la masse des salariés est complètement séparée de ses anciens dirigeants. Elle attend la nouvelle organisation annoncée par le Maréchal[1] ».

Les syndicalistes soutenant Vichy se divisent en réalité en deux groupes. « Les premiers, très largement majoritaires, suivent Belin [...] mais sans faire allégeance aux nazis. Représentant la majorité des fédérations, ils s'appellent eux-mêmes les Fédéraux[2]. » Les seconds, beaucoup moins nombreux, ont rallié certaines thèses du fascisme italien avant d'épouser, pour certains, la cause de Jacques Doriot et de Marcel Déat, favorables à la collaboration avec l'Allemagne.

Cet extrémisme ou ce « retournement » de militants issus des rangs de la CGT peuvent étonner. Pourtant, comme l'a montré Zeev Sternhell[3], le discours de la CGT a véhiculé dès le début du siècle le culte des minorités agissantes et de la violence, impliquant la haine de la démocratie et du libéralisme mais aussi l'antisémitisme. Zeev Sterhnell évoque par exemple un célèbre article de Robert Louzon, « La faillite du dreyfusisme ou le triomphe du parti juif », paru en 1906 dans *Le Mouvement socialiste*[4]. Des filiations intellectuelles entre certains théoriciens du syndicalisme et du socialisme (Georges Sorel, Gustave Hervé et

---

1. Cité par G. Lefranc, *Les Expériences syndicales en France, 1939-1950*, op. cit., p. 70-71.
2. J.-P. Le Crom, « La Fédération du livre face au régime de Vichy : entre réalisme et opportunisme », art. cité, p. 7.
3. Z. Sternhell, *La Droite révolutionnaire. Les origines françaises du fascisme, 1885-1914*, Paris, Seuil, 1984, p. 147.
4. *Le Mouvement socialiste*, n° 176, 1906.

l'équipe de *La Guerre sociale*, Hubert Lagardelle, qui sera un autre ministre du Travail de Vichy) avec les idées du fascisme mussolinien ont été également discutées[1]. En revanche, on s'est moins intéressé aux militants syndicaux parce que leurs écrits n'ont pas eu le même retentissement. Pourtant, bien des trajectoires individuelles suscitent des interrogations. Ainsi, on retrouve beaucoup de « syndicalistes révolutionnaires » dans les signataires du manifeste de Louis Lecoin pour une « paix immédiate », le 4 septembre 1939, puis dans la collaboration avec l'occupant. Il faut signaler aussi les cas de Georges Dumoulin, d'Aymé Rey, anciens dirigeants confédéraux de la CGT, ou encore de Pierre Vigne, secrétaire de la Fédération du sous-sol et de Marcel Roy, secrétaire des Métaux, qui lancent, fin 1940, le journal *L'Atelier*, inventant le « pétainisme ouvrier », qui prend appui sur un syndicalisme favorable à la collaboration des classes pour « aider à l'organisation de la production sur des bases nouvelles dans le cadre de l'ordre économique européen », autrement dit allemand[2]. D'autres militants, tels Jules Bled, Auguste Savoie, Georges Yvetot, Claude Liochon, Ludovic Zoretti... acceptent des fonctions souvent importantes dans l'appareil de Vichy, étant nommés membres du Conseil national, maires, conseillers généraux, conseillers municipaux...

Ces militants d'un nouvel ordre européen se retrouvent aussi au sein d'un Centre syndicaliste de propagande (CSP), constitué dans le giron du Rassemblement national populaire de Marcel Déat, ex-SFIO et « ultra-collaborationniste » qui deviendra à son tour ministre du Travail de Pierre Laval en 1944. Une partie du financement du CSP est d'ailleurs assuré directement par les Allemands et cette structure organise en novembre 1941 un congrès syndical national qui accueille 677 participants représentant 16 fédérations, 12 UD et 297 syndicats, essentiellement de la zone nord, se consacrant principalement à l'étude de la charte du travail.

---

1. S. Epstein, *Les Dreyfusards sous l'Occupation*, op. cit., 2001.
2. Cité par J.-P. Le Crom, *Syndicats nous voilà! Vichy et le corporatisme*, op. cit., p. 209.

De leur côté, les Fédéraux se retrouvent autour du journal *Au Travail* – à tonalité plus sociale et moins politique que *L'Atelier* –, que dirige Louis Bertin, secrétaire général de l'UD de Savoie et que soutient René Belin[1]. Ces responsables syndicaux s'efforcent de mettre en œuvre la «politique de présence» que Léon Jouhaux n'a pas rejetée.

Si bon nombre de responsables cégétistes firent le choix de Vichy, et quelques-uns même celui de la collaboration, les ex-centristes de la CGT – réunis autour de Léon Jouhaux –, d'abord attentistes, prirent assez rapidement leurs distances. Fin août 1940, lors d'une réunion à Sète, où s'est réfugié Léon Jouhaux, plusieurs responsables de la CGT rédigent une lettre-circulaire affirmant que, «malgré les contraintes actuelles, le mouvement syndical ne peut mourir[2]». De son côté, Robert Bothereau – membre du bureau confédéral de la CGT et bras droit de Léon Jouhaux –, qui rencontre Pierre Laval puis René Belin, à Vichy, en août et septembre 1940, refuse de se ranger aux arguments de ce dernier. Le 18 septembre, plusieurs secrétaires d'UD de la zone sud se démarquent du CSC suscité par Belin et rejettent le reniement, qui est en marche, de la CGT d'avant-guerre. Le 31 octobre, une nouvelle lettre-circulaire diffusée par les proches de Léon Jouhaux, sans mettre en cause le nouveau régime, refuse de reconnaître le CSC accusé – à mots couverts – de contribuer à la «destruction» et à la «caporalisation» du mouvement syndical. Mais cela ne signifie pas que ces responsables refusent la collaboration avec les pouvoirs publics. Comme déjà évoqué, une sorte de double jeu tend à prévaloir. Beaucoup de responsables syndicaux – même «centristes» – restent en place et collaborent avec plus ou moins de loyauté à la politique sociale de Vichy. Les «participationnistes» se trouvent «majoritaires dans la plupart des fédérations de

---

1. M. Dreyfus, «Syndicats, nous voilà... *Au Travail*», in D. Peschanski (dir.), *Vichy 1940-1944*, Paris, Éditions du CNRS/Annali Feltrinelli, 1986, p. 93-110, et D. Peschanski et J.-L. Robert (dir.), *Les Ouvriers pendant la Seconde Guerre mondiale*, Paris, IHTP-CRHMSS, 1992.
2. Cité par G. Lefranc, *Les Expériences syndicales en France, 1939-1950*, *op. cit.*, p. 44.

l'ex-CGT¹ » et cette attitude n'est – politiquement – remise en cause qu'au début 1944.

La Résistance

Une certaine dissidence émerge après la dissolution définitive des centrales syndicales, prononcée le 9 novembre 1940. Un Comité d'études économiques et syndicales (CEES) est créé et proclame – sans être clandestin – son attachement à la liberté syndicale, à travers un manifeste célèbre.

Le manifeste des 12

Ce manifeste est adopté le 15 novembre 1940 et affiche « six principes essentiels » du syndicalisme qui doit :
– « être anticapitaliste et, d'une manière générale, opposé à toute forme d'oppression des travailleurs » ;
– « accepter la subordination de l'intérêt particulier à l'intérêt général » ;
– « prendre dans l'État toute sa place et seulement sa place » ;
– « affirmer le respect de la personne humaine, en dehors de toute considération de race, de religion ou d'opinion » ;
– « être libre, tant dans l'exercice de son activité collective que dans l'exercice de la liberté individuelle de chacun de ses membres » ;
– « rechercher la collaboration internationale des travailleurs et des peuples ».

Ainsi, le CEES se pose en alternative au CSC. Il traduit aussi un rapprochement historique entre la CGT et la CFTC, plutôt sur la base des idées de la centrale chrétienne. Le manifeste du 15 novembre est signé en effet par neuf responsables « confédérés » de la CGT (mais aucun secrétaire confédéral, ce qui traduit bien l'attentisme qui continue à prévaloir) et par les trois princi-

---

1. J.-P. Le Crom, « La Fédération du livre face au régime de Vichy : entre réalisme et opportunisme », art. cité, p. 7.

paux dirigeants de la CFTC[1]. Contacté par Louis Saillant, Benoît Frachon refusera de s'associer à cette déclaration par rejet de son inspiration sociale-démocrate[2].

Le manifeste du 15 novembre 1940 est souvent invoqué comme l'acte marquant l'entrée en résistance du syndicalisme[3]. Cette vision des choses est sans doute bien idéale. En effet, certains développements du texte demeurent empreints de l'idéologie corporatiste également à l'œuvre à Vichy. De même, le manifeste se situe en retrait par rapport à la doctrine de la CGT d'avant-guerre. Surtout, la Résistance – hormis le général de Gaulle – est encore balbutiante et la plupart des syndicalistes – d'ailleurs avec la bénédiction des signataires du manifeste – acceptent en réalité la «politique de présence», au moins jusqu'en 1943, souvent jusqu'en 1944. Ce texte témoigne tout de même d'une réelle indépendance d'esprit et ne manque pas de courage, alors que le régime révèle assez rapidement sa vraie nature, que la répression s'accentue – les francs-maçons et les Juifs faisant l'objet de premières mesures d'exclusion dès août puis octobre 1940. Des sanctions (qui peuvent aller jusqu'à la révocation) sont prises à l'égard de syndicalistes enseignants, accusés – lorsqu'ils appartenaient à la franc-maçonnerie – d'avoir failli dans leurs fonctions d'éducateurs et d'avoir contribué à la démoralisation de la nation et à la défaite[4].

Sur le plan idéologique, le manifeste des 12 préconise de substituer au «régime capitaliste» un «régime d'économie dirigée» que guide «un plan de production, sous contrôle de l'État et avec le concours de syndicats de techniciens et d'ouvriers». Cela reste conforme au planisme des années 1930. Il est également

---

1. Pour la CFTC, il s'agit de Maurice Bouladoux, secrétaire général adjoint, Gaston Tessier, secrétaire général, Jules Zirnheld, président. Les signataires de la CGT sont Oscar Capocci, Léon Chevalme, Albert Gazier, Eugène Jaccoud, Robert Lacoste, Pierre Neumayer, Christian Pineau, Louis Saillant, Émile Vandeputte. Parmi ces derniers, on compte trois secrétaires généraux de fédération (Employés, Métaux et Transports), dont l'un des leaders de la tendance *Syndicats* (Oscar Capocci), qui se démarque donc de René Belin.
2. S. Courtois, *Le PCF dans la guerre, op. cit.*, p. 179-180.
3. M. Dreyfus, *Histoire de la CGT, op. cit.*, p. 202.
4. G. Brucy, *Histoire de la FEN, op. cit.*, p. 60-61.

stipulé que le syndicalisme – « mouvement professionnel et non politique » – ne peut se confondre avec l'État – « qui joue un rôle d'arbitre ». Si la politique sociale en train de se dessiner n'est donc pas explicitement repoussée, « l'organisation des professions dans des cadres rigides [aboutissant] à un système étatiste et bureaucratique » est rejetée. De même, « la suppression définitive des grandes confédérations » est considérée comme une « erreur ». Mais le « corporatisme » n'est pas rejeté. Le manifeste est favorable à la formule du « syndicat libre dans la profession organisée et dans l'État souverain ». Cependant – allusion indirecte à l'Occupation – cela ne peut valoir que pour « l'avenir ». Est-ce à dire que le CEES serait favorable à une sorte de neutralisme social en attendant la fin des hostilités ? On note encore que la « lutte des classes », tout en perdant son statut de principe, n'en demeure pas moins un « fait » que le manifeste se propose de dépasser « par un esprit de collaboration » entre les diverses catégories et le recours à « l'arbitrage impartial de l'État ». C'est sur les questions du « respect de la personne humaine » et de la « liberté syndicale » que le texte fait preuve de la plus grande intransigeance. Il mentionne explicitement que « le syndicalisme ne peut admettre […] l'antisémitisme, les persécutions religieuses, les délits d'opinion ». Quant à la liberté syndicale, elle « doit comporter le droit pour les travailleurs de penser ce qu'ils veulent, d'exprimer comme ils l'entendent, au cours des réunions syndicales, leurs pensées sur les problèmes de la profession […], le droit d'adhérer à une organisation syndicale de leur choix ou de n'adhérer à aucune organisation ».

Cégétistes et chrétiens dans la dissidence

Le manifeste des 12 consacre dans la réalité une sorte de jeu complexe avec les « bélinistes » et les institutions qui vont être mises en place – ou esquissées – à travers la charte du travail d'octobre 1941, avec plus largement l'administration de Vichy et, parallèlement – surtout à partir de 1941 –, avec la Résistance. De nombreux syndicalistes vont en devenir des organisateurs, tels Christian Pineau – l'un des signataires du manifeste –, responsable du mouvement « Libération nord » dès l'automne 1940, ou encore Robert Lacoste – autre signataire du manifeste et interlocuteur de Pierre Laval en juillet 1940 – qui intègre la direction de « Libération sud » en 1941. Mais les « centristes » – ou ex-confédérés – demeurent le plus souvent attentistes. Si Georges Buisson, secrétaire confédéral, assure assez tôt la liaison avec Londres, ce n'est qu'en août 1941 que des contacts sont établis entre Léon Jouhaux et Londres... et pas avec les Français libres dans l'immédiat. Se méfiant du général de Gaulle, qu'il pense réactionnaire, Léon Jouhaux privilégie d'abord des contacts avec les *trade-unions* et le gouvernement anglais. En décembre 1941, il accepte finalement de publier un « appel aux ouvriers » dans *Libération*, condamnant la charte du travail et appelant « la coalition des résistances françaises contre le régime de soumission à l'hitlérisme » (encadré 20)[1]. Léon Jouhaux sera arrêté peu après et assigné à résidence à Cahors.

Dans la clandestinité, les « frères ennemis » de la CGT – ex-confédérés et communistes (ou ex-unitaires) – vont progressivement rétablir des liens. Cependant, dans un premier temps, les tensions, sinon les haines, semblent particulièrement marquées. *La Vie ouvrière* – l'organe des ex-unitaires publié clandestinement – dénonce l'attitude de la CGT – ou plutôt des « bonzes de la CGT[2] » comme elle l'écrit – pendant l'été 1940. Les « bélinistes » et les « centristes » de la CGT, regroupés autour de Léon Jouhaux, sont rejetés en des termes cinglants : « Tandis que l'équipe Belin-Dumoulin-Vigne-Froideval, la plus ouvertement réactionnaire, participe directement au gouvernement des usurpateurs et des traîtres de Vichy, une autre équipe, celle qui se rangeait derrière Jouhaux, [...] suit la fraction de la bourgeoisie qui demeure derrière l'impérialisme anglais[3] ». La modification des statuts de la CGT, en juillet 1940, est tout aussi vivement critiquée. Pour Benoît Frachon – le leader des ex-unitaires –, Léon Jouhaux a consenti

---

1. Pour le texte intégral, B. Georges et D. Tintant, *Léon Jouhaux. Cinquante ans de syndicalisme*, *op. cit.*, p. 424-425.
2. Cité par G. Lefranc, *Les Expériences syndicales en France, 1939-1950*, *op. cit.*, p. 113 (extrait de *La Vie ouvrière*, 10 août 1940).
3. *Ibid.*, p. 113.

> **20. « Appel aux ouvriers » de Léon Jouhaux**[1]
>
> « Ce n'est pas dans l'exploitation de la défaite de son pays que le syndicalisme libre trouve ses raisons d'espérer. Toute l'évolution du mouvement ouvrier français est liée à la conquête et à la défense de l'indépendance nationale. Le monde ouvrier a été intimement mêlé à toutes les luttes pour la résistance à l'oppression et pour la liberté [...].
> Expression des sentiments du monde du travail, le syndicalisme ne peut reposer que sur la libre détermination des travailleurs pour le syndicalisme libre.
> Pour avoir méconnu ces vérités, la Commission appelée par la seule décision du pouvoir à rédiger la nouvelle charte du travail a fait œuvre vaine, par avance condamnée par l'immense majorité des ouvriers de toutes conceptions. [...]
> Le silence auquel la classe ouvrière française est condamnée par ses maîtres temporaires ne peut être considéré comme un acquiescement à la servitude qu'à l'instar des pays totalitaires, et sur leur ordre, on prétend lui imposer. [...]
> En silence, puisque la parole n'est plus libre, le monde ouvrier, unanime dans sa résistance à l'oppression, attend l'heure de la revanche, qui sera aussi celle de la délivrance du pays. [...]
> Pour hâter cette heure, la classe ouvrière, unie dans la liberté de pensée, apporte sa quote-part à l'effort, silencieux, mais tenace et attentif, de l'immense majorité des Français contre l'usurpateur, contre l'envahisseur [...]. »

à « une offre servile de collaboration avec le capitalisme », tandis que « l'équipe Lacoste-Chevalme-Saillant continue [...] les bavardages de l'époque du Plan »[2]. Ces invectives ne facilitent pas d'éventuelles retrouvailles. De surcroît, les ex-unitaires ont précédé les ex-confédérés dans l'apprentissage de la clandestinité et sont sans doute mieux structurés de ce point de vue. Benoît Frachon – chargé de la réorganisation du PCF depuis son interdiction en 1939 – peut s'appuyer en particulier sur des réseaux de syndicalistes, notamment en région parisienne, avec pour lieutenants Eugène Hénaff et André Tollet, anciens responsables de l'union des syndicats CGT de la région parisienne[3]. Mais ces

---

1. Texte publié dans le journal clandestin *Libération*, n° 4, décembre 1941.
2. Cité par G. Lefranc, *Les Expériences syndicales en France, 1939-1950*, op. cit., p. 113 (extrait des *Cahiers du bolchévisme*, publication clandestine du PCF).
3. Eugène Hénaff avait été également désigné au comité central du PCF en 1936 (il y siègera jusqu'en 1964) tandis qu'André Tollet avait été représentant de la CGT-U au Profintern en 1935.

réseaux, en raison de leur relatif dynamisme, sont aussi la cible des autorités qui, dès l'automne 1940, multiplient les arrestations.

Les communistes s'efforcent aussi d'encourager l'agitation sociale dans le bassin minier du Nord-Pas-de-Calais où se développe, au printemps 1941, une grève générale, mouvement spontané en faveur d'une revalorisation des salaires et d'une amélioration du ravitaillement. Le 20 juin 1941, *L'Humanité* clandestine se réjouit qu'à l'occasion de ce conflit « les mineurs communistes, ceux qui hier suivaient les socialistes, les catholiques et les gaullistes, [aient] lutté côte à côte et appris à connaître [...] où sont leurs ennemis[1] ». Mais d'autres arrestations, puis des déportations, s'ensuivent[2].

Le 22 juin 1941, l'entrée en guerre de l'Allemagne nazie contre l'URSS lève les ambiguïtés qui demeuraient sur l'attitude des communistes depuis 1939. Ceux-ci s'engagent aussitôt dans la lutte armée contre « l'envahisseur hitlérien », appelant à l'unité avec les gaullistes et les autres forces sociales. Cependant le combat qui s'engage s'avère bien inégal et, pendant de longs mois, d'une portée militaire « quasi nulle[3] ». Il conduit à intensifier la répression à l'égard des communistes et à de nombreuses exécutions collectives, comme à Châteaubriant, le 22 octobre 1941, où plusieurs responsables syndicaux sont massacrés par les Allemands : Désiré Granet, Jean Poulmarch, Charles Michels, Jean-Pierre Timbaud, Jules Vercruysse, Jean Grandel, Henri Pourchasse, Jules Auffret[4]... Pierre Sémard est également exécuté le 7 mars 1942, à Évreux.

Du côté de la CFTC, le ralliement de l'Église au régime de Vichy et les idées corporatistes portées par celui-ci auraient pu laisser supposer que la centrale chrétienne apporterait son soutien au maréchal Pétain. En fait la CFTC, comme la CGT, se

---

1. Cité par G. Lefranc, *Les Expériences syndicales en France, 1939-1950*, *op. cit.*, p. 115.
2. S. Courtois, *Le PCF dans la guerre*, *op. cit.*, p. 199.
3. S. Courtois et M. Lazar, *Histoire du Parti communiste français*, *op. cit.*, p. 187.
4. Les deux premiers étaient membres de la CA de la CGT. Ces syndicalistes étaient responsables ou ex-responsables – respectivement – des Fédérations du papier-carton, des produits chimiques, des cuirs et peaux, des métaux, du textile, des postes, des cheminots, de la Région parisienne.

divise. Certains rallient le nouveau régime, tel Jean Pérès, secrétaire de la Fédération des métaux, nommé au Conseil national et – pendant un temps – interlocuteur officiel des autorités pour les syndicats chrétiens[1]. Son attitude est loin d'être isolée. Une partie de l'appareil, pro-chartiste, est persuadée que le gouvernement de Vichy souhaite obtenir leur « collaboration particulière et qu'ils doivent en retour lui témoigner un franc et loyal soutien[2] ». Tel n'est pas le cas toutefois de dirigeants tels Jules Zirnheld ou Gaston Tessier qui, d'emblée, se montrent beaucoup plus circonspects et même plus critiques à l'égard des autorités que les responsables de la CGT.

Ainsi, début juillet 1940, Gaston Tessier, secrétaire général de la CFTC, sollicite une audience du gouvernement pour rappeler l'attachement de la centrale chrétienne à la « liberté syndicale » et à la pratique des conventions collectives et il en informe Léon Jouhaux pour tenter de donner plus de poids à cette démarche[3]. Fin juillet, ce dernier encourage d'ailleurs les contacts entre les organisations de la CGT et celles de la CFTC pour mieux sauvegarder ce qui peut l'être. Ainsi, les événements de 1940 favorisent le rapprochement entre les deux confédérations. En août 1940, Jules Zirnheld, le président de la CFTC, proteste auprès du ministre du Travail après la dissolution des confédérations, « décision erronée dans son principe et, à notre égard, particulièrement injustifiée[4] ». Le choix de René Belin pour le ministère du Travail explique probablement cette plus grande pugnacité. La centrale chrétienne entend défendre sa spécificité, tout comme elle s'opposera ensuite au syndicalisme unique imposée par la charte du travail. Elle se résout néanmoins à une « politique de présence ». Mais, très tôt, Gaston Tessier, le leader de la CFTC après la mort de Jules Zirnhel en décembre 1940, s'engage également au sein de « Libération-nord ».

1. M. Launay, *La CFTC. Origines et développement (1919-1940)*, *op. cit.*, p. 248-249.
2. C. Saudejaud, *Le Syndicalisme chrétien sous l'Occupation*, Paris, Perrin, 1999, p. 70-72.
3. *Ibid.*, p. 37.
4. Cité par G. Adam, *La CFTC, 1940-1958 : histoire politique et idéologique*, Paris, Armand Colin, 1964, p. 16.

Le 27 juin 1943, une scission se produit entre les organisations de la CFTC – fédérations et UD – qui veulent poursuivre la « participation » et les autres favorables à l'abstention[1]. La question est tranchée lors d'une réunion des représentants d'une cinquantaine d'UD et de 11 fédérations, sous la présidence de Gaston Tessier. Deux tiers des organisations optent pour l'abstention par refus du syndicalisme unique. Cela scinde l'organisation en deux groupes inégaux, certains « minoritaires » se rapprochant des militants ex-CGT qui animent *Au Travail* ou *L'Atelier*.

De la réunification clandestine de la CGT à la Libération

L'invasion de l'URSS en 1941, l'émotion soulevée par les exécutions collectives à partir de l'automne 1941 – dont celles de nombreux militants syndicaux –, un commun refus de la « relève » et du STO – à l'origine de nombreuses manifestations en 1943[2] – expliquent la réunification clandestine de la CGT. Pour autant, la crainte d'un phagocytage communiste n'a jamais véritablement disparu. En particulier, les réserves de Léon Jouhaux à l'égard de cette réunification n'ont jamais été levées. D'ailleurs celle-ci ne se produit qu'après l'arrestation du « général » en novembre 1942 puis sa déportation en Allemagne en mars 1943, où il va partager le sort d'autres otages, grandes figures de la IIIe République : Léon Blum, Édouard Daladier, Albert Lebrun, Paul Reynaud, les généraux Gamelin et Weygand. Mais les ex-unitaires font montre également d'atermoiements.

L'accord du Perreux

Dès le tournant de 1940-1941, des contacts officieux sont renoués entre les ex-confédérés et les communistes par l'entremise de Louis Saillant. Ce dernier, élu membre de la CA de la

---

1. C. Saudejaud, *Le Syndicalisme chrétien sous l'Occupation*, op. cit., p. 259-267.
2. D. Tartakowsky, *Les Manifestations de rue en France, 1918-1968*, Paris, Publications de la Sorbonne, 1997.

CGT lors du congrès de Nantes (1938), est généralement rangé parmi les ex-confédérés de la CGT et, plus précisément, parmi les « centristes », proches de Léon Jouhaux. Il est vrai qu'il fut secrétaire général de l'UD CGT Drôme-Ardèche avant la réunification de 1936. Mais – tant pour des raisons familiales que par diverses prises de position – il ne se montre pas insensible à la cause des communistes, à tout le moins dans un souci d'unité syndicale. Son père, André Saillant, fut membre de la CGT-U. Son beau-père, Henri Fritsch, est un adhérent du PCF[1]. Lui-même, en 1933, apporta son soutien au comité de défense de Georges Dimitrov, responsable de l'IC, accusé d'être l'auteur de l'incendie du Reichstag. En 1938, Louis Saillant prit également position contre « l'anticommunisme que cherchent à introduire au sein de la CGT les partisans de la division du monde du travail[2] ». En 1939, avec six autres ex-confédérés, il s'abstient lors du vote de la CA de la CGT concernant l'exclusion du BC de Benoît Frachon et de Julien Racamond. C'est donc vers lui que se tournent les communistes pour tenter de renouer officiellement le contact avec les ex-confédérés[3]. Louis Saillant – « syndicaliste de qualité » comme l'écrit le général de Gaulle dans ses Mémoires – a sans doute des dons de diplomate qui lui permettent de reconstruire une CGT unifiée. Cependant, la première rencontre – officielle – entre Louis Saillant et des émissaires de Benoît Frachon n'a pas lieu avant mai 1941, le PCF cherchant alors à susciter un Front de libération nationale. Cette rencontre n'aboutit pas. Léon Jouhaux demeure très réservé, l'alliance germano-soviétique n'étant toujours pas dénoncée. Les contacts se poursuivent en 1941 et 1942, mais la direction communiste hésite sur sa stratégie, tandis que Léon Jouhaux reste méfiant à l'égard des communistes, même après le retournement de juin 1941.

En juillet 1942, Léon Jouhaux accepte que le BC soit reconsti-

---

1. C. Pennetier, « Robert Bothereau, le troisième âge du syndicalisme », *in* M. Dreyfus, G. Gautron et J.-L. Robert (dir.), *La Naissance de Force ouvrière. Autour de Robert Bothereau*, Rennes, Presses universitaires de Rennes, 2003, p. 39.
2. Dictionnaire biographique dirigé par J. Maitron.
3. B. Georges et D. Tintant, *Léon Jouhaux. Cinquante ans de syndicalisme*, *op. cit.*, p. 278.

tué sur la base de la situation de 1939 et il pose pour conditions que priorité soit donnée à la lutte contre la « relève » et la charte du travail, au « maintien d'une activité syndicale au grand jour, [refusant] la participation syndicale à des activités armées [1] ». Cependant, tant les ex-confédérés que les communistes demeurent partagés sur le processus de réunification qui s'engage : les psychologies respectives et la crainte réciproque de se faire duper retardent les choses [2]. Un accord verbal intervient finalement au Perreux, en banlieue parisienne, le 17 avril 1943 [3]. Il est négocié entre Robert Bothereau et Louis Saillant, pour les ex-confédérés, et Henri Raynaud et André Tollet, pour les ex-unitaires. L'accord ne sera rédigé qu'un an et demi plus tard (et annexé à une circulaire confédérale du 5 octobre 1944). Il fixe que les deux tendances pratiqueront dans l'immédiat l'unité d'action et que, dès que les circonstances le permettront, une organisation unifiée sera reconstituée. Cet accord intervient sur la base de l'équilibre des forces d'avant-guerre. Conformément à une promesse du congrès de Nantes (1938) – qui n'avait pas été tenue –, les ex-unitaires obtiennent une plus forte représentation au sein du BC avec 3 délégués (au lieu de 2) contre 5 ex-confédérés (au lieu de 6) [4]. La tendance *Syndicats*, compromise avec Vichy, perd tout représentant. Léon Jouhaux – en captivité – est confirmé dans ses fonctions de secrétaire général. Concrètement, la reconstitution d'organisations – fédérations et UD – uniques s'avère une tâche ardue en raison des séquelles laissées par la rupture de 1939, d'engagements dissemblables dans la clandestinité, de détestations réciproques. Il apparaît rapidement que les communistes surclassent leurs « associés » par leur nombre, leur activisme, leur discipline [5].

---

1. *Ibid.*, p. 289.
2. S. Courtois, *Le PCF dans la guerre, op. cit.*, p. 346.
3. La négociation se déroule chez le beau-père de Louis Saillant (Henri Fritsch).
4. C. Harmel, *Robert Bothereau, op. cit.*, p. 6.
5. G. Lefranc, *Les Expériences syndicales en France, 1939-1950, op. cit.*, p. 124.

L'épuration

Parallèlement à cette réunification, la CGT prend toute sa place au sein des institutions de la France libre : Georges Buisson, l'un des membres du BC d'avant-guerre, représente la CGT au Comité français de Libération puis préside l'Assemblée consultative au sein de laquelle la confédération compte 5 représentants (3 ex-confédérés et 2 communistes). Les deux tendances de la CGT s'entendent également pour désigner Louis Saillant comme représentant unique au sein du Conseil national de la Résistance.

Le 27 juillet 1944, une ordonnance du gouvernement provisoire d'Alger rétablit les organisations syndicales dissoutes sous Vichy ainsi que leurs dirigeants respectifs, notamment les communistes qui n'avaient pas désavoué le pacte germano-soviétique, à l'exception des syndicalistes « épurés » ou condamnés pour faits de collaboration. À cette fin, une commission nationale et des commissions départementales, composées de représentants de la CGT et de la CFTC, sont mises en place à la Libération. À leur niveau respectif, ces commissions sont chargées de la reconstitution des organisations syndicales mais aussi de l'épuration de leur personnel dirigeant. Il est difficile de tracer un bilan de l'activité de ces commissions. Présidée par Oscar Capocci, de la Fédération des employés et membre de la SFIO, puis par Lucien Jayat, de la Fédération des services publics (et adhérent lui aussi de la SFIO), la commission nationale prononça 315 sanctions, dont 133 exclusions à vie du syndicalisme[1]. Cette épuration touche quelque 16 secrétaires généraux de fédération, 10 secrétaires généraux d'UD, 8 anciens membres de la CA de la CGT, 3 anciens du BC (dont René Belin)[2]. Les ex-membres de la tendance *Syndicats* sont les plus sévèrement touchés. La CFTC compte 20 condamnés, dont 8 exclus à vie.

1. J.-P. Le Crom, *Syndicats nous voilà ! Vichy et le corporatisme*, op. cit., p. 368.
2. G. Morin, « L'épuration syndicale à la Libération », *in* M. Dreyfus, G. Gautron et J.-L. Robert (dir.), *La Naissance de Force ouvrière. Autour de Robert Bothereau*, op. cit., p. 148 ; IHS-CGT et Université de Paris VIII, *Le Syndicalisme sous la botte, 1939-1945*, dossier des contributions au colloque des 1er et 2 décembre 2005.

Ces commissions d'épuration permettent parfois aux communistes d'éliminer des adversaires dans la conquête de la CGT, alors que ces derniers ont appartenu à *Syndicats* ou ont été pacifistes sans être des collaborateurs[1]. Les anciens unitaires qui ont rompu avec le PCF sont également l'objet d'une vindicte particulière[2]. Une partie de ces exclus de la CGT se retrouvent à l'origine de la création de syndicats indépendants qui se fédèrent au sein d'une CGSI (Confédération générale des syndicats indépendants) en 1951 après le refus de la CGT-FO – créée en 1948 – de les accueillir en son sein. Cette organisation réussira à s'implanter dans certaines entreprises de la métallurgie et de la chimie. Après diverses vicissitudes, la CGSI se recomposera au sein d'une CSL (Confédération des syndicats libres) et d'une CFT (Confédération française du travail).

Le pluralisme consacré

La CFTC avait connu d'importantes évolutions sociologiques et culturelles dans les années 1930, avec l'accueil en son sein d'un premier syndicat laïc (le SGEN) et sa participation spontanée aux grèves du Front populaire. La Seconde Guerre mondiale, l'attitude à l'égard de Vichy, l'engagement dans la Résistance, l'affirmation d'une nouvelle génération militante consolident ses positions, contribuant en quelque sorte à sa «sécularisation», tout en lui conférant une image plus moderne, plus populaire, plus dynamique.

L'échec de la fusion entre la CGT et la CFTC

Dans la clandestinité, la CGT et la CFTC, dont plusieurs dirigeants ont adopté en commun le manifeste du 15 novembre 1940, décident de pratiquer une unité d'action, ce qui aboutit,

---

1. P. Novick, *L'Épuration française (1944-1949)*, Paris, Balland, 1985, p. 220 *sq.*
2. J.-P. Le Crom, *Syndicats nous voilà! Vichy et le corporatisme*, op. cit., p. 369-370.

De la débâcle de 1940 à la scission de 1947 249

début 1944, à la mise en place d'un Comité interconfédéral d'entente syndicale. Ce dernier lance un appel à la « grève générale pour la Libération » le 18 août 1944. En termes lyriques, il proclame : « Unissons-nous, frères des usines et des champs, plus étroitement encore à l'ensemble de la nation. Reconquérons nos libertés. Frappez dur et ferme vos oppresseurs[1]. » La libération de Paris commence...

Cette lutte commune contre les nazis conduit la CGT à faire officiellement une offre de fusion à la centrale chrétienne, le 19 septembre 1944. La CGT propose alors l'ouverture de discussions pour « assurer à tous les échelons à chaque tendance une place proportionnée à son influence réelle[2] ». Mais la CFTC rejette cette proposition. Elle aurait préféré, selon Maurice Bouladoux, la création d'une « super-confédération » dans laquelle chaque organisation aurait conservé sa personnalité, « mais un accord interconfédéral en forme de statut aurait codifié leur collaboration permanente[3] ». La CGT oppose à ce projet une fusion pure et simple, inacceptable pour la CFTC.

Le CCN de la CGT réitère, en mars 1945, cette offre de fusion car « l'existence de deux confédérations constitue – selon lui – un état de division de la classe ouvrière, nuisible à l'intérêt de cette dernière, aussi bien qu'à l'intérêt de la nation ». Dans son rapport introductif au CCN, Benoît Frachon indique aussi que, « sur les revendications économiques et sociales, les ouvriers, quelles que soient leurs opinions ou leurs croyances, pensent de la même façon[4] ». Cependant, lors de son congrès de septembre 1945, relevant des « divergences graves entre les principes et le programme de [la CGT] et ceux de la CFTC », la confédération chrétienne confirme « fermement » son attachement au « pluralisme syndical », tout en demeurant favorable à l'unité d'action[5].

---

1. Cité par G. Lefranc, *Les Expériences syndicales en France, 1939-1950*, *op. cit.*, p. 128.
2. Déclaration du BC de la CGT, le 19 septembre 1944.
3. R. Bonéty *et al.*, *La CFDT*, Paris, Seuil, 1970, p. 148.
4. B. Frachon, *Au rythme des jours*, *op. cit.*, t. I, p. 86.
5. Cité par G. Lefranc, *Les Expériences syndicales en France, 1939-1950*, *op. cit.*, p. 143.

Les succès électoraux du MRP – aux liens étroits avec la CFTC – lors des élections législatives d'octobre 1945 puis de juin 1946 conduisent même à une contre-attaque. Les deux confédérations divergent en effet sur la gestion de la Sécurité sociale mise en place en 1945-1946, mais aussi sur les nationalisations. La CFTC récuse la désignation directe des administrateurs de la Sécurité sociale par les organisations syndicales et, plus encore, la répartition des sièges entre elles, fixée par décret sur la base des effectifs déclarés, ce qui donne alors sept fois plus de représentants à la CGT. Les chrétiens exigent des élections qui, selon eux, constituent un moyen « plus logique et plus démocratique [1] » de traduire l'influence de chaque confédération. Après de longues polémiques – et le renforcement du MRP à l'Assemblée nationale –, la CFTC obtient gain de cause. Les premières élections des administrateurs de la Sécurité sociale ont lieu le 24 avril 1947. La CGT recueille 59,3 % des suffrages exprimés, la CFTC 26,4 %. Il s'agit incontestablement d'un succès pour les chrétiens. Le « rapport de force » entre les deux organisations n'est plus que de 1 à 2,3 et, en conséquence, bien loin de celui initialement retenu. Ces résultats balayent définitivement les prétentions de la CGT à s'ériger en seul syndicat représentatif, sinon d'imposer son « monopole », d'autant plus qu'une troisième confédération, la CGC – Confédération générale des cadres – est également en train d'émerger. Ainsi, le recours à l'élection selon la règle de la proportionnelle – d'abord pour la désignation des conseils d'administration de la Sécurité sociale puis pour celle des délégués du personnel et des membres des comités d'entreprise – légitime définitivement le pluralisme syndical en France.

Lors de son congrès d'avril 1946, la CGT regrette le « refus obstiné » de la CFTC opposé aux propositions de fusion qui lui ont été adressées [2]. Les propos que développe alors Benoît Frachon témoignent d'une dégradation des relations entre les deux confédérations, d'une incompréhension foncière... et d'arguments assez caricaturaux. Le refus de l'unité par la CFTC – « confédé-

1. *Syndicalisme*, 2 mars 1946.
2. CGT, 1946, p. 28-29.

ration à caractère partisan et religieux » – est expliqué par « le désir de l'Église qu'elle représente de conserver une base de propagande et d'action dans le mouvement ouvrier ». Aucun accord n'étant possible entre les deux appareils, Benoît Frachon préconise donc de « travailler avec acharnement et persévérance à la liquidation de la division sur le lieu même du travail. Une seule section syndicale par entreprise, un seul syndicat par localité et par industrie, voilà à quoi nous devons tendre et aboutir »[1]. Ainsi il promet des heures difficiles à la CFTC.

Il est vrai que la centrale chrétienne affiche alors de nombreux désaccords avec la CGT, notamment sur le pouvoir d'achat des salaires, en s'opposant à leur blocage.

Une CFTC plus ouverte, plus indépendante

Dans le contexte de la Libération marqué par un changement de génération et face à la concurrence de la CGT, décidée à ne lui faire aucun cadeau, la centrale chrétienne doit convaincre de nouveaux adhérents. Ainsi, Marcel Poimbœuf, l'un des dirigeants confédéraux, observe lors du comité national du 4 décembre 1944 : « Que nous le voulions ou non, nous sommes condamnés, sous peine de fermer boutique dans quelques années au plus tard – et, peut-être, dans quelques mois – à devenir un mouvement de masse[2]. » Mais cette ouverture nécessaire heurte une partie de la centrale et, en premier lieu, son secrétaire général, Gaston Tessier, selon lequel le recrutement de la CFTC doit continuer à privilégier les cercles catholiques, au risque de remettre en cause sa doctrine sociale.

Cette « doctrine » constitue justement l'une des pommes de discorde qui alimente beaucoup de débats internes dans l'après-guerre. Ceux-ci sont portés par une « minorité », plus jeune, plus militante, plus ouvrière que la génération qui l'a précédée, ainsi que par le groupe de réflexion « Reconstruction ». Lancé par Paul Vignaux, secrétaire général du SGEN de 1948 à 1970, Fernand

---

1. *Ibid.*, p. 29.
2. Cité par G. Adam, *La CFTC, 1940-1958 : histoire politique et idéologique*, *op. cit.*, p. 62.

Hennebicq, des Électriciens et gaziers, Charles Savouillan, secrétaire général de la Fédération de la métallurgie et François Henry, autre dirigeant du SGEN, « Reconstruction » s'apparente à une sorte de bureau d'études et de recherches qui, de façon autonome, fédère des militants ouvriers et des intellectuels, engagés ou non dans la CFTC. Cette équipe, qui publie un journal du même nom, « repense » le mouvement ouvrier compte tenu des transformations économiques et sociales en cours et, ce faisant, veut redéfinir la place, l'organisation, l'idéologie de la CFTC.

Les relations entre la CFTC et les partis politiques constituent un autre sujet de polémiques internes, au demeurant lié à la question de l'ouverture. Quelque 38 militants de la CFTC (dont 4 membres du BC, tel Jules Catoire[1]) siègent en effet à l'Assemblée nationale élue en octobre 1945 sous l'étiquette MRP. Ils représentent plus du quart des parlementaires de cette nouvelle formation démocrate-chrétienne (et quelques-uns seront même ministres). Cela conduit à s'interroger sur l'indépendance de la CFTC, question qui accuse la césure entre une majorité et une minorité.

Après avoir essuyé un premier échec lors du congrès de 1945, la minorité réussit à imposer son point de vue en faisant adopter en 1946 une « résolution sur syndicalisme et politique » qui interdit le cumul entre mandats syndicaux et mandats politiques, inspirée de dispositions équivalentes existant à la CGT (chapitre v). Cette interdiction est totale au niveau confédéral. Elle est recommandée mais laissée à l'appréciation des organisations concernées aux autres niveaux. Ce choix implique déjà un « recentrage » sur le syndicalisme qui n'est pas sans conséquence idéologique puisqu'il creuse aussi la coupure avec les élites catholiques.

L'orientation doctrinale fait parallèlement l'objet de débats. L'article premier des statuts proclame jusqu'en 1947 : « La Confédération entend s'inspirer dans son action de la doctrine sociale définie dans l'encyclique *Rerum novarum*. » Selon certains militants – notamment ceux du SGEN –, cette référence directe à l'Église limite l'ouverture à tous les salariés, alors même que la

---

1. Portrait dans B. Béthouart, *Des syndicalistes chrétiens en politique (1944-1962)*, Lille, Presses universitaires du Septentrion, 1999.

CFTC a tout intérêt à gagner à sa cause ceux qui n'adhèrent pas au communisme – c'est-à-dire à la CGT telle qu'elle évolue – sans se reconnaître pour autant dans une institution qui peut apparaître liée au clergé catholique. Comme on l'a vu, l'accusation est d'ailleurs récurrente de la part de la CGT à ce propos.

En 1946, le SGEN préconise de remplacer la référence à la doctrine de l'Église inscrite dans les statuts par l'idée plus vague de « morale sociale chrétienne » guidant l'action syndicale. Cela ne paraît pas révolutionnaire. Mais il importe de mieux traduire l'indépendance à l'égard de l'Église. Le congrès de 1947 entérine cette récriture des statuts. De même, il n'est plus question de « faire appel au concours des forces religieuses » pour développer l'action professionnelle. Les statuts indiquent désormais que « la Confédération assume la pleine responsabilité de [son] action, qu'elle détermine indépendamment de tout groupement extérieur, politique ou religieux[1] ».

Toutes ces révisions – produits du contexte et d'une contestation interne – installent bien une nouvelle CFTC dans le paysage social et permettent de renforcer ses implantations.

Une confédération pour les cadres

La charte du travail qui avait admis une représentation spécifique des cadres – instituant un système de relations professionnelles tripartites : ouvriers et employés, cadres, employeurs –, l'échec de la fusion entre la CGT et la CFTC et du projet de constituer dans ce regroupement une organisation de cadres, l'affirmation d'une idéologie plus « centriste » favorisent l'émergence d'une nouvelle confédération syndicale, en octobre 1944 : la CGC (Confédération générale des cadres). Celle-ci va fédérer divers groupements ou amicales d'ingénieurs, de cadres commerciaux et de personnels diplômés qui existaient avant guerre. Ces derniers estiment que leurs intérêts sont trop distincts de ceux des autres salariés pour être portés par les organisations ouvrières. D'emblée, la CGC cherche à dépasser les antago-

---

1. R. Bonéty *et al.*, *La CFDT*, *op. cit.*, 1970.

nismes qui ont caractérisé jusqu'alors les relations du travail, tout en défendant une conception strictement hiérarchique de ces relations et en affirmant un rôle de médiateur social, pragmatique et réformiste. Ses fondateurs sont proches des démocrates chrétiens puis des gaullistes. Cependant les questions catégorielles l'emportent chez eux sur tout le reste.

À ses origines, la CGC revendique 80 000 adhérents. Si ce chiffre est difficilement vérifiable, la confédération rencontre la confiance des cadres lors des élections professionnelles. Dans les seconds et troisièmes collèges des comités d'entreprise, qui concernent la maîtrise et l'encadrement, elle évolue de 12 % d'audience en 1946 à 20-22 % en 1949 puis au début des années 1950, doublant la CGT[1]. Elle obtient la mise en place d'un système de retraite complémentaire pour les cadres en 1947 (accord AGIRC). Les pouvoirs publics reconnaissent la représentativité nationale de la CGC en 1948.

La CGT conquise par les communistes

La prise du contrôle des leviers confédéraux de la CGT, qui était restée inaccessible aux communistes après la révolution bolchevique de 1917 puis après la réintégration de la CGT-U dans la CGT en 1936, intervient assez facilement après la Libération, alors que la centrale connaît un nouvel afflux d'adhérents. Benoît Frachon revendique 5,5 millions d'adhérents au début 1946, répartis dans 16 000 syndicats. Si la réalité est plus proche de 4 millions[2], cela traduit bien un nouveau pic de syndicalisation, après celui de 1936-1937. Pratiquement la moitié des salariés se reconnaissent alors dans la CGT. Mais cette nouvelle « rencontre » est circonstancielle et l'organisation fissurée.

---

1. D. Labbé, *Les Élections aux comités d'entreprise (1945-1993)*, Grenoble, CERAT, 1994, p. 141-142.
2. A. Prost, « Les effectifs de la CGT en 1945 », *in* D. Peschanski et J.-L. Robert (dir.), *Les Ouvriers pendant la Seconde Guerre mondiale*, *op. cit.*, p. 391-408, et D. Labbé, *Syndicats et syndiqués en France depuis 1945*, Paris, L'Harmattan, 1996.

L'inversion du rapport des forces

Si, en 1944, les ex-confédérés demeurent majoritaires à la direction confédérale, ils sont en réalité beaucoup moins bien organisés que les communistes qui, depuis la réunification du Perreux, s'emparent méthodiquement des diverses organisations composant la CGT (tout en récusant l'idée de tendances au sein de celles-ci). Les ex-confédérés sont affaiblis par l'absence de leader. En effet, Léon Jouhaux ne rentre de captivité que le 8 mai 1945 puis sera absorbé par de nombreuses tâches, notamment internationales, qui ne lui permettent pas de gérer la confédération au quotidien, si tant est que cela l'intéresse. Robert Lacoste, dont le nom a parfois été évoqué pour la succession de Léon Jouhaux avant la guerre, préfère une carrière ministérielle, devenant ministre de la Production industrielle du général de Gaulle. Louis Saillant, qui intègre le bureau confédéral à la Libération, paraît toujours plus proche des communistes avec lesquels il a été régulièrement en contact pendant la clandestinité. Avec leur soutien, il devient président du Conseil national de la Résistance, en septembre 1944. Benoît Frachon apparaît désormais comme l'homme fort de la CGT. Il est d'ailleurs désigné secrétaire général de la CGT lors du CCN de mars 1945, et confirmé dans ce poste après le retour de Léon Jouhaux de captivité, ce qui coiffe la confédération de deux secrétaires généraux, symbolisant la coupure en deux tendances. Plus largement, il faut compter avec le climat de l'époque, extrêmement favorable au PCF, qui apparaît comme le grand parti de la Résistance (et qui n'oublie jamais de se présenter comme tel). Bien plus, il semble le vecteur de toutes les utopies. Cela séduit la nouvelle génération de syndiqués qui affluent à la CGT. Au sein de la confédération, comme dans d'autres institutions, les communistes mènent donc le jeu[1]. Ils contrôlent très vite la direction de 21 des 30 fédérations les plus importantes (dont le Bâtiment, les PTT, les Métaux, les Chemins de fer, le Textile, les Mines, l'Éclairage…), contre 10 en 1939. En

---

1. G. Lefranc, *Les Expériences syndicales en France*, op. cit., p. 141.

> **21. Les origines de *Force ouvrière*
> d'après le témoignage d'André Viot**
>
> « La machine à broyer communiste était en marche et le bureau de Bothereau était devenu le bureau des pleurs de tous ceux qui perdaient leur syndicat, leur UD ou leur fédération. Ils venaient lui expliquer comment les ex-unitaires les avaient mis sur la touche. Nous étions de plus en plus nombreux à voir enfin clair, mais nous ne savions pas comment faire face. Au printemps 1945, les événements se sont accélérés. Certains camarades ont commencé à quitter la CGT pour créer des syndicats autonomes en expliquant qu'ils ne pouvaient plus continuer dans ces conditions. Il fallait réagir. C'est également à cette époque que Jouhaux est rentré d'Allemagne. Après avoir été si longtemps coupé du monde, il avait une vision en partie fausse des réalités syndicales de l'époque. Il me disait toujours quand je lui parlais de l'emprise grandissante des communistes : "Tout le monde me dit la même chose, mais personne ne propose de solution !" Jouhaux n'était pas scissionniste, mais il n'était également pas unitaire à tous crins. Il aurait voulu qu'on lui donne une baguette magique pour s'en sortir sans perdre l'acquis matériel et moral énorme que représentait la CGT. Son retour a retardé la rupture entre les ex-confédérés et les ex-unitaires.
> Nous devions pourtant réagir avant d'être laminés par les communistes. Nous avons donc cherché à constituer un point d'appui et de rassemblement à l'intérieur de la confédération : une structure sur laquelle on pourrait s'appuyer, le cas échéant, le moment venu. On s'est alors dit que, pour mener une action cohérente et suffisamment forte, il fallait changer le titre de *Résistance ouvrière*. Lors d'une réunion, j'ai expliqué que l'époque n'était plus à la résistance mais à l'attaque, et j'ai inventé le slogan "Hier la résistance, aujourd'hui la force". Il a fait recette et nous avons ainsi tiré, le 20 décembre 1945, le premier numéro à 100 000 exemplaires. Le but était de créer une force à l'intérieur, mais pas une scission... On n'en avait pas vraiment conscience, mais c'était en fait inexorable. Un jour quelqu'un m'a dit : "Si vous continuez comme ça, vous allez dehors." [1] »

outre, comme en 1917-1920 ou 1936-1937, l'afflux de nouveaux adhérents bénéficie surtout aux organisations que dirigent les ex-unitaires. Malgré Léon Jouhaux qui se révèle assez passif, les ex-confédérés cherchent à riposter à la « colonisation communiste » qu'ils dénoncent en se regroupant autour du journal *Force ouvrière*, créé en décembre 1945. Celui-ci prend la relève de *Résistance ouvrière*, journal fondé dans la clandestinité, en 1943

---

1. D'après *FO-Hebdo* (site Internet du journal).

(témoignage d'André Viot, encadré 21). Robert Bothereau s'impose naturellement comme le leader de la tendance.

Le congrès confédéral de 1946

Le congrès confédéral d'avril 1946 – organisé à Paris – traduit bien la suprématie des ex-unitaires. Eugène Hénaff, secrétaire général de l'Union des syndicats de la région parisienne – et membre du comité central du PCF depuis 1936 – préside l'ouverture des débats. Benoît Frachon présente le rapport d'activité... depuis le dernier congrès, organisé à Nantes, en 1938, dans un tout autre contexte. Le dernier jour du congrès, un véritable triomphe est réservé au «camarade Agajanov», représentant du Conseil central des syndicats de l'URSS. Les congressistes – dit le compte rendu des débats – accueille cet orateur «debout», le saluent de leurs «vivats», «chantent l'*Internationale*» avant d'écouter religieusement l'hymne soviétique puis de lui offrir des fleurs à sa descente de la tribune. Au cours des débats, les noms des ministres communistes – Ambroise Croizat et Marcel Paul – sont également applaudis, mais rien n'est rapporté concernant Albert Gazier, ministre socialiste, lui aussi issu des rangs de la CGT, dont il a été brièvement membre du BC à la Libération. Il est vrai que, entre le discours d'ouverture d'Eugène Hénaff et le triomphe fait au représentant de l'URSS, bien des divergences ont opposé les communistes à la «minorité», ainsi que les ex-confédérés se désignent désormais, ce qui apparaît symptomatique du rapport des forces.

Les deux premiers jours du congrès sont l'occasion pour les opposants – militants de FO et de l'École émancipée de la FEN ou syndicalistes révolutionnaires qui ont passé une alliance circonstancielle[1] – de formuler de nombreuses critiques au rapport d'activité présenté par Benoît Frachon. Plusieurs reviennent sur ce qui fut la première grande crise, au niveau confédéral, de l'après-guerre, dénonçant les consignes de vote formulées par le CCN – à l'initiative de Benoît Frachon – lors du double référen-

---

1. J.-L. Validire, *André Bergeron, une force ouvrière*, Paris, Plon, 1984, p. 56.

dum d'octobre 1945. La CGT avait appelé au « oui-non », s'alignant sur le PCF: « oui » au changement de Constitution mais « non » aux institutions provisoires proposées par de Gaulle. D'aucuns regrettent que « l'esprit de la charte d'Amiens », concernant l'indépendance du syndicalisme, n'ait pas été respecté en la circonstance [1]. D'autres, tel Raymond Patoux, de l'UD du Maine-et-Loire, déplorent même que la CGT ait perdu sa « personnalité propre » et que « sa majorité [soit] impulsée par un parti politique » [2]. Dornic, de l'UD de la Sarthe, dénonce de même « la politisation systématique de nos syndicats » et un congrès dominé par une majorité « communiste... ou communisante », ce qui soulève de vives protestations [3].

La priorité donnée à la « production » par la CGT depuis septembre 1944 pour favoriser la reconstruction, ce dont Benoît Frachon et les dirigeants du PCF ont fait un véritable mot d'ordre, fait également l'objet de nombreuses critiques parce que cela a conduit à décourager toute action revendicative et *a fortiori* toute action collective, alors même que les conditions de travail sont très dégradées et, surtout, que les prix s'envolent. Ainsi, selon René Cochinard, secrétaire général de l'UD de la Marne, la CGT doit poser « la question angoissante des salaires », exiger leur « déblocage » [4]. Marcel Valière, de la FEN, réclame aussi une « revalorisation du minimum vital » ainsi que l'échelle mobile tout en dénonçant la lutte pour la production privilégiée par le BC, ce qui n'aboutit « qu'à accroître les bénéfices des trusts » [5]. Raymond Patoux, déjà signalé, reproche plus largement au BC « d'avoir délaissé les revendications primordiales de la classe ouvrière [6] ». Certains estiment même qu'il serait nécessaire de recourir à la grève et se font siffler par les « majoritaires » [7]... Cette situation se révèle d'autant plus renversante

1. CGT, 1946, p. 57.
2. *Ibid.*, p. 72.
3. *Ibid.*, p. 124.
4. *Ibid.*, p. 32.
5. *Ibid.*, p. 64-65.
6. *Ibid.*, p. 71.
7. *Ibid.*, p. 128.

qu'Henri Raynaud, syndicaliste communiste promu au BC à la Libération, réclame dans la résolution sur la législation sociale « l'extension de l'application du salaire au rendement », encourage la possibilité de faire des « heures supplémentaires indispensables au redressement national » et escamote la question de l'augmentation des salaires en lui préférant une augmentation du pouvoir d'achat au moyen d'une « stabilisation » puis d'une « diminution des prix » qui semblent bien théoriques [1].

La réforme des statuts et, en l'occurrence, des modalités de vote lors des congrès et du CCN est l'occasion d'autres passes d'armes. Là encore, Henri Raynaud défend un système de représentation proportionnelle intégrale – chaque organisation de la CGT disposerait d'un nombre de mandats proportionnel à celui de ses adhérents – contre le système de représentation proportionnelle dégressive jusque-là en vigueur de la CGT, lequel avantage les plus petites organisations, donnant « une prime au petit nombre [2] ». Ce système, développe Henri Raynaud, « risque de transformer une minorité en majorité » et constitue même « un danger pour l'unité de notre CGT, un danger pour la saine observation du minimum de discipline indispensable pour l'application des décisions prises par le Comité » [3]. Dans le contexte de divisions politiques internes, ce sujet est très sensible et c'est Robert Bothereau – l'un des chefs des « minoritaires » – qui réplique à Henri Raynaud. Il s'oppose à la proportionnelle intégrale car il suffirait alors que « cinq ou six grosses fédérations ou unions départementales aient une position commune pour imposer leurs lois et leurs décisions à l'ensemble des autres fédérations ». Cela remettrait en cause « l'essence du syndicalisme », l'importance relative de chaque organisation ne dépendant pas seulement de sa « force numérique » mais aussi de son rôle économique et social. René Clerc, de la Fédération des cheminots, va plus loin dans le raisonnement en relevant que les « grosses » organisations qui domineront définitivement la CGT

---

1. *Ibid.*, p. 353-354.
2. *Ibid.*, p. 153-154.
3. *Ibid.*, p. 154.

avec l'adoption de la réforme statutaire, soit les organisations de masse du secteur industriel d'ores et déjà conquises par les communistes, arrêtent le plus souvent leurs décisions lors d'assemblées qui ne réunissent qu'une minorité de leurs adhérents – au mieux «un dixième», selon lui, souvent moins –, et ces organisations n'ont donc pas le caractère représentatif ou démocratique qu'on voudrait leur prêter. La proportionnelle intégrale aboutira donc à confier les structures les plus importantes – et finalement la confédération – aux minorités actives [1].

Au troisième jour du congrès, Léon Jouhaux, qui n'est pas encore intervenu, présente un long rapport «sur les questions économiques et sociales et les tâches d'avenir». Le propos se révèle général, moraliste, unanimiste, même si le tableau économique de la France qui est tracé est moins optimiste que celui de Benoît Frachon et s'il critique le blocage des salaires. Léon Jouhaux fait aussi une allusion aux divisions qui agitent alors la CGT, usant d'une métaphore: «Il peut y avoir des nuages, il n'y a pas de ciel sans nuages, mais tous les nuages ne font pas l'orage, et il convient que nous essayions, les uns et les autres, par notre action préventive, de dissiper les nuages dans l'atmosphère limpide afin que chacun puisse respirer librement [2].» Léon Jouhaux paraît avoir définitivement épousé le rôle du sage, du pontife – qu'on lui reprochera parfois – qui se place au-dessus de la mêlée. En réalité, celui qui dirige la CGT depuis 1909 ne se doute pas qu'il participe à son dernier congrès.

Les votes exprimés lors du congrès montrent l'écrasante suprématie des communistes. Le rapport d'activité est approuvé par 85 % des mandats tandis que la réforme des statuts fait un score à peine inférieur: 81 % des mandats. Le rapport d'activité n'est rejeté que par 7 fédérations sur 40. Les plus critiques sont celles du public: Air-guerre-marine, Éducation nationale, Services publics. Suivent celles des Employés, du Livre, de l'Habillement, ainsi que quelques «petites» organisations: Coiffeurs, Journalistes, Pharmacie, Tabacs.

1. *Ibid.*, p. 160.
2. *Ibid.*, p. 173.

Au plan géographique, la domination des communistes est tout autant écrasante. Les partisans de Benoît Frachon obtiennent plus de 90 % des mandats – toujours lors du vote sur le rapport d'activité – dans 49 départements, notamment dans la Loire (97 %), les Bouches-du-Rhône (96 %), l'Hérault (96 %), la Seine (93 %), l'Isère (92 %) pour évoquer les départements qui concentrent le plus grand nombre de mandats. Le rejet du rapport d'activité recueille au moins 20 % des mandats dans 21 départements et dépasse même 50 % des mandats dans 8 d'entre eux : Ain (50 %), Eure (50 %), Maine-et-Loire (52 %), Haute-Marne (53 %), Mayenne (54 %), Haute-Saône (63 %), Territoire de Belfort (63 %), Manche (68 %). C'est dans le Nord que ce rejet compte le plus grand nombre de mandats, mais la ligne majoritaire y obtient tout de même les trois quarts des voix. Dans le Loiret, où Robert Bothereau a été secrétaire général de l'UD au tournant des années 1920-1930, le rapport de Benoît Frachon est largement majoritaire, avec 83 % des mandats.

La répartition des effectifs dont on dispose à l'occasion du congrès de 1946 – il s'agit de leur répartition en 1945 – montre une CGT plus « fonctionnaire » qu'avant guerre[1]. Cela traduit « le renforcement de l'appareil d'État sous Vichy[2] », tandis que le secteur privé ne redécollera véritablement qu'à la fin des années 1940. De surcroît, il est probable que, pour les fonctionnaires, la carte CGT a constitué une sorte de garantie d'emploi, alors même que les commissions d'épuration ont fait preuve d'une relative sévérité à leur égard. On observe également de nettes distorsions entre la répartition des effectifs entre fédérations et celle des mandats. Cela tient aux modalités de distribution du « pouvoir » dans la CGT qui favorisent alors les fédérations comptant de nombreux syndicats. Le système désavantage nettement les fédérations du « public », mais aussi les Métaux et le Sous-sol. En revanche, des fédérations telles, l'Agriculture ou

---

1. La répartition des effectifs de la CGT (en 1938 et 1946) et des mandats (en 1946) est consultable à : http://www.upmf-grenoble.fr/cerat/Recherche/Pages-Perso/LabbeAmiens.
2. A. Prost, « Les effectifs de la CGT en 1945 », art. cité, p. 395.

le Bâtiment sont nettement surreprésentées. Lorsqu'on redistribue les mandats de façon plus équitable entre fédérations et qu'on tente de recalculer quels auraient été les résultats des votes dans ces conditions, il apparaît que les communistes auraient obtenu une audience légèrement plus faible, avec 78 % des votes (au lieu de 85 %) pour s'en tenir au rapport d'activité. Cela tend à indiquer que la défense par la « minorité » de la proportionnelle dégressive, alors en vigueur dans la CGT, ne leur était finalement pas favorable, puisqu'ils auraient obtenu de meilleurs résultats avec la proportionnelle intégrale. C'est surtout un combat assez vain puisque, en toute hypothèse, les communistes dominent largement. Au total, le « rapport de force » qui s'exprime lors de ce congrès paraît bien moins le produit de modalités de représentation que, dans de nombreuses organisations, d'une pratique de vote par paquets de mandats, et peut-être d'une confiscation de ceux-ci, au profit quasi exclusif de la tendance animée par Benoît Frachon.

Malgré la domination des communistes lors du congrès de 1946, Benoît Frachon veille à certains équilibres politiques et au maintien d'un pluralisme de façade en faisant élire au sein de la nouvelle CA « seulement » 20 communistes sur 35 membres et en établissant un semblant de parité au BC au sein duquel siègent désormais 6 ex-confédérés, 6 communistes, un treizième siège étant attribué à Pierre Le Brun, considéré officiellement comme étranger aux deux tendances, mais qui le plus souvent se prononce comme les communistes, ainsi qu'il le fait lors du congrès de 1946 concernant la réforme des statuts. L'ouverture des archives de Moscou et la publication d'un entretien qu'eut, le 16 juin 1946, Benoît Frachon avec Mikhaïl Souslov – alors membre du comité central du PCUS, chargé des relations avec les « partis frères » – ont montré que Pierre Le Brun était un « sous-marin ». Benoît Frachon y dévoile que « le 13e membre du bureau [BC] est Le Brun, officiellement radical-socialiste, en fait membre du PC[1] ». Benoît Frachon indique aussi à son interlo-

---

1. P. Buton, « L'entretien Frachon/Souslov, 19 juin 1946 », *Communisme*, n° 35-37, 1994, p. 39.

cuteur soviétique : « À travers la CGT, nous maintenons l'influence du parti sur la classe ouvrière. » Dans un entretien réalisé en 1995, Marcel Dufriche, ancien secrétaire de Benoît Frachon, confirme l'engagement de Pierre Le Brun, son adhésion au parti, tenue secrète, remontant à la Résistance [1]. L'attitude de Louis Saillant, considéré comme ex-confédéré, est également sujette à caution, d'autant plus que, tout comme Léon Jouhaux, il est peu présent dans ses fonctions confédérales, ce qui laisse les mains libres aux communistes [2]. Il apparaît épouser la cause des communistes à la Libération qui, dès lors, lui confieront d'importantes responsabilités.

L'escalade des désaccords

Après le congrès de 1946, la cohabitation entre tendances apparaît de plus en plus heurtée. Robert Bothereau encourage la constitution de groupes FO pour tenter la reconquête de certaines organisations. Au sein de la Fédération postale, on considère qu'il est déjà trop tard. La conquête de celle-ci par les ex-unitaires, des revendications catégorielles que le gouvernement tarde à prendre en compte (c'est Maurice Thorez, alors ministre d'État et secrétaire général du PCF qui couvre le secteur), des divergences concernant un mouvement de grèves au cours de l'été 1946, conduisent ses animateurs, socialistes ou trotskistes, hostiles à la domination des communistes – et emmenés par Camille Mourguès, ancien pivertiste – à faire sécession et à fonder une nouvelle Fédération syndicaliste des PTT (qui rejoindra par la suite FO). D'autres fédérations, telles les Finances ou les Cheminots, se démarquent également, dès 1946, des mots d'ordre confédéraux, refusant toute subordination des revendications à des impératifs politiques. Mais elles n'envisagent pas de sortir de la CGT. Tel n'est pas le cas des syndicalistes révolutionnaires restés fidèles à

---

1. D. Labbé et J. Derville, *La Syndicalisation en France depuis 1945. Entretiens avec...*, Grenoble, CERAT, 1995, p. 118.
2. D. Lefebvre, « Le Parti socialiste et Force ouvrière », *in* M. Dreyfus, G. Gautron et J.-L. Robert (dir.), *La Naissance de Force ouvrière. Autour de Robert Bothereau*, *op. cit.*, p. 44.

la CGT, qui rejettent, depuis 1945, la priorité donnée à la production perçue comme une « trahison » des intérêts ouvriers, et se résolvent à quitter la « vieille maison » pour fonder, en décembre 1946, la CNT (Confédération nationale du travail). Celle-ci revendique alors 100 000 adhérents, ce qui semble très exagéré[1]. Enfin, à l'été 1947, des cheminots quittent leur fédération, affirmant leur autonomie par rapport à tout parti politique, puis ils jettent les bases d'une nouvelle organisation, embryon de la future Fédération FO des cheminots[2].

L'attitude des syndicalistes américains de l'AFL (American Federation of Labor) accentue ces tensions. Ces derniers ont refusé de rejoindre la FSM (Fédération syndicale mondiale), fondée à Paris en septembre 1945 (et dont Louis Saillant est devenu le secrétaire général), à travers laquelle ils ne voient en réalité qu'un « cheval de Troie » du communisme. Cela les conduit à soutenir la résistance aux organisations qui composent la FSM, parmi lesquelles la CGT. Leur représentant à Paris, puis à Bruxelles, Irving Brown, encourage et finance l'action des « minoritaires » de FO, et appelle de ses vœux l'émergence d'une nouvelle confédération qui concurrencerait la CGT. Dès 1946, Benoît Frachon dénonce dans *La Vie ouvrière* les menées de ce « pèlerin des réactionnaires américains à la tête d'une officine de provocations antisoviétique, d'attaques contre la FSM et de division de la classe ouvrière[3] ».

En 1947, la guerre froide, qui a commencé précocement dans les rangs de la CGT, accentue les heurts entre communistes et « minoritaires » de la centrale syndicale. D'autant plus que Léon Jouhaux, élu président du Conseil économique et social en avril 1947, joue de moins en moins un rôle de modérateur entre tendances. Le « drame » de la rupture – ainsi que l'a désigné Robert Bothereau[4] – se noue à l'automne. La fin du tripartisme en mai

---

1. C. Chambelland, « La minorité à la naissance de Force ouvrière », *in ibid.*, p. 61 ; A. Bergounioux, *Force ouvrière*, Paris, Seuil, 1975, p. 41.
2. M.-L. Goergen, « Les dirigeants de la Fédération FO des cheminots à l'époque de Robert Bothereau », *in* M. Dreyfus, G. Gautron et J.-L. Robert (dir.), *La Naissance de Force ouvrière. Autour de Robert Bothereau*, *op. cit.*, p. 100-101.
3. B. Frachon, *Au rythme des jours*, *op. cit.*, t. I, p. 170.
4. R. Bothereau, « Le drame confédéral », *Force ouvrière*, octobre 1947.

1947, et donc la désunion entre communistes et socialistes, ces derniers étant étroitement liés aux « minoritaires » de FO, puis la conférence des partis communistes de Sklarska-Poreba, en Pologne, fondant le Kominform et intimant au PCF de développer l'activisme pour faire échec au plan Marshall et déstabiliser le gouvernement, expliquent cette accélération des événements. Fin octobre 1947, le comité central du PCF entérine cette ligne nouvelle et appelle à la mobilisation générale. Début novembre 1947, le CCN de la CGT transpose au niveau syndical ces nouvelles directives et encourage la multiplication des luttes sociales, ce qui est relativement aisé en raison d'un mécontentement latent lié à la hausse des prix et aux insuffisances persistantes du ravitaillement.

Entre-temps, les 8 et 9 novembre 1947, les « amis de FO », constitués en association, réunissent une conférence, salle Lancry à Paris, pour préciser leur stratégie. Une centaine de militants, « minoritaires » du BC et de la CA, représentant diverses fédérations ou UD, ont répondu présent. Robert Bothereau indique que la ligne éditoriale de *Force ouvrière* se veut encore une « position moyenne[1] ». Cela traduit la volonté de ne pas « couper les ponts » avec les « majoritaires ». Le leader de FO croit toujours possible une « reconquête de l'organisation syndicale ». D'autres responsables, notamment Léon Jouhaux, partagent la même analyse. Les militants locaux, plus en prise avec les réalités vécues à la « base », sont plus sceptiques et favorables à une rupture qui leur semble inéluctable. Selon un témoignage d'André Viot, qui fut rédacteur en chef de *Force ouvrière* à partir de 1945 :

> Il y avait deux tendances [à Lancry] : les partisans d'une scission immédiate [...] et les temporisateurs, largement majoritaires. [...] Jouhaux était discret, il ne faut pas oublier que c'était lui l'artisan de l'édification de la CGT depuis le début du siècle. [...] Il n'était pas partisan de la scission ; jusqu'au bout il aurait voulu « sauver

---

1. G. Gautron, « Robert Bothereau devant la scission », *in* M. Dreyfus, G. Gautron et J.-L. Robert (dir.), *La Naissance de Force ouvrière. Autour de Robert Bothereau*, *op. cit.*, p. 160.

les meubles », c'est-à-dire que la tendance Force ouvrière obtienne satisfaction sur le problème de la démocratie interne et puisse « remonter le courant ». Il savait que nous allions perdre énormément, et la CGT aussi ; il savait mieux que quiconque dans quelle détresse matérielle et morale nous allions tomber. Il avait vu juste. [...] Pour Bothereau, c'est plus difficile à définir. Je crois qu'au fond de lui-même, il était pour la scission mais il ne voulait pas le montrer. Il avait des adversaires, mais à partir du moment où il s'est affirmé pour la scission tout le monde devint pro-Bothereau [1].

La résolution adoptée lors de cette assemblée marque la volonté des minoritaires de poursuivre « la lutte à l'intérieur de la CGT », mais elle dénonce « comme dangereuse pour l'unité syndicale et la force du syndicalisme ouvrier la recherche systématique des postes de direction par les militants d'un parti politique en vue de faire du mouvement syndical un instrument de ce parti ». Elle réprouve une « politisation des organisations » menaçant l'unité de la CGT. Elle décide d'« engager l'action pour la démocratisation de la CGT sur la base de la libre consultation de tous les salariés, [ce qui exige] la pratique du suffrage universel et secret dans la vie syndicale » [2]. Cependant les majoritaires rejettent ce coup de semonce. Ils poussent à leur tour à la rupture qui semble une hypothèse logique depuis l'échec du tripartisme. Marcel Dufriche, ancien secrétaire de Benoît Frachon, confie rétrospectivement :

« Quand Ramadier a chassé les communistes [fin du tripartisme en mai 1947] et que la guerre froide a commencé, la situation est devenue impossible. Dès lors qu'il y avait rupture entre le Parti communiste et le Parti socialiste, il nous a semblé naturel que cette rupture soit transposée sur le plan syndical, et puisque les socialistes étaient minoritaires, ils n'avaient qu'à partir. Donc, à partir d'un certain moment, il a bien fallu que Léon Jouhaux et Benoît Frachon conviennent que ça ne pouvait plus durer comme ça. Jouhaux a essayé de retarder la scission mais, à partir

1. *Ibid.*, p. 161-162.
2. *Ibid.*, p. 162.

de l'automne 1947, Benoît Frachon ne lui a plus fait de cadeau[1]. »

De fait, le CCN qui suit la réunion de Lancry, les 12 et 13 novembre 1947, se révèle particulièrement houleux. Lors de celui-ci, les majoritaires adoptent une motion présentée par Lucien Molino, de l'UD des Bouches-du-Rhône, membre de la CA de la CGT (et de la direction du PCF), qui riposte à la déclaration de Lancry en affirmant que « sous le prétexte mensonger de défendre les syndicats contre une emprise politique imaginaire [...] on veut enchaîner la CGT dans la croisade anticommuniste derrière laquelle s'abrite l'action des ennemis de la République[2] ».

Marcel Dufriche confirme que « la rupture a vraiment eu lieu » lors de ce CCN, en raison de la motion présentée par Lucien Molino. Il indique que ce texte était évidemment inacceptable pour Léon Jouhaux et ses amis et précise encore que « ce document a été écrit [en fait] devant [lui], dans le bureau de Frachon et quasiment sous sa dictée. Lucien Molino n'aurait rien fait de sa propre initiative ! [...] Nous voulions les faire partir par n'importe quel moyen tout en les accusant d'être scissionnistes. C'était l'étiquette social-démocrate qui nous cachait tout : derrière cette étiquette, on ne voyait plus l'homme, le syndicaliste. Depuis 1917, l'ennemi principal, c'était la social-démocratie, les réformistes. C'étaient eux qui empêchaient la classe ouvrière de se libérer, de faire la révolution ; c'étaient eux qui collaboraient avec le capital, qui colportaient des illusions, qui désarmaient la classe ouvrière au lieu de la mobiliser. Bref, c'étaient des traîtres et leur départ était une victoire »[3].

Si Benoît Frachon estime qu'une sorte de point de non-retour a été atteint, il est conscient que la scission sera aussi une source de difficultés pour la CGT. « C'est pas une réjouissance », confia-t-il à André Tollet, alors membre du BC[4]. Il est vrai que

---

1. D. Labbé et J. Derville, *La Syndicalisation en France depuis 1945. Entretiens avec...*, op. cit., p. 117.
2. Cité par G. Gautron, « Robert Bothereau devant la scission », art. cité, p. 163.
3. D. Labbé et J. Derville, *La Syndicalisation en France depuis 1945. Entretiens avec...*, op. cit., p. 118.
4. A. Tollet, *Ma traversée du siècle. Mémoire d'un syndicaliste révolutionnaire*, op. cit., 2002, p. 67.

la surface de l'organisation allait se trouver réduite, son monolithisme renforcé, une partie de ses équipes décapitées.

Lors du CCN de novembre 1947, les deux tendances se déchirent également sur le projet des communistes de lancer un « Manifeste aux travailleurs de France » qui pose le principe d'une consultation de tous les salariés, syndiqués ou non, sur le programme de la CGT, ce à quoi s'opposent les minoritaires, qui craignent d'être définitivement débordés et défendent la consultation des seuls syndiqués. Léon Jouhaux dénonce une manœuvre qui aboutit à « faire déterminer [l'activité de la CGT] par des travailleurs inorganisés ou appartenant à des groupements extérieurs à la CGT[1] ». Six secrétaires confédéraux (dont Louis Saillant qui, toutefois, n'a pas participé au débat), 9 membres de la CA, 9 délégués de fédérations et 14 d'UD adoptent cette résolution, mais cela ne représente que 11 % des mandats du CCN.

La question de l'aide américaine constitue une autre pomme de discorde. Robert Bothereau, pour les minoritaires, se fait l'avocat de l'utilité de cette aide, mais il ne parvient à rallier que 13 % des mandats du CCN. Lors de ce vote – et au contraire du précédent –, Louis Saillant se désolidarise des ex-confédérés, expliquant que, « s'il fallait choisir entre le capitalisme et l'URSS, je serais pour ma part avec l'URSS[2] ». Le plan Marshall est donc rejeté parce que « partie d'un plan d'asservissement aux trusts capitalistes américains et de préparation d'une troisième guerre mondiale ». Ce sujet et, plus largement, les questions internationales semblent toutefois moins déterminants dans la rupture que les grèves qui se développent fin 1947[3]. À l'origine, le discours prononcé par George Marshall, le 5 juin 1947, n'avait d'ailleurs pas provoqué de réaction particulière de la part des syndicalistes français. Et, en 1946, Benoît Frachon n'avait pas désapprouvé

---

1. Déclaration de Léon Jouhaux au CCN des 12-13 novembre 1947. Cité dans B. Georges et D. Tintant, *Léon Jouhaux. Cinquante ans de syndicalisme*, op. cit., p. 406.
2. Cité dans A. Bergounioux, *Force ouvrière*, op. cit., p. 85.
3. J.-M. Pernot, « Les relations internationales et les débuts de la CGT-FO », in M. Dreyfus, G. Gautron et J.-L. Robert (dir.), *La Naissance de Force ouvrière. Autour de Robert Bothereau*, op. cit., p. 203.

les accords Blum-Byrnes qui avaient déjà apporté à la France des crédits américains.

Les empoignades redoublent en effet à l'occasion des grèves de l'automne 1947. La « minorité » ne se reconnaît pas dans leurs mots d'ordre, leurs débordements, leur violence, dont de nombreuses actions de sabotage, qui culminent avec le déraillement de l'express Paris-Lille, à Arras, le 3 décembre 1947, faisant 16 morts[1]. Postérieurement, Auguste Lecœur, l'un des dirigeants du PCF à l'époque, mettra directement en cause la fédération du PCF :

> Le déraillement, c'est une bavure. [...] C'est le fait de gens qui ne se sont pas aperçus que la guerre était terminée et cette bavure n'est pas la seule : il y en a eu en Bretagne, dans le Midi. [...] Un militant actif de la gare d'Arras, un cheminot, possède la liste des trains qui passent. Il vient trouver le secrétaire [du PCF]. Il lui dit : [...] un train de CRS va débarquer à Arras pour faire reprendre de force [le travail] aux mineurs ou les massacrer [ce qui était faux]. Les types de la direction fédérale prennent trois ou quatre gars [...], vont sur la voie, déposent des explosifs, des barres, et le train déraille[2].

Tandis que les communistes mettent en place, fin novembre, un comité national de grève, dirigé par René Arrachard, de la Fédération du bâtiment, qui tend à se substituer aux organismes statutaires de la CGT, Léon Jouhaux dépense beaucoup d'énergie pour favoriser la négociation et trouver une issue à un mouvement jugé totalement aventureux. Un récit d'André Tollet, concernant le fonctionnement de ce comité, montre bien – sans doute au corps défendant de son auteur – tout le désordre et l'irresponsabilité de cette entreprise :

> Il s'était formé un comité central de grève sous la direction d'Arrachard. [...] Il comprenait quelques secrétaires de fédérations, Dufriche comme secrétaire de Benoît [Frachon] et moi.

---

1. C. Chevandier, *Cheminots en grève ou la Construction d'une identité (1848-2001)*, op. cit., p. 255-256.
2. G. Bourgeois, « Sur les brisées d'Auguste Lecœur », *Communisme*, n° 55-56, 1998, p. 183-253.

Benoît n'y a jamais participé. Avec Arrachard, ça marchait à la hache, ça durait des temps infinis. Un soir, je me suis endormi sur la table, les autres dormaient aussi tout debout et, le lendemain matin, je me suis fait engueuler par Bossus qui me demande quelle connerie nous avions faite en faisant couper le gaz et l'eau et qu'il avait sur les bras les protestations des femmes. Je n'avais rien entendu. J'en ai parlé avec Dufriche qui était soi-disant réveillé mais ne se rappelait pas ce qui avait été décidé. On ne s'explique pas bien ce rôle d'Arrachard parce que ce n'était pas le bâtiment qui était le plus impliqué dans ces grèves. [...] Moi, je me suis toujours demandé pourquoi Benoît [le] soutenait [1].

Le 9 décembre 1947, obtenant des concessions qu'il juge satisfaisantes de la part du gouvernement, Léon Jouhaux s'apprête à appeler à la reprise du travail quand le comité national de grève fait de même dans un communiqué qui accuse également les «briseurs de grèves» (signé par les dirigeants majoritaires de la CGT et par Louis Saillant, qui a définitivement choisi son camp).

La scission de Force ouvrière

Quelques jours plus tard, à la veille d'un autre CCN, une nouvelle conférence nationale des «amis de FO» se tient salle des Horticulteurs à Paris. Quelque 250 à 300 militants tirent les enseignements des grèves qui viennent de se produire. Elles ont parfois dégénéré en coups de poing entre cégétistes de tendances opposées. Bien des ressentiments s'expriment. «Nombre de militants sont définitivement lassés d'être brimés, calomniés, injuriés et brutalisés lorsqu'ils n'obéissent pas au doigt et à l'œil aux nouveaux maîtres confédéraux», se souvient André Bergeron, alors jeune militant de FO, qui participa à la réunion des 18 et 19 décembre [2]. La scission est finalement votée par 80 % des

---

1. A. Tollet, *Ma traversée du siècle. Mémoire d'un syndicaliste révolutionnaire*, op. cit., p. 66.
2. A. Bergeron, *Mémoires*, Paris, Le Rocher, 2002, p. 57.

voix en dépit de réserves formulées jusqu'au bout par Léon Jouhaux. En fait, la rupture est imposée par des responsables de base aux leaders qui n'en veulent pas. Plus globalement, « ce fut la conjonction des organisations "autonomes", d'une grande part des socialistes, des départements où la grève avait été la plus dure, qui déclencha la scission[1] ».

La résolution adoptée souligne que, « malgré le solennel avertissement lancé par la minorité, la majorité confédérale pour des fins étrangères au syndicalisme n'a pas hésité à lancer la classe ouvrière dans une aventure qui ne pouvait que rompre l'unité syndicale ». Il est également indiqué que « les éléments minoritaires du bureau confédéral risquent dès maintenant de n'être que des otages au sein de l'organisation ». Dès lors, il est décidé que « la véritable Confédération générale du travail continue en dehors de l'organisation existante » et un appel est lancé à tous les syndicats « pour préparer dès que possible un congrès constitutif de la véritable Centrale confédérée de tous les travailleurs ». La scission est votée par 15 groupes fédéraux contre 1 (et 2 abstentions) et par 37 groupes départementaux contre 4 (et 12 abstentions). À la suite de quoi, 5 secrétaires confédéraux donnent leur démission du BC de la CGT : Léon Jouhaux, Robert Bothereau, Albert Bouzanquet, Georges Delamarre, Pierre Neumayer. En revanche, comme c'était prévisible, Louis Saillant demeure fidèle à la CGT et conserve les rênes de la FSM... jusqu'en 1969, devenant un compagnon de route fidèle aux Soviétiques[2].

Un peu plus de deux ans après la fin des hostilités, le paysage syndical se trouve donc bouleversé. De nouveau, la CGT a éclaté, engendrant deux organisations qui, longtemps, vont se combattre, tout en renonçant finalement à se retrouver. Les réunifications de 1936 et de 1943 ont manifestement été trop coûteuses en

---

1. A. Bergounioux, *Force ouvrière, op. cit.*, p. 87.
2. Outre la notice de Louis Saillant dans le dictionnaire biographique dirigé par J. Maitron, on se reportera à quelques remarques d'André Tollet dans ses Mémoires (*Ma traversée du siècle. Mémoire d'un syndicaliste révolutionnaire, op. cit*, p. 93-95) sur ce personnage qui traverse toute une partie de histoire de la CGT et mériterait une étude plus approfondie.

termes idéologiques mais aussi psychologiques. Mais c'est sans doute le développement de l'institutionnalisation du syndicalisme, renforçant les ressources et les rentes de situation respectives, qui interdit de reconstruire une unité, à jamais mythique. Il est vrai que la Libération a consolidé également l'influence de la CFTC et marqué la création d'une nouvelle confédération, la CGC. Cela installe le pluralisme syndical en France... mais la syndicalisation, après une courte euphorie, ne suivra pas.

Chapitre VII

Les Trente Glorieuses : apogée du syndicalisme ?
(1948-1977)

La courte période qui s'étend de la Libération à l'éclatement de la guerre froide marque une redistribution des « cartes » du syndicalisme avec la scission entre la CGT et FO, l'affirmation de la CFTC, l'émergence de la CGC. Ce développement du pluralisme s'accompagne d'un regain de syndicalisation que cassent brutalement les événements de l'automne 1947. Mais, alors qu'en 1920-1922 le reflux de la syndicalisation, consécutif à des événements assez comparables, avait ramené son niveau à moins de 10 % de la population active salariée, celui-ci va se maintenir aux environs de 20 %, avant de remonter à partir de 1960-1962. En dépit de difficultés dans les années 1950, cela traduit bien un renforcement du syndicalisme, ce qui est d'autant plus remarquable que, pendant cette période, la population salariée s'accroît. Or, si dans ces conditions le taux de syndicalisation se maintient, cela signifie que les syndicats gagnent de nouveaux adhérents et que ceux-ci leur restent plus longuement fidèles. On ne peut donc parler de crise syndicale. C'est le contraire qui prévaut.

Certes, dans un premier temps, le tournant de 1947 conduit surtout à renforcer les sectarismes respectifs. Ainsi, les employeurs, qui ont dû faire profil bas depuis la Libération en raison de collusions avec Vichy, reprennent en main les relations professionnelles et, dans la période qui suit, ne se montrent guère réceptifs à l'égard d'interlocuteurs syndicaux qui, il est vrai, dans le cas de la CGT, privilégient à nouveau le combat de classe. Mais les années de l'après-guerre ouvrent également un renouvellement des générations. Les derniers militants d'avant 1914 – que personnifie Léon Jouhaux [1] – s'effacent définitivement. La génération des années 1920 et 1930 – celle de la rupture puis de la réunification de la CGT, celle des fondateurs de la CFTC – a vieilli mais tient toujours les rênes des deux organisations principales, avec Benoît Frachon au secrétariat général de la CGT et Gaston Tessier à la présidence de la CFTC. Mais une nouvelle génération s'impose progressivement. À la CGT, elle marque le triomphe du « communisme syndical ». À la CFTC, elle œuvre à la déconfessionnalisation et à la transformation en CFDT. À FO, elle permet à cette nouvelle confédération de percer.

La CGT dans les années 1950

La CGT s'est efforcée d'effacer aussi vite que possible les traces de la scission de 1947. Elle maintient un pluralisme apparent au sein de ses organes de direction tout en s'arrimant solidement au PCF.

Les conséquences de la scission

Les membres du BC qui sont partis à FO sont immédiatement remplacés par des militants non communistes restés fidèles à la CGT : Lucien Jayat, de la Fédération des services publics (et adhérent de la SFIO qui l'exclura en 1948 pour sa fidélité à la CGT), Jacques Marion, du Spectacle, Jules Duchat, du Bâtiment, Yves Dellac, des Cheminots, qui sera « démissionné » de son poste en 1950 pour ses prises de position en faveur de la Yougoslavie de Tito. Un second secrétaire général est également désigné pour remplacer Léon Jouhaux : Alain Le Léap qui dirige alors l'Union générale des fédérations de fonctionnaires (UGFF). L'homme est considéré en interne comme une « personnalité brillante » et indépendante [2]. Ce choix vise aussi à limiter la fuite

---

1. Pour ce qui concerne la CFTC, Jules Zirnheld est mort en 1940.
2. Témoignage de M. Dufriche dans D. Labbé et J. Derville, *La Syndicalisation en France depuis 1945. Entretiens avec...*, *op. cit.*, p. 119.

vers FO des syndicats de fonctionnaires, majoritairement dirigés par des militants ou sympathisants socialistes. Une grande partie des cadres et des adhérents passe néanmoins du côté de la confédération nouvelle, sans que l'on puisse chiffrer précisément le flux[1]. Arrêté lors du « complot des pigeons », en 1952, Alain Le Léap sera profondément éprouvé par un séjour de huit mois en prison puis, en 1956, par l'écrasement du soulèvement hongrois par les Soviétiques... qui venaient de lui attribuer le prix Staline de la paix. Il choisit alors de quitter la direction de la CGT en 1957, mais demeure un « compagnon de route » du parti, se faisant élire maire du Pradet, dans le Var, sous l'étiquette communiste. Après ce retrait d'Alain Le Léap, Benoît Frachon reste donc seul secrétaire général en titre.

Au lendemain de la scission, la CGT se trouve confrontée à une chute spectaculaire de ses effectifs. En 1945, elle a retrouvé plus de 4 millions d'adhérents (en respectant la convention de 9 timbres mensuels par adhérent). Mais elle éprouve beaucoup de difficultés pour fidéliser tous les syndiqués recrutés dans l'euphorie de la Libération[2]. La scission aggrave cette situation : en un an, la CGT perd 1 à 1,7 million d'adhérents selon les sources[3]. Mais la chute ne découle pas tant d'une captation d'effectifs par FO – ce flux reste limité – que de désengagements purs et simples. En effet, une scission ne coupe pas une organisation en deux, mais en trois : il y a ceux qui lui restent fidèles, ceux qui partent et ceux – souvent les plus nombreux – qui renoncent et se désaffilient. De fait, de 1947 au début des années 1950, la CGT perd la moitié de ses effectifs tandis que FO n'en récupère qu'une petite partie : elle compte environ 300 000 adhérents à ses origines, et même un peu moins au début des années 1950[4]. Marcel Dufriche souligne combien ces « pertes » surprirent la CGT et, rétrospectivement, il y voit la conséquence de

---

1. *Ibid.*, p. 118 ; J. Siwek-Pouydesseau, *Les Syndicats de fonctionnaires depuis 1948*, Paris, PUF, 1989, p. 56-57.
2. A. Prost, « Les effectifs de la CGT en 1945 », art. cité, p. 393-394.
3. D. Andolfatto et D. Labbé, *La CGT. Audience et organisation depuis 1945*, Paris, La Découverte, 1997, p. 222-235.
4. D. Labbé, *Syndicats et syndiqués en France depuis 1945*, *op. cit.*, 1996.

« ces scissions répétées, ce sectarisme, ces heurts constants, ces affrontements [qui] ont découragé les adhérents et affaibli tout le mouvement syndical. Cela a donné une image déplorable des syndicats : divisés, politisés, sectaires... Chez les salariés, il s'est développé un scepticisme quant à la valeur de l'activité syndicale elle-même »[1]. Et Marcel Dufriche de mentionner encore que « l'une des raisons essentielles de l'affaiblissement du mouvement syndical [c'était] l'emprise du parti communiste sur la CGT ».

Le « complot des pigeons »

La CGT des années 1950 s'aligne étroitement sur les thématiques du PCF et finit par renoncer à toute autonomie, à tout le moins dans les domaines de la politique intérieure et des relations internationales, selon la division des tâches entre ce dernier et le syndicat caractéristique de la conception marxiste-léniniste. Ainsi, en 1952-1953, la CGT se retrouve impliquée dans l'affaire dite du « complot des pigeons », symptomatique du climat de guerre froide qui règne alors, mais sans grand rapport avec l'action syndicale. Cependant cette affaire polarise les énergies militantes pendant plus d'un an. Les communistes privilégient alors la lutte contre l'impérialisme américain, tandis que les gouvernements occidentaux cultivent un anticommunisme qui, aux États-Unis, culmine avec le maccarthysme. Ce « complot » commence avec la participation des syndicats CGT de la région parisienne à la manifestation du 28 mai 1952, organisée par le PCF, contre la venue à Paris du général Ridgway, nommé à la tête de l'OTAN après avoir été commandant en chef en Corée, où il aurait, selon les communistes, eu recours à des armes bactériologiques (ce qui se révéla inexact). Cette manifestation, qui avait été interdite par la préfecture de police, donne lieu à des affrontements violents (qui font un mort et de nombreux blessés) et se conclut par l'arrestation de nombreux militants. Parmi eux

---

1. D. Labbé et J. Derville, *La Syndicalisation en France depuis 1945. Entretiens avec...*, *op. cit.*, p. 119.

se trouve Jacques Duclos, alors à la tête du PCF en l'absence de Maurice Thorez, en URSS. Le dirigeant communiste est appréhendé en possession d'un revolver, d'une matraque, d'un poste de radio (qui lui aurait permis d'écouter les communications de la police), de deux pigeons (on prétendra que c'était pour communiquer avec les Soviétiques) et, surtout, d'un carnet dans lequel il consignait toute l'activité interne du parti (et véritable mine de renseignements pour la police)[1]. Jacques Duclos et les autres militants arrêtés sont inculpés d'atteinte à la sûreté de l'État et incarcérés. Les dirigeants du PCF et ceux de la CGT lancent aussitôt de nombreuses actions de protestation pour leur libération, dénonçant une « agression fasciste » et une évolution vers une « dictature » sous contrôle américain[2]. De son côté, la police perquisitionne des locaux de la CGT et procède à de nouvelles interpellations, parmi lesquelles celles d'André Tollet, membre de la CA de la CGT, de Lucien Molino, membre du BC (et du BP du PCF), et d'Alain Le Léap, secrétaire général, tandis que Benoît Frachon parvient à échapper aux policiers et doit renouer avec la clandestinité. Comme les responsables communistes également appréhendés, ils sont soupçonnés d'espionnage au profit de l'URSS[3]. Cependant l'instruction piétine et tout le monde est libéré après les grèves d'août 1953.

Traduction du climat idéologique et des sectarismes de l'époque, ce « complot » témoigne aussi de l'épuisement de certaines pratiques syndicales. Depuis la scission, voire les années de clandestinité, la CGT recourait bien souvent à l'intimidation, faisait le coup de poing, développait un activisme débridé. Cela avait engendré de la crainte de la part des salariés à son égard, tout en confirmant les employeurs dans une attitude répressive, le tout expliquant la désyndicalisation du tournant des années 1940-1950[4]. Au printemps 1952, seule une petite minorité des

---

1. P. Robrieux, *Histoire intérieure du parti communiste*, t. II, Paris, Fayard, 1981, p. 304.
2. B. Frachon, *Au rythme des jours*, op. cit., t. I, p. 506-507 et 542-543.
3. M. Pigenet *in* É. Bressol *et al.*, *La CGT dans les années 1950*, Rennes, Presses universitaires de Rennes, 2005, p. 452.
4. *Ibid.*, p. 455 (témoignage de Roger Linet).

salariés acceptent de suivre des mots d'ordre plus souvent politiques que syndicaux et de participer aux bagarres – au sens littéral du terme – qui en découlent.

En 1952, les actions lancées pour la libération des « camarades » emprisonnés sont des fiascos. Certains salariés s'organisent même pour faire échec à ces mobilisations[1]. Il s'ensuit de nombreux revers de la CGT aux élections professionnelles. Cela oblige la direction de la CGT à un certain « recentrage » sur des revendications économiques et sociales. En 1954-1955, certains responsables « activistes » de la période – Lucien Molino, du BC, André Lunet, secrétaire des syndicats de la région parisienne, Roger Linet, secrétaire de la CGT aux usines Renault de Boulogne-Billancourt – se voient sanctionnés : ils ne retrouvent pas leur siège au BC (s'agissant de Lucien Molino) ou au comité central du PCF (les trois étant concernés) alors même qu'ils ont agi sur ordre. Mais la technique de la purge, caractéristique du communisme, doit permettre à la CGT – et au PCF – de rebondir.

Le programme économique de la CGT

Dans l'après-guerre, sous la houlette de Pierre Le Brun, spécialiste de la planification, la CGT a réfléchi à un ambitieux programme économique, qui soulève également la question des liens avec le PCF. Le congrès de 1948 en entérina une première version, puis le CCN d'octobre 1950 adopta un « Programme économique de paix, d'indépendance nationale et de progrès social ». Celui-ci se voulait une contribution de la CGT aux luttes contre les guerres d'Indochine et de Corée, tout en détaillant une politique de grands travaux, d'aide au développement de l'outre-mer, de lutte contre l'inflation.

En 1952, un programme, plus complet et plus structuré, est élaboré par le centre d'études économiques de la CGT, selon des orientations tracées par Benoît Frachon, et toujours justifié au nom de la paix. Il préconise une réforme fiscale, une politique pour le logement, des grands travaux pour lutter contre le chô-

---

1. *Ibid.*, p. 456.

mage, des mesures de crédit pour les petites et moyennes entreprises. Il donne lieu à une publication de plus de deux cents pages, préfacée par Benoît Frachon qui parle d'un « instrument de travail indispensable » et d'un projet qui n'a rien d'utopique[1]. Mais ce programme adopté lors du congrès de 1953 est dénoncé deux ans plus tard. Le même Benoît Frachon qui l'a jusqu'alors soutenu évoque étonnamment lors du congrès de 1955 « un programme au fond pernicieux, embrouillant les problèmes de la lutte des classes et entretenant l'illusion d'une économie dirigée, d'une espèce de planification en régime capitaliste[2] ». Cela a « désorienté » les camarades. En fait, ce reniement est exigé par le PCF, car entre-temps les guerres d'Indochine et de Corée se sont achevées. Dans ces conditions, un programme aussi élaboré de la part de la CGT n'a plus de justification politique. Bien plus – alors même qu'il pourrait prendre tout son sens –, il paraît dangereux car il contrarie les rôles respectifs du syndicat et du parti. D'autant plus que Pierre Le Brun, lors du congrès de 1953, a tenté d'en faire la plate-forme d'un rassemblement populaire, faisant écho à 1936 ou à la Libération. Pareille hypothèse n'est évidemment pas acceptable pour le parti car si la CGT peut formuler des revendications, « elle ne peut avoir un programme ; seul le parti pouvait avoir un programme[3] ». Le syndicat est donc sommé de rentrer dans le rang, de « défendre les revendications économiques correspondant au programme du parti », autrement dit de se cantonner à l'ouvriérisme. Ainsi, la CGT devra désormais se satisfaire d'un simple « programme d'action » et, sur le plan économique, se rallier à la thèse de la « paupérisation de la classe ouvrière », son service économique étant chargé de trouver des illustrations statistiques à celle-ci. Dès le congrès de 1955, un dirigeant confédéral parle d'ailleurs de la dégradation

---

1. Le programme a été publié dans la *Revue des comités d'entreprise*, n° 62, mai 1953.
2. Congrès de la CGT, 1955 (compte rendu dans *Le Peuple*, n° 485, 20 juin 1955).
3. Témoignage de Marcel Dufriche dans D. Labbé et J. Derville, *La Syndicalisation en France depuis 1945. Entretiens avec...*, *op. cit.*, p. 120 et A. Narritsens dans É. Bressol *et al.*, *La CGT dans les années 1950*, *op. cit.*, p. 403-413.

continue du pouvoir d'achat des charpentiers... depuis Saint-Louis [1].

Cette reprise en main conduit Pierre Le Brun à s'émanciper du PCF et à devenir une sorte d'électron libre au sein du BC. Benoît Frachon, tout en veillant à une identité de vue avec le PCF, respecte cette autonomie qui donne l'illusion d'une certaine diversité – d'autant plus nécessaire après le départ d'Alain Le Léap en 1957 – et entretient un semblant de débat interne. Mais Pierre Le Brun a aussi une utilité en évitant que la CGT ne sombre définitivement dans la démagogie économique et un irréalisme que les salariés sanctionneraient. Il « menait une bataille quasi quotidienne – témoigne André Barjonet, qui fut son collaborateur – pour faire admettre au BC un minimum de vérités concernant la réalité de l'expansion économique ou de la progression des salaires [2] ». En 1956, il contribue également, avec d'autres membres « indépendants » du BC, au non-alignement de la confédération sur le PCF qui approuve la répression soviétique en Hongrie. Cependant plusieurs dirigeants syndicaux – notamment Benoît Frachon (encadré 22) – ou organisations de la CGT se rallient à la position du parti... tout en proclamant leur fidélité aux statuts de la CGT et, en conséquence, à l'esprit de la charte d'Amiens. Benoît Frachon prétend en la circonstance s'exprimer en tant qu'« homme politique » et non pas en syndicaliste, ce qui atteste bien la persistance de « doubles casquettes » en dépit d'affirmations récurrentes... depuis Amiens.

Lors du congrès de 1957, avec Léon Rouzaud, de la Fédération des finances, Pierre Le Brun propose une résolution pour limiter le cumul des responsabilités politiques et syndicales, éviter les prises de positions politiques de la CGT (sauf à l'unanimité des organismes de direction), et favoriser la démocratie à l'intérieur de la CGT. Benoît Frachon et Henri Krasucki (1924-2003), alors jeune élu de la CA, dénoncent une entreprise fractionnelle. En 1966, ne cachant plus des sympathies gaullistes, Pierre Le Brun démissionne du BC.

1. A. Barjonet, *La CGT*, Paris, Seuil, 1968, p. 88.
2. *Ibid.*, p. 90.

> **22. Benoît Frachon approuve l'intervention soviétique en Hongrie (1956)**
>
> « Au Bureau confédéral comme dans les syndicats, chacun de nous a son opinion sur les événements de Hongrie.
> La mienne est connue. Elle est celle de mon Parti, clairement exprimée par ce dernier. Non seulement je l'approuve sans aucune espèce de réserve, mais je mènerai une lutte ardente avec sa direction, son Comité central, dont je m'honore d'être membre depuis trente ans [1], pour qu'à cette occasion, nul ne puisse porter atteinte à son unité politique et idéologique.
> Comme le rappelait hier Maurice Thorez, nous avons connu beaucoup de ces périodes où des pressions inouïes s'exerçaient sur nous.
> J'ai participé [...] en chacune de ces circonstances à combattre ceux qui voulaient entraîner notre Parti dans la voie de l'opportunisme et de la capitulation.
> Il en sera de même aujourd'hui.
> Cette opinion que j'exprime, les statuts de la CGT disent sagement que j'en ai droit comme homme politique, qui ne saurait être inquiété pour l'expression de ses opinions en dehors des syndicats [...] [2]. »

Les techniques d'organisation du PCF

L'alignement sur le parti communiste a conduit aussi à introduire dans la CGT les techniques d'organisation du parti. Au début des années 1950, c'est Léon Mauvais, membre du BP du PCF, secrétaire général de la Fédération de l'éclairage puis dirigeant confédéral, qui importe ces méthodes. Léon Mauvais est véritablement « l'homme du Parti » au sein de la CGT. Il se comporte comme une sorte de hiérarque assez raide et autoritaire qui n'a de compte à rendre qu'à la direction du PCF et à son secrétaire général en particulier [3]. Les techniques du parti appliquées à la CGT consistent notamment dans le « suivi » des organisations.

---

1. Benoît Frachon reconnaît ainsi que sa « démission » du Comité central, en 1936, était un mensonge et qu'il a bien participé – de façon non officielle – à la direction du PCF de 1936 à 1956, au mépris des statuts de la CGT qu'il avait acceptés.
2. *L'Humanité*, 16 novembre 1956.
3. P. Robrieux, *Histoire intérieure du parti communiste*, t. II, *op. cit.*, p. 280 et 309-310, et t. IV, 1984, p. 422.

Celui-ci existait déjà avant guerre mais demeurait assez informel. Après la scission, chaque membre de la CA doit systématiquement contrôler l'activité d'une UD ou d'une fédération, participer à ses congrès en rappelant la ligne confédérale, choisir, en relation avec la section des cadres du parti, le personnel dirigeant de l'organisation suivie. Cela favorise une homogénéisation des structures et un conformisme de pensée. Mais il s'agit aussi d'entretenir un dynamisme. « Avec Benoît Frachon – témoigne Marcel Dufriche –, c'était un peu le train-train : on faisait comme on avait toujours fait et la CGT risquait de s'endormir[1]. » Léon Mauvais, puis Marcel Caille, autre cadre du PCF et de la CGT, cherchent à favoriser la vitalité en établissant, comme dans le parti, des « plans de travail », en fixant un agenda et des défis communs aux organisations, en veillant aux évolutions du salariat.

En 1958, la CGT condamne le retour au pouvoir du général de Gaulle, craignant qu'il n'établisse un régime de « pouvoir personnel », appuyé sur les « forces les plus réactionnaires ». Elle se joint à la manifestation pour la défense de la République du 28 mai 1958, aux côtés de la CFTC et d'une partie de FO. En septembre 1958, elle appelle pour les mêmes raisons à voter « non » à la Constitution de la Ve République. Mais la menace fasciste que la CGT, comme le PCF, décèle dans l'ancien chef de la France libre est loin de convaincre les Français. Une large partie de l'électorat populaire approuve le changement de régime. La CGT, comme le PCF, connaît à son tour une « traversée du désert » avant que ne s'amorce une embellie de ses effectifs, à la faveur d'un regain de croissance et de confiance, de changements institutionnels qui induisent une recomposition à gauche, de mobilisations et inquiétudes sociales, avec la grève des mineurs de 1963 puis le plan de stabilisation.

---

1. D. Labbé et J. Derville, *La Syndicalisation en France depuis 1945. Entretiens avec...*, *op. cit.*, p. 121.

De la CFTC à la CFDT

On a vu les débats et changements générationnels qui marquent la CFTC à la Libération et se poursuivent au long des années 1950 (chapitre VI). Au fond, la centrale chrétienne est presque aussi divisée que la CGT, et pour des raisons politiques plus que syndicales. La minorité penche à gauche, la majorité vers le MRP. Mais, à chaque fois que le conflit surgit, les deux camps trouvent une transaction. Une figure « modératrice » joue un rôle important dans une évolution qui aboutit à la « déconfessionnalisation » : Maurice Bouladoux, qui cherche à favoriser une modernisation de la CFTC dans le consensus. Ancien employé, longtemps collaborateur de Gaston Tessier, secrétaire général adjoint de la CFTC (en 1937), nouant de solides contacts avec la CGT pendant la guerre, il s'affirme à la Libération comme un incomparable organisateur, à l'écoute des « profondeurs » de la confédération. Il devient le secrétaire général de la CFTC (1948-1953) puis son président (1953-1961), avant de poursuivre sa carrière dans les cénacles du syndicalisme international. Au-delà du personnage, il faut mettre l'accent sur une pratique syndicale chère à la CFTC qui s'appuie sur le compromis et non pas sur des décisions de majorité, au moins jusqu'au début des années 1960.

Changements organisationnels et culturels

Aux débats sur l'indépendance politique et sur l'ouverture doctrinale se greffent, au tournant des années 1940-1950, les questions tenant à l'organisation de la CFTC. Un grand déséquilibre existe entre la puissante Fédération des employés – cœur historique de la CFTC – et les fédérations ouvrières. En 1947, la première représente près du tiers des effectifs de la centrale, tandis que la principale fédération industrielle – celle des métaux – en concentre moins de 7 %. Pour réduire cette disproportion, Charles Savouillan préconise que les employés soient répartis dans des fédérations d'industrie en fonction de leur branche d'activité respective. À travers ce projet, ce sont les questions de l'identité et de la distribution du pouvoir au sein de la CFTC qui se trouvent posées. Le congrès de 1946 avait rejeté la réorganisation selon un principe industriel portée par plusieurs fédérations ouvrières (Alimentation, Bâtiment, Chimie, Métaux, Vêtement). Mais le sujet rebondit dans les années suivantes. Un compromis est trouvé en 1953. Les fédérations catégorielles ne sont pas dissoutes, mais l'organisation industrielle devient peu à peu la règle. Cette recomposition fédérale va de pair avec un changement d'identité professionnelle de la CFTC, ce qui facilite les choses et contribue également à expliquer la « mutation » en CFDT. La composition de la CFTC (puis de la CFDT) s'est en effet progressivement industrialisée, tandis que la proportion des cols blancs, encore dominante au début des années 1950, a reculé. Ainsi, à la fin des années 1960, la structure sociologique de la CFDT deviendra proche de celle du salariat dans sa globalité. Cela explique aussi pourquoi une proximité identitaire s'affirmera avec la CGT. *A contrario*, cela rendait inéluctable la rupture avec les héritiers d'une CFTC « employée », avec l'inscription dans la tradition de la « première » CFTC, celle de 1919-1940.

Aux questions organisationnelles se superposent des divergences tenant aux instances de direction et à leurs modalités de désignation. Dès 1947, le SGEN fait des propositions dans le sens d'un fonctionnement plus fédéraliste. Mais celles-ci ne sont partiellement adoptées qu'en 1953 et permettent à la minorité d'être représentée au sein de la direction confédérale.

Les années 1950 voient l'influence de la minorité s'affirmer. La période marque également l'émergence d'une CFTC plus combattive dans les relations professionnelles, notamment en raison d'une plus forte présence dans la population ouvrière et d'une concurrence plus directe avec la CGT. Les grèves d'août 1953 catalysent cette évolution. Les militants de FO et de la CFTC, habituellement écrasés par la CGT, se révèlent particulièrement réactifs dans un conflit qui a pour origine une réforme des retraites des fonctionnaires. Cet engagement tient à la nature du mouvement : celui-ci intéresse d'abord les agents du secteur public, où FO et la CFTC sont davantage implantées, alors que le secteur privé se trouve plus en retrait. Ces grèves prennent très vite une dimension politique : « La solution des conflits actuels – proclame le BC de la CFTC le 11 août 1953 – ne peut consister que dans le renversement de la politique sociale et économique du pays[1]. » Mais les discussions qu'acceptent des dirigeants majoritaires de la CFTC – et de FO – avec le gouvernement après l'entremise du MRP, puis l'accord qui est trouvé, soulèvent l'indignation des minoritaires et l'incompréhension des grévistes. Sont dénoncées la collusion avec le MRP, qui participe au gouvernement, et les faiblesses du compromis. Les minoritaires exigent plus d'indépendance à l'égard des hommes et des partis politiques et mettent en place un « comité de vigilance syndicaliste » pour échanger toute information sur le pilotage de la CFTC et, au besoin, alerter les militants. Le président de la CFTC, Maurice Bouladoux, y voit une « réalisation scissionniste » et juge ce comité inacceptable[2].

La déconfessionnalisation

Lors du congrès de 1955, Maurice Bouladoux condamne le capitalisme et « le conservatisme de sa bourgeoisie » mais il ne va pas jusqu'à rallier le « socialisme démocratique » que porte la minorité, aiguillée par la Fédération de la chimie ainsi que par Reconstruction[3]. « Acceptant la tradition ouvrière française, socialiste non de parti, mais de conception économique – constatant que, pour le mouvement ouvrier européen, un socialisme démocratique peut seul fournir l'alternative au mythe totalitaire –, le congrès reconnaît qu'en visant à une planification démocratique qui fera de la fonction d'investissement une responsabilité publique, l'action syndicale, dans tous les secteurs, s'attaque au régime capitaliste de l'entreprise. » Ainsi se conclut la résolution de la minorité qui recueille 41 % des voix. À la fin des années 1950, les deux tendances se rapprochent progressivement. L'hostilité à la guerre d'Algérie, la crainte que le retour au pouvoir du

1. Cité par G. Adam, *La CFTC, 1940-1958 : histoire politique et idéologique*, op. cit., p. 243.
2. *Ibid.*, p. 17-18.
3. M. Branciard, *Histoire de la CFDT*, op. cit., p. 153.

général de Gaulle ne mette en danger les libertés publiques sont largement partagées. Un rapprochement entre tendances s'opère à partir de 1957. Le congrès de 1959 adhère largement au rapport sur la planification démocratique présenté par Gilbert Declercq, l'un des minoritaires. Cela traduit un ralliement aux idées portées jusqu'alors par la minorité. Deux minoritaires sont élus vice-président de la CFTC, parmi eux Eugène Descamps, secrétaire général de la Fédération des métaux.

Ancien militant de la JOC, dans le bassin sidérurgique de Lorraine, puis comme responsable national à Paris, Eugène Descamps « profondément chrétien et profondément ouvrier » est réputé pour ses talents d'organisateur, ses convictions, son charisme [1]. Permanent de la CFTC à la Fédération des métaux en 1950, il est propulsé à sa tête dès 1954. Avec le Bâtiment, les Produits chimiques et le SGEN, la Métallurgie, ancrée à gauche, représente alors « l'infanterie de la minorité ». Eugène Descamps en est donc l'une des figures de proue, mais il n'appartient pas à Reconstruction, ce qui lui confère aussi un profil plus « centriste ». Il intègre le BC en 1957 puis, après la mort de Gaston Tessier en 1960, il est désigné secrétaire général. « L'évolution » – comme on dit en interne –, c'est-à-dire la déconfessionnalisation, peut aboutir. Elle est préparée sous l'égide de Maurice Bouladoux – en quelque sorte le Bothereau de Gaston Tessier dans cette histoire – avec l'appui des principaux responsables. De nouveaux statuts sont élaborés. Pour ce qui concerne leur préambule, Eugène Descamps témoignera de sa dette à l'égard des idées d'Emmanuel Mounier, à l'origine du personnalisme (encadré 23) [2]. Si la confédération – refondée – entend résolument s'inscrire dans le mouvement ouvrier et affiche sa vocation de « grande centrale démocratique », elle ne coupe pas complètement les liens avec le christianisme puisque le préambule souligne aussi « les apports de l'humanisme, dont l'humanisme

---

1. A. Bevort, « Du catholicisme social au réformisme ; CFTC et CFDT », in D. Andolfatto (dir.), *Les Syndicats en France*, Paris, La Documentation française, 2004, p. 47-48 et F. Georgi, *Eugène Descamps, chrétien et syndicaliste*, Paris, L'Atelier, 1997.
2. M. Branciard, *Histoire de la CFDT, op. cit.*, p. 191.

> **23. Le préambule des statuts de la CFDT
> adoptés en 1964 (extrait)**
>
> « Tout le combat du mouvement ouvrier pour la libération et la promotion collective des travailleurs est basé sur la notion fondamentale que tous les êtres humains sont doués de raison et de conscience et qu'ils naissent libres et égaux en dignité et en droits.
> Dans un monde en évolution, marqué par les progrès techniques qui devraient servir à son épanouissement, le travailleur est plus que jamais menacé par des structures et des méthodes déshumanisantes ou technocratiques qui font de lui un objet d'exploitation et d'asservissement.
> Face aux conflits qui déchirent le monde, aux menaces de destruction de l'humanité par les armes nucléaires, les exigences de justice, de fraternité et de paix entre les peuples sont plus impérieuses que jamais.
> Le syndicalisme est pour les travailleurs l'instrument nécessaire de leur promotion individuelle et collective et de la construction d'une société démocratique.
> Pour cela, il doit rester fidèle à ses exigences premières de respect de la dignité de la personne humaine qui inspirent son combat pour la liberté et la responsabilité, pour la justice et la paix.
> C'est pourquoi la Confédération affirme sa volonté d'être une grande centrale démocratique répondant pleinement aux aspirations des travailleurs. Soulignant les apports des différentes formes de l'humanisme, dont l'humanisme chrétien, à la définition des exigences fondamentales de la personne humaine et de sa place dans la société, elle entend développer son action en restant fidèle à un syndicalisme idéologique fondé sur ces exigences qui demeurent les siennes. [...] »

chrétien ». L'adoption d'un nouveau sigle – CFDT (Confédération française démocratique du travail) – symbolise le changement. La laïcité est également perçue comme une possibilité de faire bouger le paysage syndical, de construire à terme – avec FO, avec la FEN, avec la CGT ? – un syndicalisme plus unitaire. Ainsi, Eugène Descamps met l'accent sur les « valeurs communes » du mouvement ouvrier socialiste et du syndicalisme d'inspiration chrétienne[1]. Au-delà, il s'agit de rencontrer la masse des non-syndiqués. Lors du congrès de 1964, qui a lieu à Paris, la déconfessionnalisation est entérinée par 70 % des mandats.

Les opposants montent au créneau contre l'abandon de toute référence à la doctrine chrétienne, notamment Jacques Tessier,

---

1. F. Georgi, *Eugène Descamps, chrétien et syndicaliste*, op. cit., p. 244.

le fils de Gaston Tessier, qui anime les Équipes syndicalistes chrétiennes ou Joseph Sauty, secrétaire général de la Fédération des mineurs, dont l'influence s'est renforcée après les grèves de 1963. Ces opposants déplorent que la CFTC renonce à ce qui faisait son identité et redoutent que l'évolution ne constitue qu'une conversion au marxisme. Le 7 novembre 1964, au soir du vote sur la déconfessionnalisation, ces minoritaires de l'autre rive se réunissent au Musée social et décident de « continuer la CFTC ». Ils peuvent compter sur le soutien d'environ 10 % des adhérents de l'ex-CFTC (mais les trois quarts de la Fédération des mineurs). En quelques mois, ils recréent une vingtaine d'UD et 27 fédérations et le gouvernement reconnaît la représentativité de la « CFTC maintenue ».

Les espoirs déçus de FO

La naissance de FO s'est effectuée dans des conditions difficiles. « Nous nous sommes retrouvés beaucoup moins nombreux que prévu », indique André Bergeron dans ses Mémoires. Et de préciser encore : « Il est arrivé fréquemment qu'à peine créés des syndicats disparaissent par manque de cadres expérimentés, du fait des campagnes de dénigrement ou des violences[1]. » Effectivement, seules 4 UD sont passées en bloc à FO au moment de la scission : l'Ain, le Doubs, le Jura, le Territoire-de-Belfort. Du côté des fédérations, les réticences sont tout aussi fortes. Sur la dizaine d'organisations dont FO pouvait escompter le ralliement, seules 4 franchissaient le pas : la Fédération air-guerre-marine, les Finances, les Travaux publics et – plus importants en termes d'effectifs – les Employés. Cependant, si leurs équipes dirigeantes optent pour la nouvelle confédération, une majorité des adhérents de ces fédérations – selon Benoît Frachon – sont restés fidèles à la CGT[2]. Deux autres fédérations, où l'influence de FO semblait également prédominer, ne rejoignent pas FO : celle des

---

1. A. Bergeron, *Mémoires*, op. cit., p. 60.
2. B. Frachon, *Au rythme des jours*, op. cit., t. I, p. 290-291.

Services publics et la « petite » Fédération des tabacs, pourtant l'organisation dont était issu Léon Jouhaux. Mais la déception vient surtout de l'attitude des Fédérations du livre et de l'Éducation nationale (FEN) dont le renfort était attendu.

L'absence du Livre et de la FEN

Le Livre a accueilli dans ses murs de nombreuses réunions de FO et ses délégués ont largement rejeté le rapport d'activité de Benoît Frachon lors du congrès de 1946. Édouard Ehni, son secrétaire général, a également voté en faveur de la résolution présentée par Léon Jouhaux lors du CCN de novembre 1947, puis la Fédération a choisi de se tenir à l'écart des grèves qui ont suivi. Pourtant, Édouard Ehni plaide parallèlement pour le maintien de l'unité dans la CGT. Il s'agit de défendre l'unité de la Fédération dans un secteur où de nombreuses garanties collectives ont été obtenues, où les œuvres sociales sont importantes, où certains syndicats – ouvriers de la presse, linotypistes, correcteurs – disposent d'un quasi-monopole sur l'embauche. La rupture avec la CGT ne risque-t-elle pas de remettre en cause cette situation et de priver les partants des positions acquises ? Il ne fait aucun doute que la CGT relancera une organisation concurrente. C'est pourquoi, pour éviter cet éclatement, la direction fédérale se déclare plutôt favorable à la constitution d'une organisation autonome, mais Édouard Ehni préfère que la Fédération demeure dans le giron de la CGT. Pour trancher, il est décidé d'organiser un référendum interne, en mars 1948. Une majorité des syndiqués (59 %) proclame son attachement à la CGT (tandis que la voie de l'autonomie emporte l'adhésion de ceux qui préféraient partir). Le Livre ne rejoint donc pas FO, ce qui constitue une douche froide pour les artisans de la scission.

Le cheminement de la FEN, qui opte finalement pour l'autonomie, représente une autre déception pour FO. La FEN a succédé à la FGE (Fédération générale de l'enseignement) en 1946. Celle-ci s'était formée en 1928, regroupant au sein de la CGT différents syndicats de l'enseignement, dont le principal était le Syndicat national des instituteurs (SNI). Ce changement de dénomination a marqué la volonté de rassembler «tous ceux qui, dans un esprit laïc, travaillent à l'Éducation nationale[1]». La FGE, et singulièrement le SNI, comptent – depuis leurs origines – de nombreux adhérents de la SFIO. Ainsi, à la Libération, 69% des dirigeants du SNI sont membres de la SFIO. Cette sensibilité politique rapproche naturellement la FEN de la tendance FO. Adrien Lavergne, secrétaire général de la FEN et membre de la CA de la CGT, siége au comité de rédaction de *Force ouvrière* et à la direction des groupes FO. De même, lors du CCN de novembre 1947, les deux représentants de la FEN – Adrien Lavergne et Henri Aigueperse, secrétaire général du SNI – votent la résolution présentée par Léon Jouhaux. Mais, lorsque la scission paraît inéluctable, les représentants de la FEN s'opposent à celle-ci. «Nous compromettrions [la] défense de l'école publique si nous poussions nous-mêmes à la formation de deux fédérations à l'EN et à la formation de deux syndicats départementaux dans chaque département pour le groupe enseignant», argumente Adrien Lavergne lors de la réunion du 19 décembre 1947. Il rappelle aussi: «J'ai été mandaté pour constituer un cartel d'action laïque et, dans ce cartel, figurent les forces qui s'opposent actuellement. Prendre position pour l'une de ces forces [...] serait, pour nous, compromettre la défense de l'école publique[2].»

À la défense de la laïcité se superposent des questions plus catégorielles tenant aux carrières et aux rémunérations des enseignants ainsi qu'à l'existence d'œuvres mutualistes gérées par les syndicalistes. Une organisation syndicale unifiée apparaît plus à même de les garantir. Ce raisonnement est assez comparable à celui du Livre. Il importe d'éviter un éparpillement des forces, source d'affaiblissement et d'incertitude. Mais si l'adhésion à FO est repoussée, le fait de demeurer dans une CGT à l'hégémonie communiste inquiète tout autant. Le choix de l'autonomie semble donc la voie moyenne la plus acceptable, même si elle présente un risque de rupture avec la classe ouvrière à laquelle

---

1. Cité par G. Brucy, *Histoire de la FEN*, op. cit., p. 82.
2. *Ibid.*, p. 112-115.

les syndicalistes enseignants ont montré leur attachement en intégrant la CGT. Cependant l'autonomie obéit à d'autres justifications. Dans la CGT, les intérêts catégoriels des enseignants se trouvent en concurrence avec ceux d'autres fonctionnaires. Ainsi, en 1946, la Fédération des finances a fait échouer les revendications de reclassement des enseignants parce que cela conduisait à un déclassement relatif des agents de ce secteur[1]. De même, pour des syndicalistes qui, pour la plupart, ont connu la division entre la CGT-U et la CGT, la réunification de 1936, puis les vicissitudes de la guerre, l'autonomie peut se concevoir comme une solution provisoire aux divisions entre tendances. Les évolutions sociales et politiques ne favoriseront-elles pas à nouveau la réunification ?

Le SNI puis le SNES (Syndicat national de l'enseignement secondaire) décident d'organiser une consultation de leurs adhérents pour arrêter leur position. Leurs résultats sont rendus publics en mars 1947 (tableau 24). Près des deux tiers des instituteurs et professeurs syndiqués se prononcent contre le maintien au sein de la CGT mais seul un quart d'entre eux est favorable à l'adhésion à FO. Le choix de l'autonomie s'impose donc à une large majorité. Mais la position adoptée par le SNES est plus subtile que celle du SNI. Elle rend possible une double affiliation des adhérents de la FEN, soit à la CGT, soit à FO. Lors de son congrès de mars 1948, la FEN entérine le choix de l'autonomie, mais certains syndicats, tel le SNES, donnent également la possibilité à leurs membres d'adhérer à une confédération de leur choix. Cela vaut aussi pour certaines organisations, tel le SNET (Syndicat national de l'enseignement technique), représenté à la fois dans la FEN autonome et dans une FEN-CGT qui subsiste jusqu'en 1954. À ce moment-là, le PCF tranche en faveur de l'adhésion de ses militants enseignants dans les syndicats autonomes, avec pour objectif la conquête de leur majorité.

À l'image de la FEN, d'autres organisations de fonctionnaires ont choisi l'autonomie. Dès 1947, plusieurs syndicats de police décident de quitter la CGT avant de se regrouper, en 1966, en

---

1. *Ibid.*, p. 91-93.

24. Résultats des référendums internes au SNI et au SNES (mars 1948)

	Exprimés (nombre)	Oui (% des exp.)	Non (% des exp.)
SNI			
Maintien dans la CGT	88 873	38,3	61,7
Adhésion à FO	86 027	25,0	75,0
Autonomie (si rejet de l'adhésion à FO)	87 257	82,7	17,3
SNES			
Maintien dans la CGT	7 591	33,8	66,2
Adhésion à FO	6 961	29,5	70,4
Autonomie (si rejet de l'adhésion à FO)	6 185	50,7	49,3
Autonomie avec possibilité d'une double affiliation	4 772	61,7	38,2

NB : Chaque syndiqué devait répondre à plusieurs questions.

une Fédération autonome des syndicats de police (FASP), longtemps dirigé par le socialiste Gérard Monatte. En 1949 se constitue aussi une Fédération générale autonome des fonctionnaires (FGAF), avec des syndicats de la Défense nationale, des Douanes, des Eaux et Forêts, des préfectures, des mairies, des hôpitaux[1]. L'actuel Syndicat national unifié des impôts (SNUI) est également issu d'une organisation de commis et d'auxiliaires qui a opté pour l'autonomie lors de la scission de 1947, tandis que l'organisation des cadres rejoignaient FO. Ces deux syndicats fusionneront en 1962 – d'où l'adjectif « unifié » dans la dénomination – et préféreront rester dans l'autonomie. Au-delà des fonctionnaires, certains syndicats du secteur public ont fait des

---

1. J. Siwek-Pouydesseau, *Les Syndicats de fonctionnaires depuis 1948*, op. cit., p. 194-197.

choix comparables, comme une partie des cheminots, et notamment des conducteurs de train, qui fondent la FMC (Fédération maîtrise et cadres).

La constitution de FO

Après l'automne « chaud » de 1947, le congrès constitutif de FO, en avril 1948, à Paris, ne permet donc pas de rassembler toutes les organisations et de tous ceux qui se sont opposés – et continuent de s'opposer – à l'emprise communiste. La confédération nouvelle n'attire qu'une faible partie des adhérents de la CGT : quelque 300 000 à 350 000 adhérents – mais elle en revendique un million dès 1948 – sur près de 4 millions de cégétistes[1]. Cela risque fort de réduire à néant les espoirs des promoteurs de FO qui pensent que le gros des troupes finira par les rallier et escomptent à terme 2 millions d'adhérents, rendant plausible une nouvelle réunification[2]. Selon cette perspective, la construction de la CGT-FO bénéficie de la sollicitude du ministre du Travail de l'époque, le socialiste Daniel Mayer qui, en janvier 1948, obtient que FO bénéficie du reliquat des fonds de la charte du travail (soit 40 millions de francs, alors que la CFTC n'en avait reçu jusqu'alors que 4 millions et la CGT 20 millions)[3]. Les syndicats américains et, à travers eux, la CIA (Central Intelligence Agency), apportent également leur aide. Celle-ci est importante, diverse et durable : prêts non remboursés, aides en matériel, achat de locaux, prise en charge de permanents (parmi eux André Bergeron, alors jeune militant à Belfort)[4]. Mais les Américains ont également soutenu la CGT unifiée auparavant.

Dans l'esprit de FO, le congrès de 1948 ne constitue pas un moment fondateur. Il s'agit officiellement du « 33e congrès cor-

---

1. D. Labbé, *Syndicats et syndiqués en France depuis 1945*, op. cit., p. 132.
2. G. Lefranc, *Le Syndicalisme en France*, Paris, PUF, 1984, p. 12.
3. B. Georges et D. Tintant, *Léon Jouhaux. Cinquante ans de syndicalisme*, op. cit., p. 338.
4. A. Bergeron, *Mémoires*, op. cit., p. 65. Sur cette « américanisation » de FO des origines, J.-M. Pernot (*Syndicats : lendemains de crise ?*, Paris, Gallimard, 2005, p. 207-213) relativise sensiblement les choses.

poratif » de la CGT. À sa tribune, Robert Bothereau explique que « les scissionnistes en fait sont les communistes [1] ». Ils ont dénaturé le mouvement syndical qui continue donc en dehors d'eux. Différents actes du congrès traduisent cet ancrage dans le lignage de la CGT. Le préambule des statuts s'inspire de celui de la CGT de 1936. Mais il introduit une référence directe à la charte d'Amiens pour réaffirmer le principe d'« indépendance absolue » du syndicalisme à l'égard du patronat, des gouvernements, des partis politiques [2]. Le refus délibéré de lier le destin du syndicalisme ouvrier à celui de l'État et à l'objectif de conquête de cet État est également souligné. Cela permet de se démarquer du projet syndical d'une CGT contrôlée par le PCF, subordonnant le syndicalisme à l'action politique et privilégiant une forme d'État dans lequel le syndicat ne constitue plus qu'un appendice du pouvoir politique.

La dénomination de la nouvelle confédération – CGT-FO – s'inscrit aussi dans la continuité de la CGT. Cela heurte une petite minorité groupant gauchistes, trotskistes, héritiers du syndicalisme révolutionnaire, qui auraient souhaité l'ouverture à tous les syndicalistes non communistes et préconisent le nom de « Confédération syndicaliste des travailleurs de France ». Lors du vote, les « majoritaires » imposent facilement leur point de vue, avec 87 % des mandats, tandis que le préambule en avait recueilli 89 %. Mais ces « gauchistes » conserveront un rôle clef dans certaines organisations de FO, même à son niveau confédéral, faisant ou défaisant certains choix.

La question de l'organisation confédérale est un peu plus discutée. Les minoritaires défendent un modèle syndical plus « basiste », faisant du congrès le véritable organe souverain, en conséquence de quoi ils s'opposent à la reconstitution d'un CCN, synonyme de « bureaucratisation » et de « fonctionnarisation » du mouvement syndical [3]. Les structures importées de la CGT sont finalement adoptées par 84 % des mandats.

---

1. Cité par A. Bergounioux, *Force ouvrière*, *op. cit.*, p. 117-118.
2. Pour une version intégrale de ce préambule, J.-D. Reynaud, *Les Syndicats en France*, Paris, Seuil, 1975, t. 2, p. 69-70.
3. Cité par A. Bergounioux, *Force ouvrière*, *op. cit.*, p. 123.

C'est l'adhésion à la FSM qui cristallise la plus forte opposition. Cette demande n'est pas bien comprise car la FSM se trouve elle-même en train d'imploser. Cependant Léon Jouhaux ne conçoit pas que la CGT-FO demeure, même provisoirement, sans prolongement international. L'adhésion à la FSM est entérinée par 77 % des mandats. Finalement, la CGT-FO ne siégera pas à la FSM mais participera, en 1949, à la création d'une nouvelle internationale syndicale, la CISL (Confédération internationale des syndicats libres), regroupant les dissidents de la FSM hostiles au communisme.

En termes d'action, Robert Bothereau et Léon Jouhaux ancrent la CGT-FO dans les sillons que la CGT trace depuis la Première Guerre mondiale : pratique des conventions collectives, comités d'entreprise, nationalisations, Conseil économique et social, fédéralisme européen... Mais le vieux leader est conscient des critiques à son égard, le présentant comme une sorte de pontife et surtout, à bientôt soixante-neuf ans, il ne souhaite pas diriger la confédération nouvelle. Il préfère se consacrer à la présidence du Conseil économique et social et à l'action syndicale internationale à laquelle, depuis longtemps, il a donné priorité et qui lui vaut le prix Nobel de la paix en 1951[1]. S'il est tout de même élu président de la CGT-FO (et ne sera pas inactif dans cette fonction de « sage » de l'organisation, taillée sur mesure pour lui), le secrétariat général, soit le véritable exécutif, incombe à Robert Bothereau.

Ancien ajusteur-mécanicien, Robert Bothereau a été secrétaire général de l'UD CGT du Loiret avant d'être coopté au BC en 1933. Il est devenu chef de file des anciens confédérés pendant la guerre, après l'arrestation de Léon Jouhaux, puis fédérateur de ceux-ci autour du journal *Force ouvrière* et des groupes FO, qu'il structure à partir de 1946. Secrétaire général de FO jusqu'en 1963, mort en 1985, Robert Bothereau semble aujourd'hui complètement oublié. Dans un portrait inédit de ce dernier, Claude

---

[1]. Léon Jouhaux a présidé le Conseil économique et social jusqu'à sa mort. Il fut réélu dans cette fonction le jour même de son décès, le 28 avril 1954, avec le soutien de la CGT.

Harmel souligne qu'il occupa sa fonction «par devoir plus que par goût ou par ambition personnelle». Et d'indiquer encore que «l'homme était sans charisme et n'attirait sur sa personne ni l'attention des publicistes, ni la curiosité des intellectuels, ni les passions du grand public». Mais si le personnage fut modeste, s'il préféra souvent la pénombre à la lumière, ses prises de position ont néanmoins marqué l'histoire syndicale[1].

Au vu d'un relatif échec en termes organisationnels et en termes d'effectifs, on pourrait se demander si la scission de 1947 ne fut pas une erreur, comme l'affirme Jacques Julliard dans son histoire de la IVe République[2]. Ce dernier soutient que cette scission avait peu de chance de détourner des syndiqués et de réussir car «le syndicalisme français dans ses profondeurs est peu sensible à l'idéologie : dans la quasi-totalité des cas, il reste fidèle aux idées en place et n'éprouve guère le besoin d'en changer». Un fait aggravant dans le cas de FO serait que la confédération nouvelle avait pour raison d'être «moins [...] un besoin positif que [...] le refus d'une idéologie». Du coup, elle «ne parvint jamais à opérer de l'extérieur cette reconquête syndicaliste» que ses élites espéraient[3]. Surtout, c'est la CFTC qui, dès l'après-guerre, va s'imposer comme le challenger de la CGT. Pour autant, la CGT-FO réussit tout de même dans certains secteurs, notamment dans la fonction publique. Dès les années 1950, elle introduit aussi dans le champ des relations professionnelles une pratique de la négociation et du contrat qui remet en cause des antagonismes traditionnels que la guerre froide pérennise et même solidifie.

Une nouvelle donne syndicale

Les années 1960 marquent une embellie du syndicalisme. Les effectifs recommencent à croître. Toute une conjonction de fac-

---

1. C. Harmel, *Robert Bothereau*, *op. cit.*, p. 2-3.
2. J. Julliard, «Naissance et mort...», *La IVe République*, Paris, Calmann-Lévy, 1968, p. 124-125.
3. *Ibid.*, p. 126.

teurs favorise ce tournant : la fin de la guerre d'Algérie et de la décolonisation, les nouvelles institutions de la Ve République qui induisent une redéfinition des rôles politiques et donc syndicaux, la croissance économique et la diversification du salariat que Serge Mallet dépeint, non sans arrière-pensée, comme « nouvelle classe ouvrière [1] ». Le renouvellement de génération qui caractérise alors les principales organisations syndicales est symbolisé par les désignations d'Eugène Descamps (1961), d'André Bergeron (1963) et de Georges Séguy (1967) à la tête de la CFTC-CFDT, de FO et de la CGT.

L'unité d'action entre la CGT et la CFDT

Les explications de type macro-sociologique demeurent tout de même d'un maniement délicat. On observe – plus prosaïquement – un changement dans les relations entre le pouvoir politique, les employeurs et les syndicats au début des années 1960. La grève des mineurs de 1963 constitue un tournant. Une grève totale, dans un secteur alors stratégique de l'économie, fait échec à l'ordre de réquisition du gouvernement et oblige ce dernier à négocier. Ce nouveau pic des luttes, comme la France en connaît périodiquement, conduit à mettre en place un processus de dialogue social, d'abord dans le secteur public. Après des balbutiements et de nouveaux conflits, cela aboutira à la formule des « contrats de progrès » au début des années 1970. Parallèlement à cette institutionnalisation des relations professionnelles, le pouvoir politique recherche la détente avec les organisations syndicales. Un personnage tel que Gilbert Grandval, ministre du Travail de 1962 à 1966, gaulliste de gauche, joue un rôle important dans ce changement. Plusieurs rencontres ont lieu entre les pouvoirs publics – au plus haut niveau – et des représentants de la CGT à partir de 1964. À son tour, le CNPF invite la CGT à

---

1. S. Mallet, *La Nouvelle Classe ouvrière*, Paris, Seuil, 1963. Sur le développement du syndicalisme dans une entreprise industrielle à cette époque : A. Gatti, *Chausser les hommes qui vont pieds nus. Bata-Hellocourt, 1931-2001. Enquête sur la mémoire industrielle et sociale*, Metz, Éditions Serpenoise, 2004, p. 494-504.

prendre part à une négociation sur les retraites complémentaires en 1966 puis la CGT participe, en 1967, à la négociation nationale sur l'indemnisation du chômage partiel et signe l'accord (au contraire de la CFDT)[1]. La période des années 1947-1963, marquée par un cycle de luttes et de répressions, paraît bel et bien révolue. Le retournement paraît même révélateur de « connivences » implicites entre gaullistes et communistes[2]. Mais Gilbert Grandval, au contraire d'autres gaullistes, témoigne également de la sympathie à l'égard de la CFDT nouvelle[3]. Ainsi, un nouveau contexte paraît bien s'ouvrir. Il voit l'affirmation de pratiques contractuelles, une relance des comités d'entreprise puis, en 1968, la reconnaissance des sections syndicales et des délégués syndiqués.

La période marque également des rapprochements entre organisations syndicales, autre indicateur du changement de climat. La CFDT, qui cherche à susciter à terme une recomposition du paysage syndical, noue des contacts avec FO et avec la CGT. Avec la première, cela ne débouche sur rien. C'est un peu le choc des cultures. Les dirigeants de FO ne comprennent pas bien quels sont les objectifs de la CFDT. André Bergeron demeure extrêmement sceptique. FO entend d'abord préserver son pré carré. Avec la CGT, les choses sont différentes. Évoluant toujours plus vers la gauche, la CFDT tend à partager avec la CGT, sinon des représentations communes, du moins une certaine conception de l'action et de la combativité syndicales, comme cela peut s'observer au niveau de l'entreprise[4]. Le 10 janvier 1966, un accord est conclu entre les deux centrales sur des « objectifs de lutte » : pouvoir d'achat, salaires, conditions de travail, droits syndicaux dans les entreprises... Cela conduit à l'organisation commune de journées nationales d'action. Mais cette

---

1. C. Harmel, *La CGT*, Paris, PUF, 1982, p. 55-59.
2. S. Courtois et M. Lazar (dir.), *50 ans d'une passion français : De Gaulle et les communistes*, Paris, Balland, 1991.
3. E. Descamps, *Militer. Une vie pour un engagement collectif*, Paris, Fayard, 1971, p. 101.
4. Par exemple N. Hatzfeld, *Les Gens d'usine. 50 ans d'histoire à Peugeot-Sochaux*, Paris, L'Atelier, 2002, p. 228-229.

unité, mise en œuvre au niveau confédéral, soulève bien des débats au sein de la CFDT. Certains, tel Edmond Maire, secrétaire général de la Fédération de la chimie, la subordonne à «l'évolution de la conception communiste du syndicalisme[1]». Or, loin de satisfaire cette condition, l'unité d'action tend plutôt à renforcer cette conception. La question des rapports CGT-PCF donne lieu d'ailleurs à des incidents cocasses. Ainsi, lors d'une manifestation commune, en décembre 1967, les cédétistes forcent les élus communistes, parmi lesquels Waldeck Rochet, le secrétaire général du PCF, à descendre de la tribune où ils souhaitaient s'exprimer au côté des responsables syndicaux[2]. Bref, d'entrée de jeu, ce sont bien deux conceptions du syndicalisme qui se télescopent : l'une issue de la conception léniniste qui subordonne le syndicalisme au politique, l'autre, longuement mûrie dans les rangs de la CFTC-CFDT, qui met l'accent sur l'autonomie du syndicalisme mais affirme une «tentation politique[3]», matrice d'une «deuxième gauche», à contre-courant des schémas marxistes et de l'étatisme alors dominants à gauche. Cela n'exclut pas des divergences stratégiques entre organisations de la CFDT. Les années 1960 voient s'opposer en effet tenants d'une «stratégie commune», qui suppose l'accord avec d'autres organisations du mouvement ouvrier sur la base d'un «contrat» (ou d'un «contre-plan»), et tenants d'une «stratégie autonome», qui récuse l'économisme de l'approche précédente mais recherche aussi des relais politiques. Ainsi, la CFDT veut élaborer un syndicalisme moderne, «libéré de la charte d'Amiens comme du congrès de Tours», c'est-à-dire – comme l'ont écrit Hervé Hamon et Patrick Rotman – «porter un projet de société qui ne soit qu'à lui, [...] revendiquer une fonction transformatrice propre, et le cas échéant la disputer aux partis qui se considèrent comme les agents exclusifs du changement social[4]». En

---

1. M. Branciard, *Histoire de la CFDT*, *op. cit.*, p. 203.
2. C. Harmel, *La CGT*, *op. cit.*, p. 94-95.
3. F. Georgi, *L'Invention de la CFDT, 1957-1970*, Paris, L'Atelier-CNRS, 1995, p. 18.
4. H. Hamon et P. Rotman, *La Deuxième Gauche. Histoire intellectuelle et politique de la CFDT*, Paris, Ramsay, 1984, p. 177.

dépit d'une sociologie qui tend à se rapprocher, les différences culturelles et idéologiques entre la CGT et la CFDT demeurent donc substantielles. Face à Mai 1968, il n'est pas étonnant que les attitudes soient dissemblables.

Mai 1968

Les manifestations de mai 1968 commencent par déconcerter Georges Séguy, le nouveau secrétaire général de la CGT. Il déclare le 7 mai que la confédération n'a « aucune complaisance envers les éléments troubles et provocateurs qui dénigrent la classe ouvrière, l'accusant d'être "embourgeoisée" et ont l'outrancière prétention de venir lui inculquer la "théorie révolutionnaire" et diriger son combat... Le mouvement ouvrier français n'a nul besoin d'encadrement petit-bourgeois[1] ». Cela n'est pas sans faire écho à une prise de position voisine de Georges Marchais, étoile montante du PCF[2]. De même, Georges Séguy aura un mot qui deviendra célèbre au fil des événements en demandant : « Cohn-Bendit ? Qui est-ce ? » Dans un premier temps, la centrale se tient donc à l'écart du mouvement que ni elle ni le PCF n'ont lancé puis, lorsque celui-ci prend une ampleur qu'il n'est plus possible de négliger, la CGT – comme le PCF – s'efforce de le canaliser, de l'encadrer, de le préserver de toute contagion gauchiste, affichant une attitude assez exclusive. D'autant plus que – contrairement à une idée répandue – les ouvriers ne se montrent pas insensibles à la cause des étudiants, qui seront bien accueillis lorsqu'ils se présenteront aux portes de Renault-Billancourt.

La CFDT se trouve davantage en écho avec le mouvement parce qu'elle y perçoit « une contestation plus fondamentale de la société, de nature aussi bien économique et sociale que culturelle et politique[3] ». Et les revendications qui s'expriment ne sont pas sans faire écho au thème de l'autogestion, que por-

1. Cité par C. Harmel, *La CGT*, *op. cit.*, p. 59.
2. *L'Humanité*, 3 mai 1968.
3. A. Bevort, « Du catholicisme social au réformisme ; CFTC et CFDT », *in* D. Andolfatto (dir.), *Les Syndicats en France*, *op. cit.*, p. 50.

tent certaines fédérations de la CFDT, notamment la Chimie, depuis quelques années. La CFDT recherche également la concertation avec l'UNEF, l'organisation des étudiants, et avec le PSU, autre acteur des « événements », avec lequel elle partage bien des représentations. L'attitude de FO est beaucoup plus réservée. La confédération – un peu à l'image de la CGT – ne veut pas se laisser entraîner dans le mouvement. C'est d'ailleurs contre l'avis de son secrétaire général, André Bergeron, que sa commission exécutive se rallie finalement à la journée d'action du 13 mai, initiée par la CGT. Mais il semble que pour les dirigeants FO, comme pour ceux de la CGT, cette journée doive marquer une sorte de point d'orgue social aux désordres. Ce ne sera pas le cas. Les grèves se propagent dès le 14, en commençant par Sud-Aviation, à Nantes, qui constitue un bastion trotskiste de FO... Le pays compte bientôt 5 millions de grévistes, sans compter les fonctionnaires[1]. Beaucoup d'établissements doivent fermer faute de transports en commun, de carburant et de matières premières. C'est le plus grand mouvement social de toute l'histoire de France.

    La CGT cherche à encadrer cette déferlante par des revendications socioéconomiques assez classiques. Puis, compte tenu des surenchères gauchistes et de l'impasse dans laquelle se trouve l'hypothèse d'un « programme commun » auquel le PCF imposerait son leadership, la confédération tente de trouver une issue dans une grande négociation nationale. Cette attitude provoquera la démission d'André Barjonet, chef du service économique de la CGT, qui rejette ce choix comme une occasion de révolution manquée... découvrant subitement à cette occasion que la CGT ne serait pas révolutionnaire, au contraire de ce qu'elle prétend. Des contacts sont également noués entre Jacques Chirac, alors secrétaire d'État aux Affaires sociales, et Henri Krasucki, numéro 2 de la CGT, pour jeter les bases de la négociation. La CFDT se rallie aux objectifs de négociation et publie un document commun avec la CGT tout en rappelant aussi que cette lutte dépasse des revendications immédiates et touche, plus profondément,

---

1. A. Prost, « Les grèves de mai-juin 1968 », *Le Mouvement social*, n° 143, 1988.

aux structures de la société, jugées étouffantes et oppressantes. FO tient aussi à demeurer sur un « terrain purement revendicatif »[1].

Une table ronde s'ouvre le 25 mai au ministère du Travail, rue de Grenelle. Huit délégations sont présentes : CNPF et CGPME côté employeurs, CGT, CFDT, FO, CFTC, CGC et FEN côté salariés. Cela paraît bien lourd, mais Georges Pompidou, le Premier ministre, privilégie pour interlocuteurs Georges Séguy et Paul Huvelin, du CNPF. Son conseiller social, Édouard Balladur a également aplani les choses avec André Bergeron. La relation est plus complexe avec la CFDT, qui paraît plus insaisissable pour le pouvoir. La CGT et FO privilégient les salaires. La CFDT met aussi l'accent sur la reconnaissance du droit syndical dans l'entreprise. Un terrain d'entente est trouvé. Le salaire minimum augmentera de 35 %. Les sections syndicales d'entreprise sont reconnues. Par contre, les ordonnances de 1967, qui ont réformé la gestion de la Sécurité sociale et substitué la désignation à l'élection des administrateurs sociaux, ne sont pas abrogées contrairement à une autre revendication de la CFDT. Au cours des négociations, la CGT obtient en outre d'être pleinement intégrée (ou réintégrée) dans les institutions paritaires. Tous les ostracismes qui perduraient à son égard depuis la guerre froide sont levés.

Si, dans l'esprit des représentants de la CGT, ces résultats doivent permettre la reprise du travail, cette stratégie est mise en échec par les ouvriers de Renault-Billancourt – et d'autres entreprises – qui accueillent fraîchement les conclusions des négociations de Grenelle. La grève continue donc. Mais, après la dissolution de l'Assemblée nationale, la seconde tentative de freinage sera la bonne. La CGT – et le PCF – mettent en exergue les résultats obtenus dans certains secteurs pour assurer la conversion du mouvement en campagne électorale classique. Seule la CFDT paraît exprimer des regrets. Après Grenelle, Eugène Descamps avait lancé un appel à Pierre Mendès France pour porter

---

1. Communiqué du 19 mai 1968. Cité par A. Bergounioux, *Force ouvrière*, op. cit., p. 158.

le « changement politique tant attendu », mais ce fut une « occasion manquée[1] ».

Un parallèle entre 1968 et 1936 s'impose sur plusieurs points. On retrouve une même faiblesse des organisations syndicales, une même méfiance des salariés à leur égard – et de ce qui est négocié dans l'urgence et, pour ainsi dire, « clef en main » par les dirigeants syndicaux – ce qui explique que les grèves durent, les mêmes techniques d'occupation d'usines, d'assemblées générales... Les questions posées ne surprennent pas non plus : les bas salaires, les horaires, l'absence de la négociation collective, notamment au niveau des établissements, le droit syndical... C'est toujours le même problème qui perdure. Comme en 1906, en 1919-1920, en 1936 ! Qui va s'asseoir en face du patron pour négocier avec lui au nom de ses salariés et comment s'assurer que le compromis est accepté par les salariés concernés ? À Grenelle, on prétend résoudre le problème en répondant : la section syndicale, c'est-à-dire les salariés de l'entreprise choisis par des organisations présumées représentatives de par la loi. Quatre faits historiques suggèrent que cette réponse n'était peut-être pas adaptée à la question posée :

– L'accueil réservé à Georges Séguy par les salariés de Renault-Billancourt n'est pas un événement isolé. Peu ou prou, les mêmes faits se reproduisent dans de nombreuses usines (Citroën, Peugeot, SNECMA...) et, comme en juin 1936 après Matignon, le travail ne reprend pas.

– Il a fallu relancer la discussion au niveau des établissements et des entreprises puis soumettre le résultat à référendum. Ces consultations ont été très nombreuses ; elles prouvent qu'on était bien conscient que la signature des syndicats n'engageait pas les salariés concernés et que, au minimum, il fallait leur consentement explicite pour donner vie aux accords. On a sans doute pensé que cette procédure était justifiée par le caractère exceptionnel de la situation et l'on s'est empressé de l'oublier. N'était-ce pas à tort, car quel est aujourd'hui le salarié qui se sent personnellement engagé par les accords très nombreux qui sont signés en son nom ?

---

1. E. Descamps, *Militer. Une vie pour un engagement collectif*, *op. cit.*, p. 122.

– Les années qui suivent Mai 1968 sont fortement conflictuelles (comme l'avaient été 1937-1938). Cela démontre que le compromis n'est pas opérant, que les contrats collectifs ne satisfont pas (ou peu) les salariés, du moins dans la forme imaginée à Grenelle. En 1969-1972, à travers son projet de « nouvelle société », Jacques Chaban-Delmas, Premier ministre, tente de remettre les choses à plat. Dans le secteur public, cela conduit à des « contrats de progrès », imaginés par Jacques Delors, venu de la CFDT. Cependant, tant la CGT que la CFDT se montrent peu intéressées par ces nouvelles relations contractuelles, voire les combattent. La CGT préfère le *statu quo*. La CFDT recherche la pierre philosophale.

– Enfin, Mai 1968 n'a pas produit de flux notable d'adhésions syndicales, contrairement au Front populaire. On observe même que le renforcement du droit syndical dans l'entreprise n'a pas été sans effets pervers sur la syndicalisation. Tel est le cas à Renault-Billancourt[1]. D'après des indications internes, on peut estimer que la CGT n'a jamais dépassé les 5 000 adhérents dans l'établissement et que ce maximum a été atteint en 1968 (le site employait alors plus de 30 000 salariés, soit un taux de syndicalisation de 16 %, à peine supérieur à celui de la CGT dans la métallurgie à l'époque). En 1974, il restait moins de 3 000 syndiqués, alors même que la combativité était forte et que l'emploi s'était maintenu sur le site. Que s'était-il passé entre ces deux dates ? La CGT avait obtenu des permanences dans l'usine même (officiellement pour le CE qu'elle contrôlait). Le CE avait beaucoup embauché et ses permanences permettaient à la section du PCF de quadriller l'usine (elle comptait alors 2 000 adhérents). Pour ajouter à la confusion, Aimé Halbeher, le secrétaire du syndicat, était devenu responsable de la section communiste et le comité central du PCF avait décidé de « suivre » directement l'activité de Renault-Billancourt[2]. Dès lors, le recrutement s'est fait sur une base politique étroite. La CGT s'est rapidement vidée de ses adhérents non communistes. Des phénomènes compa-

---

1. D. Labbé, *Syndicats et syndiqués en France depuis 1945*, *op. cit.*, p. 80.
2. Aimé Halbeher intégrera d'ailleurs le CC en 1976.

rables d'institutionnalisation-isolement se sont produits dans bien d'autres entreprises, comme à Usinor-Longwy[1]. Plus globalement, alors même que la CGT crée des centaines de sections syndicales après 1968, le nombre de ses adhérents n'augmente que lentement. Cela signifie que les sections nouvelles font peu d'adhérents tandis que les plus anciennes en perdent ou stagnent.

CGT et CFDT : les luttes et l'utopie

Mai 1968 n'a donc pas produit de « ruée syndicale ». Chaque organisation s'efforce toutefois d'en tirer des dividendes, quitte à revisiter la période en fonction de ce qui fait son identité. Ainsi, à travers son livre *Le Mai de la CGT*, paru en 1972, Georges Séguy procède à une relecture « marxiste » des événements et permet à la CGT de se les approprier pleinement. Tout en dénonçant l'illusion révolutionnaire de Mai, le leader syndical souligne que la CGT a rencontré en la circonstance une nouvelle génération militante, venue la « fortifier et la rajeunir ». Selon lui, la grève a également « élevé la conscience de classe des travailleurs », qui sont désormais préparés à de « profondes transformations »[2]. Mais, sur ce plan, la CGT renvoie au « programme commun de gouvernement de la gauche » et, selon une répartition des rôles inchangée, passe le témoin au PCF.

La CFDT poursuit son travail idéologique. Le congrès de 1970 traduit le ralliement au socialisme autogestionnaire. « L'autogestion – indique le document d'orientation qui est adopté –, c'est la gestion des entreprises par les travailleurs, mais aussi de l'ensemble de l'économie et de la cité par le peuple. [Elle] répond au besoin fondamental de responsabilité, de justice et de liberté chez les travailleurs ; elle est de nature à créer un type nouveau de rapports sociaux basés sur l'égalité et la solidarité effectives[3]. » Au thème de l'autogestion s'ajoutent ceux de la planification démocratique et de la propriété sociale des moyens

---

1. G. Nesozi, *La Fin de l'homme de fer. Syndicalisme et crise de la sidérurgie*, Paris, L'Harmattan, 1999.
2. G. Séguy, *Le Mai de la CGT*, Paris, Julliard, 1972, p. 1979-188.
3. CFDT, 1974, p. 39.

de production. Cela trace les « trois caractéristiques de la société à construire ». Ce projet emprunte à la rhétorique marxiste de la lutte des classes. Il traduit une certaine radicalisation du discours cédétiste qui n'est pas sans inquiéter Eugène Descamps qui se demande « s'il n'est pas devenu le capitaine impuissant d'un bateau fou[1] ». Invoquant des raisons de santé, il démissionne en 1971 sans parvenir à imposer pour successeur Laurent Lucas, issu comme lui de la Métallurgie. C'est Edmond Maire, coopté au bureau confédéral en 1967, qui devient secrétaire général.

La CFDT de la période anime également de nombreux conflits sociaux. Cela lui confère un leadership des luttes qui, jusque-là, était échu à la CGT, mais aussi la conduit à mettre en scène des conflits plus localisés, des luttes de « base », qui parlent davantage à l'opinion que les journées nationales d'action qu'affectionne la CGT. Mais la CFDT apporte aussi un nouveau contenu à ces mouvements en portant des revendications qui lui sont chères et s'inscrivent dans la postérité de Mai 1968 : remise en cause de la hiérarchie des salaires, soutiens aux « oubliés de l'expansion » (immigrés, femmes, ouvriers spécialisés), conditions de travail, défense de l'emploi, ce qui conduit à reprendre le slogan « vivre et travailler au pays ». Le conflit des « Lip », en 1973, apparaît emblématique de la période. Dans cette entreprise en faillite, les salariés tentent de relancer la production et la fabrication de montres, réalisant une expérience concrète d'autogestion.

Cependant, le congrès de 1973 est l'occasion d'une première rectification. La CFDT se démarque du gauchisme, rejette un syndicalisme qui serait le fait de minorités ou instrumentalisé à des fins politiques, dénonce le jusqu'au-boutisme de certains conflits. Malgré ces réserves, la tonalité générale demeure à une radicalité idéologique et à l'apologie des luttes. Tout en se tenant à distance du « programme commun », la CFDT participe à la dynamique en faveur du changement politique qui se crée autour de lui. En 1974, elle apporte son soutien à la candidature de François Mitterrand à l'élection présidentielle puis, à l'automne, nombre de ses militants et responsables participent aux Assises

---

1. F. Georgi, *L'Invention de la CFDT, 1957-1970*, op. cit., p. 319.

du socialisme et rejoignent le PS : 9 membres du bureau national et 32 responsables fédéraux s'engagent alors dans ses rangs. Mais la greffe ne prend pas entre le PS « refondé » par François Mitterrand et une « deuxième gauche » qui semble l'agacer. Dès 1975, la CFDT remet en question ses choix politiques, sinon commence à refouler le politique [1].

Au début des années 1970, l'action unitaire avec la CGT se trouve également relancée. Cependant la crise économique, qui s'installe, tend à redonner aux cégétistes une position plus centrale lors de conflits pour la défense de l'emploi. La CGT de Georges Séguy s'aventure aussi sur le terrain de l'autogestion pour apparaître à son tour comme une « force de proposition » avant de faire brutalement marche arrière pour privilégier les « luttes ». Au lieu de consolider la démarche unitaire, cela favorise les tensions.

Le réformisme de FO

Tandis que les débats idéologiques et le conflit sont le carburant de la CGT et de la CFDT des années 1960-1970, FO donne ses lettres de noblesse à l'action réformiste. C'est André Bergeron qui dirige la confédération depuis 1963 (encadré 25). Il doit d'abord ressouder une organisation que la guerre d'Algérie a déchirée et inscrit son action dans la continuité de celle de son prédécesseur, Robert Bothereau. Mais c'est lui qui finit par incarner « cette obstination dans la pratique contractuelle », contribuant au succès de FO [2]. Les sujets concrets ne manquent pas : indemnisation du chômage, retraites complémentaires, garanties en cas de licenciements, congés payés... constituent quelques thèmes de négociation qui le mobilisent.

L'ère Bergeron permet à FO de consolider ses positions. En 1962, lors des élections à la Sécurité sociale, la confédération recueille 14,7 % des suffrages des salariés. En 1979, lors des premières élections prud'homales – désormais « nationalisées » –,

---

1. P.-É. Tixier, *Mutation ou déclin du syndicalisme ? Le cas de la CFDT*, Paris, PUF, 1992, p. 293.
2. A. Bergounioux, *Force ouvrière, op. cit.*, p. 79.

> **25. André Bergeron, secrétaire général de FO**
>
> Né en 1922, d'origine protestante, André Bergeron entre dans la vie active à quatorze ans, comme apprenti dans une imprimerie à Belfort. Peu après éclatent les grèves du Front populaire qui lui font découvrir la vie militante. Il s'engage également aux Jeunesses socialistes, son éducation politique étant influencée par les figures de Ludovic-Oscar Frossard, ancien dirigeant du PCF retourné à la SFIO — et député de Lure — et d'Alfred Tschann, un autre ex-communiste, devenu secrétaire de l'UD CGT du Territoire de Belfort.
> De décembre 1942 à avril 1945, André Bergeron est déporté du travail en Autriche. De retour en France, il travaille dans le bâtiment puis retrouve un emploi d'imprimeur, plongeant alors dans l'action syndicale. Secrétaire du syndicat typographique belfortain, administrateur de l'UD, il vit la scission de la CGT, se ralliant dès le début aux «amis de FO». André Bergeron appelle cette rupture de ses vœux, par rejet du communisme et crainte d'une dénaturation de la CGT. En décembre 1947, il participe à la réunion de la salle des Horticulteurs, à Paris, qui rassemble les militants de FO et entérine la scission à 80% des voix. Parallèlement à ses activités syndicales, André Bergeron milite à la SFIO et, dans les années 1950, sera proche de Guy Mollet.
> À partir de 1948, André Bergeron est un acteur de la construction de FO. Il devient permanent à l'UD de Belfort. Il est chargé de nombreuses tâches d'organisation et de propagande. Il prend également la direction de la Fédération FO du livre, mais celle-ci ne réussit pas à percer, en raison de l'emprise du Livre CGT dans la profession. Malgré tout, l'efficacité et la confiance qu'inspire André Bergeron semblent inégalées. Il est promu à la CE confé-

elle peut compter sur 17,5 % des voix du secteur privé, alors même que la centrale syndicale a ses principaux ancrages dans la fonction publique. Selon une analyse de Jean-Yves Sabot, «l'image de réalisme, de bon sens et de responsabilité que le "père tranquille" du syndicalisme français a insufflée à FO s'avère payante. Tout comme la stratégie conventionnelle qui, considérant qu'il n'existe pas de société ni d'entreprise sans conflits d'intérêts, prend le parti de défendre les salariés par le biais du contrat, sans chercher le partage des responsabilités ni le pouvoir dans l'entreprise ou encore la co-décision[1]». Ainsi, FO fait un choix inverse de celui de la CFDT.

---

1. J.-Y. Sabot, «Les héritiers du mouvement ouvrier: CGT et CGT-FO», *in* D. Andolfatto (dir.), *Les Syndicats en France*, *op. cit.*, p. 30.

> **(1963-1989)**
>
> dérale dès 1950 puis coopté au BC en 1956. Il s'occupe des questions de législation sociale et de la négociation, ce qui fait de lui un acteur de l'accord créant l'assurance chômage en 1958 (UNEDIC). Il sera d'ailleurs élu président de cette nouvelle caisse et conservera ce mandat pendant vingt ans. Au début des années 1960, André Bergeron est chargé de la mise en place du secteur organisation au sein de FO, reprenant les méthodes de la CGT pour consolider FO. Cela le conduit à fréquenter tous les responsables d'UD et de fédérations et constitue un sésame précieux lorsque Robert Bothereau lui propose sa succession, en 1963. À quarante et un ans, André Bergeron devient donc secrétaire général de FO. Son action est surtout remarquable pour la priorité qu'il donne à la politique contractuelle et au paritarisme qu'il tendra même à personnifier. Cela le conduit à entretenir des relations régulières avec les gouvernements – quels qu'ils soient – et avec le patronat. Selon lui, il importe de pratiquer une «négociation perpétuelle», de rechercher inlassablement la conciliation, d'obtenir de «petites améliorations grignotées chaque jour».
> Au plan politique, André Bergeron refuse de s'associer aux manifestations anti-de Gaulle, en 1958. Il s'est reconnu dans le pragmatisme de celui-ci, même s'il rejette ses idées d'association capital-travail. Mais il rejette aussi l'union de la gauche telle qu'elle se construit dans les années 1960, en raison de trop de complaisance à l'égard du PCF. En 1981, il sortira de sa réserve habituelle pour dénoncer la participation du PCF au gouvernement.
> André Bergeron, «tyran débonnaire» à la tête de FO, quitte ses fonctions en 1989, sans avoir réglé sa succession [1].

Pourtant, la déconfessionnalisation de la CFTC n'a pas laissé indifférents certains militants de FO qui ont pensé que, sur la base d'une union FO-CFDT, une recomposition du paysage syndical français serait peut-être possible. Mais les rencontres qui se produisirent se bornèrent à enregistrer le décalage culturel entre les deux organisations et même de profondes incompréhensions. Dans les années 1960, la Fédération FO de la chimie, avec Maurice Labi à sa tête, a également tenté de promouvoir un courant «moderniste», s'appuyant sur une sorte de «marxisme libertaire» et appelant «les travailleurs à l'action générale et coordonnée à tous les niveaux pour combattre le système». Mais celui-ci a recueilli au

---

1. A. Bergeron, *Mémoires, op. cit.*, p. 161 (la dernière citation est de Raymond Soubie, reprise dans le livre d'André Bergeron).

mieux 9,2 % des mandats de congrès (en 1966). Maurice Labi, qui se singularisa aussi en Mai 1968, en participant au meeting de Charléty, rejoindra la CFDT, avec une partie de sa fédération, en 1972.

La transformation de la SFIO en PS, l'élaboration du « programme commun », l'alliance entre le PS et le PCF, les sympathies entre le PS et la CFDT conduisent également FO à prendre ses distances avec les socialistes. FO professe alors un apolitisme ouvert à toutes les minorités politiques, notamment trotskistes, même si André Bergeron demeure à titre personnel encarté au PS. Le choix délibéré de la politique contractuelle, la priorité donnée à des tâches gestionnaires, l'apolitisme consacrent la confédération dans un rôle d'interlocuteur privilégié des gouvernements mais aussi des employeurs. Ainsi, elle obtient la présidence de nombreuses institutions paritaires et de solides ressources.

Le syndicalisme catégoriel de la CGC

André Malterre domine la CGC jusqu'au milieu des années 1970. Directeur aux papeteries Darblay, il devient secrétaire général de la Confédération des cadres en 1950, puis son président en 1956. C'est un conservateur, partisan de l'Algérie française, ce qui cause quelques remous dans le syndicat. Trois « piliers » fondent l'action de la CGC sous sa longue mandature : la défense d'un système de retraite particulier (mis en place après guerre) et, parallèlement, la reconnaissance d'une spécificité « cadre » dans toutes les conventions collectives ; l'attachement à la hiérarchie des salaires et, à travers elle, à une certaine conception de la société (ce qui exclut tout bouleversement de l'ordre social) ; la recherche de mesures fiscales favorables à l'encadrement. Dans les années 1960, le Syndicat des cadres de l'industrie du pétrole (SCIP), celui des cadres d'EDF (UNCM), une partie des cadres de l'assurance animent la contestation au sein de la CGC. Ils préconisent une ligne plus « moderniste », plus en prise avec les mutations sociales, plus militante. Il est

---

1. A. Malterre, *La Confédération générale des cadres. La révolte des mal-aimés*, Paris, EPI, 1972, p. 61-79.

vrai qu'André Malterre privilégie le lobbying auprès des gouvernements ou des parlementaires et la CGC paraît davantage constituer un groupe d'intérêts qu'une organisation syndicale d'industrie, porteuse – selon une conception française – de solidarités larges et tournée vers les « masses ». Mai 1968 accentue les divergences. Dénonçant les séquestrations de cadres lors des occupations d'usines, la CGC se tient à l'écart du mouvement et rejette toute remise en cause de la hiérarchie dans les entreprises, au contraire de la CFDT. Cette attitude rapproche curieusement la CGC de la CGT lors de la conférence de Grenelle. André Malterre se félicite de l'esprit de responsabilité de la centrale ouvrière qui ne « s'égare pas dans des considérations philosophiques [et] ne croit pas du tout à la possibilité actuelle d'une révolution en France[1] ». Le SCIP, qui joue les trouble-fête, se voit exclu de la CGC puis fonde avec l'UNCM une nouvelle organisation pour concurrencer la CGC : l'Union des cadres et techniciens (UCT). Tout en s'imposant comme un « laboratoire d'idées », celle-ci échoue sur le plan militant et réintègre la CGC en 1980. Dans les années 1970, les syndicats CGC de la métallurgie et de banques affirment à leur tour un syndicalisme plus combatif. Cela s'explique par une concurrence plus vive avec les confédérations « généralistes » qui achèvent alors la mise en place de structures spécifiques pour les cadres (UCC-CFDT, UGICT-CGT, UCI-FO). Mais le syndicalisme de la CGC demeure résolument réformiste. Tout en se proclamant « apolique », la confédération – à tout le moins ses militants et ses dirigeants – se reconnaît dans un certain « centrisme social » et, plus particulièrement, dans le « gaullisme » puis le « néo-gaullisme ».

Un syndiqué sur quatre salariés

La faiblesse du taux de syndicalisation dans la France contemporaine conduit souvent à affirmer qu'il en a toujours été ainsi. Cette situation ne serait pas donc pas aussi atypique qu'on pourrait le croire, l'histoire du syndicalisme se résumant finalement à un long cycle de crises se succédant l'une à l'autre. Pourtant cette analyse ne correspond pas à la vérité des faits comme le montre le graphique 26. Certes, le syndicalisme n'a été majoritaire dans le salariat français que dans deux situations exceptionnelles : le Front populaire puis la Libération. Mais après le reflux de syndicalisation à la fin des années 1940 puis un « creux » relatif dans les années 1950, on observe une remontée des effectifs dans les années 1960 et un maintien de syndicalisation à un niveau assez élevé (22-23 %)[1] pendant une douzaine d'années. On soulignera que ce regain d'adhérents est même plus sensible que ce que montre la courbe ci-dessous. Celle-ci rapporte en effet les effectifs syndiqués à la population active salariée. Or, les années 1960 et 1970 marquent un accroissement sensible de celle-ci, ce qui signifie – puisque le taux de syndicalisation est stable, voire ascendant de 1966 à 1969 – que les syndicats gagnent en réalité de nouveaux adhérents.

Cette stabilisation de la syndicalisation à un niveau relativement élevé cache une redistribution des « forces » au détriment de la CGT et au bénéfice de la CFDT, de FO, de la FEN et de la CGC. Ainsi, le paysage syndical paraît toujours plus éclaté. Cependant cette évolution tient moins aux concurrences directes entre organisations qu'aux transformations de l'emploi, avec le recul de l'industrie, le poids croissant du tertiaire, l'affirmation de nouvelles catégories de salariés : employés, techniciens, cadres, fonctionnaires, enseignants... Au passage, on notera que puisque le taux de syndicalisation se maintient, les syndicats sont donc parvenus à s'adapter à ces changements au cours de la période qui va du début des années 1960 au milieu, voire à la fin, des années 1970.

Si l'on observe les évolutions par organisation, la CGT est la confédération qui a le plus reculé depuis la Libération : elle chute de plus de 4 millions d'adhérents en 1945-1946 à moins de 1,5 million à la fin des années 1950. Mais elle regagne ensuite des soutiens, retrouvant 1,6 million d'adhérents en 1968, puis 1,8 million dans les années 1969-1975. Manifestement, la centrale dirigée par Georges Séguy a réussi à s'approprier une partie

---

1. En utilisant la même convention que dans les cinq premiers chapitres : un syndiqué paie en moyenne 9 timbres mensuels par an.

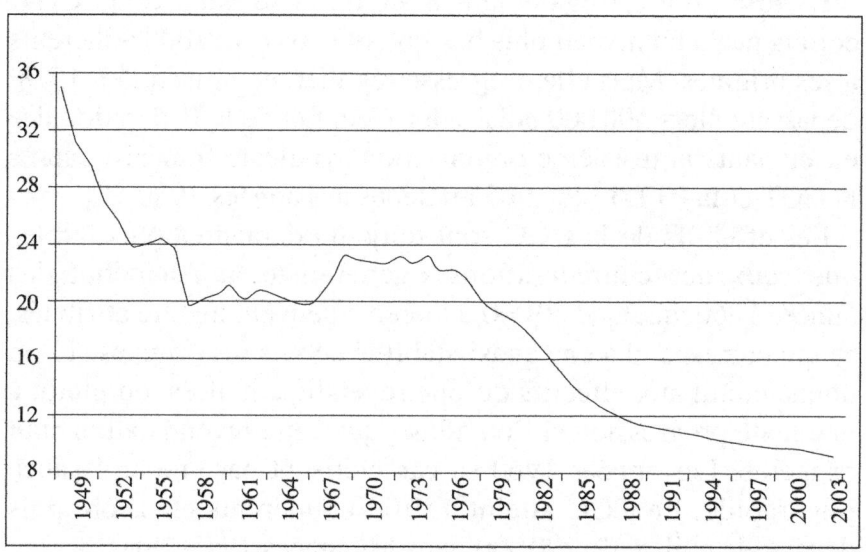

de l'héritage militant de 1968 en dépit de ses ambiguïtés lors des « événements » de Mai.

Pour ce qui la concerne, la CFTC recense approximativement 300 000 adhérents en 1945 et, se posant en alternative à la CGT, elle voit cet effectif s'accroître jusqu'en 1948. Le durcissement du climat social, l'émergence de FO lui semblent préjudiciables. Mais elle regagne des adhérents dans la seconde partie des années 1950. Elle dépasse les 400 000 adhérents en 1960, atteint les 500 000 au moment de la « déconfessionnalisation » (1964). La nouvelle CFDT retombe alors à 450 000 adhérents tandis que la « CFTC maintenue » peut compter sur quelque 30 000 à 40 000 fidèles. La CFDT repasse la barre des 500 000 adhérents en 1968 puis continue de s'étoffer jusqu'à culminer à 750 000 soutiens en 1976-1977. À un niveau plus modeste, la CFTC suit une évolution tout aussi dynamique qui lui permet d'avoisiner les 100 000 adhérents au milieu des années 1970.

FO – on l'a vu – n'attire pas beaucoup plus de 300 000 adhérents lors de sa constitution (1948). Ses effectifs retombent même en dessous de ce chiffre dans les années 1950. Ce processus s'inverse dans la décennie suivante. FO dépasse les 400 000 adhérents en 1971, puis atteint 480 000 adhérents en 1977-78.

La FEN, qui est également issue de la scission de la CGT, commence à un niveau plus bas que FO, avec 150 000 adhérents à ses origines. Mais elle progresse régulièrement jusqu'en 1978, dépassant alors 500 000 adhérents. Cela fait de la Fédération des enseignants la troisième organisation syndicale française, après la CGT et la CFDT, de 1965 au début des années 1980.

Les effectifs de la CGC sont toujours demeurés plus faibles que ceux des confédérations « généralistes ». Au début des années 1960, quelque 80 000 adhérents peuvent lui être attribués, ce qui correspond à une quasi-stabilité depuis ses origines si l'on donne crédit aux effectifs qu'elle revendiquait alors, ou plutôt à une lente progression si l'on admet que cette revendication était exagérée. Les années 1960 se caractérisent par une croissance plus rapide. La CGC atteint 150 000 adhérents en 1968, puis dépasse le chiffre de 200 000 dans les années 1973-1980[1].

Parallèlement à la question des effectifs, les résultats des élections prud'homales de 1979 permettent de mesurer précisément les audiences syndicales – hors fonction publique – à un moment où s'inversent toutes les évolutions, mettant au premier plan le phénomène de la « désyndicalisation ». La CGT recueille alors les voix de 4 salariés sur 10 (surtout des ouvriers de l'industrie), la CFDT celle de 1 salarié sur 4 (avec une présence à peu près égale parmi les ouvriers de l'industrie et les employés du commerce et des services), FO celle de 1 salarié sur 5 (plus en retrait dans l'industrie que ses deux consœurs). L'influence des deux autres confédérations est beaucoup plus faible : la CFTC peut compter sur le soutien de 1 salarié sur 14, la CGC celle de 1 salarié sur 20.

En conclusion, au milieu des années 1970, le syndicalisme français semble assez solidement implanté dans le salariat français. Bien que profondément divisé et politisé, il paraît avoir

---

1. Pour le détail des données : D. Labbé, *Syndicats et syndiqués en France*, *op. cit.*

trouvé un certain équilibre : les organisations évitent la concurrence ouverte et les polémiques. Elles parviennent même parfois à organiser des actions communes. À cette époque, elles disposent d'une image encore favorable dans l'opinion. Enfin, les événements de Mai 1968 ont amené les pouvoir publics et le patronat à une attitude beaucoup plus souple. La section syndicale passe facilement dans les mœurs, la négociation collective se développe rapidement, spécialement dans le secteur public.

En fait, tout cela reste fragile. À partir de 1978, le flux des adhésions nouvelles se tarit alors que les départs s'amplifient, mais il faudra beaucoup de temps pour que les organisations syndicales admettent qu'une page est tournée.

Chapitre VIII

La désyndicalisation
(1978-2010)

Les gains d'effectifs engrangés par toutes les organisations à compter des années 1960 marquent le pas au milieu des années 1970 (graphique 26, chapitre VII). La CGT apparaît stagner dès 1973. La CFDT fait un constat similaire en 1977. Les effectifs des autres organisations culminent en 1978. L'interruption de la dynamique de l'adhésion qui avait caractérisé jusqu'alors toutes les confédérations n'est pas toujours admise, ni d'ailleurs ressentie sur le moment, tant la question des effectifs syndiqués – même pour les organisations concernées – est souvent confuse. Lorsqu'il n'est plus possible de nier ces reculs, un lien avec la crise touchant les économies occidentales depuis 1973-1974 est vite établi. En 1977, la rupture de l'union de la gauche, en faveur de laquelle la CGT, la CFDT, la FEN et bien des militants de FO n'ont pas ménagé leur soutien, constitue aussi un autre facteur explicatif. La CFDT sera la première centrale à tirer les conséquences de ce retournement de situation et à procéder à une réorientation stratégique. Mais – toutes organisations confondues – l'interprétation du déclin syndical demeurera convenue et, le plus souvent, elle aboutit à dédouaner les syndicats de toute responsabilité dans la désaffection qui les touche à compter de la fin des années 1970. Doit-on finalement se satisfaire des analyses portées depuis cette période pour interpréter la désyndicalisation ? Comment les syndicats ont-ils cherché à rebondir face à un phénomène qui tend à mettre en cause leur légitimité de médiateurs sociaux[1] ?

---

1. Ce chapitre est volontairement plus synthétique que les précédents pour ne pas répéter des travaux antérieurs. Pour plus de précisions, nous renvoyons à ces

Pourquoi le déclin syndical ?

Les interprétations de ce déclin privilégient habituellement le changement de contexte économique, social ou culturel. L'accent est mis sur les transformations de l'appareil productif, le chômage, la précarisation de l'emploi, qui auraient découragé l'engagement syndical. La montée de l'individualisme, dévalorisant les engagements collectifs, est également invoquée. Mais ces explications ne sont-elles pas trop globalisantes ?

Les transformations de l'appareil productif

Les fermetures d'entreprise, notamment dans les mines, le textile, la sidérurgie, les chantiers navals... ont effectivement entraîné la disparition de certains « bastions » syndicaux. Pour autant, la crise de l'emploi et ses mutations suffisent-elles à expliquer la désyndicalisation ? Si cette explication présente un certain « bon sens », elle doit être relativisée. Il faut souligner que le calcul du taux de syndicalisation neutralise les effets directs de la variable « emploi » : s'il y a moins de salariés, il est normal qu'il y ait moins de syndiqués en valeur absolue, mais pas en valeur relative. Or, depuis 1974, si le chômage a augmenté, la population salariée s'est également accrue, tandis que la proportion de syndiqués a chuté. Globalement, l'explication par la crise de l'emploi ne tient donc pas. L'exemple d'autres pays européens comparables conduit à la même conclusion : en Allemagne, en Italie et même au Royaume-Uni, la syndicalisation a mieux résisté, malgré les transformations du tissu économique.

Si un lien entre crise économique et syndicalisation peut être

---

derniers, notamment A. Bevort et D. Labbé, *La CFDT : organisation et audience depuis 1945*, Paris, La Documentation française, 1992 (concernant la CFDT), D. Andolfatto et D. Labbé, *La CGT. Audience et organisation depuis 1945*, *op. cit.*, 1997 (concernant la CGT), D. Labbé et M. Croisat, *La Fin des syndicats ?*, Paris, L'Harmattan, 1992 et D. Labbé, *Syndicats et syndiqués en France depuis 1945*, *op. cit.* (concernant plus globalement la « crise » du syndicalisme), D. Andolfatto (dir.), *Les Syndicats en France*, *op. cit.*, (évolutions plus récentes des confédérations).

mis en évidence au plan sectoriel ou régional, il apparaît que celui-ci n'est ni mécanique ni continu. La Lorraine en constitue une bonne illustration. Une dynamique comparable entre syndicalisation et emploi y est repérable pour la période 1975-1986 dans les mines, la métallurgie, la chimie. Cependant, le reflux de l'adhésion syndicale est toujours plus important que celui de l'emploi. On peut l'interpréter par le fait que les licenciements, les fermetures d'entreprises, la précarité entretiennent un climat négatif, fragilisant la syndicalisation même là où l'emploi se maintient, voire progresse. Cela témoigne d'un lien avant tout subjectif entre les deux phénomènes. Mais celui-ci doit être à son tour nuancé car, à compter de la fin des années 1980, on observe au plan régional, dans l'industrie, un regain d'adhésions à la CFDT malgré un contexte économique qui demeure contrasté. Cette «resyndicalisation» découle d'abord d'une prise de conscience des facteurs proprement syndicaux du déclin, d'une remise en cause de l'organisation syndicale et d'une adaptation au nouveau contexte.

Plus largement, les transformations de la population active ont été défavorables aux ouvriers qui fournissaient aux syndicats une partie de leurs adhérents et, surtout, une vision du monde, des valeurs, des représentations. De ce point de vue, le déclin syndical s'inscrit dans la fin du «mouvement ouvrier» qui traverse tout le siècle. Pour autant, on ne peut réduire le syndicalisme à ce dernier. On a indiqué la part croissante des fonctionnaires et, plus encore, des salariés du secteur public dans le syndicalisme français, notamment depuis 1945. Or, cette population a continué de s'accroître depuis les années 1970. Elle ignore toute «rupture», au contraire du secteur privé. Or, dans le secteur public, la syndicalisation a également reculé.

Aux éléments d'explications économiques, même relativisés, il faut ajouter les changements dans l'organisation des entreprises et les rapports sociaux au travail. Des échelons hiérarchiques ont été supprimés, la communication s'est améliorée. Les salariés, mieux formés et mieux informés, n'hésitent plus à s'adresser directement à leur supérieur sans passer par le biais d'un délégué, privant ainsi le syndicat d'une source d'adhésions traditionnelle (chapitre III).

L'individualisme en question

L'individualisme, qui aurait gagné la société dans son ensemble et le monde du travail en particulier, est un autre facteur explicatif, bien souvent invoqué, de la désyndicalisation comme, plus globalement, de la dévitalisation des liens sociaux. Cependant la notion d'individualisme soulève probablement plus de questions qu'elle n'en résout, en raison de son caractère hétérogène et de ses usages multiples. L'individu ne constitue pas nécessairement un être a-social. Son affirmation ne fait pas obligatoirement voler en éclats les cadres sociaux, ni n'exclut l'idée de solidarité. Cette opposition semble bien simpliste[1]. Pour autant, les possibilités de « défection » individuelle – pour reprendre le langage d'Albert Hirschman[2] – provoquée par une prise de conscience du coût ou de l'inefficacité relative de l'engagement se sont manifestement multipliées en lien avec la segmentation sociale et la reconfiguration du marché de l'emploi, l'élévation générale du niveau de formation, la concurrence entre syndicats, des blocages organisationnels interdisant leur adaptation à ce nouveau contexte.

Plutôt que sur l'individualisme – en général –, il paraît plus pertinent de s'interroger sur le syndicalisme dans son mode de fonctionnement. C'est aussi sa relation à la construction d'identités professionnelles qui semble en cause et, plus largement, son rapport – ou la faiblesse de son rapport – avec le public qu'il cible. Par exemple, dans les années 1990, les succès rencontrés par de nouvelles organisations syndicales – comme les syndicats SUD (Solidaires, unitaires, démocratiques) – découlent d'une valorisation habile d'un « individualisme professionnel », voire d'un retour à plus de corporatisme, dans certains secteurs d'activité. De la même manière, la fin des années 1980 a vu le développement de « coordinations » de salariés, porteuses d'une iden-

---

1. P. Birnbaum et J. Leca, *Sur l'individualisme*, Paris, Presses de la FNSP, 1991, p. 11-14
2. A. Hirschman, *Défection et prise de parole*, Paris, Fayard, 1995.

tité professionnelle laissée pour compte par les organisations traditionnelles.

On pourrait évoquer aussi l'individualisme des jeunes salariés, leur hédonisme, leur sentiment d'extériorité à l'égard du mouvement syndical, de son histoire, de ses valeurs. Malgré tout, les jeunes semblent partager le même fonds de révolte que les salariés plus âgés et celui-ci s'exprime, ponctuellement, lors de conflits ou à travers certaines formes organisationnelles spontanées[1]. Là encore, c'est au moins autant l'inadaptation du syndicalisme à l'époque qui pose question que des déterminants plus globaux.

Les logiques organisationnelles et la professionnalisation

Ne serait-ce pas l'enfermement des syndicats dans des logiques institutionnelles et bureaucratiques qui serait préjudiciable à la syndicalisation ? Cela expliquerait pourquoi le syndicalisme qui était, il y a une trentaine d'années, l'une des « forces vives » apportant à la vie politique un renouveau des idées et des hommes, est plutôt perçu aujourd'hui comme un frein au changement.

Ainsi, la figure du militant syndical, salarié parmi les autres, a pratiquement disparu. Cela est également vrai pour les équipes qui animaient un syndicalisme vivant dans les ateliers ou les bureaux. Ce militantisme de proximité, qui s'incarnait notamment dans une fonction de défense individuelle des salariés, était d'autant plus nécessaire que le syndicat de base dépendait essentiellement des cotisations de ses adhérents, ce qui n'est plus le cas aujourd'hui.

L'effacement des syndiqués se trouve paradoxalement corrélé au renforcement de diverses institutions sociales dans et hors de l'entreprise. Cela a conduit à une professionnalisation des activité syndicales[2], à la multiplication des postes de permanents

---

1. S. Beaud et M. Pialoux, *Retour sur la condition ouvrière*, Paris, Fayard, 1999, p. 355.
2. J.-C. Basson, « Le tarissement du militantisme. Socialisation politique et sociologie syndicale », Grenoble, université Pierre-Mendès-France (thèse en science politique), 1996.

(alors même que le nombre des adhérents s'effondrait), à la perception d'aides, de subventions, d'indemnités de nature diverse, de mises à disposition de personnels, rendant en fin de compte le recrutement de nouveaux adhérents moins important pour l'équilibre des recettes et des dépenses. Au passage, les nouvelles tâches institutionnelles ont pu sembler plus nobles que la « rencontre » exigeante avec les salariés de base. Cela a creusé une certaine distance doublée de méfiance réciproque entre les salariés et les syndicats.

Le développement d'un syndicalisme général d'industrie soulève d'autres interrogations (chapitre III). Il a abouti au rejet de l'action catégorielle et à la destruction des syndicats nationaux. À la fin des années 1990, la fusion des Fédérations CFDT de la chimie et de l'énergie – laquelle couvrait essentiellement EDF – illustre cette constitution de regroupements syndicaux à vocation générale, reflétant une vision beaucoup plus économiste que sociale des relations du travail, et accentuant au passage le rôle des appareils dans l'organisation syndicale. Cette structuration a été imposée par les confédérations à leurs diverses composantes au moment où éclataient les cadres traditionnels du travail, où émergeaient de nouvelles professions, où reculaient les grands établissements, où les organisations tendaient à se décentraliser, tandis que les individus revendiquaient plus d'autonomie. Ainsi, l'évolution de l'organisation syndicale s'est produite à contre-courant des transformations du salariat, expliquant en fin de compte que bien des nouveaux secteurs d'emploi – dans les services, le commerce, plus largement le tertiaire – constituent de véritables déserts syndicaux.

Entre 1976-1977 et aujourd'hui, il ne se produit pas un rétrécissement, une sorte de « miniaturisation » du syndicalisme, mais une transformation fondamentale. Le cercle extérieur (adhérents de base) s'est estompé. En revanche, les cercles groupant, d'une part, les syndicalistes d'établissement et, d'autre part, les syndicalistes d'appareil (dans les UD, les fédérations, les confédérations) se sont dilatés et occupent aujourd'hui la quasi-totalité de l'espace syndical. L'image de la pyramide est intéressante. Avant les années 1970, la « base » de l'édifice était assez large et les parties supérieures très étroites ; aujourd'hui les étages supérieurs sont devenus imposants mais leur seule base est juridique ou conventionnelle ; l'ancrage sociologique s'est fortement réduit. La professionnalisation du syndicalisme est aussi sa confiscation par les syndicalistes.

On débouche alors sur une question mal résolue (parce que mal posée) : celle des relations entre ces syndicalistes et la politique partisane. Apparemment, ceux qui, au nom de la charte d'Amiens, réclament une incompatibilité entre responsabilités syndicales et politiques semblent avoir gain de cause. On ne trouve plus de syndicalistes dans les directions des principaux partis, surtout depuis 1989 (en revanche la chose demeure courante chez les trotskistes). Et si cette évolution ne résolvait rien ?

Dans la pratique, les syndicalistes professionnels entretiennent des relations étroites avec leurs homologues, de niveau comparable, dans les partis. Aujourd'hui, les caciques socialistes ou communistes disposent d'une totale liberté d'action dans leur circonscription. Il en est de même pour leurs homologues syndicalistes des UD ou des fédérations, et c'est à ces niveaux que se réalisent des alliances informelles, que se tissent des connivences.

De surcroît, les syndicalistes raisonnent en « politiques ». Ils regardent « leurs » salariés comme les caciques considèrent « leurs » électeurs, avec la même condescendance. Et ils partagent les mêmes représentations. Il ne faut donc pas s'étonner de voir renaître, dans la plupart des organisations, l'idéologie millénariste qui imprégnait déjà la charte d'Amiens, selon laquelle il faut se préparer au grand mouvement social qui verra bientôt s'écrouler le système.

Mais la « politisation », ce sont aussi des polémiques publiques entre organisations ou dirigeants syndicaux, des luttes fratricides, des compétitions pour le contrôle d'institutions diverses, tels les principaux comités d'entreprise, les organismes de la protection sociale et, bien sûr, les appareils. Sans doute ces querelles ont-elles toujours existé mais, aujourd'hui, elles sont d'autant plus visibles que le syndicalisme revêt d'abord une dimension institutionnelle et que l'image positive du militant syndical d'entreprise n'est plus là pour compenser ce spectacle un peu désespérant pour le simple adhérent de base (comme cela l'était déjà en 1919-1920, en 1938-1939 et après 1947, sauf l'accalmie des années 1960).

Comment les principales confédérations ont-elles évolué et ont-elles cherché à s'adapter dans ce contexte de désyndicalisation ? Les confédérations traditionnelles, souvent après un refus de voir les réalités puis bien des hésitations, ont tenté d'ouvrir de nouveaux cours. Mais cela n'a pas été sans effets pervers, suscitant résistances ou regrets. Les transformations de l'emploi ont relancé certaines identités catégorielles. Ce double phénomène a conduit à l'émergence de nouvelles organisations.

Les confédérations face à la crise

Dès 1978, la CFDT tente de réagir à la baisse des effectifs et inaugure une stratégie qui tourne la page de l'utopie. En 1979, la CGT procède à son tour à une réorientation pour des raisons politiques.

Le « recentrage » de la CFDT

Le rapport présenté par Jacques Moreau – responsable confédéral du « secteur politique » – au conseil national de la CFDT de janvier 1978 amorce un changement de ligne. Il invite à l'autocritique collective en regrettant la priorité donnée à « la politique globale et idéologique qui a masqué certains problèmes et qui ne prépare pas [...] à aborder la réalité ». Il met l'accent sur « les revendications précises », les « compromis nécessaires », les « résultats concrets ». L'échec de la gauche lors des élections législatives de 1978 confirme aux yeux des dirigeants cédétistes l'impasse du « tout-politique » et les conduit à donner priorité à la négociation, même « à froid ». Sur le fond, cela signifie que la voie vers le socialisme se voit remplacée par la reconnaissance, encore implicite, d'une « société pluraliste dans laquelle les tensions, les conflits s'assument, se régularisent, se dépassent par le conflit négocié »[1]. Cette évolution ne se produit pas sans résistances internes. Mais la CFDT se convertit à un certain réalisme, accepte de discuter sans tabous idéologiques, comme à l'occasion de la crise de la sidérurgie qui polarise l'actualité sociale à la fin des années 1970. La CFDT se veut constructive et pragmatique et se démarque de la « globalisation » politique et de l'économisme toujours pratiqués par la CGT[2]. Ces divergences tendent les relations entre les deux centrales et s'aggravent avec l'invasion de l'Afghanistan par l'URSS, fin 1979 (condamnée par la CFDT) et les événements de Pologne qui voient l'irruption du syndicat Solidarność (soutenu par la CFDT). En septembre 1980, Edmond Maire dénonce « un alignement complet [de la CGT] sur la politique d'isolement sectaire et de durcissement idéologique du PCF[3] ».

La CFDT se démarque également du nouveau pouvoir socialiste après 1981, même si de nombreux cédétistes se retrouvent dans des cabinets ministériels, si les propositions de la confédération inspirent largement les lois Auroux et si l'un des dirigeants confédéraux, Jacques Chérèque – ingénieur dans la sidérurgie lorraine puis secrétaire général de la Fédération de la métallurgie –, devient, en 1984, préfet chargé de la reconversion industrielle puis ministre dans le gouvernement Rocard. Mais la direction de la CFDT se montre toujours plus critique à l'égard de la gauche au pouvoir. En février 1983, lors d'une visite à l'Elysée, Edmond Maire appelle à plus de rigueur, ce que de nombreux militants ne comprennent pas. En 1985, lors du congrès de Bordeaux, il déclare même : « La gauche au pouvoir est passée de l'ambition mal maîtrisée de l'état de grâce au profil bas d'une gestion classique des grands équilibres financiers[4]. » En 1986, la confédération refuse toute consigne à l'approche des élections législatives, rompant avec une longue tradition de

1. Cité par M. Branciard, *Histoire de la CFDT*, op. cit., p. 296.
2. G. Nezosi, *La Fin de l'homme de fer. Syndicalisme et crise de la sidérurgie*, op. cit.
3. Cité par M. Branciard, *Histoire de la CFDT*, op. cit., p. 305.
4. *Ibid.*, p. 352 ; P.-É. Tixier, *Mutation ou déclin du syndicalisme ? Le cas de la CFDT*, op. cit., p. 306-316.

choix en faveur de la gauche et privilégiant désormais les seuls objectifs syndicaux. Entre-temps, Edmond Maire a mis en cause le mythe de la grève comme mode d'action syndicale. Tout cela n'est pas sans désarçonner une partie des militants, des fédérations ou unions régionales et, en dépit de la stratégie de « resyndicalisation » affichée depuis 1979, les effectifs s'effondrent. Les élections à la Sécurité sociale de 1983 – dont le rétablissement était une vieille revendication de la CFDT – traduisent aussi un revers : jamais la CFDT n'a fait un résultat aussi faible (18,4 % des voix) à une grande consultation sociale ; la centrale est de surcroît nettement distancée par FO (25,3 % des voix).

Mais la CFDT se refuse à mettre en cause le bien-fondé du « recentrage ». Elle s'engage résolument dans la voie d'un « syndicalisme de transformations sociales négociées ». L'orientation adoptée lors du congrès de 1992 énonce même que « l'économie de marché est une réalité incontournable[1] ». Parallèlement, une réflexion est conduite en interne sur le déclin de l'adhésion syndicale et l'organisation se redéploie, avec des « développeurs » (chargés du recrutement) et le recours à diverses techniques (tel le prélèvement automatique des cotisations) pour relancer la syndicalisation. Après la perte d'une moitié des effectifs, entre 1977 et 1988, ces efforts organisationnels font sentir leurs premiers effets en 1989. Puis la CFDT gagne régulièrement des adhérents jusqu'en 2002, dépassant de nouveau la barre des 700 000 adhérents, comme au milieu des années 1970 (selon les chiffres officiels, ce sont même 889 000 adhérents qui sont recensés en 2002, mais la convention de calcul, qui est retenue, surestime les effectifs).

En 1988, Jean Kaspar succède à Edmond Maire. Si l'orientation est confirmée, le nouveau secrétaire général apparaît aussi comme un homme de consensus, à même de ressouder l'organisation. L'ancien mineur de potasse symbolise l'attachement à la culture ouvrière. Mais le nouveau secrétaire général est contesté dans l'appareil. En 1992, quelques mois après sa réélection, il est contraint à la démission et remplacé par Nicole Notat (encadré 27). Représentative d'une génération nouvelle, tournée avant

---

1. *Syndicalisme*, supplément au n° 2402, 30 avril 1992, p. 25.

> **27. Nicole Notat, secrétaire générale de la CFDT (1992-2002)**
>
> Nicole Notat est la première femme à avoir accédé à la tête d'une confédération syndicale française. Elle est née en 1947, dans la Marne, où ses parents étaient agriculteurs. Bonne élève, elle devient institutrice spécialisée. Elle adhère en 1969 au SGEN, par rejet du SNI, alors hégémonique dans l'enseignement. Elle en devient responsable régional pour la Lorraine en 1978. Selon un témoin de l'époque, Nicole Notat, peu encline au parti pris idéologique, « donnait une image de battante, bagarreuse, mêlée de flou artistique. Elle n'épousait pas trop le langage de la rue. C'était une orthodoxe de la CFDT, fidèle à l'organisation ». La construction d'un secteur « femmes » au sein de la CFDT, la décision d'en féminiser les structures, vont aspirer Nicole Notat dans l'appareil. Pour autant, Nicole Notat ne s'est jamais reconnue comme féministe, tout en adhérant aux luttes pour l'avortement ou la reconnaissance de l'égalité professionnelle entre les hommes et les femmes. En 1982, Edmond Maire la promeut au sein de la commission exécutive confédérale. Elle a pour secteur de responsabilités les « travailleuses » et les « jeunes ». En 1985, elle se voit confier l'emploi et la formation professionnelle, contribuant à la modernisation des relations sociales et à la relance de la négociation collective, deux priorités de la CFDT. En 1988, Edmond Maire souhaite qu'elle lui succède mais elle se fait doubler par Jean Kaspar. Nicole Notat devient secrétaire générale adjointe, chargée de la politique revendicative, ce qui en fait une interlocutrice clef des ministères et du patronat.
> Nicole Notat remplace subitement Jean Kaspar en octobre 1992. On lui reproche un « putsch ». On parle officiellement de crise du « management dans l'organisation », une certaine indécision étant reprochée à Jean Kaspar. À la tête de la CFDT, celle que certains nomment bientôt la « tsarine » consacre le nouveau cours de la CFDT, tournant définitivement la page du « brassage de Marx et de Jésus », selon sa propre expression.
> Mise en minorité lors du congrès de 1995, Nicole Notat tient bon. Elle apporte son soutien à la réforme de la Sécurité sociale en 1995, tient la CFDT à l'écart des grèves de l'automne 1995, puis renforce la position de la centrale comme premier partenaire des employeurs à l'occasion de la mise en œuvre des 35 heures et de la « refondation sociale » lancée par le MEDEF. En 2002, après trois mandats, elle décide de quitter ses fonctions. La presse évoque ses ambitions à la tête de la Confédération européenne des syndicats (CES), finalement démenties. Elle prend la direction d'une agence de notation sociale et environnementale des entreprises.

tout vers la professionnalisation du syndicalisme, Nicole Notat se montre plus directive dans le « gouvernement » de la confédération. Le congrès de Montpellier, au printemps 1995, sanctionne ces changements en refusant – pour la première fois dans l'histoire de la CFDT – le quitus aux dirigeants sortants. Malgré tout, Nicole Notat est réélue lors d'un vote miraculeux.

À l'automne 1995, la CFDT approuve la réforme de la Sécurité sociale préparée par le gouvernement Juppé et refuse de se joindre au « mouvement social » qui se développe contre le projet. Cela ravive l'opposition interne qui se structure dans l'association « Tous ensemble » et accentue la coupure et les rancœurs avec d'autres organisations, notamment la CGT, FO, la FSU (Fédération syndicale unitaire). Mais la secrétaire générale de la CFDT reçoit aussi des soutiens pour son « courage » et son « indépendance d'esprit ». La présidence de la Caisse nationale d'assurance maladie (enlevée à FO), celle de l'assurance chômage (UNEDIC), une forte implication dans le processus de « refondation sociale » lancée par le MEDEF (Mouvement des entreprises de France, ex-CNPF) à la fin des années 1990 placent la CFDT au centre de l'échiquier social. En 1998, la confédération opère également un rapprochement avec la CGT, à son tour en quête d'un nouveau cours. Cela favorise une légitimation croisée des équipes et lignes confédérales tout en désamorçant les oppositions respectives.

Disposant d'une solide autorité, qui dépasse les frontières de la CFDT, et d'une forte notoriété, Nicole Notat choisit de quitter la direction de la CFDT en 2002. Elle est remplacée par François Chérèque, éducateur spécialisé, issu de la Fédération santé-sociaux (et du sérail : il est le fils de Jacques Chérèque). À peine a-t-il fait l'apprentissage de ses nouvelles fonctions qu'il accepte, dans une certaine précipitation, un compromis avec le gouvernement Raffarin concernant la réforme des retraites des fonctionnaires, le 15 mai 2003. C'est l'origine de la crise interne la plus grave pour la CFDT depuis la « déconfessionnalisation ». À l'automne 2003, rejetant cette réforme et regrettant un déficit de démocratie interne, plusieurs organisations de la CFDT expriment leurs désaccords, voire font sécession. Les Fédérations des transports, des finances, des banques, des personnels territoriaux, le SGEN sont particulièrement touchés. Entre 10 et 20 % des adhérents ne renouvellent pas leur carte. L'acceptation simultanément par la CFDT de la réforme du régime d'assurance chômage des intermittents du spectacle, puis l'échec du PARE (Plan d'aide au retour à l'emploi pour les chômeurs du régime général), dont la centrale a été l'un des promoteurs, accentuent le désamour et les difficultés [1].

À la rentrée 2004, pour surmonter ces difficultés, la direction confédérale doit prendre des mesures d'économie et tente de renouer avec la « base » en esquissant une autocritique et en donnant « un nouveau souffle à l'action revendicative » dans le cadre d'un projet syndical qui met l'accent sur le « réformisme ».

La CGT entre conservatisme et nouveau cours

Dans les années 1970, la CGT a fait siens les objectifs politiques du « programme commun » et s'est beaucoup mobilisée en leur faveur. La rupture entre ses protagonistes en 1977, puis la défaite de la gauche aux élections législatives de 1978 causent un véritable traumatisme dans les rangs de la centrale, la privant de repères qu'elle avait mythifiés. Cela conduit certains militants à s'interroger sur l'autonomie de la CGT. Lors du congrès de Grenoble, fin 1978, Georges Séguy esquisse une autocritique. Il évoque certains « défauts » : « des organismes de direction qui ne reflètent pas toujours assez correctement la diversité de la CGT » ; « l'habitude prise de travailler entre militants de la même opinion politique » ; « l'intolérance envers les idées différentes ». Prudemment, il parie sur « l'ouverture ». Plus largement, la période de ce congrès voit la tentative de la CGT « de se doter d'une réflexion propre dans toute une série de domaines [...] : la crise, les rapports aux partis politiques, l'indépendance syndicale » [2].

Mais la « ligne » de Grenoble suscite de fortes réticences au sein de l'appareil de la CGT... et du PCF. Si, dans un premier temps, Georges Marchais paraît avoir encouragé l'ouverture pour mieux isoler les « orthodoxes » de son propre camp, il donne ensuite un

---

1. Sur cette « crise » : M. Casula et P. Pons, *L'Union départementale CFDT de Haute-Garonne (1993-2005)*, Nancy, Université de Nancy 2/DARES, 2006.
2. Selon le témoignage de G. Alezard dans D. Labbé et J. Derville, *La Syndicalisation en France depuis 1945. Entretiens avec...*, op. cit., p. 5-6.

coup de frein¹. « On a bien senti qu'il y avait un désaccord – se souvient René Buhl, l'un des dirigeants confédéraux de l'époque – et l'on a su qu'au Bureau politique [du PCF] un certain nombre de gens disaient : "Mais la CGT, où elle va ? Elle est partie pour glisser vers le réformisme." C'était vraiment une grande tare. » René Buhl poursuit : « le grand malheur dans cette affaire, c'est que Georges Séguy a été obligé de céder devant la pression de son parti. Moi ça ne m'a pas tellement surpris, parce que dans les discussions que nous avions entre nous, je lui disais toujours : "Ce n'est pas facile d'avoir deux casquettes." Il me disait : "Moi ça ne me pose pas de problèmes parce que les orientations de nos deux organisations sont convergentes. Ah, si un jour il y avait des divergences, cela poserait problème"². » Or, tel est bien le cas en 1978-1979. Le PCF connaît une période de repli sectaire, alors que la CGT fait le pari d'une plus forte autonomie. Cependant la pression du parti n'explique pas à elle seule le revirement qui va intervenir dans la CGT. Le 40ᵉ congrès a heurté en effet la culture et l'état d'esprit des cadres de la CGT qui, après la rupture de l'union de la gauche, le cavalier seul de la CFDT, le « durcissement » de la crise économique, refusent toute aventure et, compte tenu de l'incertitude qui gagne, préfèrent « rentrer la tête dans les épaules et s'accrocher aux valeurs sûres de la CGT³ ». La « ligne » de Grenoble se trouve donc remise en cause. Ses promoteurs sont isolés. On va jusqu'à les accuser de « travail fractionnel ». Lorsqu'ils exercent des responsabilités, ils sont poussés à la démission et remplacés par des militants « orthodoxes ». Cela vaut pour de nombreuses organisations de la CGT, jusqu'au niveau confédéral : quatre membres du BC finiront par quitter leurs responsabilités (René Buhl, Jacqueline Lambert, Jean-Louis Moynot, Christiane Gilles). Le journal féministe de la CGT, *Antoinette*, voit également son ton d'ouverture sanctionné, puis disparaîtra⁴.

---

1. Selon le témoignage de J.-L. Moynot dans D. Labbé et J. Derville, *La Syndicalisation en France depuis 1945. Entretiens avec...*, op. cit., p. 208.
2. Selon le témoignage de R. Buhl, *ibid.*, p. 67.
3. Selon le témoignage de J.-L. Moynot, *ibid.*, p. 209.
4. J. Olmi, « Les femmes dans la CGT. Stratégie confédérale et implications départementales, 1945-1985 », université Nancy-II (thèse de science politique), 2005.

Dans la même période, les refus de la CGT – à la suite de ceux du PCF – de condamner l'invasion de l'Afghanistan par les troupes soviétiques puis la proclamation de l'état de siège en Pologne aggravent les tensions dans la confédération et accentuent un repli qui voit s'affirmer les rôles de Michel Warcholak, secrétaire à l'organisation, et surtout d'Henri Krasucki, qui paraît tenir sa revanche face à Georges Séguy et devient, dès la fin des années 1970, une sorte de secrétaire général *bis*. Il prend officiellement la tête de la centrale lors du congrès de 1982.

Mais si la désignation d'Henri Krasucki marque le triomphe d'une « ligne de classe et d'isolement de la CGT[1] » et du réalignement politique sur le PCF, les relations de ce dernier avec le parti, et en particulier avec Georges Marchais, ont toujours été complexes. Elles se dégradent sensiblement après 1984, lorsque le PCF, qui vient de quitter le gouvernement, cherche à relancer la contestation sociale contre les socialistes et à entraîner la CGT dans cette stratégie. Des divergences apparaissent lors du conflit de la SKF, à Ivry, en 1985, après qu'un commando du parti eut attaqué l'usine où la direction avait décidé d'un lock-out. Dans cette affaire, le parti reproche à Henri Krasucki un manque de combativité. Mais ce dernier n'accepte pas d'avoir été mis devant un fait accompli et devient « petit à petit l'animateur de ceux qui veulent changer[2] ». Ironie de l'histoire : il se voit alors opposer par le parti d'autres dirigeants de la CGT : François Duteil, de la Fédération de l'énergie, et Louis Viannet, de la Fédération des PTT. Avec Michel Warcholak, ceux-ci composent une sorte de triumvirat, qui a la confiance du parti, et conteste l'autorité d'Henri Krasucki.

Dans la deuxième partie des années 1980, l'affaire des « dix de Billancourt » absorbe beaucoup d'énergie militante. La CGT et le PCF se mobilisent pour la défense de représentants du personnel qui, à la suite de l'annonce de licenciements, ont commis un coup de force contre l'encadrement des usines Renault. Mais,

---

1. Selon R. Lomet dans D. Labbé et J. Derville, *La Syndicalisation en France depuis 1945. Entretiens avec...*, *op. cit.*, p. 181.
2. *Ibid.*

à trop se polariser sur les « dix », les deux organisations laissent se faire de nombreuses restructurations industrielles – dont celles de Renault – et leur cortège de réductions d'emploi[1]. René Lomet ou Alain Obadia, alors secrétaires confédéraux, l'admettent rétrospectivement[2]. Mais cela interdit également toute prise de conscience réelle de l'effondrement des effectifs syndiqués que vit alors la CGT, toute réaction à cette situation, toute évolution stratégique. Lorsque Henri Krasucki quitte la direction de la CGT, en 1992, il y a bien longtemps que la confédération n'a pas eu un nombre d'adhérents aussi faible : environ 600 000, soit trois fois moins qu'après 1968.

Mais, lors du congrès de 1992, le camp des « modernistes », discrètement encouragé par Henri Krasucki, se retrouve en échec. Selon une logique immuable depuis 1945, c'est le responsable cégétiste qui a le grade le plus élevé dans la hiérarchie du PCF qui lui succède, soit Louis Viannet. Âgé alors de cinquante-neuf ans, cumulant les plus hautes responsabilités tant à la CGT qu'au PCF depuis 1982, il sera un secrétaire général de transition. Bien que d'un grand conformisme idéologique, il doit se résoudre à des réformes incontournables étant donné la gravité de la situation.

Pour stopper l'hémorragie des effectifs, mais aussi prendre acte de la chute du mur de Berlin, la direction confédérale choisit de mettre en scène son « indépendance » à l'égard du PCF au milieu des années 1990. Les sondages montrent régulièrement que l'alignement sur le PCF plombe l'image de la centrale alors que les salariés apprécient, par ailleurs, sa combativité. Une stratégie d'autonomisation est donc mise en œuvre méthodiquement. La CGT commence par se désaffilier de la FSM, qui groupaient les organisations syndicales de l'ex-URSS et de ses satellites. Elle renonce également au principe de la socialisation des moyens de production et d'échanges. Puis Louis Viannet quitte bruyamment le BP du PCF en 1996, tout en demeurant membre de son comité national (ex-comité central).

---

1. D. Labbé et F. Perrin, *Que reste-t-il de Billancourt ?*, Paris, Hachette, 1990.
2. D. Labbé et J. Derville, *La Syndicalisation en France depuis 1945. Entretiens avec...*, *op. cit.*, p. 181 et 231.

Dès 1999, Louis Viannet passe le témoin à Bernard Thibault. Cela traduit d'abord un changement de génération. Alors âgé de quarante ans, Bernard Thibault dirige la Fédération des cheminots depuis 1993. Lors de la grande grève des cheminots de 1986, il a pu prendre la mesure de la contestation du «pouvoir» syndical. De nombreuses coordinations avaient alors éclos et, dans son secteur, Bernard Thibault s'était imposé par une pratique plus à l'écoute du terrain qui lui avait permis d'entamer la reconquête. Puis il est apparu comme l'un des leaders populaires des grèves de 1995. Louis Viannet envisage alors d'en faire son successeur. Mais il doit convaincre l'appareil de la CGT et faire entrer l'intéressé au comité central du PCF – sésame indispensable –, ce qui devient effectif fin 1997.

À la tête de la CGT, Bernard Thibault confirme le nouveau cours de la CGT avec prudence. Ainsi, la centrale ne fait plus des luttes une priorité exclusive. La voie de la négociation devient également légitime. Sur le plan international, la CGT rallie la Confédération européenne des syndicats (tout en restant en dehors de la CISL), adhérant tardivement à la construction européenne (encadré 28).

Enfin, la CGT poursuit sa démarcation publique du PCF en refusant de soutenir officiellement la manifestation pour l'emploi organisée par ce dernier le 16 octobre 1999, mais nombre de ses responsables et militants, dont le secrétaire général, se joindront à la manifestation à titre personnel. Puis, le 17 juillet 2001, une rencontre au sommet a lieu entre la CGT et le PCF, à la demande de la centrale syndicale qui entend mettre à plat les relations entre les deux organisations et sortir de querelles latentes dans la gestion du mécontentement social. Si le PCF reste discret sur cette rencontre, le secrétaire général de la CGT rend publique une longue déclaration pour préciser sa «conception des relations avec les partis politiques» – en fait le seul PCF. Ce texte évoque une «histoire commune» remontant aux origines du mouvement ouvrier et souligne «le formidable espoir insufflé par la révolution russe de 1917, les grands moments de lutte ouvrière du Front populaire, de la Résistance et de la Libération, jusqu'à l'épisode difficile de la guerre froide,

> **28. La Confédération européenne des syndicats**
>
> Fondée en 1973, la CES est à l'origine un regroupement régional des organisations syndicales membres de la Confédération internationale des syndicats libres (CISL). Cette dernière, constituée en 1949, à l'initiative des syndicats américains, anglais et néerlandais, avait fédéré les organisations qui rejetaient la FSM, contrôlée par les communistes. En 2006, la CES associe 79 confédérations syndicales, représentant 60 millions de syndiqués de 35 pays : les 25 pays de l'Union européenne mais aussi la Bulgarie, la Croatie, l'Islande, la Norvège, la Roumanie, la Suisse, la Turquie...
> La CES s'est imposée comme un partenaire social au sein du processus de « gouvernance » européenne, apportant sa contribution à la construction institutionnelle et normative de l'Europe, défendant un « modèle social européen » défini comme une combinaison de la « croissance économique », du « plein emploi », de la « protection sociale », de « l'égalité des chances », de « l'inclusion sociale », de l'implication des citoyens dans les choix politiques. Cela l'a conduite à soutenir le projet de Constitution européenne, perçu comme un « pas en avant » par rapport au traité de Nice et un « tremplin [...] pour une Europe sociale plus forte ». En 2005, la CES s'est déclarée « déçue » par le rejet de ce projet par les Français et les Néerlandais, rappelant que cette Constitution – à l'élaboration de laquelle elle a été associée – « n'est pas néo-libérale ».
> Au plan syndical, la CES met l'accent sur la consultation des travailleurs, la négociation collective, le dialogue social, les conditions de travail. Elle a favorisé le développement de comités d'entreprise européens.
> Depuis 2003, la CES a pour secrétaire général John Monks, ancien dirigeant du Trade Unions Congress (confédération des syndicats britanniques), de 1993 à 2003. Un représentant de la CGT, Joël Decaillon, issu de la Fédération des cheminots et membre de la CE de la CGT (depuis 1991) appartient à l'exécutif de la CES. La France compte cinq organisations au sein de la CES : la CFDT, la CFTC, la CGT, FO et l'UNSA [1].

ayant abouti au cataclysme géopolitique de la fin du siècle qui a bouleversé l'Europe ». On notera au passage que ce dénouement adopte un ton plus froid que ce qui a précédé comme si perçaient des regrets. Sur le fond, le secrétaire général de la CGT explique que les « relations plus particulières » de la CGT et du PCF ont sédimenté « une culture qui continue à habiter [les] deux organi-

---

[1]. Sur les syndicats français et la CES : J.-C. Basson, « L'horizon européen du syndicalisme français », *in* D. Andolfatto (dir.), *Les Syndicats en France*, *op. cit.*, et J.-M. Pernot, *Syndicats : lendemains de crise ?*, *op. cit.*, 2005.

sations». Il indique encore que la CGT et le PCF ont partagé les mêmes «finalités». Ainsi, «des générations de militants [...] ont exercé des responsabilités de part et d'autre». Pour autant, Bernard Thibault, réfutant toute «nostalgie» ou «arrière-pensée», estime nécessaire de «réévaluer» ces relations. Cela constitue en quelque sorte le point d'orgue d'une stratégie d'autonomisation inaugurée quelques années auparavant et conduit logiquement le secrétaire général de la CGT à ne pas se représenter au conseil national du PCF, lors du renouvellement de celui-ci, en octobre 2001. Le cumul de responsabilités – syndicales et politiques – paraît définitivement levé, à tout le moins au niveau confédéral. Bernard Thibault confirme le découplage entre les deux organisations lors du congrès de la CGT de 2003. Peu après, il est même l'invité vedette du congrès du PS, où il fait l'objet d'une longue ovation. Cela déplace le centre de gravité politique de la CGT, lui assurant de nouvelles ressources et relégitimant son leadership des organisations syndicales françaises.

En 2005, les débats suscités par le référendum sur le Traité constitutionnel européen ont montré que la CGT entretient toujours un rapport structurant – et passionnel – avec la politique et que nombre de ses militants demeurent membres ou sympathisants communistes ou – en raison de la chute des régimes de l'Est et les désunions de la gauche en France – d'organisations trotskistes, qui connaissent un certain renouveau. Or, ces formations ont fait du vote «non» à ce référendum une priorité et, contrairement aux souhaits de la direction de la CGT, il n'a pas été possible de tenir la confédération à l'écart de ce débat, alors même que, depuis 2003, la CGT participe à l'exécutif de la CES qui a donné son aval au Traité constitutionnel européen. En effet, le CCN de la CGT de février 2005 a appelé à son tour au rejet de ce traité, désavouant au passage le secrétaire général. Cela a rouvert certaines plaies internes, Bernard Thibault dénonçant aussitôt une «rupture» avec les orientations du congrès de 2003 et de «graves carences en matière de démocratie interne» qui confèrent aux militants politiques le rôle d'arbitres de la stratégie confédérale. Finalement, si l'écosystème PCF-CGT – tel qu'il a fonctionné de 1945 à 1999 – a disparu, la question de l'autonomie de la CGT demeure d'une brûlante actualité et est au cœur du congrès de 2006. La situation actuelle n'est pas sans rappeler la CGT d'avant 1914. Le BC était autonome mais tout le reste de l'appareil, notamment la plupart des UD, était sous contrôle.

Tandis que la stratégie politique conduite par Bernard Thibault paraît dans une impasse, la relance de la syndicalisation tarde également à produire des effets. En 2004, le CCN a arrêté un plan ambitieux de reconquête des adhérents, appuyé sur une autocritique des modes de fonctionnement de la CGT. Cependant, toutes les organisations sont loin de se prêter au jeu. En 2006, la CGT annonçait tout de même un regain de ses effectifs. Cela s'explique partiellement par l'arrivée de transfuges de la CFDT. D'autres sources indiquent plutôt une stagnation des effectifs[1] et même, selon la trésorerie confédérale en 2009, la poursuite de leur déclin.

La radicalisation de FO

Après vingt-cinq ans de règne, André Bergeron quitte le secrétariat général de FO en 1989. Deux candidats sont en lice pour sa succession et, à travers eux, deux conceptions du syndicalisme : Claude Pitous s'inscrit dans la tradition réformiste chère à FO ; Marc Blondel prône une pratique plus contestataire. Cela n'est pas sans provoquer des déchirements entre organisations. Marc Blondel est finalement élu à une courte majorité (53 % des voix). Âgé de cinquante et un ans, ancien employé des ASSEDIC, il est secrétaire général de la Fédération des employés et cadres depuis 1974 et membre du BC depuis 1980. Comme son prédécesseur, il est aussi adhérent du PS, mais hostile à toute évolution sociale-démocrate. À la tête de FO, il se compose un personnage étonnant – avec ses bretelles et son cigare, amateur de corrida – et détonnant par rapport à la figure « tranquille » d'André Bergeron. Sa désignation traduit aussi le renforcement des positions trotskistes au sein de la confédération. Si la crise du

---

1. A. Rey, *L'UD CGT de la Moselle depuis 1993*, Nancy, Université de Nancy 2/DARES, 2006.

communisme contribue à l'expliquer, André Bergeron a aussi favorisé l'influence de ce courant politique – présent dès les origines – avec, dans les années 1980, la création de syndicats FO de l'enseignement concurrents de la FEN. Cela a attiré de nombreux militants trotskistes – et notamment lambertistes, avec lesquels Marc Blondel reconnaîtra sa proximité – au sein de FO. Par leur disponibilité et leur aisance intellectuelle, ces derniers vont souvent s'imposer dans de nombreuses structures de FO, notamment interprofessionnelles, contribuant à l'émergence d'une professionnalisation du militantisme et donnant une coloration plus radicale au discours de FO. Ainsi, l'arrivée de Marc Blondel à la tête de FO symbolise une véritable transition culturelle et idéologique qui ne va pas sans soulever des résistances. Certaines fédérations, notamment dans le secteur privé, demeurent attachées à plus de pragmatisme et à la pratique conventionnelle. Ainsi, en 1990, la Fédération de la métallurgie lance le mot d'ordre : « Restons FO ». Mais, au terme de son premier mandat, Marc Blondel est facilement réélu et réussit à obtenir le soutien de la plupart des organisations.

Dans les années 1990, la radicalisation de FO a pour conséquence une perte d'influence dans la gestion des organismes paritaires (au bénéfice de la CFDT). Dans les négociations collectives, FO choisit également de renoncer à son rôle d'interlocuteur privilégié des employeurs qu'elle avait auparavant. *A contrario*, la confédération de Marc Blondel s'engage dans les mouvements sociaux de 1995 (contre la réforme de la Sécurité sociale) puis de 2003 (contre la réforme des retraites des fonctionnaires). Cet activisme explique une critique agressive de la CFDT et tend à rapprocher FO de la CGT, comme le traduit la poignée de main « historique » entre Marc Blondel et Louis Viannet, le 28 novembre 1995. Cependant l'acte n'a qu'une portée médiatique. En effet, on aurait pu imaginer que la fin de la guerre froide permette aux deux CGT de se retrouver. L'anticommunisme de FO n'a-t-il pas perdu de sa pertinence ? Le ciment communiste de la CGT ne s'est-il pas désagrégé ? Et le changement de contexte n'a-t-il pas obligé les deux confédérations à inventer un nouveau cours qui peut favoriser le rapprochement ? Mais c'est compter sans l'institutionnalisation du syndicalisme et les rentes de situation que cela a engendrées. Ainsi, au contraire de 1936 ou de 1943, tout projet de réunification syndicale paraît définitivement caduc.

Comme les autres organisations syndicales, FO connaît un reflux de ses effectifs depuis la fin des années 1970. Elle se refuse toutefois à toute indication sur le sujet. Depuis 2004, sa direction reconnaît toutefois cotiser pour 800 000 adhérents auprès de la CES, tout en précisant que cela comprend une « part de solidarité ». Ce chiffre est donc surestimé et, sans doute, sensiblement. Une évaluation de ses effectifs, basée sur son audience électorale, indique que FO est passée de 470 000 adhérents en 1980 à 370 000 en 1993. Puis ce reflux a paru ralentir dans les années 1990 avant, de nouveau, de croître. Selon les indications financières du dernier congrès confédéral (2004), FO aurait perdu 17 % de ses cotisations entre 1999 et 2002. Les effectifs actuels avoisinent probablement 300 000 adhérents, peut-être un peu moins si l'on en croit les confidences d'un ancien trésorier[1]. L'audience électorale de FO connaît également une décrue. Entre 1997 et 2002, FO recule en effet de 20,5 % des voix à 18,3 % aux élections prud'homales. Enfin, FO est apparue en panne de stratégie après l'échec de son mot d'ordre de grève générale au printemps 2003 contre la réforme des retraites. C'est dans ce contexte que la confédération a désigné, en 2004, un nouveau secrétaire général, Jean-Claude Mailly, issu du sérail confédéral, ancien collaborateur de Marc Blondel et lui aussi « proche » du lambertisme. Depuis deux ans, Jean-Claude Mailly n'affirme pas de ligne bien lisible. Il a d'abord cherché à renouer avec une pratique plus consensuelle, se distinguant des excès de son mentor, pour mieux consolider les positions institutionnelles de FO. Mais il n'a pas renoncé à souffler le chaud et le froid, appelant à la grève générale face à l'adoption du « contrat première embauche » par le gouvernement de Dominique de Villepin, début 2006, puis lors de la réforme des retraites en 2010.

---

1. Selon *Le Monde*, 23 janvier 2004.

L'incroyable survie de la CFTC et de la CGC

La CFTC et la CGC n'ont pas été épargnées par la désyndicalisation. Néanmoins leur audience électorale a assez bien résisté et, lors des élections prud'homales de 2002 – avec 9,7 % des voix pour la CFTC et 7,0 % pour la CGC –, elles ont même gagné des électeurs. Dans les années 1980, un positionnement « politique », hors le champ des relations professionnelles, leur a permis de pérenniser une légitimité vacillante. Ainsi, la CFTC a fait sien le combat pour la défense de l'enseignement privé et nombre de ses militants ont participé aux manifestations de 1984 contre la loi Savary. La CGC a fait montre également de défiance à l'égard de la gauche au pouvoir, rejetant les premières moutures des lois Auroux qui mettaient en cause la hiérarchie dans l'entreprise, des nationalisations jugées dogmatiques, mais aussi la réforme de l'école. Dans sa « charte pour l'avenir » adoptée en 1982, la CGC propose de dépasser une vision idéologique des relations sociales et de « réconcilier les Français, avec leur industrie, leur entreprise et leur travail ».

Sous la présidence d'Alain Deleu (1993-2002), issu du Syndicat de l'enseignement catholique, la CFTC renoue avec un certain radicalisme chrétien. Elle remet à l'honneur ce qui fait les particularités de son identité : insertion des intérêts du salarié dans leur environnement familial, attachement à la politique de la famille, refus des antagonismes sociaux et vision de l'entreprise comme une « communauté de destin » qui unit des individus. En 1991, elle se félicite de la publication de l'encyclique *Centisimus annus* qui, un siècle après *Rerum novarum*, renvoie dos à dos le « marxisme totalitaire » et le « capitalisme sauvage » et prône une société qui fait toute sa place aux « personnes » et respectueuse de leur « dignité ». Pour autant, cette référence chrétienne dans une société de plus en plus déconfessionnalisée et laïque n'est pas sans poser question. La proximité de certains dirigeants avec des mouvements jugés intégristes fait également débat. À cela se greffent des querelles plus ordinaires concernant le partage de postes. Après des polémiques concernant la présidence de la Caisse nationale des allocations familiales – traditionnellement occupée par un représentant de la CFTC –, la crise culmine lors du congrès de 1999. Bernard Ibal, de l'Union des ingénieurs et cadres CTFC, va jusqu'à parler d'absence de culture démocratique interne, d'image et de projet. Avec d'autres responsables, il appelle au retour à une pratique syndicale « plus ferme ». En 2002, dans un climat pacifié, la CFTC porte à sa présidence Jacques Voisin, originaire du Nord-Pas-de-Calais, ancien dessinateur industriel, âgé de cinquante-deux ans, permanent syndical depuis 1977. « N'ayons pas peur de notre identité », souligne d'emblée le nouveau président. Mais il entend d'abord poursuivre une redynamisation de la CFTC, centrée sur l'action syndicale, la restructuration de fédérations, plus de transparence. La CFTC cherche aussi à affirmer un réformisme qui se démarque de celui de la CFDT. Ainsi, par refus du fait accompli, elle refuse de cautionner la réforme des retraites des fonctionnaires en 2003. Lors du congrès de 2005, Jacques Voisin préconise un « réformisme de construction sociale ». Entre-temps, la CFTC a recueilli 500 000 voix lors des élections prud'homales de 2002 et stabilisé ses effectifs aux environs de 100 000 adhérents.

Après le départ de Paul Marchelli, président de la CGC dans les années 1980, la centrale des cadres hésite entre un réformisme traditionnel et une perspective plus contestataire. Elle explore d'abord la voie de convergences avec la CFTC, la CFDT, la FEN, pour tenter de promouvoir une recomposition syndicale. Mais elle doit bientôt « durcir » son discours alors que les plans sociaux épargnent de moins en moins le personnel d'encadrement et que la CFDT – depuis les élections prud'homales de 1997 – lui conteste le leadership de cette catégorie (à l'occasion de ce scrutin, la CFDT distance – pour la première fois – de 10 points la CGC dans la section des cadres). En mal de légitimité, la CGC réunit en 1998 des « Assises de la modernité » et tente d'élargir son audience en se tournant vers tous les « professionnels de l'entreprise ». Il s'agit de dépasser la notion d'encadrement, qui tend à s'ouvrir à des salariés toujours plus nombreux et donc à se diluer ou à se recomposer. Déjà en 1981, en substituant CFE (Confédération française de l'encadrement) au sigle historique CGC, la centrale syndicale avait voulu signifier son ouverture à de nouvelles catégories du salariat qui n'exercent pas nécessairement une fonction de commandement mais conservent un rôle d'éclaireur dans le monde du travail. Cependant la nouvelle dénomination n'a pas réussi à effacer l'ancienne.

Puis lors de son congrès de 1999 – qui fait suite au « traumatisme » des élections prud'homales de 1997 – la CFE-CGC réaffirme son identité « cadre » et porte à sa tête un nouveau président, Jean-Luc Cazettes, alors âgé de cinquante-six ans, ancien cadre de chez Elf, membre du RPR. Ce dernier prône un syndicalisme plus combatif, tant vis-à-vis du gouvernement – en raison de désaccords concernant la mise en œuvre des 35 heures – que du MEDEF. Ce repositionnement a rencontré un certain écho auprès de cadres qui se montrent de plus en plus critiques à l'égard d'entreprises gagnées par les vents du néo-libéralisme. La CGC connaît en effet un regain d'audience lors des élections prud'homales de 2002. Lors de son congrès de 2003, elle affirme son opposition au projet de loi relatif au dialogue social qui, reprenant la notion d'accords majoritaires, pourrait marginaliser les « petites » confédérations. Avec la CFDT, elle apporte son soutien au compromis sur la réforme des retraites des fonctionnaires. En 2005, la CGC refuse de se joindre aux journées d'action organisées par les autres confédérations contre la politique sociale et, particulièrement, contre la remise en cause des 35 heures (la CGC étant satisfaite de la possibilité désormais donnée aux cadres de racheter leur journée de réduction du temps de travail). Après le décès prématuré de Jean-Luc Cazettes, en septembre 2005, la CGC porte à sa tête Bernard Van Craeynest, ancien technicien de la SNECMA, secrétaire général de la Fédération de la métallurgie, âgé de quarante-huit ans, qui fut élu local du parti républicain.

Depuis la fin des années 1970, la CGC a perdu la moitié de ses effectifs. En 2005, ceux-ci sont probablement inférieurs à 100 000. Mais des cadres adhèrent également aux confédérations plus généralistes. Cela expliquerait que le taux de syndicalisation de cette catégorie – 13 % selon la DARES en 2003[1] – soit

---

1. T. Amossé, « Mythes et réalités de la syndicalisation en France », *Premières Informations*, n° 44-2, octobre 2004.

étonnamment le plus élevé du salariat. Sans doute faut-il faire la part entre les cadres du « public » et ceux du secteur privé. Leurs taux de syndicalisation respectifs sont fort différents. On indiquera encore que – à un certain niveau – l'engagement syndical peut s'avérer néfaste pour la carrière et que les cadres privilégient d'autres réseaux sociaux [1].

Le renouveau de l'autonomie et du radicalisme

Avec cinq confédérations, le paysage syndical français apparaît déjà très morcelé. Depuis les années 1990, cette caractéristique s'est même accentuée avec la crise du communisme, l'éclatement de la FEN, les effets pervers des réorientations stratégiques de la CFDT et de la CGT et surtout les conséquences d'un modèle syndical qui privilégie une vision économiste des réalités sociales du travail, des solidarités larges, des logiques d'appareil au détriment d'identités professionnelles ou catégorielles, mais aussi de nostalgies, qui ont conduit à la consolidation ou à l'émergence de diverses organisations.

Du Groupe des Dix aux syndicats SUD

Après l'alternance politique de 1981, dix syndicats autonomes décident de se regrouper pour peser sur l'agenda des réformes [2]. Dans un climat politique jugé favorable, il s'agit de surmonter des divisions syndicales qui remontent à la scission de la CGT de 1947. La FGSOA (Fédération générale des syndicats des salariés des organisations professionnelles agricoles) se trouve à l'initiative du regroupement. Les syndicats concernés couvrent essentiellement le secteur public : ils regroupent des policiers,

---

1. F. Berton et M. Lallement, « Salaire, autonomie et disponibilité », *in* A. Karvar et L. Rouban (dir.), *Les Cadres au travail. Les nouvelles règles du jeu*, Paris, La Découverte, 2004, p. 118.
2. J.-M. Denis, *Le Groupe des Dix, un modèle syndical alternatif?*, Paris, La Documentation française, 2001.

des agents des Impôts, des conducteurs de train, des contrôleurs aériens, des employés des caisses d'épargne. Mais leur fédération informelle peine à se faire entendre. Les divisions catégorielles demeurent prédominantes. Une césure émerge vite entre les composantes qui privilégient une défense corporative et d'autres tentées par la radicalisation idéologique. Ce Groupe des Dix (G-10) aurait échoué s'il n'avait pris un second départ avec la formation des syndicats SUD (Solidaires, unitaires, démocratiques) au tournant des années 1980-1990[1].

À l'automne 1988, divers mouvements sociaux à La Poste creusent les clivages internes à la CFDT qui connaît alors une accélération de son « recentrage ». Celui-ci heurte des militants attachés aux promesses du mouvement ouvrier, sensibles aussi au développement de nouvelles formes d'organisations plus « basistes » – les coordinations –, et bientôt dénoncés par Edmond Maire comme étant des « moutons noirs » qui n'ont plus leur place au sein de la CFDT. Exclus ou démissionnaires, ces derniers se retrouvent dans une structure nouvelle : SUD-PTT. Très vite, ce dernier s'impose comme la seconde organisation du secteur. Cette réussite permet un essaimage dans la fonction publique d'État et hospitalière, dans divers établissements publics, notamment à la SNCF (SUD-Rail)[2], après les grèves de 1995.

SUD-PTT s'associe au G-10 dès 1989 puis l'intègre pleinement en 1992. Cela favorise un positionnement plus à gauche du groupement né en 1981. Il est vrai que SUD-PTT, puis les autres organisations SUD constituées ensuite, se réclament du mouvement ouvrier, même si les personnels concernés sont essentiellement des fonctionnaires ou des salariés d'établissements à statut. SUD-PTT, pourtant issu de l'arborescence CFTC-CFDT, se reconnaît même explicitement dans la charte d'Amiens qui,

---

1. Sur les syndicats SUD : A. Coupé et A. Marchand, *Syndicalement incorrect. SUD-PTT, une aventure collective*, Paris, Syllepse, 1998 et I. Sainsaulieu, *La Contestation pragmatique dans le syndicalisme autonome. La question du modèle SUD-PTT*, Paris, L'Harmattan, 2000.

2. Sur SUD-Rail : F. Paccou, *La Fédération des syndicats SUD-rail*, Nancy, Université de Nancy 2/DARES, 2006.

selon ses statuts, « assigne au syndicalisme un double objectif et une exigence : défense des revendications immédiates et quotidiennes et lutte pour une transformation d'ensemble de la société en toute indépendance des partis politiques ». Il s'agit donc de remettre à l'honneur l'utopie et, pour que celle-ci soit complète, les statuts de SUD-PTT se réclament parallèlement du « socialisme autogestionnaire porté par la CFDT dans les années 1970 ». Ainsi, SUD-PTT réalise une synthèse audacieuse des projets idéologiques de la CGT et de la CFDT, en dépit de la césure culturelle qui sépare ces deux organisations mais aussi de l'anachronisme qui permet de conjuguer un texte de 1906 à des motions des années 1970. D'une certaine manière, cela témoigne aussi de la fascination pour la culture ouvrière et l'idéologie de la CGT qui a souvent habité les militants de la CFTC-CFDT, même – et peut-être à plus forte raison – si eux-mêmes sont fonctionnaires. Cet éblouissement aboutit finalement à une réappropriation de références de la CGT.

Cette arrivée de SUD-PTT au sein du G-10 a déstabilisé ce regroupement. Les membres du G-10, qui se réclamaient d'un syndicalisme purement réformiste ou catégoriel, le quittent, tandis que l'éclosion de nouveaux syndicats SUD, qui rejoignent à leur tour les Dix, contribue à l'ancrage du groupe dans le syndicalisme contestataire.

En 1998, le G-10 se constitue en une « union syndicale », qui se veut une alliance relativement souple, au contraire du modèle confédéral. Le G-10 compte alors 24 organisations, dont 13 syndicats SUD. En 2006, le G-10, devenu l'Union syndicale « Solidaires » (USS) – depuis son congrès de 2004 –, compte 42 organisations. Il s'agit de syndicats nationaux, surtout implantés dans le secteur public. Certains ministères, tels l'Économie et les Finances, comptent même plusieurs syndicats « solidaires », qui se concurrencent. Des implantations dans le secteur privé existent également, notamment dans l'industrie (Renault, Peugeot, Alstom, Michelin…) ou le commerce (La Redoute, FNAC, BHV…). Mais, globalement, l'audience de ces syndicats demeure faible dans les entreprises. Aux élections prud'homales de 2002, ils n'ont recueilli que 1,5 % des suffrages exprimés. En revanche, dans la fonction publique d'État, ils ont rassemblé 9,1 % des voix lors du cycle électoral de 2001-2004. L'USS revendique 90 000 adhérents en 2005.

Outre son organisation édifiée sur des syndicats nationaux ou d'entreprise, l'USS entend promouvoir des pratiques syndicales différentes de celles des confédérations. Elle récuse tout leadership individuel (il n'y a donc pas de secrétaires généraux), veut limiter le recours à la délégation de pouvoir, assurer la rotation des postes de responsabilité, recourir au consensus ou à des majorités qualifiées pour toute décision.

Malgré une proclamation d'indépendance du syndicalisme qui s'appuie sur la charte d'Amiens, les « solidaires » sont impliqués dans de nombreux réseaux de militantisme politique – partis ou « nouveaux mouvements sociaux » proches de l'extrême gauche et anti-mondialistes –, renouvelant une pratique de « doubles casquettes » qui marque l'histoire syndicale.

L'UNSA, sixième confédération

Au début des années 1990, l'éclatement de la FEN et la sortie du G-10 des organisations qui rejetaient le syndicalisme purement contestataire, tout en étant proches de la gauche socialiste, a engendré l'émergence d'un nouveau pôle des autonomes: l'UNSA (Union nationale des syndicats autonomes). L'UNSA se structure en 1993. Elle regroupe différents syndicats de fonctionnaires issus de la scission de la CGT de 1947, notamment la FGAF (chapitre VII) et la FEN, sans son aile gauche qui a formé la FSU (Fédération syndicale unitaire, ce dernier terme signifiant une fois de plus la division du champ syndical).

Au sein de la FEN, la cohabitation entre syndicats corporatistes, notamment entre le SNI-PEGC (Syndicat national des instituteurs et des professeurs de l'enseignement général des collèges) et le SNES (Syndicat national des enseignants du secondaire) a toujours été difficile, le premier étant de tendance socialiste, le second proche des communistes. Mais le thème de la laïcité et la revendication d'un « grand service public de l'éducation » maintenait l'unité. L'échec de la réforme Savary en 1984, l'évolution de la démographie scolaire favorable au secondaire, la chute du communisme en 1989, ont rendu les choses plus délicates. La FEN se disloque en 1992 sur fond d'extrêmes tensions entre tendances, d'exclusions du SNES et du SNEP (Syndicat national des professeurs d'éducation physique) – qui rejettent le projet de syndicat unique des enseignants –, de votes contestés [1]. Tandis que les exclus et les minoritaires des autres syndicats vont jeter les bases d'une nouvelle fédération – la FSU –, la FEN, privée d'une partie de ses troupes, se rapproche d'autres organisations autonomes, ce qui aboutit à engendrer l'UNSA en février 1993.

À ses débuts, l'UNSA fédère cinq organisations : la FEN, la FGAF (Fédération générale autonome des fonctionnaires), la FAT (Fédération autonome des transports), qui couvre principalement le personnel de la RATP, la FMC (personnels de maîtrise et cadres de la SNCF) et la FGSOA. Plusieurs d'entre elles avaient déjà participé à un premier embryon de confédération à travers le G-10. Dès l'été 1992, ces cinq organisations ont défini une plate-forme qui met l'accent sur le syndicalisme réformiste dans le cadre de la construction européenne [2].

L'UNSA s'est structurée en confédération en 1998. Elle se compose actuellement en huit « pôles professionnels » : agriculture et agro-alimentaire, banque et assurances, commerce et services, audiovisuel et communication, industrie, activités diverses, transports, fonctions publiques [3]. Elle demeure surtout implantée dans le secteur public, l'ex-FEN – devenue UNSA-Éducation – restant sa principale composante et son secrétaire général, Alain Olive, en étant issu. Mais l'UNSA s'efforce aussi de s'ouvrir au privé. Elle a multiplié les listes de candidatures lors des élections prud'homales de 2002, recueillant 5 % des voix mais faisant mieux, parfois – selon les lieux –, que les listes CFTC et CGC, voire talonnant FO. Elle cherche à bénéficier des mêmes règles de présomption de représentativité que les autres confédérations.

---

1. G. Brucy, *Histoire de la FEN*, *op. cit.*, p. 539-540.
2. Voir le texte dans *ibid.*, p. 544.
3. B. Verrier, *L'UNSA. Organisation et audience*, Nancy, Université de Nancy 2/DARES, 2006.

Mais le Conseil d'État a refusé de l'admettre dans le « club des cinq » en 2004, relevant que ses implantations étaient encore trop faibles dans de trop nombreuses branches. En fait, si ce raisonnement était appliqué aux autres organisations, il est probable que plusieurs d'entre elles perdraient également une « représentativité » qui ne tient qu'à des critères légaux.

En 1998, l'UNSA a accueilli également des transfuges de FO, notamment Jacques Mairé, monté au créneau contre Marc Blondel lors du congrès confédéral FO de 1996, et ancien secrétaire général de l'UD de Paris.

En 2004, l'UNSA revendique 307 000 adhérents mais selon des règles de comptabilité des effectifs qui sont très disparates. La réalité est sans doute deux fois moindre.

La restructuration de la FEN en 1992, puis la constitution autour d'elle d'un pôle réformiste, n'ont guère convaincu les syndicats d'enseignants. Ainsi, le SNES, le SNEP, le SNETAA (Syndicat national de l'enseignement technique et de l'apprentissage autonome), le SNETAP (Syndicat national de l'enseignement agricole publique) et le SNE-sup (Syndicat national de l'enseignement supérieur), auxquels se sont joints les instituteurs qui ont quitté le SNI pour former le SNUIPP (Syndicat unitaire des instituteurs, professeurs des écoles et professeurs de l'enseignement général des collèges) se sont constitués en FSU en 1993. Celle-ci privilégie un syndicalisme contestataire, récusant la « cogestion » de l'Éducation nationale et se mobilisant régulièrement contre les réformes de l'école, qu'il s'agisse de la pédagogie, des programmes, du recrutement des enseignants et de leur carrière, de la sécurité à l'école... La FSU préconise une « transformation de l'école », ce qui n'exclut pas des revendications plus catégorielles. La FSU s'est rapidement imposée comme la première organisation des enseignants (et des fonctionnaires d'État en raison du nombre d'enseignants parmi ceux-ci). Depuis 2001, elle est dirigée par Gérard Aschiéri, normalien et agrégé de lettres classiques, issu du SNES et membre du PCF. En 2003, elle s'est fortement impliquée dans les mouvements sociaux contre la réforme des retraites et la décentralisation de certains personnels de l'éducation. En 2004, elle revendique 165 000 adhérents. Mais le mouvement de désyndicalisation des enseignants, notamment des plus jeunes, paraît loin d'être endigué, témoignant là aussi de changements profonds dans le rapport au syndicalisme.

Une page se tourne

Avec le nouveau millénaire, le contexte économique et social change. Avant même la crise de l'automne 2008, pour la première fois depuis la Libération, le pouvoir d'achat de la majorité des salariés stagne ou régresse, les conditions de travail se détériorent, les accidents du travail et les maladies professionnelles augmentent.

L'État social, mis en place après la Libération, est remis en cause. Les réformes touchent également le droit du travail et le statut des syndicats. Depuis la loi du 20 août 2008, la représentativité syndicale est subordonnée aux résultats des élections professionnelles et au franchissement de seuils : 10 % des voix dans les établissements, 8 % au niveau national. Cette réforme n'enraye pas le déclin des syndicats. La désyndicalisation se poursuit. Au milieu des années 2000, les syndiqués ne sont plus que 1,7 million, dont environ 150 000 retraités. Le taux de syndicalisation des 23,5 millions de salariés est donc tombé en dessous de 7 % : moins qu'il y a un siècle au lendemain du congrès d'Amiens.

La désaffection des salariés se marque aussi par la montée générale de l'abstention. Par exemple, seulement 40 % des infirmières des hôpitaux parisiens se rendent aux urnes pour élire leurs représentants. Les taux de participation se sont effondrés aux élections prud'homales : 25,6 % en décembre 2008 contre 63,1 % en 1979.

Enfin, le recul des grèves confirme le déclin des syndicats.

Une révolution silencieuse ?

Même dans les « bastions » du syndicalisme français, le nombre de journées de grève est tombé à son plus bas niveau historique. En 2008, dans le commerce, les services, le bâtiment et les travaux publics (soit plus de 6 millions de salariés), ce nombre est de 25 journées pour 1 000 salariés, soit, en moyenne, une journée de grève par salarié tous les quarante ans. À l'automne 2010, le mouvement social contre le report de l'âge de la retraite à 62 ans ne fait pas exception : les arrêts de travail dans les ports, la chimie ou les chemins de fer sont spectaculaires, mais le nombre de grévistes est faible.

À l'inverse, la négociation collective connaît des développements considérables. Selon les rapports officiels, la situation française est unique au monde : en 2008, 95 % des salariés du privé bénéficient d'une convention de branche ; la majorité de ceux qui travaillent dans un établissement de 50 salariés et plus ont en outre une convention d'entreprise. La portée de ces textes ne cesse d'augmenter : les salaires, le temps de travail, la formation professionnelle, la prévoyance, les retraites complémentaires, les classifications de la majorité des salariés du privé dépendent plus de ces conventions que de la loi.

Apparemment, cette évolution semble satisfaire les organisations syndicales puisque, au niveau des entreprises, les syndicats signent de 83 % (CGT) à 91 % (CFDT) des conventions qu'ils négocient...

En fait, ces négociations méritent rarement leur nom. À tous les échelons, les employeurs arrêtent les sujets et l'agenda, organisent les séances, assurent le secrétariat, fournissent les informations et les experts, rédigent les textes. Les réponses apportées aux grand problèmes – emploi, compétences, conditions de travail – sont souvent sans réelle portée pratique. Mais ces textes ouvrent aussi aux entreprises des possibilités de dérogations au droit du travail. Faute de présence syndicale sur les lieux de travail, les salariés doivent faire face seuls aux conséquences de ces accords sur leurs conditions de vie et leur rémunération...

Le financement du syndicalisme

Malgré un niveau de cotisation historiquement faible, les appareils syndicaux n'ont jamais été aussi importants. Par exemple, en quarante ans (1967-2007), le nombre des permanents travaillant à la confédération CFDT est passé d'une quarantaine à 255, alors que le nombre des adhérents reculait d'un quart.

Ce paradoxe s'explique par les ressources « non officielles » des syndicats. En septembre 2007, on a découvert une « caisse noire » de l'UIMM, destinée, selon son président, à « fluidifier le dialogue social ». En plus de ces fonds occultes, les organisations d'employeurs versent des subsides importants et officiels aux syndicats, ainsi, plusieurs centaines de milliers d'euros, chaque année, aux fédérations de la métallurgie. Certaines cotisations ne sont plus payées par des adhérents, mais proviennent des aides des entreprises. Pour la CGT, cela représente un timbre sur cinq ; pour la CFDT, un timbre sur quatre [1]. Les organisations syndicales prélèvent également des sommes importantes sur les caisses de Sécurité sociale ou sur la formation professionnelle.

La principale ressource des syndicats français réside dans les « mises à disposition » de personnel par les administrations, les hôpitaux, les caisses de Sécurité sociale et les grandes entreprises (au moins 30 000 équivalents temps plein, dont environ 5 000 pour l'Éducation nationale). Ces « mis à disposition » se consacrent au syndicat pendant tout ou partie de leur temps de travail, mais ils restent rémunérés par leur employeur. Leur avancement dépend de procédures formalisées dont ne bénéficie pas le reste des salariés : l'image des syndicats n'en est pas améliorée. Comme le note un historien, ce système a de redoutables conséquences : électoralisme, attitude passive des salariés, sentiment des syndicalistes de disposer d'un mandat général pour décider au nom des salariés sans les consulter, sentiment de ces salariés que leurs représentants sont des privilégiés échappant aux contraintes du métier et insensibles aux difficultés de leurs anciens collègues [2].

Une page est tournée. Les syndicats français sont devenus l'affaire exclusive d'appareils et de « professionnels ».

---

1. D. Andolfatto, D. Labbé, *Les Syndiqués en France. Qui ? Combien ? Où ?*, Rueil-Malmaison, Liaisons, 2007, p. 178-179.
2. G. Brucy, *Histoire de la FEN*, *op. cit.*, p. 552.

Conclusion

Cent ans après son adoption, la « charte » d'Amiens conserve une étonnante actualité. Jusqu'à nos jours, le syndicalisme français a tenté d'articuler les revendications immédiates avec l'invention d'une société future, meilleure pour les salariés. Si chaque conflit social est le prétexte à dissertation sur la « mobilisation » et sur la « montée des luttes », c'est que le mythe de la grève générale continue à fasciner comme il y a un siècle. De même, il existe toujours autant de liens entre les syndicats et les partis. Le rapport des syndicalistes à la politique demeure aussi étroit et inavouable qu'il y a un siècle.

La « charte », à laquelle plusieurs organisations demeurent formellement attachées, fut une motion de circonstance, une sorte de fourre-tout, à la manière des motions de synthèse qui ressoudent les organisations politiques traversées par des ambitions antagonistes. Contrairement à une légende tenace, elle n'a nullement réglé la question de la neutralité politique du syndicalisme, refusant d'ailleurs de la sanctionner par des règles d'incompatibilité. C'est même l'inverse qu'elle a légitimé en autorisant, de fait, la pratique hypocrite de la « double casquette », qui est loin d'avoir disparu aujourd'hui.

Quant à l'utopie révolutionnaire, elle appartient toujours au ciel des idées, à l'ivresse des mots qui masque l'incapacité réelle à prendre en charge la défense individuelle et collective des membres – pourtant fonction première d'un syndicat ! – et qui permet d'ignorer superbement la faiblesse des racines sociales du syndicalisme. Aujourd'hui, les syndicalistes français continuent à se complaire dans des discours « politiques » assez peu différents, au fond, de ceux tenus au début du XXe siècle à la tribune des congrès syndicaux.

Ces travers, bien visibles dès l'origine, ont produit un syndicalisme « hors sol ». Solidement retranchés derrière les protections et les privilèges conventionnels ou légaux, quelques dizaines de milliers de représentants « syndicaux » n'ont plus de compte à rendre à personne. Ils vivent en vase clos, loin d'un salariat qui hésite entre l'indifférence et l'hostilité. Par exemple, cet éloignement des lieux de travail explique pourquoi, depuis le début des années 1980, les syndicalistes sont restés étonnamment indifférents face à la dégradation des conditions de travail de la majorité des salariés du secteur privé et face à la recrudescence des accidents du travail et des maladies professionnelles.

On peut se demander si ce phénomène est une tendance de fond, s'il se manifeste ailleurs dans le monde ou s'il s'agit d'une caractéristique typiquement française. Certes, le syndicalisme rencontre partout des difficultés, mais aucun autre grand pays développé n'a connu un tel effondrement des effectifs syndiqués et un tel émiettement des organisations[1]. Dans les grands pays européens comparables à la France, la capacité d'action des représentants du personnel ne découle pas de règles légales ou conventionnelles particulières, mais des relations quotidiennes que ces représentants parviennent (ou ne parviennent pas) à établir avec les salariés qu'ils représentent[2]. Or, en dehors de quelques oasis, qui sont les « villages Potemkine » du syndicalisme français, les relations quotidiennes des syndicalistes avec les salariés n'existent plus.

Cette situation illustre combien certaines politiques publiques peuvent engendrer des effets non désirés mais difficiles à corriger. Depuis les années 1960, les gouvernements successifs et les dirigeants des grandes entreprises ont cherché à renforcer le syndicalisme car ils le considéraient comme un acteur indispensable au dialogue social et à la modernisation des entreprises ou des admi-

---

1. J. Visser, *European Trade Unions in Figures, 1913-1985*, Deventer/Boston, Cluwer, 1991.
2. Voir C. Dufour et A. Hege, *L'Europe syndicale au quotidien*, Bruxelles, PIE-Peter Lang, 2002, p. 238.

nistrations. Pourtant, le résultat se situe à l'opposé du but poursuivi : affaiblissement continu des organisations, représentativité de plus en plus problématique, montée des corporatismes, blocages de tous ordres et, de façon récurrente, flambées de colère et de violence... Les multiples droits, protections, aides de toute nature qui ont été accordés aux syndicats ont été conçus comme des biens collectifs devant bénéficier à l'ensemble des salariés compris dans le champ des mesures adoptées. Mais ces droits, protections et financements ont été privatisés au profit de quelques dizaines de milliers de professionnels de la représentation – les syndicalistes – qui n'ont plus d'autres liens qu'électoraux avec les salariés qu'ils sont censés représenter et qui n'ont plus qu'une connaissance assez théorique de la situation réelle et des attentes de ces salariés. Cette situation n'exclut pas le dévouement et l'altruisme, au niveau de certains petits groupes ; elle interdit l'émergence d'un « modèle social français », aussi introuvable dans la réalité qu'il est omniprésent dans le discours politique.

Cent ans après le congrès d'Amiens, le syndicalisme français aurait-il besoin d'une nouvelle « charte » pour une « refondation démocratique » des relations du travail[1] ? L'histoire exposée dans ce livre suggère quelques pistes : rendre transparentes les ressources des organisations et interdire les subventions des employeurs privés ou publics, dégager de véritables espaces de négociation dans l'entreprise, permettre à la majorité des salariés concernés de se prononcer sur les accords signés en leur nom... Une réforme des règles de la représentativité syndicale aurait dû également favoriser l'enracinement social des syndicats. Mais la réforme, finalement intervenue en 2008, privilégie la seule assise électorale. Non seulement elle ne règle en rien la question pourtant cruciale des implantations effectives mais, sur le terrain, elle a aiguisé une concurrence féroce entre organisations. Enfin, contrairement à ses prétentions, la lumière n'est pas faite sur les ressources syndicales[2].

1. A. Bevort et M. Lallement, « Quel avenir pour les relations du travail à la française », art. cité.
2. Voir D. Andolfatto et D. Labbé, *Toujours moins ! Déclin du syndicalisme à la française*, Paris, Gallimard, 2009.

En 2010, l'échec de la « stratégie » de la rue lors de la réforme des retraites a bien montré les impasses du syndicalisme actuel, absent de la plupart des entreprises et ciblant l'opinion publique et les médias, comme pour compenser son déficit d'enracinement social. Malgré tout, des pistes de renouveau s'esquisseraient-elles ? S'appuyant sur des comparaisons internationales, certains le soutiennent et mettent l'accent sur les évolutions organisationnelles du syndicalisme qui cherche à s'adapter aux transformations du salariat, à nouer de nouvelles alliances avec la société civile (notamment avec les « nouveaux mouvements sociaux »), à élargir son champ d'action. Au niveau mondial, ils placent leurs espoirs dans la nouvelle Confédération syndicale internationale (CSI), fondée à Vienne, en Autriche, fin 2006, par la CISL, la CMT (Confédération mondiale du travail, organisation internationale des syndicats chrétiens) et diverses confédérations nationales, telles la CGT, sans attaches internationales depuis la chute de l'URSS[1].

Pour l'instant, on n'observe pas de tels changements dans les organisations syndicales françaises. Une fois de plus, lors de son congrès de 2009, la CGT a déclaré ouvrir sans tabou le chantier de sa reconstruction organisationnelle. Une fois de plus, la CFDT, lors de son congrès de 2010, a mis en scène sa combativité retrouvée et souligné la nécessité de retrouver des liens avec les salariés. À l'automne 2010, l'impuissance de tout le mouvement syndical a montré, une fois de plus, combien ces défis restent entiers.

---

1. Voir C. Frege et J. Kelly J. (dir.), *Varieties of Unionism. Comparative Strategies for Union Renewal*, Oxford, Oxford University Press, 2004 ; L. Haiven, C. Lévesque et N. Roby « Pistes de renouveau syndical : défis et enjeux », *Relations industrielles/Industrial Relations*, 2006, vol. 61, n° 4, p. 567-577.

Bibliographie

Sauf exceptions, cette liste recense uniquement les sources citées dans le livre et non toutes celles utilisées pour sa rédaction.

Gérard Adam, *La CFTC, 1940-1958 : histoire politique et idéologique*, Paris, Armand Colin, 1964.

Thomas Amossé, « Mythes et réalités de la syndicalisation en France », *Premières informations*, n° 44-2, octobre 2004.

Jacques Amoyal, « Les origines socialistes et syndicalistes de la planification en France », *Le Mouvement social*, n° 87, 1974, avril-juin, p. 137-169.

Dominique Andolfatto, *L'Univers des élections professionnelles*, Paris, Éditions ouvrières, 1992.

— (dir.), *Les Syndicats en France*, Paris, La Documentation française, 2004 (mention des contributions de Jean-Yves Sabot, « Les héritiers du mouvement ouvrier : CGT et CGT-FO », p. 15-42 ; Antoine Bevort, « Du catholicisme social au réformisme ; CFTC et CFDT », p. 43-68 ; Jean-Charles Basson, « L'horizon européen du syndicalisme français », p. 139-163).

— et Dominique Labbé, *La CGT. Audience et organisation depuis 1945*, Paris, La Découverte, 1997.

— et Dominique Labbé, *Sociologie des syndicats*, Paris, La Découverte, 2000.

— et Dominique Labbé, *Les Syndiqués en France. Qui ? Combien ? Où ?*, Rueil-Malmaison, Liaisons, 2007.

— et Dominique Labbé, *Toujours moins ! Déclin du syndicalisme à la française*, Paris, Gallimard, 2009.

Paul Ariès, « Adaptation aux temps nouveaux ou résurgence de tendances profondes : le syndicat général du personnel des Hospices

civils de Lyon de 1939 à 1944 », *Le Mouvement social*, n° 158, 1992, p. 17-36.
Peter M. Arum, *Georges Dumoulin. Biography of a Revolutionary Syndicalist*, Ann Arbor, The University of Wisconsin, 1971.
—, « Du syndicalisme révolutionnaire au réformisme : Georges Dumoulin (1903-1923) », *Le Mouvement social*, n° 87, 1974, p. 35-62.
Philippe Askenazy, *Les Nouveaux Désordres du travail*, Paris, Seuil, 2004.
Jean-Pierre Azéma, *De Munich à la Libération, 1938-1944*, Paris, Seuil, 1979.
Gérard Baal, « Victor Pengam et l'évolution du syndicalisme révolutionnaire à Brest (1904-1914) », *Le Mouvement social*, n° 82, 1973, p. 55-112.
George S. Bain et Farouk Elsheikh, *Union Growth and the Business Cycle*, Oxford, Basil Blackwell, 1976.
Pierre Bance, *Les Fondateurs de la CGT à l'épreuve du droit*, Claix, La Pensée sauvage, 1979.
André Barjonet, *La CGT*, Paris, Seuil, 1968.
John Barzman, *Dockers, métallos, ménagères. Mouvements sociaux et cultures militantes au Havre*, Rouen-Le Havre, Publications de l'université de Rouen et du Havre, 1997.
Jean-Charles Basson, « Le tarissement du militantisme. Socialisation politique et sociologie syndicale », Grenoble, université Pierre-Mendès-France (thèse en science politique), 1996.
Stéphane Beaud et Michel Pialoux, *Retour sur la condition ouvrière*, Paris, Fayard, 1999.
René Belin, *Du secrétariat de la CGT au gouvernement de Vichy*, Paris, Albatros, 1978.
André Bergeron, *Mémoires*, Paris, Le Rocher, 2002.
Alain Bergounioux, *Force ouvrière*, Paris, Seuil, 1975.
—, *Force ouvrière*, Paris, PUF, « Que sais-je ? », 1982.
Fabienne Berton, Michel Lallement, « Salaire, autonomie et disponibilité », *in* Anousheh Karvar et Luc Rouban (dir.), *Les Cadres au travail. Les nouvelles règles du jeu*, Paris, La Découverte, 2004, p. 111-132.
Bruno Béthouart, *Des syndicalistes chrétiens en politique (1944-1962)*, Lille, Presses universitaires du Septentrion, 1999.
Antoine Bévort, « Le syndicalisme français et la logique du recrutement sélectif : le cas de la CFTC-CFDT », *Le Mouvement social*, n° 169, 1994, p. 109-136.

—, «Compter les syndiqués, méthodes et résultats. La CGT et la CFDT: 1945-1990», *Travail et Emploi*, n° 62, 1/1995, p. 40-62.

—, «De la position commune sur la représentativité au projet de loi: renouveau et continuité du modèle social français», *Droit social*, n° 7-8, juillet-août 2008.

— et Annette Jobert, *Sociologie du travail. Les relations professionnelles*, Paris, Armand Colin, 2008.

— et Dominique Labbé, *La CFDT: organisation et audience depuis 1945*, Paris, La Documentation française, 1992.

— et Michel Lallement, «Quel avenir pour les relations du travail à la Française?», *Le Banquet*, n° 22, septembre 2005, p. 239-253.

Pierre Birnbaum et Jean Leca (dir.), *Sur l'individualisme*, Paris, Presses de la FNSP, 1991.

Friedhelm Boll et Stéphane Sirot, «Du "tarif" à la convention collective. Grèves et syndicats des ouvriers à Londres, Paris et Hambourg à la fin du XIXe siècle», *in* Alain Prost, Friedhelm Boll et Jean-Louis Robert (dir.), *L'Invention des syndicalismes. Le syndicalisme en Europe occidentale à la fin du XIXe siècle*, Paris, Publications de la Sorbonne, 1997, p. 129-150.

René Bonéty *et al.*, *La CFDT*, Paris, Seuil, 1970.

Monique Borrel, *Conflits du travail, changement social et politique en France depuis 1950*, Paris, L'Harmattan, 1996.

Robert Bothereau, «Le drame confédéral», *Force ouvrière*, octobre 1947.

Sylvain Boulouque, «Vérification, rectification et interdépendance: les relations entre la CGT-U et l'ISR», *Communisme*, n° 65-66, 2001, p. 133-160.

—, «Itinéraire de deux cadres syndicaux intermédiaires: Jules Teulade et Adrien Langumier», *Communisme*, n° 69, 2002, p. 35-88.

—, «Intervention de Benoît Frachon à la conférence clandestine de l'Internationale syndicale rouge (Moscou, 23 août 1935)», *Vingtième Siècle*, n° 79, juillet-septembre 2003, p. 105-116.

—, «Usages, sens et fonction de la violence dans le mouvement communiste en France, 1920-1936», *Communisme*, n° 78-79, 2004, p. 105-130.

Guy Bourdé, «La grève du 30 novembre 1938», *Le Mouvement social*, n° 55, 1966, p. 87-91.

Guillaume Bourgeois, «Sur les brisées d'Auguste Lecœur», *Communisme*, n° 55-56, 1998, p. 183-253.

Michel Branciard, *Histoire de la CFDT*, Paris, La Découverte, 1990.

Élyane Bressol, Michel Dreyfus, Joël Hedde et Michel Pigenet (dir.), *La CGT dans les années 1950*, Rennes, Presses universitaires de Rennes, 2005.

Philippe Buton, «L'entretien Frachon/Souslov, 19 juin 1946», *Communisme*, n° 35-37, 1994, p. 31-41.

Guy Brucy, *Histoire de la FEN*, Paris, Belin, 2003.

Marina Casula et Pascal Pons, *L'Union départementale CFDT de Haute-Garonne (1993-2005)*, Nancy, Université de Nancy 2/DARES, 2006.

CFDT, *Textes de base*, Paris, Montholon, 1974.

Colette Chambelland, *Pierre Monatte. Une autre voix syndicaliste*, Paris, L'Atelier, 1999.

— et Jean Maitron (dir.), *Syndicalisme révolutionnaire et Communisme. Les archives de Pierre Monatte, 1914-1924*, Paris, Maspero, 1968.

Jean Charles *et al.*, *Le Congrès de Tours*, Paris, Éditions sociales, 1980.

Christian Chevandier, *Cheminots en Grève ou la Construction d'une identité (1848-2001)*, Paris, Maisonneuve et Larose, 2002.

Thierry Choffat, *L'Union départementale FO de Meurthe-et-Moselle*, Nancy, Université de Nancy 2/DARES, 2006.

Sophie Cœuré, *La Grande Lueur à l'est. Les Français et l'Union soviétique, 1917-1939*, Paris, Seuil, 1999.

Daniel Colson, «Bourse du travail et syndicalisme d'entreprise avant 1914: les Aciéries de Saint-Étienne», *Le Mouvement social*, n° 159, 1992, p. 57-84.

Jean-Marie Conraud, *Militants au travail, CFTC et CFDT dans le mouvement ouvrier lorrain, 1890-1965*, Metz-Nancy, Éditions Serpenoise-Presses universitaires de Nancy, 1988.

Sylvie Contrepois, *Syndicats, la nouvelle donne. Enquête au cœur d'un bassin métallurgique*, Paris, Syllepse, 2003.

Annick Coupé et Anne Marchand, *Syndicalement incorrect. SUD-PTT, une aventure collective*, Paris, Syllepse, 1998.

Stéphane Courtois, *Le PCF dans la guerre*, Paris, Ramsay, 1980.

—, «Dirigeants communistes et mouvement syndical», *Communisme*, n° 35-37, 1994, p. 5-18.

—, «Le parti est devenu un facteur politique», *Communisme*, n° 67-68, 2001, p. 71-80.

— et Marc Lazar, *Histoire du Parti communiste français*, Paris, PUF, 2000.

— et Marc Lazar (dir.), *50 ans d'une passion français : De Gaulle et les communistes*, Paris, Balland, 1991.

Jean-Claude Daumas, Rémi Cazals, Marlene Ellerkamp et Alan Fowler, «Le syndicalisme dans les villes et les bassins textiles», in Alain Prost, Friedhelm Boll, et Jean-Louis Robert (dir.), *L'Invention des syndicalismes. Le syndicalisme en Europe occidentale à la fin du XIXe siècle*, Paris, Publications de la Sorbonne, 1997, p. 97-127.

Étienne Dejonghe et Yves Le Maner, «Un bastion du Nord», in Jean-Pierre Rioux, Antoine Prost, Jean-Pierre Azéma (dir.), *Les Communistes français de Munich à Chateaubriant*, Paris, Presses de Sciences-Po, 1987, p. 201-265.

Jean-Michel Denis, *Le Groupe des Dix, un modèle syndical alternatif?*, Paris, La Documentation française, 2001.

Jean-William Dereymez et Léon Griveau, «Marie Guillot et le syndicat des instituteurs de Saône-et-Loire», *Le Mouvement social*, n° 127, 1984, p. 89-109.

Eugène Descamps, *Militer. Une vie pour un engagement collectif*, Paris, Fayard, 1971.

Marc Descotes et Jean-Louis Robert (dir.), *Clefs pour une histoire du syndicalisme cadre*, Paris, Éditions ouvrières, 1984.

Dictionnaire biographique du mouvement ouvrier (DBMO): voir Maitron.

Édouard Dolléans, *Histoire du mouvement ouvrier, 1871-1920*, Paris, Armand Colin, 1939 (réédition en 1967).

Michel Dreyfus, «Syndicats, nous voilà... Au Travail», in Denis Peschanski (dir.), *Vichy 1940-1944*, Paris, Éditions du CNRS/Annali Feltrinelli, 1986, p. 93-110.

—, «Le syndicalisme des électriciens et des gaziers, des origines à la Seconde Guerre mondiale», *Histoire de l'électricité en France*, Paris, Fayard, 1994, t. 2, p. 270-352.

—, *Histoire de la CGT*, Bruxelles, Complexe, 1995.

—, *Liberté, Égalité, Mutualité. Mutualisme et syndicalisme*, Paris, L'Atelier, 2001.

—, Gérard Gautron et Jean-Louis Robert (dir.), *La Naissance de Force ouvrière. Autour de Robert Bothereau*, Rennes, Presses universitaires de Rennes, 2003 (mention des contributions de Claude Pennetier, «Robert Bothereau, le troisième âge du syndicalisme», p. 33-42; Denis Lefebvre, «Le Parti socialiste et Force ouvrière», p. 43-60; Colette Chambelland, «La minorité à la naissance de Force ouvrière», p. 61-64; Marie-Louise Georgen, «Les dirigeants de la Fédération FO des cheminots à l'époque de Robert Bothereau»,

p. 99-116; Gilles Morin, « L'épuration syndicale à la Libération », p. 137-154; Gérard Gautron, « Robert Bothereau devant la scission », p. 155-170; Jean-Marie Pernot, « Les relations internationales et les débuts de la CGT-FO », p. 199-213).

Christian Dufour et Adleheid Hege, *L'Europe syndicale au quotidien*, Bruxelles, PIE-Peter Lang, 2002.

Bruno Dumons et Gilles Pollet, *L'État et les Retraites. Genèse d'une politique*, Paris, Belin, 2004.

Georges Dumoulin, *Carnets de route*, Lille, L'Avenir, 1938.

Georges Dupeux, *Atlas historique de la France contemporaine*, Paris, Armand Colin, 1966.

—, *La Société française, 1789-1970*, Paris, Armand Colin, 1986.

Simon Epstein, *Les Dreyfusards sous l'Occupation*, Paris, Albin Michel, 2001.

Benoît Frachon, *Au rythme des jours*, Paris, Éditions sociales, 1967-1968, 2 tomes.

Patrick Fridenson, Jean-Louis Robert, « Les ouvriers français dans la France de la Seconde Guerre mondiale », *Le Mouvement social*, n° 159, 1992, p. 117-147.

Ludovic-Oscar Frossard, *De Jaurès à Lénine*, Paris, La Nouvelle Revue socialiste, 1930.

—, *Sous le signe de Jaurès. Souvenirs d'un militant*, Paris, Flammarion, 1943.

Élie Fruit, « 1890-1910. Dans la mêlée des premiers syndicats, un militant d'avant-garde : Eugène Guérard, des Chemins de fer », Paris, université de Paris (thèse en sciences sociales du travail), 1969.

—, *Les Syndicats dans les chemins de fer en France (1890-1910)*, Paris, Éditions ouvrières, 1976.

Alain Gatti, *Chausser les hommes qui vont pieds nus. Bata-Hellocourt, 1931-2001. Enquête sur la mémoire industrielle et sociale*, Metz, Éditions Serpenoise, 2004.

Bernard Georges et Denise Tintant, *Léon Jouhaux. Cinquante ans de syndicalisme*, Paris, PUF, 1962 et 1979 (nouvelle édition).

Frank Georgi, *L'Invention de la CFDT, 1957-1970*, Paris, L'Atelier-CNRS, 1995.

—, *Eugène Descamps, chrétien et syndicaliste*, Paris, L'Atelier, 1997.

Claude Geslin, « Provocations patronales et violences ouvrières : Fougères (1887-1907) », *Le Mouvement social*, n° 82, 1973, p. 17-54.

—, « Le syndicalisme ouvrier en Bretagne avant 1914 », *Le Mouvement social*, n° 127, 1984, p. 45-64.

—, *Le Syndicalisme ouvrier en Bretagne*, t. 1 : *Jusqu'à la Première Guerre mondiale*, Saint-Hippolyte-du-Fort, Espaces écrits, 1990.

—, *Moi, Jules Couasnault, syndicaliste de Fougères. Le combat social dans la capitale française de la chaussure à la « belle époque »*, Rennes, Apogée, 1995.

Jacques Girault, *Benoît Frachon, communiste et syndicaliste*, Paris, Presses de Sciences Po, 1989.

Christian Gras, « La Fédération des Métaux en 1913-1914 et l'évolution du syndicalisme révolutionnaire français », *Le Mouvement social*, n° 77, 1971, p. 85-112.

Victor Griffuelhes, *L'Action syndicaliste*, Paris, Rivière, 1908.

—, *Voyages révolutionnaires*, Paris, Rivière, 1911.

Daniel Guérin, *Front populaire, révolution manquée*, Paris, Maspero, 1976.

Hervé Hamon et Patrick Rotman, *La Deuxième Gauche. Histoire intellectuelle et politique de la CFDT*, Paris, Ramsay, 1984.

Claude Harmel, *La CGT*, Paris, PUF, 1982.

— (dir.), *Naissance de la CGT*, Paris, Les Cahiers d'histoire sociale, Albin Michel, 1995.

—, *Robert Bothereau*, Nanterre, Institut d'histoire sociale, 2001.

Nicolas Hatzfeld, *Les Gens d'usine. 50 ans d'histoire à Peugeot-Sochaux*, Paris, L'Atelier, 2002.

Albert Hirschman, *Défection et prise de parole*, Paris, Fayard, 1995.

IHS-CGT et Université de Paris-VIII, *Le Syndicalisme sous la botte, 1939-1945*, dossier des contributions au colloque des 1er et 2 décembre 2005.

Christian Jelen, *L'Aveuglement. Les socialistes et la naissance du mythe soviétique*, Paris, Flammarion, 1984.

Jacques Julliard, *Clemenceau briseur de grèves*, Paris, Julliard, 1964.

—, « La CGT devant la guerre », *Le Mouvement social*, n° 49, 1964, p. 47-62.

—, « Naissance et mort... », *La IVe République*, Paris, Calmann-Lévy, 1968.

—, *Fernand Pelloutier et les Origines du syndicalisme d'action directe*, Paris, Seuil, 1971.

—, *Autonomie ouvrière*, Paris, Gallimard, 1988.

Annie Kriegel, *Le Congrès de Tours*, Paris, Julliard, 1964.

—, *Aux origines du communisme français*, Paris, Mouton, 1964.

—, *La Croissance de la CGT. Essai statistique*, Paris, Mouton, 1966.

—, *La Grève des cheminots, 1920*, Paris, Armand Colin, 1988.

— et Jean-Jacques Becker, *1914 : la guerre et le mouvement ouvrier*, Paris, Armand Colin, 1964.

Daniel Labbé et Frédéric Perrin, *Que reste-t-il de Billancourt?*, Paris, Hachette, 1990.

Dominique Labbé, *Les Élections aux comités d'entreprise (1945-1993)*, Grenoble, CERAT, 1994.

—, *Syndicats et syndiqués en France depuis 1945*, Paris, L'Harmattan, 1996.

— et Maurice Croisat, *La Fin des syndicats?*, Paris, L'Harmattan, 1992.

— et Jacques Derville, *La Syndicalisation en France depuis 1945. Entretiens avec...*, Grenoble, CERAT, 1995.

Maurice Labi, *La Grande Division des travailleurs. Première scission de la CGT. 1914-1921*, Paris, Éditions ouvrières, 1964.

Michel Lallement, *Sociologie des relations professionnelles*, Paris, La Découverte, 1996.

Michel Launay, *La CFTC. Origines et développement (1919-1940)*, Paris, Publications de la Sorbonne, 1986.

Loïc Le Bars, «La difficile affirmation de la Fédération unitaire de l'enseignement (1919-1929)», *Le Mouvement social*, n° 187, 1999, p. 63-82.

Jean-Pierre Le Crom, *Syndicats nous voilà! Vichy et le corporatisme*, Paris, L'Atelier, 1995.

—, «La Fédération du livre face au régime de Vichy: entre réalisme et opportunisme», *Le Mouvement social*, n° 189, 1999, p. 7-26.

Georges Lefranc, *Les Expériences syndicales en France, 1939-1950*, Paris, Aubier, 1950.

—, *Histoire du Front populaire*, Paris, Payot, 1965.

—, *Le Mouvement syndical sous la IIIe République*, Paris, Payot, 1967.

—, «Léon Jouhaux (1879-1954) dans le mouvement syndical français», *Les Études sociales et syndicales*, janvier 1980, n° 286, p. 12.

—, *Le Syndicalisme en France*, Paris, PUF, 1984.

Jean Maitron, *Histoire du mouvement anarchiste (1880-1914)*, Paris, Sudel, 1951.

—, *Le Mouvement anarchiste en France: de 1914 à nos jours*, Paris, Maspero, 1975.

—, *Paul Delesalle, un anar à la Belle Époque*, Paris, Fayard, 1985.

— (dir.), *Dictionnaire biographique du mouvement ouvrier français*, Paris, Éditions ouvrières, 1963.
Serge Mallet, *La Nouvelle Classe ouvrière*, Paris, Seuil, 1963.
André Malterre, *La Confédération générale des cadres. La révolte des mal-aimés*, Paris, EPI, 1972.
Régis Matuszewicz, *L'Union départementale CGT du Nord*, Nancy, Université de Nancy 2/DARES, 2006.
Paul Mazgaj, *The Action Française and Revolutionary Syndicalism*, Chapell Hill, University of North Carolina Press, 1979.
Joël Michel, «Syndicalisme minier et politique dans le Nord-Pas-de-Calais. Le cas Basly», *Le Mouvement social*, n° 87, 1974, p. 9-33.
—, «Le mouvement ouvrier chez les mineurs d'Europe occidentale», Lyon, université de Lyon-II (thèse d'histoire), 1989.
—, «Une branche professionnelle: les mineurs», *in* Antoine Prost, Friedriech Boll et Jean-Louis Robert (dir.), *L'Invention des syndicalismes. Les syndicalisme en Europe occidentale à la fin du XIXe siècle*, Paris, Publications de la Sorbonne, 1997, p. 23-39.
Roberto Michels, *Les Partis politiques*, Paris, Flammarion, 1971.
Raymond Millet, *Jouhaux et la CGT*, Paris, Denoël, 1937.
Pierre Monatte, *Trois Scissions syndicales*, Paris, Éditions ouvrières, 1958.
Bernard H. Moss, *The Origins of the French Labor Movement (1830-1914). The Socialism of Skilled Workers*, Berkeley, University of California Press, 1976.
Gilles Nezosi, *La Fin de l'homme de fer. Syndicalisme et crise de la sidérurgie*, Paris, L'Harmattan, 1999.
Peter Novick, *L'Épuration française (1944-1949)*, Paris, Balland, 1985.
Jeanine Olmi, «Les femmes dans la CGT. Stratégie confédérale et implications départementales, 1945-1985», université Nancy-II (thèse de science politique), 2005.
Mancur Olson, *Logique de l'action collective*, Paris, PUF, 1978.
Sven Oskarsson, *The Fate of Organized Labor. Explaining Unionzation, Wage Inequality, and Strikes accross Time and Space*, Uppsala, Uppsala Universitet, 2003.
François Paccou, *La Fédération des syndicats SUD-rail*, Nancy, Université de Nancy 2/DARES, 2006.
Jean-Louis Panné, *Boris Souvarine*, Paris, Robert Laffont, 1993.
Nicholas Papayanis, *Alphonse Merrheim: The Emergence of Reformism*

    in Revolutionary Syndicalism, 1871-1923, Amsterdam-La Haye, Cluwer, 1976.
Émile Pataud et Émile Pouget, *Comment nous ferons la révolution*, Paris, La Guerre sociale, 1911.
Jean-Marie Pernot, *Syndicats : lendemains de crise ?*, Paris, Gallimard, 2005.
Michelle Perrot, *Les Ouvriers en grève (France, 1871-1890)*, Paris-La Haye, Mouton, 1974.
—, *Jeunesse de la grève : France, 1871-1890*, Paris, Seuil, 1984.
Denis Peschanski et Jean-Louis Robert, *Les Ouvriers pendant la Seconde Guerre mondiale*, Paris, IHTP-CRHMSS, 1992 (notamment les contributions de Gabrielle Drigeard et Denis Peschanski, «Vocabulaires syndicaux. Les éditoriaux de *L'Atelier* et *Au Travail*»; Antoine Prost, «Les effectifs de la CGT en 1945», p. 391-408).
Michel Pigenet, «Les finances, une approche des problèmes de structure et d'orientation de la CGT», *Le Mouvement social*, n° 172, 1995, p. 53-88.
Antoine Prost, *La CGT à l'époque du Front populaire, 1934-1939. Essai de description numérique*, Paris, Armand Colin, 1964.
—, «Les grèves de mai-juin 1968», *Le Mouvement social*, n° 143, 1988.
—, «Les grèves de mai-juin 1936 revisitées», *Le Mouvement social*, n° 200, 2002, p. 33-54.
—, Friedhelm Boll et Jean-Louis Robert, *L'Invention des syndicalismes. Le syndicalisme en Europe occidentale à la fin du XIXe siècle*, Paris, Publications de la Sorbonne, 1997.
Jean Quellien, «Un milieu ouvrier réformiste: syndicalisme et réformisme. Cherbourg à la Belle Époque», *Le Mouvement social*, n° 127, 1984, p. 65-87.
Madeleine Rebérioux, *Les Ouvriers du Livre et leur fédération*, Paris, Messidor, 1981.
— et Patrick Fridenson, «Albert Thomas, pivot du réformisme français», *Le Mouvement social*, n° 87, 1974, p. 85-98.
Aurélie Rey, *L'UD CGT de la Moselle depuis 1993*, Nancy, Université de Nancy 2/DARES, 2006.
Jean-Daniel Reynaud, *Les Syndicats en France*, Paris, Seuil, 1975, 2 tomes.
Georges Ribeill, «Les chantiers de la collaboration sociale des fédéra-

tions légales des cheminots (1939-1944) », *Le Mouvement social*, n° 158, 1992, p. 87-116.

Charles Rist, « Le mouvement des grèves en France », *Revue d'économie politique*, 1907. Reproduit dans Charles Rist, *Essais sur quelques problèmes économiques et monétaires*, Paris, Sirey, 1933, p. 383-422.

—, « Les finances des syndicats ouvriers français », *Revue économique internationale*, 1911. Reproduit dans Charles Rist, *Essais sur quelques problèmes économiques et monétaires*, op. cit., p. 423-450.

Jean-Louis Robert, *La Scission syndicale de 1921. Essai de reconnaissance des formes*, Paris, Publications de la Sorbonne, 1980.

Philippe Robrieux, *Histoire intérieure du Parti communiste*, Paris, Fayard, 1980-1984, 4 tomes.

Marie-France Rogliano, « L'anticommunisme dans la CGT : Syndicats », *Le Mouvement social*, n° 87, 1974, p. 63-84.

Pierre Rosanvallon, *La Question syndicale*, Paris, Calmann-Lévy, 1988.

Ivan Sainsaulieu, *La Contestation pragmatique dans le syndicalisme autonome. La question du modèle SUD-PTT*, Paris, L'Harmattan, 2000.

Carole Saudejaud, *Le Syndicalisme chrétien sous l'Occupation*, Paris, Perrin, 1999.

Alfred Sauvy, *Histoire économique de la France entre les deux guerres*, Paris, Economica, 1984.

Bertus Willem Schaper, *Albert Thomas. Trente ans de réformisme social*, Assen, Van Gorcum, 1959.

Georges Séguy, *Le Mai de la CGT*, Paris, Julliard, 1972.

Andrew Shennan, *Rethinking France. Plans for Renewal, 1940-1946*, Oxford, Clarendon Press, 1989.

Peter Shöttler, *Naissance des bourses du travail*, Paris, PUF, 1985.

Madeleine Singer, *Histoire du SGEN*, Lille, Presses universitaires de Lille, 1987.

—, *Le SGEN des origines à nos jours*, Paris, Cerf, 1993.

Jeanne Siwek-Pouydesseau, *Les Syndicats de fonctionnaires depuis 1948*, Paris, PUF, 1989.

Peter Stearns, *Revolutionary Syndicalism and French Labor : A Cause Without Rebels*, New Brunswick, Rutgers University Press, 1971.

Zeev Sternhell, *La Droite révolutionnaire. Les origines françaises du fascisme, 1885-1914*, Paris, Seuil, 1984.

Danielle Tartakowsky, *Les Manifestations de rue en France, 1918-1968*, Paris, Publications de la Sorbonne, 1997.

Jules Teulade, « Nous les croulants », *Communisme*, n° 69, 2002, p. 50-68.

Charles Tilly et Edward Shorter, *Strikes in France*, Cambridge, Cambridge University Press, 1974.

Pierre-Éric Tixier, *Mutation ou déclin du syndicalisme ? Le cas de la CFDT*, Paris, PUF, 1992.

André Tollet, *Ma traversée du siècle. Mémoire d'un syndicaliste révolutionnaire*, Montreuil, VO, 2002.

Rolande Trempé, *Les Mineurs de Carmaux, 1848-1914*, Paris, Éditions ouvrières, 1971.

Pierre Trimouille, « Les syndicats chrétiens dans la métallurgie française de 1935 à 1939 », *Le Mouvement social*, n° 62, 1968, p. 27-47.

Jean-Louis Validire, *André Bergeron, une force ouvrière*, Paris, Plon, 1984.

Bruce Vandervort, « Nouvelles perspectives sur Victor Griffuelhes », *Le Mouvement social*, n° 172, 1995, p. 53-88.

—, *Victor Griffuelhes and French Syndicalism, 1895-1922*, Baton Rouge-Londres, Louisiana State University Press, 1996.

Benoît Verrier, *L'UNSA. Organisation et audience*, Nancy, Université de Nancy 2/DARES, 2006.

Jelle Visser, *European Trade Unions in Figures, 1913-1985*, Deventer-Boston, Cluwer, 1989.

Bernard Vivier, « Les organisations syndicales », *Liaisons sociales*, n° 11320, 1992.

Simone Weil, « Remarques sur les enseignements à tirer des conflits du Nord », *La Condition ouvrière*, Paris, Gallimard, 1937 (réédition en 2002).

Claude Willard, *Les Guesdistes*, Paris, Éditions sociales, 1965.

—, *La Correspondance de Charles Brunellière*, Paris, Klincksieck, 1968.

Liste des sigles

AFL American Federation of Labor
AGIRC Association générale des institutions de retraite des cadres
ASSEDIC Association pour l'emploi dans l'industrie et le commerce

BC bureau confédéral
BIT Bureau international du travail
BN bureau national
BP bureau politique (du PCF)

CA commission administrative de la CGT
CAP commission administrative de la SFIO
CC comité central (du PCF)
CC(N) comité confédéral (national)
CDS Comité de défense syndicaliste
CE commission exécutive
CEES Comité d'études économiques et syndicales
CES Confédération européenne des syndicats
CFDT Confédération française démocratique du travail
CFE Confédération française de l'encadrement
CFT Confédération française du travail
CFTC Confédération française des travailleurs chrétiens
CGC Confédération générale des cadres
CGPF Confédération générale de la production française (ex-CNPF)
CGPME Confédération générale des petites et moyennes entreprises
CGSI Confédération générale des syndicats indépendants
CGT Confédération générale du travail
CGT-U Confédération générale du travail unitaire

CIO	Congress of Industrial Organizations
CISL	Confédération internationale des syndicats libres
CMT	Confédération mondiale du travail
CNPF	Conseil national du patronat français
CNT	Confédération nationale du travail
CRRI	Comité pour la reprise des relations internationales
CRS	Compagnies républicaines de sécurité
CSC	Comité syndical de coordination
CSI	Confédération syndicale internationale
CSL	Confédération des syndicats libres
CSP	Centre syndicaliste de propagande
CSR	comité syndicaliste révolutionnaire
DGB	Deutscher Gewerkschaftsbund (ADGB avant 1918)
EDF	Électricité de France
FASP	Fédération autonome des syndicats de police
FEN	Fédération de l'Éducation nationale
FGAF	Fédération générale autonome des fonctionnaires
FGE	Fédération générale de l'enseignement (CGT)
FMC	Fédération maîtrise et cadres (de la SNCF)
FN	Fédération nationale (des Cheminots)
FO	Force ouvrière
FSI	Fédération syndicale internationale
FSM	Fédération syndicale mondiale
FSU	Fédération syndicale unitaire
G-10	Groupe des Dix
IC	Internationale communiste (IIIe Internationale)
ISR	Internationale des syndicats rouges
JOC	Jeunesses ouvrières catholiques
MEDEF	Mouvement des entreprises de France (ex-CNPF)
MRP	Mouvement républicain populaire
OIT	Organisation internationale du travail

Liste des sigles

PARE	Plan d'aide au retour à l'emploi
PLM	Paris-Lyon-Marseille (compagnie de chemins de fer)
PCF	Parti communiste français
PCUS	Parti communiste de l'Union soviétique
POF	Parti ouvrier de France (guesdiste)
POSR	Parti ouvrier socialiste révolutionnaire (allemaniste)
PS	Parti socialiste
PSU	Parti socialiste unifié
RPR	Rassemblement pour la République
SCIP	Syndicats des cadres de l'industrie du pétrole (CGC)
SFIO	Parti socialiste-Section Française de l'Internationale Ouvrière
SGEN	Syndicat général de l'Éducation nationale (CFDT)
SN	Syndicat national (des Cheminots)
SNCF	Société nationale des chemins de fer
SNEP	Syndicat national des professeurs d'éducation physique (FEN puis FSU)
SNET	Syndicat national de l'enseignement technique (FEN)
SNETAA	Syndicat national de l'enseignement technique et de l'apprentissage autonome (FEN, FSU, puis autonomie)
SNETAP	Syndicat national de l'enseignement agricole publique (FEN puis FSU)
SNI	Syndicat national des instituteurs (FEN)
SNES	Syndicat national de l'enseignement secondaire puis Syndicat national des enseignements de second degré (FEN puis FSU)
SNE-sup	Syndicat national de l'enseignement supérieur (FEN puis FSU)
SNUI	Syndicat national unifié des Impôts
SNUIPP	Syndicat unitaire des instituteurs, professeurs des écoles et professeurs de l'enseignement général des collèges (FSU)
SPF	Syndicats professionnels français
SUD	Solidaires, unitaires, démocratiques
TUC	Trade Union Congress
UCC	Union confédérale des cadres (CFDT)
UCI	Union des cadres et ingénieurs (FO)

UCT	Union des cadres et techniciens
UD	union départementale
UGICT	Union générale des ingénieurs, cadres et techniciens (CGT)
UIMM	Union des industries métallurgiques et connexes (avant 1939) et industries métallurgiques et minières (après 1945)
UNCM	Union nationale des cadres et de la maîtrise (CGC)
UNEDIC	Union nationale pour l'emploi dans l'industrie et le commerce
UNEF	Union nationale des étudiants de France
UNSA	Union nationale des syndicats autonomes
USS	Union des syndicats CGT de la Seine [avant-guerre] ; Union syndicale Solidaires [années 2000]

Index des noms propres cités

Adam, Gérard, 243, 251, 285.
Ader, Paul, 40, 84.
Agajanov, 257.
Aigueperse, Henri, 290.
Alain (Émile Chartier, dit —), 143.
Alezard, Gérard, 329.
Allemane, Jean, 20, 21, 28.
Amossé, Thomas, 341.
Amoyal, Jacques, 189.
Andolfatto, Dominique, 141, 207, 275, 286, 300, 308, 318, 334.
Arrachard, René, 269, 270.
Arum, Peter, 14.
Aschiéri, Gérard, 347.
Auffret, Jules, 242.
Auroux, Jean, 325, 339.
Azéma, Jean-Pierre, 220, 226.

Baal, Gérard, 63.
Bain, George, 58.
Balladur, Édouard, 302.
Bance, Pierre, 110.
Barbé, Henri, 182.
Barbusse, Henri, 184.
Barjonet, André, 280, 301.
Barthou, Louis, 86.
Barzman, John, 171.
Basly, Émile, 27.
Basson, Jean-Charles, 321, 334.
Bastien, 40.
Beaud, Stéphane, 321.
Beausoleil, Clément, 110.

Bebel, August, 21.
Becker, Jean-Jacques, 135.
Belin, René, 187, 195, 197, 198, 203, 211, 214, 218, 219, 223, 225, 226, 227, 228, 230, 233, 234, 236, 238, 240, 243, 247.
Bergeron, André, 270, 288, 293, 297, 298, 301, 302, 307, 308, 309, 310, 336, 337.
Bergounioux, Alain, 264, 268, 271, 294, 302, 307.
Bertin, Louis, 236.
Berton, Fabienne, 342.
Besnard, Pierre, 179, 184.
Bestel, Émile, 162.
Béthouard, Bruno, 252.
Bevort, Antoine, 94, 286, 300, 318, 353.
Bidegaray, Marcel, 68, 69, 153, 154, 155, 156.
Birnbaum, Pierre, 320.
Blanchard, Marius, 73, 75.
Bled, Jules, 40, 115, 235.
Blondel, Marc, 336, 337, 338, 347.
Blum, Léon, 79, 163, 185, 189, 194, 196, 202, 207, 214, 244, 269.
Boll, Friedhelm, 58, 59.
Bonéty, René, 249, 253.
Bonneff, Maurice, 65.
Bornet, Jules, 40.
Borrel, Monique, 58.

Bossus, 270.
Bothereau, Robert, 79, 225, 236, 246, 256, 259, 261, 263, 264, 265, 266, 268, 271, 286, 294, 295, 307, 311.
Bouët, Louis, 139, 152, 159, 161, 162, 172.
Boukharine, Nicolas, 162.
Bouladoux, Maurice, 169, 238, 249, 283, 285, 286.
Boulouque, Sylvain, 181.
Bourdet, Guy, 218.
Bourderon, Albert, 138, 140, 144.
Bourgeois, Guillaume, 269.
Bousquet, Amédée, 40, 42, 67.
Bouyer, Raymond, 187, 198.
Bouzanquet, Albert, 271.
Boville, Henri, 190.
Branciard, Michel, 170, 285, 286, 299, 325.
Braun, Joseph, 40.
Brenot, Marcel, 197.
Bressol, Élyane, 277, 279.
Briand, Aristide, 41, 54, 69, 75.
Brion, Hélène, 139.
Brout, Marcel, 181, 201.
Broutchoux, Benoît, 27, 103, 144.
Broutin, Charlemagne, 168.
Brown, Irving, 264.
Brucy, Guy, 109, 238, 290, 350.
Brunellière, Charles, 56.
Bruon, C., 40, 84.
Buhl, René, 330.
Buisson, Georges, 198, 203, 240, 247.
Burgard Charles, 33.
Buton, Philippe, 262.
Byrnes, James, 269.

Cachin, Marcel, 143, 159, 161, 162, 163, 171, 183.
Caille, Marcel, 282
Capocci, Oscar, 238, 247.
Cartier, Joseph, 162.
Casula, Marina, 329.
Catoire, Jules, 252.

Cazals, Rémy, 162.
Cazettes, Jean-Luc, 341.
Célor, Pierre, 182.
Chaban-Delmas, Jacques, 304.
Chambelland, Colette, 26, 72, 107, 138, 163, 264.
Chambelland, Maurice, 111, 190, 191, 218.
Chamberlain, Neuville, 215.
Charles, Jean, 158; 161, 162, 163, 171.
Chaussy, 201.
Chazeaud, Jules, 40.
Chérèque, François, 328.
Chérèque, Jacques, 325, 328.
Chevalme, Léon, 197, 212, 225, 238, 241.
Chevandier, Christian, 67, 69, 109, 155, 269.
Chirac, Jacques, 301.
Clemenceau, Georges, 112, 41, 64, 65, 66, 69, 143.
Clément, Léon, 65.
Clerc, René, 259.
Cleuet, Auguste, 11, 12, 13, 16, 42, 55, 89, 115.
Clévy, Émile, 19.
Cochinard, René, 258.
Cœuré, Sophie, 171.
Cohn-Bendit, Daniel, 300.
Colliard, Lucie, 190.
Colson, Daniel, 109.
Cordier, Henri, 203.
Cordier, Séraphin, 85.
Costes, Alfred, 201.
Coupat, Pierre, 35, 38, 51, 55, 117, 121, 122, 132.
Coupé, Annick, 343.
Courage, Gustave, 162.
Courtois, Stéphane, 223, 229, 238, 242, 246, 298.
Cousteau, M., 40.
Croisat, Maurice, 318.
Croizat, Ambroise, 198, 201, 212, 257.

Index des noms propres cités

Dadot, Pierre, 201.
Daladier, Édouard, 215, 218, 244.
Daumas, Jean-Claude, 59.
David, Pierre Eugène, 40, 62.
Déat, Marcel, 189, 234, 235.
Decaillon, Joël, 334.
Declercq, Gilbert, 286.
Dejonghe, Étienne, 220.
Delamarre, Georges, 271.
Delesalle, Paul, 29, 31, 32, 40, 52, 127.
Deleu, Alain, 339.
Dellac, Yves, 274.
Delmas, André, 191, 195, 214, 216, 217.
Delors, Jacques, 304.
Delsol, Clément, 190.
Delucheux, Alice, 94.
Delzant, Charles, 40.
Demusois, Antoine, 201.
Denis, Jean-Michel, 342.
Dereymez, Jean-William, 143.
Derville, Jacques, 263, 267, 274, 276, 279, 282, 329, 330, 331, 332.
Descamps, Eugène, 286, 287, 297, 298, 302, 303, 306.
Desplanques, Charles, 84.
Devilar, C., 40.
Dhooghe, Charles, 27, 40.
Digat, Léon, 190, 191.
Dimitrov, Georges, 245.
Dolléans, Édouard, 25, 55, 75, 77, 101, 130.
Doriot, Jacques, 194, 234.
Dornic, 258.
Doumergue, Gaston, 193.
Dret, Henri, 40, 45, 46, 67, 73.
Dreyfus, Michel, 70, 170, 236, 238, 245, 247, 263, 264, 265, 268.
Dubreuil, Hyacinthe, 111, 149, 188.
Duchat, Jules, 274.
Duclos, Jacques, 183, 277.
Dufour, Christian, 352.
Dufriche, Marcel, 263, 266, 267, 269, 270, 274, 275, 276, 279, 282.
Dumoulin, Georges, 14, 15, 16, 27, 47, 103, 144, 152, 154, 164, 165, 172, 173, 190, 191, 195, 214, 217, 220, 235, 240.
Duteil, François, 331.

Ehni, Édouard, 289.
Elsheikh, Farouk, 58.
Epstein, Simon, 72, 235.
Faure, Paul, 162, 163, 189, 196.
Ferrier, Louis, 40, 43, 63, 162.
Feutrier, E., 84.
Frachon, Benoît, 79, 179, 181, 182, 183, 194, 198, 199, 200, 203, 207, 218, 229, 238, 240, 241, 245, 249, 250, 251, 254, 255, 257, 258, 260, 261, 262, 263, 264, 266, 267, 268, 269, 270, 274, 275, 277, 278, 279, 280, 281, 282, 288, 289.
Francq, Roger, 190.
Frege, Carola, 354.
Fridenson, Patrick, 141, 142.
Fritsch, Henri, 245, 246.
Froideval, Raymond, 240.
Frossard, Ludovic-Oscar, 143, 159, 160, 161, 162, 163, 180, 310.
Fruit, Élie, 35, 67, 68, 119.

Galantus, Henri, 40, 45, 75, 117, 122.
Gamelin, Maurice, 244.
Garnery, Auguste, 40, 71, 73, 84.
Gatti, Alain, 297.
Gaulle, Charles de, 238, 240, 245, 255, 258, 282, 286, 311.
Gautier, Henri, 40, 42, 45, 62, 89.
Gautron, Gérard, 245, 247, 263, 264, 265, 267, 268.
Gay, Francisque, 169.
Gazier, Albert, 238, 257.
Georgen, Marie-Louise, 264.
Georges, Bernard, 30, 57, 79, 82, 135, 190, 215, 223, 227, 229, 231, 240, 245, 268, 293.

Georgi, Frank, 286, 287, 299, 306.
Geslin, Claude, 30, 59, 61, 123, 124, 127.
Gilles, Christiane, 330.
Girault, Jacques, 183.
Gitton, Marcel, 181, 194, 196.
Gompers, Samuel, 120.
Gourdin, Étienne, 60.
Grandel, Jean, 242.
Grandval, Gilbert, 297, 298.
Granet, Désiré, 242.
Gras, Christian, 123.
Griffuelhes, Victor, 16, 22, 23, 24, 25, 26, 28, 29, 30, 33, 35, 38, 39, 41, 42, 44, 48, 53, 55, 57, 63, 66, 67, 70, 71, 72, 73, 75, 76, 77, 80, 81, 82, 83, 85, 93, 99, 101, 107, 123, 135.
Griveau, Léon, 143.
Guéhenno, Jean, 59.
Guérard, Eugène, 35, 36, 45, 55, 68, 69, 70, 75, 89, 119.
Guérin, Daniel, 15, 190.
Guesde, Jules, 17, 18, 21, 54, 87, 135.
Guigi, Albert, 227, 230.
Guillot, Marie, 143, 179, 180.
Guimbert, 92, 118.
Guiraud, André, 214.
Guiraud, Gaston, 197.

Hagnauer, Roger, 190.
Haiven, Larry, 354.
Halbeher, Aimé, 304.
Hamon, Hervé, 299.
Harmel, Claude, 17, 225, 227, 246, 296, 298, 299, 300.
Hasfeld, Marcel, 151.
Hatzfeld, Nicolas, 298.
Hege, Adelheid, 352.
Hénaff, Eugène, 197, 201, 229, 241, 257.
Hennebicq, Fernand, 252.
Henriot, H., 41.
Henry, François, 252.
Herriot, Édouard, 169.

Hervé, Gustave, 107, 235.
Hervier, Pierre, 41, 42, 89.
Hirschmann, Albert, 320.
Hitler, Adolf, 193, 215.
Hoffman, Stanley, 226.
Hoffmann, Adolf, 140.
Huvelin, Paul, 302.

Ibal, Bernard, 340.
Inghels, Albert, 19.
Ingweiller, Gaspar, 123.

Jaccoud, Eugène, 238.
Jaurès, Jean, 21, 22, 24, 41, 54, 83, 86, 87, 107, 134, 135, 160.
Jayat, Lucien, 247, 274.
Jelen, Christian, 171.
Jouhaux, Léon, 31, 44, 57, 78, 80, 81, 82, 86, 87, 101, 134, 135, 136, 138, 140, 151, 154, 172, 173, 183, 184, 185, 186, 187, 188, 189, 191, 192, 193, 195, 198, 199, 202, 203, 207, 211, 213, 214, 215, 216, 217, 218, 224, 226, 227, 228, 229, 230, 233, 236, 240, 241, 243, 244, 245, 246, 255, 256, 260, 263, 264, 265, 266, 267, 268, 269, 270, 271, 274, 289, 290, 295.
Julliard, Jacques, 28, 55, 64, 65, 85, 88, 90, 164, 296.
Juppé, Alain, 328.

Kaspar, Jean, 326, 327.
Kautsky, Karl, 21, 158.
Kelly, John, 354.
Keufer, Auguste, 32, 33, 34, 35, 38, 55, 75, 80, 116, 129, 137, 140, 175.
Knockaert, Joseph, 162.
Krasucki, Henri, 280, 301, 331, 332.
Kriegel, Annie, 135, 143, 152, 155, 157, 171.

Labbé, Daniel, 332.
Labbé, Dominique, 254, 263, 267,

Index des noms propres cités 375

274, 275, 276, 279, 282, 293, 304, 314, 318, 329, 330, 331, 332.
Labi, Maurice, 157, 160, 309.
Lacoste, Robert, 189, 225, 238, 240, 241, 255.
Lafont, Ernest, 22.
Lagardelle, Hubert, 22, 235.
Lallement, Michel, 342, 351.
Lambert, Jacqueline, 330.
Lamendin, Arthur, 27.
Laplagne, Robert, 190.
Largentier, 233.
Laroque, Pierre, 207.
Latapie, Jean, 37, 41, 45, 74, 75, 117, 122.
Launay, Michel, 168, 208, 221, 243.
Laurent, Charles, 198.
Laurent, Léon, 41.
Laval, Pierre, 194, 225, 226, 227, 228, 233, 235, 236, 240.
Lavergne, Adrien, 290.
Lazar, Marc, 180, 194, 229, 242, 298.
Le Bars, Loïc, 178.
Le Brun, Pierre, 262, 263, 278, 279, 280.
Le Crom, Jean-Pierre, 231, 232, 233, 234, 235, 237, 247, 248.
Le Guéry, Jules, 73, 75.
Le Léap, Alain, 274, 275, 277, 280.
Le Maner, Yves, 220.
Lebrun, Albert, 244.
Leca, Jean, 320.
Lecœur, Auguste, 269.
Lecoin, Louis, 30, 165, 183, 235.
Ledebour, Georg, 140.
Lefebvre, Denis, 263.
Lefèvre, Robert, 197.
Lefranc, Georges, 55, 100, 187, 188, 189, 202, 204, 220, 228, 229, 234, 236, 240, 241, 242, 246, 249, 255, 293.
Legien, Carl, 21, 22, 81.
Lénine (Wladimir Illich Oulianov, dit —), 139, 140, 160, 162.
Lenoir, Raoul, 122, 138, 149, 164, 173, 186, 187, 195.

Leroy, Maxime, 49.
Levesque, Christian, 354.
Lévy, Albert, 16, 24, 29, 41, 65, 71, 72, 74, 75, 76, 85, 89.
Liebknecht, Karl, 139.
Linet, Roger, 277, 278.
Liochon, Claude, 33, 214, 235.
Lomet, René, 331, 332.
Longuet, Jean, 139, 151, 152, 158, 162, 163.
Loriot, Fernand, 143, 145, 151, 162, 172.
Louzon, Robert, 72, 73, 234.
Losovski, Alexandre, 138, 160, 163, 179.
Lucas, Laurent, 306.
Lunet, André, 278.
Luquet, Alexandre, 41, 45, 71, 83, 84.

MacDonald, Ramsay, 158.
Mailly, Jean-Claude, 338.
Maire, Edmond, 299, 306, 325, 326, 327, 343.
Mairé, Jacques, 347.
Maîtron, Jean, 28, 29, 41, 43, 55, 72, 138, 183, 245, 271.
Mallet, Serge, 297.
Malterre, André, 310, 311.
Marchais, Georges, 300, 329, 331.
Marchand, Anne, 343.
Marchelli, Paul, 340.
Marie, François, 41.
Marion, Jacques, 274.
Marck, Charles, 62, 76, 78, 86, 98.
Marquet, Adrien, 189.
Marshall, George, 265, 268.
Martinet, Marcel, 143.
Marty, André, 183, 214.
Marx, Karl, 327.
Mathé, Jean, 200.
Mauvais, Léon, 281, 282.
Mayer, Daniel, 293.
Mayoux, François, 143, 159, 167, 172, 179, 180.
Mazaud, Jacques, 41, 42.

Médard, Jean-Baptiste, 41.
Ménard, Ludovic, 41, 42.
Mendès France, Pierre, 302.
Merrheim, Alphonse, 25, 26, 30, 31, 37, 41, 43, 45, 49, 50, 55, 62, 67, 71, 73, 74, 77, 83, 84, 85, 86, 87, 95, 96, 97, 103, 121, 122, 123, 136, 138, 139, 140, 144, 149, 150, 156, 160, 161, 162, 164, 172, 173, 195.
Merzet, Étienne, 41.
Métivier, Lucien, 66, 80.
Michel, Joël, 58, 103, 106, 119.
Michels, Charles, 201, 242.
Michels, Roberto, 17.
Midol, Lucien, 154, 155, 181, 198, 199, 201.
Milan, Pierre, 203.
Millerand, Alexandre, 17, 24, 41, 49, 54, 65, 88, 155.
Millet, Raymond, 79.
Million, Francis, 187, 195, 207.
Mitterrand, François, 306, 307.
Molino, Lucien, 267, 277, 278.
Mollet, Guy, 310.
Monatte, Gérard, 292.
Monatte, Pierre, 15, 26, 27, 31, 67, 72, 107, 111, 138, 139, 151, 152, 154, 159, 162, 163, 165, 166, 167, 170, 172, 172, 179, 180, 190, 191.
Monclard, 40.
Monks, John, 334.
Monmousseau, Gaston, 152, 154, 155, 165, 179, 181, 183, 190, 191, 198, 199.
Montagne, 165.
Moreau, Jacques, 324.
Morel, Léon, 41.
Morin, Gilles, 247.
Morizet, André, 22.
Mounier, Emmanuel, 286.
Mourguès, Camille, 263.
Moynot, Jean-Louis, 330.
Mussolini, Benito, 215.

Narritsens, André, 279.
Nègre, Marius, 31.
Neumayer, Pierre, 238, 271.
Nezosi, Gilles, 305, 325.
Nicolet, Jean, 76.
Niel, Louis, 37, 38, 39, 46, 76, 77, 78, 79, 80, 81, 84, 87, 89.
Notat, Nicole, 326, 327, 328.
Novick, Peter, 248.

Obadia, Alain, 332.
Olive, Alain, 346.
Olivier, Marius, 162.
Olmi, Jeannine, 330.
Olson, Mancur, 105, 106.
Orfeuvre, J., 45.

Paccou, François, 343.
Panné, Jean-Louis, 229.
Papayanis, Nicholas, 25, 67, 75, 121, 122.
Papillot, Charles, 162.
Parsal, 201.
Parvy, Jean, 45.
Pataud, Émile, 45, 51, 55, 56, 70, 122.
Patoux, Raymond, 258.
Paul, Marcel, 257.
Pelloutier, Fernand, 28, 29, 37, 127.
Pengam, Victor, 63, 64.
Pennetier, Claude, 245.
Perault, Henri, 65.
Pérès, Jean, 243.
Péricat, Raymond, 65, 77, 123, 135, 141, 143, 144, 145, 151, 179.
Pernot, Jean-Marie, 268, 293, 334.
Perrin, Frédéric, 332.
Perrot, Michelle, 58.
Peschanski, Denis, 236, 254.
Pétain, Philippe, 229, 233, 242.
Pialoux, Michel, 321.
Pichorel, Marthe, 190.
Pigenet, Michel, 72, 277.
Pineau, Christian, 189, 238, 239.
Piquemal, Michel, 190.
Pitous, Claude, 336.

Index des noms propres cités 377

Pivert, Marceau, 215.
Poimbœuf, Marcel, 251.
Pompidou, Georges, 302.
Pons, Pascal, 329.
Pouget, Émile, 16, 28, 29, 31, 41, 47, 49, 55, 67, 71, 93, 107.
Poulmarch, Jean, 242.
Pourchasse, Henri, 242.
Prost, Antoine, 58, 59, 176, 184, 201, 213, 220, 254, 261, 275, 301.

Quellien, Jean, 88.

Racamond, Julien, 185, 195, 198, 199, 200, 203, 218, 245.
Raffarin, Jean-Pierre, 328.
Ramadier, Paul, 189, 266.
Rambaud, Antoine, 190, 191.
Rappoport, Charles, 160.
Raynaud, Henri, 185, 197, 218, 246, 259.
Rebérioux, Madeleine, 112, 141, 142.
Renard, Victor, 18, 19, 24, 26, 28, 32, 34, 37, 38, 43, 54, 95, 96, 97, 103.
Renaudel, Pierre, 54, 67, 151, 152.
Rey, Aurélie, 336.
Rey, Aymé, 235.
Reynaud, Jean-Daniel, 294.
Reynauld, Paul, 215, 218, 219, 226, 244.
Ribeill, Georges, 231.
Richer, Narcisse, 41.
Ricordeau, Édouard, 66.
Ridgway, Matthew, 183, 276.
Rioux, Jean-Pierre, 220.
Rist, Charles, 7, 58, 112, 114.
Rivelli, Ange, 30, 74.
Robert, Jean-Louis, 58, 59, 147, 170, 236, 245, 247, 254, 263, 264, 265, 268.
Robert, Léon, 41.
Robrieux, Philippe, 277, 281.
Roby, Nicolas, 354.
Rocard, Michel, 325.

Roche, 84, 85, 86.
Rochet, Waldeck, 299.
Rogliano, Marie-France, 211.
Rolland, Romain, 184.
Roosevelt, Franklin D., 217.
Rosmer, Alfred, 151, 162, 172, 180.
Rotman, Patrick, 299.
Rouban, Luc, 342.
Roullier, Jules, 41, 63.
Rousselot, Louis, 65.
Rouzaud, Léon, 280.
Roy, Marcel, 198, 212, 235.

Sabot, Jean-Yves, 308.
Saillant, André, 245.
Saillant, Louis, 233, 238, 241, 244, 245, 246, 247, 255, 263, 264, 268, 270, 271.
Sainsaulieu, Ivan, 343.
Salengro, Roger, 202.
Samay, J., 40, 43.
Sangnier, Marc, 170.
Saudejaud, Carole, 243, 244.
Saumoneau, Louise, 151.
Sauty, Joseph, 288.
Sauvage, Théophile, 41, 72.
Sauvy, Alfred, 148.
Savary, Alain, 339.
Savoie, Auguste, 235.
Savouillan, Charles, 252, 283.
Schaper, Bertus-Willem, 141.
Séguy, Georges, 183, 297, 300, 302, 303, 305, 307, 313, 329, 330, 331.
Sémard, Pierre, 154, 165, 177, 179, 180, 181, 190, 198, 199, 242.
Semat, Raymond, 198, 203.
Sembat, Marcel, 135, 152.
Shennan, Andrew, 226.
Singer, Madeleine, 221.
Siwek-Pouydesseau, Jeanne, 275, 292.
Sorel, Georges, 29, 235.
Soubie, Raymond, 311.
Souslov, Mikhaïl, 262.
Souvarine, Boris, 162.

Staline (Joseph Djougachvili, dit —), 180, 193, 194, 213, 275.
Sternhell, Zeev, 234.

Tabard, Étienne, 41.
Tartakowsky, Danielle, 244.
Tessier, Gaston, 168, 169, 221, 238, 243, 244, 251, 274, 283, 286, 288.
Tessier, Jacques, 288.
Teulade, Jules, 181.
Thatcher, Margaret, 20.
Thibault, Bernard, 333, 335, 336.
Thil, Georges, 41, 76, 129.
Thomas, Albert, 13, 54, 142, 146, 152, 173, 211, 223.
Thorez, Maurice, 181, 182, 183, 194, 263, 277, 281.
Timbaud, Jean-Pierre, 242.
Tintant, Denise, 30, 57, 79, 82, 135, 190, 215, 223, 227, 229, 231, 240, 245, 268, 293.
Tito (Josip Broz, dit —), 274.
Tixier, Pierre-Yves, 307, 325.
Tollet, André, 197, 241, 246, 267, 269, 277.
Tommasi, Joseph, 151, 152, 162, 163, 165.
Treint, Albert, 180, 182.
Trempé, Rolande, 89, 103.
Trimouille, Pierre, 221.
Trotski, Léon, 138, 139, 140, 141, 152, 160, 162, 163, 171, 180.
Tschann, Alfred, 310.
Turpin, Henri, 39, 41.

Vaillant, Édouard, 21, 22, 54, 83, 87.
Validire, Jean-Louis, 257.
Valière, Marcel, 258.
Van Craeynest, Bernard, 341.
Vandeputte, Émile, 238.
Vandervort, Bruce, 22, 37, 38, 72, 81.
Vercruysse, Jules, 242.
Viannet, Louis, 331, 332, 333, 337.
Vignaux, Paul, 169, 251.
Vigne, Pierre, 235, 240.
Villepin, Dominique de, 338.
Viot, André, 256, 257, 265.
Visser, Jelle, 352.
Viviani, René, 41, 54, 65, 111.
Vivier-Merle, Marius, 213, 216, 217.
Voilin, Lucien, 35.
Voisin, Jacques, 340.

Waldeck-Rousseau, Pierre, 17, 24, 41.
Warcholak, Michel, 331.
Weil, Simone, 206.
Weygand, Maxime, 244.
Willard, Claude, 17, 56.
Wilson, Thomas W., 78, 140, 143, 144.

Yvetot, Georges, 28, 29, 30, 31, 32, 41, 44, 45, 46, 47, 48, 49, 50, 52, 55, 62, 67, 71, 76, 77, 79, 81, 82, 83, 84, 86, 126, 127, 167, 235.

Zinoviev, Grigori, 160, 162.
Zirnheld, Jules, 168, 169, 238, 243, 274.
Zoretti, Ludovic, 188, 235.
Zyromski, Jean, 194.

Table des encadrés et tableaux

1. Les modèles trade-unioniste et social-démocrate
2. La charte d'Amiens
3. La motion Yvetot sur l'antimilitarisme et l'antipatriotisme
4. Léon Jouhaux (1879-1954)
5. La motion Merrheim sur l'antimilitarisme (congrès confédéral de Toulouse, 1908)
6. Orientation politique des secrétaires de bourses du travail en 1911
7. Les demandes d'adhésions repoussées en 1905-1906
8. Réponse d'A. Merrheim à V. Renard devant le congrès d'Amiens
9. Organigramme de la CGT en 1906-1918
10. Le manifeste du 2 août 1914
11. Les délégués du personnel selon A. Thomas
12. Évolution du nombre d'adhérents à la CGT 1918-1921
13. Les 21 conditions adoptées par le 2e congrès de l'Internationale communiste
14. Gaston Tessier (1887-1960)
15. Benoît Frachon (1893-1975)
16. Évolution des effectifs de 1922 à 1935 (en milliers d'adhérents)
17. Motion sur l'unité syndicale (1931)
18. Les délégués du personnel en question
19. Évolution de la structure professionnelle de la CGT entre 1935 et 1937
20. « Appel aux ouvriers » de Léon Jouhaux
21. Les origines de *Force ouvrière*

22. Benoît Frachon approuve l'intervention soviétique en Hongrie (1956)
23. Le préambule des statuts de la CFDT adoptés en 1964
24. Résultats des référendums internes au SNI et au SNES (mars 1948)
25. André Bergeron, secrétaire général de FO (1963-1989)
26. L'évolution du taux de syndicalisation en France (1949-2004)
27. Nicole Notat, secrétaire générale de la CFDT (1992-2002)
28. La Confédération européenne des syndicats (CES)

Table des matières

Introduction 7

CHAPITRE PREMIER. **Amiens (1906)** 11

Qui était à Amiens ? 12
L'impossible unité organique avec les socialistes. 17
La majorité confédérale. 30
L'opposition à la direction confédérale 32
La charte d'Amiens 38
Les débats escamotés 44
La portée d'Amiens 53

CHAPITRE II. **De la grève générale
à l'Union sacrée (1906-1914)** 57

Les grèves à la Belle Époque. 57
Les crises internes 70
La rectification de tir. 80

CHAPITRE III. **Un chantier inachevé**. 91

Qui ? N'entre pas qui veut ! 91
Combien ? La syndicalisation en France à la Belle Époque 98
Les motifs de l'adhésion 105
Un nouveau modèle d'organisation syndicale ? 116
Une organisation contestée 124

CHAPITRE IV. **L'impossible unité syndicale (1914-1922)** 133

Le syndicalisme dans la guerre 133
1917-1918 : l'unité reconstituée ? 141
1919-1920 : de nouvelles divisions 148
Le grand schisme 157
Trois questions 170

CHAPITRE V. **Les divisions insurmontables (1922-1939)** 175

La difficile naissance du communisme syndical 176
La vieille CGT dans l'impasse 185
Une unité de façade (février 1934-mai 1936) 193
Le Front populaire 201
Les conséquences de la ruée syndicale 208
Vers de nouveaux déchirements 214

CHAPITRE VI. **De la débâcle de 1940 à la scission de 1947** 223

L'hésitation entre Vichy et l'attentisme 225
La Résistance 237
De la réunification clandestine de la CGT à la Libération 244
Le pluralisme consacré 248
La CGT conquise par les communistes 254

CHAPITRE VII. **Les Trente Glorieuses : apogée du syndicalisme ? (1948-1977)** 273

La CGT dans les années 1950 274
De la CFTC à la CFDT 283
Les espoirs déçus de FO 288
Une nouvelle donne syndicale 296

CHAPITRE VIII. **La désyndicalisation (1978-2010)**   317

Pourquoi le déclin syndical ?................ 318
Les confédérations face à la crise............. 324
Le renouveau de l'autonomie et du radicalisme....... 342
Une page se tourne....................... 348

Conclusion............................. 351

Bibliographie........................... 355

Liste des sigles.......................... 367

Index des noms propres.................... 371

Table des encadrés et tableaux............... 379

Des mêmes auteurs

DOMINIQUE ANDOLFATTO ET DOMINIQUE LABBE

La CGT
Organisation et audience depuis 1945
La Découverte, 1998

Un demi-siècle de syndicalisme en France et dans l'Est
(direction de l'ouvrage)
Presses universitaire de Nancy, 1998

Sociologie des syndicats
La Découverte, 2007 (2ᵉ édition)

Les Syndiqués en France
Qui ? Combien ? Où ?
Liaisons, 2007

Toujours moins !
Déclin du syndicalisme à la française
Gallimard, 2009

DOMINIQUE ANDOLFATTO

L'Univers des élections professionnelles
Éditions de l'Atelier, 1992

Le Sacre de la droite en Lorraine
(codirection de l'ouvrage avec Étienne Criqui)
Presses universitaires de Nancy, 1994

Les Partis politiques
Quelles perspectives ?
(codirection de l'ouvrage avec Fabienne Greffet
et Laurent Olivier)
L'Harmattan, 2001

PCF
De la mutation à la liquidation
Le Rocher, 2005

Les Syndicats en France
(direction de l'ouvrage)
La Documentation française, 2007 (2ᵉ édition)

DOMINIQUE LABBÉ

Le Discours communiste
Presses de Sciences-Po, 1977

Le Vocabulaire de François Mitterrand
Presses de Sciences-Po, 1990

La CFDT
Organisation et audience depuis 1945
(avec Antoine Bevort)
La Documentation française, 1992

La Fin des syndicats ?
(avec Maurice Croisat)
L'Harmattan, 1992

Syndicats et syndiqués en France depuis 1945
L'Harmattan, 1996

Regards sur la crise du syndicalisme
(codirection de l'ouvrage avec Stéphane Courtois)
L'Harmattan, 2001

Le Discours gouvernemental
Canada, Québec, France (1945-2000)
(avec Denis Monière)
Champion, 2003

Les Mots qui nous gouvernent
Le discours des Premiers ministres québécois. 1960-2005
(avec Denis Monière)
Wollank-Éditeurs, 2008

RÉALISATION : PAO ÉDITIONS DU SEUIL
IMPRESSION : NOUVELLE IMPRIMERIE LABALLERY À CLAMECY (58)
DÉPÔT LÉGAL : JANVIER 2010. N° 104716-4 (211243)
IMPRIMÉ EN FRANCE